U0165685

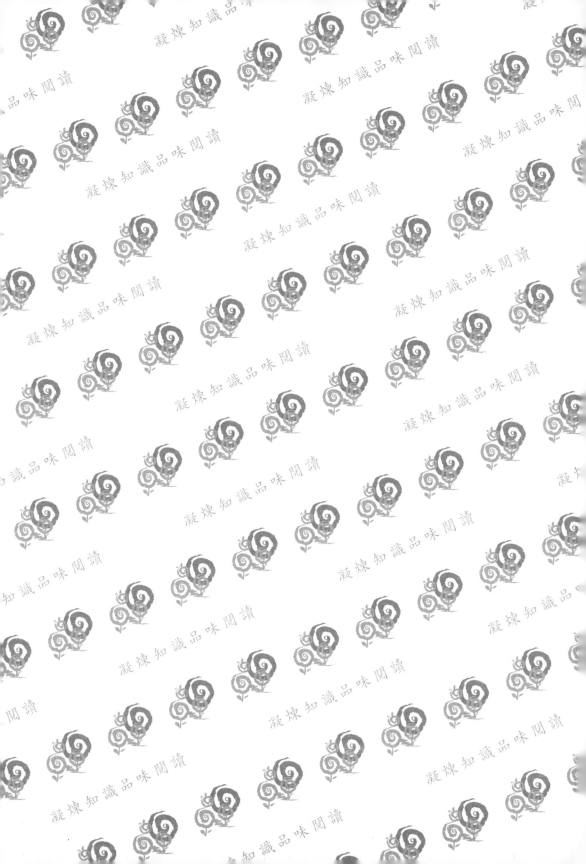

西洋中古史

劉增泉◎編著

OSIVS ET VALENTINIANVS VRBEM HONORIFICE INGRESSI

O CLAVSIS POSTIBVS ARCET CRVENTVM CAESAREM

五南圖書出版公司 印行

自 序

　　民國八十四年翻譯我的指導教授傑克・埃爾（JAcques Heers）《簡明西洋中古史》（Precis DHistoire du Moyen age）著作，由國立編譯館發行二千本。至今已無庫存，有感於學生買不到本書，因而興起撰寫《西洋中古史》的念頭。猶記在大學時期，選修我的恩師孔思曾教授西洋中古史課程。孔老師上課井井有條，資料豐富令我印象深刻，一年的修業此也奠定了我的西洋中古史基礎。

　　觀看西洋中古史，絕不可忽略羅馬史一環。在巴黎索邦（Sorbonne）大學、我跟隨另一指導教授馬丁先生（Jean Piéer Martin）修習羅馬史，它讓我豁然貫通歐洲史的動脈。換言之，羅馬史是近現代歐洲歷史之本源。若不了解羅馬與中世紀的歷史，則如盲人摸象般自以為是。其直覺，某些政治學者，反應現實所發生的政治事件，其理論基礎縱然足夠，但也失之偏頗。

　　公元前 753 年羅慕洛斯（Romulus）、勒莫斯（Remus）在臺伯河的拉丁姆平原建立了「羅馬」這個國家。隨後在公元前 509 年到公元前 146 年，經過一個多世紀征服了北非的迦太基。公元前一世紀後期，羅馬已經征服了地中海地區，此時羅馬已經是橫跨歐亞非三洲的大一統國家。

　　公元 476 年西羅馬被日耳曼蠻族滅亡，東羅馬的查士丁尼皇帝，尋求再恢復羅馬帝國大一統時期的光輝，武力是其必要的手段，逐漸奪回義大利、西班牙、北非等地區的領土。但最後功敗垂成，統一之夢破滅。

　　查理曼一生中經過六十多次的遠征，版圖橫跨東歐、中歐、西歐的大部分土地，被封為羅馬人的皇帝，瓦爾登條約的簽訂卻使得帝國開始解體。

十八世紀拿破崙征服了歐洲大部分國家、自己加冕為皇帝，歐洲的統一又一次用武力實現。滑鐵盧之役拿破崙慘敗，歐洲統一夢碎。二十世紀希特勒追求統一歐洲夢想，雖然他陸續征服許多國家，但曇花一現，歐洲尚未統一，德國即慘敗。

　　二十世紀中葉歐洲共同市場的誕生，末葉歐元的發行，歐洲人又嘗試走統一的路線，歐洲人經過慘痛的歷史教訓，再一次追求統一，但皆以和平統一為前提。

　　上述可知，研究西洋史需以傳統史學知識為基礎、再以基礎史學知識推向思想史方面的研究、如此循序漸進乃是西洋史之根本。

　　我很敬佩一些學者鑽研西洋思想史。尤其他們可以鑽研到連高中的外國史教材都要以思想史為標準。不僅學生看不懂、老師看不懂，甚至在大學教西洋史的教授也看不懂。教育部事先即採思想史架構再把編著者限制在這框架之內。此非編著者之過，而是教育部的無能。高中外國史教科書變成西洋思想史，這樣的教材又如何要求高中教師教好這門課。任何的改革都需有相當周詳的計畫，課程改革更不能例外。

　　本書的完成特別感謝楊佳雯同學的協助、她是一位非常優秀的學生，在修學的西洋中、古史課程間，我即發覺她對西洋史有濃厚興趣。因此鼓勵其再接再勵，尤其對外文方面應多下點功夫。

　　此外，王惠玲老師是我在輔仁大學西洋史研究所時期的學生，她的表現也極為優異。我告訴她學習西洋史就必須暢遊歐洲的名山大川。沒想到不經意的一句話，她卻真的去身體力行，每年暑假皆前往歐洲遊學。由於他們的協助，這本書才能順利出版，本文錯誤疏失在所難免，也望先進多為指正。

劉增泉

書於淡江大學文學院研究室

目　錄

蠻族的遷移

西元 330 年羅馬的西部省份已經與東部分開，由於西部省份內部的矛盾加深，導致經濟一蹶不振，連年的戰亂與天災，亦使西部省份失去昔日的繁榮景象，土地荒蕪以及行政效率欠佳，使西羅馬日益走向衰弱。羅馬軍隊除了少部分將領、士兵為羅馬人，絕大部分是由日耳曼蠻族擔任帝國的防禦任務，此時羅馬似乎更需要真正屬於自己的資源和防禦自衛的力量。西元 476 年羅馬的西部省份全都陷入蠻族手中，從五世紀開始，這些來自北方、東方的蠻族不斷侵襲西部省份，他們與羅馬人之間的連續對抗出現悲壯的局面，當蠻族佔領西部諸省後，西羅馬的中央政權開始崩潰。根據法國巴黎索邦大學教授傑克‧埃爾的說法：「與其說羅馬帝國崩潰，不如說（五世紀）是新的民族和新的政治重新調整。」換言之，社會結構開始確立。羅馬帝國何時結束與中世紀何時開始，一直是爭論的問題。實際上，羅馬帝國應該結束於西元 1453 年，而非西元 476 年，如同中國的北宋滅亡，但南宋還繼續存在一樣，西羅馬雖然崩潰東羅馬還繼續存在於東方。歐洲人之所以爭論羅馬滅亡的時間問題，是受到中世紀教皇的影響，教皇之所以無視於羅馬繼續存在東方的原因，在於確立其統治的正當性。

新的入侵者

羅馬帝國實際上仍然在東方繼續存在，同時它還保持原狀——君士坦丁堡亦是羅馬世界的首都，它的版圖包括巴爾幹半島、小亞細亞、敘利亞、巴勒斯坦、埃及等地。他們在語言及傳統的風俗習慣上沿襲古典希臘文化，但拉丁文在六世紀時仍然是官方文書的共同文字，幾世紀以來羅馬人的階級制度與保守的思想仍深深影響著東方的這塊土地，尤其法治觀念與規範更是現在歐洲人的典範。傳統上我們

稱這個位於東方的羅馬帝國為東羅馬帝國或拜占庭帝國。六世紀時，這個東方的羅馬曾經再一次征服義大利部分地區，並且抵禦來自東方波斯及突厥斯坦等部族的入侵，一直到西元 1453 年才被土耳其人所滅。

　　五世紀日耳曼蠻族的入侵或許是西羅馬滅亡的重要原因，但並不能說羅馬是被蠻族所滅。因為蠻族的入侵是西羅馬長期以來的問題，早在一世紀，匈奴被中國的漢朝驅逐出來時，他們便向羅馬境內移入也曾引起各地區的一陣恐慌，之後羅馬人沿著萊茵河，多瑙河沿河岸山谷間興建長城以抵禦蠻族。四世紀末，「長城」也確實抑制了蠻族的發展，但在三世紀初，蠻族已經滲透到帝國境內，到了四世紀末，羅馬軍隊成為「蠻族軍隊」，部分軍隊指揮官也由具有蠻族血統的人擔任。蠻族部落所組成的王國也不斷地向羅馬逼進，羅馬人被潮水般湧入的日耳曼蠻族入侵，羅馬文化也隨之變為廢墟，歐洲也進入各蠻族相互襲擊攻伐的時代。

　　西元 800 年，歐洲正在加洛林王朝統治之下，北方斯堪地納維亞半島的諾曼人，此時分別侵入英國及法國，南方的回教徒也佔領薩丁尼亞島、科西嘉島及巴雷阿爾島（Baléares）。東羅馬帝國境內，英明的東部君主雖然防禦了蠻族的入侵，然而整個中世紀的一千年中，蠻族一波又一波地襲擊東羅馬，縱然帝國有英明的君主，但難力挽狂瀾。西元 1000 年左右保加利亞人的入侵，幾乎使君士坦丁堡被佔領，此外，帝國還長期與波斯交戰，阿拉伯人的威脅更讓東羅馬帝國寢食難安，突厥斯坦人、蒙古人更是東羅馬帝國的勁敵。

　　西元 1250 年到 1368 年蒙古人在中國建立元朝，中國從此被蒙古人統治，上述向西方襲擊的中亞遊牧騎兵是移居拜占庭的一小部分遊牧民族，這些遊牧民族卻掌握著西歐和中國各民族的命運，因此無論東羅馬帝國或是西方諸國，以及中國，它們似乎不約而同都建立起鞏固的防禦體系，如羅馬帝國的萊茵河、多瑙河長城、中國的萬里長城

這些防禦措施，皆標誌著蠻族的武力強大，當時的歐亞各國似乎強烈感受到蠻族的威脅。

遷移的原因

　　蠻族的遷移與當地謀生困難有密切關係，史學家常以氣候、人口膨脹等因素來解釋人口遷移的原因，但實際上蠻族鄰近國家的肥沃土地、安定的生活，才是吸引蠻族遷移的主要因素。他們在當地艱難的生活促使他們勇於冒險和開拓未來。中古初期，日耳曼蠻族在遷移時，為了適應各地不同的環境，必須改變原有的生活方式，因此在文化上也出現不同的差異，他們分成許多不同的支派，這些民族包括匈牙利草原的遊牧者、北歐斯堪地納維亞人、薩克遜人、盎格魯人、法蘭克人等，經過長期的相互征伐，最後他們亦混居在一起，標誌著西方的民族是由多種族群混雜而成。

　　歐洲人對蠻族能夠長驅直入羅馬帝國境內是眾說紛紜，從一世紀到三世紀蠻族就不斷入侵帝國境內，但羅馬軍隊也都能趕走侵入的蠻族。隨著四世紀中葉開始，日耳曼蠻族逐漸不斷加深的壓力，使羅馬軍隊有些精疲力竭和招架不住。羅馬人以自己的文化為標準，將其周遭的民族皆被視為野蠻人，在羅馬人眼裏蠻族只是好勇鬥狠又無知識的粗魯士兵，他們既無文化，當然也談不上高超技藝。實際上，我們從蠻族士兵墓穴裏發現的武器可以證實，蠻族能夠入侵帝國境內，完全是由於他們擁有優越的武器與戰術，五世紀初蠻族已經能夠製造出精密的刀劍之類武器，諸如單刃斧、法蘭克戰斧、雙刃長劍、單刃短刀等，因此我們可以確定，蠻族入侵的成功因素主要還是在於軍事上的優勢，精進的武器則是軍事優勢的基礎。此外蠻族的戰術也超越羅

馬人傳統方陣式作戰，一支來自亞洲的遊牧民族匈奴人最為兇悍，他們擅長騎馬，這些兇猛的騎士弓箭手更是東哥德人的勁敵。匈奴人的軍隊是一支快速又敏捷的騎兵隊伍，此種騎兵戰鬥方式亦使羅馬人驚恐不安；而汪達爾人的騎兵湧進帝國，他們帶著長矛和長劍沿途劫掠後，向西班牙進逼。蠻族在軍事上的勝利也顯示出其機動性與靈活戰術優越的一面；根據傑克•埃爾教授論述：「蠻族在冶金技術方面早已超越羅馬人，尤其是他們的鋼淬火和焊接技術所鑄造出來的鋼刀更是極品。這種經過淬火和滲碳的鋼刀與現在的特種鋼相比也毫不遜色。」武器是蠻族士兵的第二生命和驕傲，騎士以擁有一把精緻的刀劍為榮，通常一位高尚騎士的劍柄及劍套往往都飾有金銀鑲嵌的圖案和寶石。

西元 378 年東羅馬帝國皇帝瓦倫斯（Valens）允許西哥德人以「盟友」的身分放下武器，交付人質，然後進入羅馬境內。不久西哥德人因不堪虐待，起而叛變。雙方軍隊在亞得利亞堡（Adrianople）相遇，結果羅馬軍隊傷亡達三分之二，瓦倫斯本人也遇難，羅馬大敗。此外西元 406 年冬，汪達爾人和其他蠻族也曾經突破羅馬帝國的萊茵河長城防線，進入高盧。西元 409 年汪達爾人更征服西班牙，同時西哥德人也順利從羅馬轉向義大利南部。

四世紀，蠻族與羅馬人早已混居在一起，實際上也很難區分誰是蠻族，誰是羅馬人，他們相互影響。這一時期蠻族常利用協議的方式與羅馬達到某種默契，高盧省份的諸多城市也由日耳曼人和羅馬人所組成。這種緩慢而不易察覺的遷移，嚴格說來應該是和平的遷入而非入侵，即使上述有關蠻族入侵的歷史事件，也僅是個別案例。由於帝國境內沒有把純羅馬社會與純蠻人社會分隔開來，也因此許多日耳曼人加入羅馬軍隊，起初他們僅是一群傭兵，是羅馬的輔助部隊，但隨著他們在軍事上的優異表現，愈來愈多的日耳曼軍人被授以重任，於是帝國的軍隊組織出現變化。這些在羅馬軍隊裏服役的日耳曼人擊退

新的蠻族，負責守衛萊茵河與隆河的防線，因此羅馬也出現以日耳曼蠻族防禦日耳曼蠻族的嚴重問題。蠻族也以服兵役及遵守帝國法律作為交換條件，且往往以獲得帝國的邊界土地作為賞賜，同時還可以使用森林牧場。在邊界地區，羅馬為了保障鄉村的安全又刻意地增加蠻族人口，他們安置過去的戰俘及其眷屬居住在邊界地區。雖然帝國嚴格的要求蠻族須與當地的羅馬公民區隔，但到了五世紀初，這些邊界區域的蠻族也有不同程度地羅馬化，現今在德國地區的漢堡等地，還是可看到這些蠻族留下的遺跡。此外，這些蠻族也組成一支「聯盟軍隊」（Foederati），對羅馬邊界的守備也發揮一定的作用。

蠻族的民族

羅馬人把蠻族描述成大塊頭、紅頭髮、藍眼睛、嗜好戰爭和狂飲、身披獸皮的未開化之人。實際上，「蠻族」這一稱呼源自希臘。古代希臘人對本身的文化自視甚高，將其他民族貶為「野蠻人」。羅馬人繼承希臘文化，仍然把帝國疆域以外的民族都叫做蠻族，這些民族無論在生活方式、社會及經濟結構、語言、文化習俗皆與羅馬人相差甚遠。一世紀到四世紀時，蠻族以漸進的方式進入帝國疆界，但這一時期蠻族仍以其傳統生活為準繩，羅馬也未能同化他們。蠻族與羅馬人最大的不同在於蠻族皆來自於草原、森林或廣大的鄉村地區，因此要求蠻族接受希臘羅馬的文化幾乎是不可能。羅馬帝國自屋大維皇帝以來即持續不斷地在萊茵河、多瑙河，以及英格蘭北部山區修建長城，其目的如同中國自秦始皇修建長城以防範外族匈奴的入侵一樣性質，兩者皆是對長城以外的民族不甚瞭解所致。用「蠻族」這樣具有貶意的詞彙稱呼這些邊疆之外的民族，更暴露出帝國的無知愚昧，最

後遭到覆滅的命運。通常我們的教科書以日耳曼蠻族稱呼這群來自帝國境外的民族，但「日耳曼蠻族」只是泛稱，而非指某一部族。實際上「蠻族」的來源非常複雜，根據巴黎大學教授傑克‧埃爾研究指出，「蠻族」的稱呼本身充滿不確定性，他們有時會組成不穩定的「聯盟」，如果蠻族中的某一部族在戰爭中獲勝，那麼弱小的部族就會依靠這個強勢的部族，或者某一部族的武器裝備最為精良完備，則這一部族的命運亦將為之改變。「蠻族」的稱謂也隨著上述不確定的因素而有所改變，這就是今天，人們仍然對蠻族歷史不甚瞭解之故。

法國的學者把蠻族區分為三大民族：首先是日耳曼民族，他們包括法蘭克人、哥德人、薩克遜人、盎格魯人、汪達爾人、斯堪地納維亞的諾曼人等，這一民族人口眾多但族群也十分混雜，經過長期的遷移，他們的語言、生活習俗、文化也隨著居住地而有所不同。例如生活在北歐斯堪地納維亞半島的諾曼人、薩克遜人，他們以海洋作為其活動的主要範圍。哥德人生活在大草原上、法蘭克人則在森林中討生活，最後逐漸形成一個新的王國，即所謂的墨洛溫王朝。

其次是波斯民族，他們來自中亞的突厥斯坦和伊朗高原，此外，沿著黑海邊廣大草原上居住的有斯基泰人、薩馬爾特人、阿蘭人等。這些部族亦曾先後侵入羅馬帝國的疆界內，造成帝國東部省份的不安。

再者是亞洲的遊牧民族，他們包括土耳其人、匈奴人、阿瓦爾人等。其中以匈奴人最為兇悍，四世紀中葉，他們向歐洲進逼，將日耳曼民族逐一征服，成為他們的附庸。西元 1453 年土耳其人征服東羅馬帝國，使這古老的帝國終於全面崩潰。

入侵

長期以來，蠻族早已嚴重的威脅羅馬帝國，但令羅馬人最為震驚

的一支蠻族是來自亞洲的遊牧民族——匈奴人。這支遊牧民族在西元375年摧毀位在黑海、裏海邊上的阿蘭帝國，並迫使阿蘭人向西遷移。五世紀初，他們在歐洲中部及東部建立一個遊牧國家，西元434年，匈奴在其國王阿提拉

匈奴的阿提拉大軍入侵歐洲遭到抵抗

（Attila）率領下，劫掠羅馬帝國的東部省份，西元451年再一次進攻高盧北部逼進西歐，所到之處更加肆行掠奪，最後他們被羅馬人與西哥德人聯合圍攻，退到法國的香檳區。經過一年的休養生息，西元452年阿提拉再度進逼義大利的羅馬，此時義大利北部的波河平原早已被匈奴人侵佔。西羅馬的皇帝亦被迫放棄羅馬，就在危急存亡之際，羅馬城內的教皇李奧一世（Leo I）冒險與阿提拉會面，試圖說服匈奴人離開義大利，匈奴人也在協議中決定離去。但這是一個歷史「疑案」——匈奴人為何離開歐洲？西元453年阿提拉去世，匈奴帝國也隨之瓦解，此後亞洲遊牧民族對歐洲的威脅屬於次要了。

六世紀初，西羅馬帝國已不復存在，另一支蠻族軍隊阿瓦爾人定居在多瑙河地區的潘諾尼亞平原，此時法蘭克地區的克洛維（Clovis）勢力逐漸強大，他征服四周的部族並建立法蘭克人的墨洛溫王朝，此時阿瓦爾人向西方進逼亦遭到克洛維的反擊。除了北非的汪達爾人之外，一般的日耳曼蠻族對於西羅馬末期的基督教文化皆能保持虔敬的信仰，隨著蠻族邦國不斷的發展，羅馬教皇也開始扮演重要角色，教皇李奧一世甚至提出：「教會應自國家體制中獨立出來」，蠻族國家

與教會關係的密切亦可以說明日耳曼蠻族入侵移居的歷史。

西元 396 年，西哥德人在其強悍的國王阿拉里克（Alaric）率領下，襲擊希臘半島、馬其頓、色雷斯等地，這就是歷史上出現的「第一次日耳曼人入侵的浪潮」。阿拉里克並不是一個無知的國王，他對於羅馬文化也極力保護，羅馬為了安撫他，讓他負責管理伊利里亞（Illyricum）地區，帝國也獲得平靜一陣子。西哥德人並不完全定居在帝國境內，他們主要在其所佔據的伊利里亞地區活動。西元 418 年，羅馬皇帝承認西哥德人為其「盟友」，使其勢力進入西班牙和阿基坦（Aquitaine）地區。

東哥德人最初居住在多瑙河中游平原，他們常常威脅羅馬帝國的東部巴爾幹半島行省。東羅馬帝國皇帝澤農（Zenon）任命他們的領袖狄奧多里克（Theodoric）為帝國的官員，並遣他去驅逐西羅馬的篡位者——奧卡多。西元 489 年狄奧多里克越過阿爾卑斯山，打敗鄂多亞克並奪取義大利，自立為義大利的統治者。同一時期，羅馬在萊茵河、多瑙河所設的長城防線陸續被其他蠻族攻陷。西元 406 年，因為受到西哥德人壓迫，汪達爾人強行通過萊茵河，並越過庇里牛斯山進入西班牙，後來又受到羅馬與西哥德人的軍隊聯合追擊，乃轉進到北非。自遷移以來，汪達爾人始終處於被壓迫的地位，到達北非的羅馬行省後，眼前的肥沃土地和繁榮城市，正是汪達爾人夢寐以求的地方。西元 435 年羅馬迫於形勢，只好承認汪達爾人為其「盟友」，但汪達爾人還是佔據北非最好的地區，西元 442 年羅馬皇帝亦將北非行省正式讓給汪達爾人。西元 413 年羅馬皇帝與定居在萊茵河畔的勃艮地人簽訂一項協議，承認他們是「盟友」，從此勃艮地人亦建立強大的王國，統治地區包括今天法國的里昂和瑞士等地。

在所有的日耳曼蠻族中，法蘭克人是最默默無聞的一支民族，他們居住在高盧北部和東北部，雖是異教徒，但從來就沒有任何野心入侵羅馬帝國，他們有自己的自治部落聯盟，每一自治部落都擁有自己

的領土。西元二世紀末，羅馬帝國在高盧地區徵募一些蠻族傭兵，法蘭克人隨之進入帝國軍隊服役，因此帝國的邊界地區如萊茵河畔及比

希爾德理克國王

希爾佩理克國王

利時等地，陸續集聚諸多法蘭克人。在邊界的防禦線上，許多因戰亂而荒廢的土地成為法蘭克人軍事移民之地，一部分仍然住在高盧北部的法蘭克人，則利用西元 406 年汪達爾人突破羅馬帝國防線之際，大舉遷移到萊茵河中游的科洛涅和馬讓斯（Mayence）地區。西元 430 年法蘭克人的一個部落領袖希爾德里克（Childèric）在現今比利時境內的圖爾奈定居，克洛維（Clovis）於西元 481 年繼承他父親希爾德理克的王位。不久之後，他征服高盧北部地區，建立墨洛溫王朝。

西元 536 年是蠻族第二次入侵的浪潮，這次入侵亦直接影響到東羅馬帝國重新收復的義大利領土。起因是倫巴底人受到阿瓦爾人的威脅，乃侵入義大利東羅馬帝國，為了防止倫巴底人侵擾，因此在亞平寧山脈設立一道長城防線，並沿著義大利沿岸港口及海岸線修築防禦工事，倫巴底人的進攻因而遭受頑強的抵抗。西元 640 年倫巴底人攻陷熱那亞，西元 751 年再次攻陷拉韋納（Ravenne）。七世紀中葉以

後，倫巴底人就已經在義大利中、北部地區建立王國，統治地區包括波河流域平原、米蘭、維洛納（Verone）、帕維亞（Pavie）等地。

四世紀初薩克遜人開始襲擊北海、英吉利海峽以及大西洋的海岸，一直到加利斯（Galice）港灣。羅馬帝國為防止這些海盜入侵，在英格蘭東部海岸設立嚴密防禦工事。斯堪地納維亞的諾曼人向海上的發展，卻也打亂整個西歐乃至於英國、愛爾蘭的政治和種族佈局與部分蠻族向法國的西北部遷移。此外，向英格蘭遷移的民族有薩克遜人、盎格魯人、弗里斯人（Frisons）、朱特人（Jutes），這些部落起初定居在泰晤士河三角洲地區，慢慢地向內陸遷移。六世紀初期，這些部落民族在英格蘭建立數個小王國如：諾森布里王國（Northumbrie）、貝尼西亞王國（Bernicie）、梅西亞王國（Mercie）、韋塞克斯王國（Wessex），以及蘇塞克斯王國（Sussex）。

入侵的影響

日耳曼人大遷移所造成的結果，不僅使帝國田園荒蕪，商業停頓，而且還禍端延及非洲的羅馬省份，北非地區的柏柏爾人也因為日耳曼人的入侵而起來反抗帝國。日耳曼人除了北非行省的擴張之外，他們在高盧、西班牙，以及英格蘭地區也大舉入侵，最後導致當地居民反叛。五世紀初，羅馬帝國邊疆省份的居民，基本上都未被羅馬文化統一，各地區仍維持當地固有的風俗習慣、宗教信仰、藝術活動，此時又再度恢復過去的傳統。羅馬在征服的地區，除了使邊疆地區的日耳曼人羅馬化之外，最重要的就是羅馬化的基督教對征服地區居民的影響。然而此時隨著日耳曼人的入侵，使義大利以外帝國行省又強烈恢復其傳統，造成當地政治、種族及社會的不安。帝國的統治者、境外的公民、蠻族、原住民在經濟混亂和社會矛盾中也引發衝突。

根據資料顯示，西元 400～450 年間，羅馬帝國在高盧和塔拉戈那

（Tarragonaise）地區發生農民因貧困而叛亂的事件，西班牙北部的農民以及北非的柏柏爾人也相繼叛亂，嚴重威脅帝國的安全。昔日羅馬帝國之所以能統治橫跨歐、亞、非三洲的領土，在於帝國有完善的公路系統，無論在中歐及東方的猶太省和北非的迦太基省，可謂「條條大道通羅馬」。五世紀中葉，由於蠻族對各地區的破壞，使陸上和海上交通遭到破壞，相對使各行省更為孤立，變成具有濃厚的地方主義色彩。這時期羅馬帝國的防禦力量全集中在萊茵河和多瑙河一帶的北疆上，此也致使西部的蠻族有機可乘。西元 450 年羅馬帝國的北非行省毛里塔地區（Maurtanie）被柏柏爾人攻陷，英格蘭地區遭到來自北方的蘇格蘭蠻族襲擊，薩克遜人亦劫掠英格蘭東部海岸，從愛爾蘭來的蠻族也散居在英格蘭各地，建立許多小國。這些蠻族在英格蘭登陸後，逐漸從掠奪轉變為殖民，由於他們習慣生活於沼澤地區，因此在威爾斯、德文河（Devon）等地區定居。

由於來自東部與西部蠻族的入侵，使蠻族大量的向帝國境內遷移，例如克爾特人或不列顛人越過英吉利海峽定居在英格蘭沿海地帶。由於他們遷移到這塊新領地後，逐漸發展出屬於這個地區的宗教、文化及語言、風俗傳統，進而演變成具有強烈地方色彩的當地文化。西元五世紀到七世紀初，法蘭克人雖然極力的向外擴張，但始終未能把疆界擴展到英格蘭，因為英格蘭已經形成新的民族和新的文化地區，早期的羅馬文化在此時也已經完全不復存在。

北非的汪達爾人

西元 429 年汪達爾人遷移到北非之後，在國王該撒里克（Gensè-ric）帶領下，逐步征服原屬於羅馬的整個迦太基行省。他把當地的羅馬貴族與征服者分開，貴族眼見自己的土地財產被這群征服者強佔或沒收，不得已只好逃亡到義大利的西西里島和羅馬。史家一般認為汪

達爾人對羅馬的經濟與文化有毀滅性的破壞，換言之，他們是一支好戰的民族，所到之處就如同蝗蟲般吞噬整個城市。「汪達爾」詞的原文即含有貶意——即野蠻的民族。但根據歷史學家庫圖瓦（Court-oirs）一篇有關日耳曼蠻族的研究論文，汪達爾人的破壞性比人們傳說中要少得多。羅馬帝國經濟衰退，在汪達爾人入侵之前就已經惡化，汪達爾人遷移北非之後，帝國的經濟基本上也早已經崩潰。現代的歐洲歷史學家亦不會把汪達爾人指成破壞羅馬文化的劊子手，因為最近的考古亦證實，迦太基早在汪達爾人進入北非前就已沒落，西元439 年，迦太基未經戰鬥就被汪達爾人佔領。但無論如何，汪達爾人與羅馬處於極端的敵對狀態中，因此他們對羅馬的劫掠也絕對比其他蠻族來得更為兇狠。

汪達爾人入侵北非對羅馬帝國而言是一項沈重打擊。首先，地中海地區的貿易通道被汪達爾人切斷，使羅馬帝國依賴的北非糧食船隊遭受嚴重威脅。此外，該撒里克建立的強大艦隊，非常成功地襲擊希臘各處海岸，奪取第勒尼安海周圍的島嶼。此時，西西里島的大部分地區也被其佔領，西元455 年他們還掠劫羅馬。儘管羅馬政府早於西元442 年被迫承認其統治的合法性，但汪達爾人的掠劫似乎並沒有因此而停止。由於汪達爾人入侵北非的羅馬行省，迫使羅馬失去重要的穀物市場，也使義大利與北非的關係中斷，而西班牙則更加孤立。但汪達爾人未能建立完善的行政官僚體系，政府部門嚴重缺乏行政官員，使得在六世紀初期，王國一直處於不穩定狀態。西元543 年汪達爾人終於被東羅馬帝國的軍隊征服，北非的迦太基行省從此再度歸入東羅馬帝國的版圖。

東哥德人

西元476 年一名日耳曼將領鄂多亞克（Odovacar），推翻西羅馬

帝國最後一位皇帝羅慕路斯（Romulus Augustulus），並將皇帝的服飾等物品送至君士坦丁堡，討好東羅馬帝國，當時的東羅馬皇帝澤農乃承認其為貴族。實際上，義大利政權仍然操縱於鄂多亞克手裏，帝國在西方的領土，此時終於被蠻族全面的侵佔，西元 489 年東哥德人從鄂多亞克手中奪取義大利，鄂多亞克旋即在西元 493 年被暗殺。不過東哥德的國王狄奧多里克（Théodoric）進入義大利後，並沒有摧毀羅馬文化。由於他年輕時曾經在君士坦丁堡渡過，十分仰慕羅馬帝國的成就，對於羅馬文化也儘量保存。且狄奧多里克既是羅馬的貴族，也是東哥德人的國王，他保持羅馬的法律，並要求臣民遵從羅馬法，繼續任用羅馬人為行政官員，羅馬神職人員的職位也盡力保留。此外他也保護拉丁作家，修復羅馬時期的建築物和重新興建首都拉韋納（Revenne）的公共工程，特別是他尊重元老院議員的特權，對於羅馬臣民也極致籠絡。

同時，狄奧多里克與日耳曼其他蠻族部落維持良好關係，他運用聯姻的辦法讓法蘭克王國（墨洛溫王朝）、汪達爾王國、西哥德王國皆與其有休戚與共的關係。例如狄奧多里克除了娶法蘭克國王的妹妹為妻外，分別將自己的妹妹及女兒嫁給汪達爾國王特拉薩門（Thrasamund）及西哥德國王阿拉里克二世（Alaric II），更把另一個女兒則嫁給勃艮地領主西吉斯蒙（Sigismond）。

西元 526 年狄奧里克去世，王國內部因為爭奪王位發生內訌，最後義大利的內亂提供東羅馬帝國查士丁尼皇帝干涉的藉口，義大利的東哥德王國亦被東羅馬征服。

西哥德人

西哥德人原來是羅馬帝國的傭兵，西元 410 年入侵羅馬帝國，西元 418 年羅馬與西哥德人協議，從此他們定居阿基坦，西元 466 年到

484 年西哥德王國在尼里克統治下，幾乎佔領整個西班牙和高盧大部分地區（隆河到普羅旺斯），定都於圖盧茲，這是西哥德鼎盛時期。西元 48？年西哥德人奪取高盧的阿爾勒和馬賽等地，之後又征服奧弗涅地區。西元 507 年法蘭克人的首領克洛維在勃艮地人協助下，於普提耶（Poitiers）附近的武耶（Vouillè）打敗西哥德國王阿拉里克二世，將西哥德人驅逐到西班牙，庇里牛斯山以北僅給他們留下朗格多克（Languedoc）。

　　進入西班牙之後的西哥德王國，是所有日耳曼蠻族中最強大的一支。六世紀初因敗於法蘭克人的克洛維之手，只好屈從於義大利的東哥德王國。而後他們又獨立出來，勢力日漸強大，對於西班牙境內不順從的民族加以征服。西哥德人此時不但重新征服東羅馬帝國所佔據的省份，而且還征伐巴斯克人、斯威夫人（Suèves），又併吞斯威夫諸省，平定農民叛亂，在巴斯克人周圍建立維多利亞要塞，政治上的一統取得重大進展。然而國王長子埃爾梅內吉爾德（Hermenegild）的叛亂，終於使西哥德王國暴發內戰，政治的統一為曇花一現。

　　西班牙境內的蠻族與西哥德人、東羅馬（拜占庭）的信仰並不一致。雖然未出現迫害異教徒的情況，但宗教間彼此的對立卻也阻礙各民族的融合，直到西元 586 年西哥德國王雷卡雷德（Recared）當政以後，情況才改善，由於他改信基督教，並獲得教會支持，從此西哥德人和羅馬人居民開始交融。

　　七世紀末，西哥德王國內的貴族派系鬥爭激烈，強勢的貴族領主不時表達獨立的願望，他們依賴法蘭克人的庇護而為所欲為，因此敵對的貴族常常互相攻擊。西元 710 年由於西哥德國王維提扎（Vitiza）的去世引發內亂，西元 711 年另一位西哥德國王羅德里格（Rodrigue）則在一次對回教徒的戰役中全軍覆沒，這無異於宣告西班牙的西哥德王國結束，但羅馬的文化仍然強烈的影響西班牙地區。

　　在西哥德統治下，西班牙塞維亞的伊西多爾（Isidore，西元

570～636年）出版一部著作讚揚西哥德人。他說：「國王乃是臣民的幸福之母」，意味哥德人應該真正面對自己的存在，羅馬帝國大一統概念此時已經被一個王國、一個民族、一個祖國所取代：「哥德面向自己的祖國」。

法蘭克人

法蘭克人的首領克洛維（Clovis）曾經在高盧的斯瓦松（Soissons）戰役獲勝，從希阿尤斯人手中奪取索姆河（Somme）和羅亞爾河之間的土地。西元496年又打敗阿拉曼人，一直進攻到現今德國西南部地區（今之亞爾薩斯）。這次戰役中，克洛維皈依基督教，法蘭克人也由異教徒（阿里烏斯派）變成信奉正統教派的基督徒；此後，他不僅獲得正宗基督徒支持，還藉此名義攻打異端派的其他民族。對於克洛維征服的歷史看來似乎十分模糊，除了記載其奪取羅亞爾河以北的土地之外，對其豐功偉業和軍事征服皆沒有詳細的資料。在教會的支持下，他驅逐西哥德人進而統治整個高盧。不久又陸續征服萊茵河兩岸，對鄰近的民族恩威並施，奪取其領土並成為其保護國，從此克洛維統治庇里牛斯山到萊茵河流域的廣大疆域。

墨洛溫王朝克洛維國王

墨洛溫王朝查理·馬特國王

墨洛溫王朝第一位國王
克洛維接受基督教洗禮

克洛維征服大高盧地區，並沒有企圖破壞羅馬文化，相反地，他接收羅馬整個政治遺產。西元 507 年他在都爾（Tours）接受東羅馬皇帝阿納斯塔斯（Anastase）授與的執政官頭銜，還穿著象徵皇權的紅袍並戴上皇冠。但實際上，羅馬行政機構的所有頭銜，早在克洛維征服以前就已經消失，因此造成法蘭克人雖然有心保存羅馬文明，卻不知該如何保存的尷尬局面。克洛維決定把首都設在巴黎，他任命的行政官員仍以羅馬官吏及法蘭克人並行，他們對法蘭克王國（墨洛溫王朝）也有一定的影響力。

克洛維晚年致力消弭各式各樣法蘭克族群之國王頭銜，使他與其後代成為法蘭克民族唯一的國王，他建立一種等級制度，這一制度對王室家族有利，漸漸地，過去享有特權的法蘭克士兵、羅馬人失去他們的權利。

法蘭克人起初是一支驍勇善戰的士兵，他們的軍隊幾乎「無往不利」，尤其是征服其他民族的戰爭，每能贏得決定性的勝利，因而他多次對高盧東部的民族進行征伐，並暗殺勃艮地國王西吉斯蒙。西元 534 年不惜以激戰方式征服高盧全境，西元 553 年又聯合阿拉曼人繼續向外擴張，法蘭克人的疆域也已擴及中歐，此時除了勃艮地王國與地中海地區，他已經是整個高盧的主人。

此外，無論基督教與在俗的領主皆樂於和克洛維合作，他也未將羅馬人看作戰敗者，將他們與法蘭克人一視同仁，因此，克洛維被稱為「法蘭克人的國王」，但他的威望也確實被所有高盧地區的居民所

接受。

　　墨洛溫王朝名稱的由來，是克洛維祖父之名墨洛維（Mèrovèe），也因此有「墨洛溫家族」（Mérovingiens）這一稱呼，這個家族統治高盧達到兩個半世紀（西元 511～751 年）。

　　克洛維去世後，其後繼者常常是偉大的征服者，他們統治勃艮地王國、普羅旺斯及今天的德國西部地區，但在國內，他們卻任隨高盧本土分裂並處於無政府狀態。由於克洛維把國王的權力視為個人的財產，完全沒有考慮到法蘭克人的民族和語言等問題，等他死後，這份財產就在其兒子中間瓜分。克洛維有四個兒子，高盧因此也就被分成了四個王國，不久之後，克洛維的三個兒子都先後去世，最後剩下克洛德爾一世（Clotaire I），於是他就成為唯一的國王。但克洛德爾也有四個兒子，於是王國的分裂又重新開始，國王的權力也愈來愈小。西元 629 年高盧由達戈貝爾特（Dagobert）統治，他是繼克洛維之後墨洛溫家族中最有成就的國王。西元 720 年墨洛溫王朝政權落入宮相查理馬特（Charles Martel）手中，西元 751 年其子矮子丕平廢黜墨洛溫王朝國王，政權為卡洛林家族取代。

克洛德爾一世

達戈貝爾特國王

倫巴底人

　　西元 568 年倫巴底人越過阿爾卑斯山，由國王阿爾布安（Alboin）率領，在義大利北部建立倫巴底王國，導致義大利陷入無休止的戰爭，他們比東哥德人更野蠻，更有破壞性，對羅馬文化也毫無興趣，羅馬因此數度被圍困，被摧毀。倫巴底人不但造成義大利的饑荒也使當地的居民四處逃逸，此外他們通過軍事手段管理義大利，在兩個世紀的統治中，沒有任何法律可以保障羅馬人的財產與人身安全，羅馬與哥德人的貴族也被消滅。由於他們的入侵，威尼斯要塞和羅馬帝國在弗留利（Frioul）地區的長城遭到破壞，使阿瓦爾人（Avors）和斯拉夫人可以長驅直入義大利北部平原，甚至到達亞得里亞海岸。

　　西元 584 年，倫巴底國王阿爾布安去世，王位繼承問題造成內部嚴重的危機。西元 744 年留特普朗（Liutprard）統治時期，東羅馬帝國在義大利北方的防線正在崩潰，他受到王國內部行政官員擁戴，把王權強加於北方諸省，他又安置一些官員，但卻侵犯其他公爵的權利，引起反叛。六世紀中葉，倫巴底人在義大利南部建立的斯波萊托（Spolète）公國和貝內文托（Bénèvent）公國，在法蘭克人的攻擊下仍然維持獨立自主。西元 750 年倫巴底人遭受法蘭克人大舉征伐，終至滅亡。

盎格魯與薩克遜諸王國

　　盎格魯人和薩克遜人透過軍事征服，陸續定居英格蘭。五世紀末這群蠻族似乎已經有良好的政治組織和社會秩序，他們習慣過集體的生活，舉行農民會議分配任務，這種會議形式來源於盎格魯人與薩克遜人初期的組織—百家村。

這些不同的民族進入英格蘭後又重新聚集在一起，起初他們的國王僅是軍事領袖，擁護國王的將軍形成一種特殊的軍事貴族。西元 600 年韋塞克斯王國（Wessex）就有很明顯的階級制度，分成擁護國王的軍人與一般的農民，他們之間的法律地位也有差別，例如軍人貴族的贖命金（人價）比一般農民高出許多，前者值 1200 先令，後者值 200 先令。這樣的社會關係給英格蘭留下深刻的影響，日後的主教開始收留拉攏一群奉承的人，這群人亦極力保護主教並形成一個作戰的群體，此外蠻族的首領亦對屬下寬宏大量，慷慨大方。

六世紀以後，英格蘭的蠻族部落更集結成一個強大的王國。換言之，好幾個小國都依附於這個強大的王國，他們由一位首領統治。由於還不是完全定居在一個地區，漂流不定的結果也容易使王國隨著國王的死亡而曇花一現，但這種部落同盟也標誌著，英格蘭的蠻族朝向建立一統的國家邁開一大步。

西元 600 年以後亨伯河南面至少曾存在十個小國家，但英國傳統史學總把西元 600 年到 870 年稱為七國時期，指諾森布里亞（Northumbrie）、林迪斯凡（Lindisfarne）、東盎格利亞（East Anglie）、埃塞克斯（Esséx）、梅西亞（Mercie）、韋塞克斯（Wessex）和肯特（Kent）等七國。此外，亨伯河以北還有戴拉（Deira）、伯尼西（Bernicie）兩王國，除了埃塞克斯與蘇塞克斯之外，其餘王國都可以追溯到同一始祖窩頓（Woden），這是歐洲大陸薩克遜文獻所說的大神，長期以來，亨伯河以南諸王國均承認有一個霸主。根據英格蘭最古的文獻——比德（Bède）的教會史記載，第一個被稱為霸主的是肯特國王埃塞伯特（Ethelbert）。六世紀中葉，英格蘭諸國都想統一其他王國，因此諸國互相征戰不已，每一次諸國的王位繼承問題也都成了內部叛亂的機會，其中諾森布里亞便曾陷入無政府狀態。西元 716 年梅西亞的埃塞爾巴德（Ethelbald）被尊為南部英格蘭國王，並控制埃塞克斯和倫敦，繼位的奧發（Offa）於西元 764 年取得肯特，西元

771 年他又取得蘇塞克斯和海斯丁（Hastings），他的貨幣亦流通於東盎格利亞，南英格蘭許多王國也都臣服於他，他亦被尊為「盎格魯之王」。西元 796 年奧發死後，梅西亞衰弱，西元 825 年東盎格利亞人叛變，梅西亞亦受到很大的影響。西元 803 年韋塞克斯王國興起，埃格伯特（Egbert）國王在埃蘭丹尼（Elladune）擊敗奄奄一息的梅西亞王國，很快地，他就被其他諸小國尊為「不列顛統治者」，但真正完成統一大業的是十世紀二十年代的埃塞斯坦（Aetheistan）國王。

參考書目

外文部分

L. Musset, *Les Invations. Les vagues germaniques* (coll. 《Nouvell Clio》, n° 12), 1965.

G. Tessier, *Le baptême de Clovis*, 1964.

F. M. Stenton, *Anglo-Saxon England*, 2° éd., Londres, 1947.

R. Menendez Pidal, *Historia de España*, t. III : *España visigoda*, Madrid, 1940.

G. Fournier, *Les Mérovingiens* (coll, 《Rue sais-je ?》, n° 1238), 1966.

R. Fédou, *L'État au Moyen Age* (coll. 《Sup-L'Historien》), 1971.

G. Pepe, *Le Moyen Age barbare en Italie*, trad. Franç., 1956.

R. Latouche, *Les Grandes Invasions et la crise de l'Occident au Ve siècle*, 1946.

D. Whitelock, *The Beginings of English society*, 1966.

P. Courcelle, *Histoire littéraire des grandes invasions germaniques*, Paris, 1948.

R. Latouche, trad. Grégoire de Tours, *Histoire des Frances*, Paris,1963.

A. Loyen, trad. Sidoine Apollinaire, *OEuvres*, Paris (coll. 《G. Budé》), 1966.

R. Latouche, *Gaulois et Francs, de Vercingétorix à Charlemagne* (Arthaud), 1965.

Ch.-M. de la Roncière, R. Delort, M. Rouche, *L'Europe au Moyen Age, Documents expliqués*, t. I (395-888), 1969.

D. Whitelock, *English historical documents (500-1042)*, t. I de la coll. Dir. Par D.-C. Douglas, 1955.

中文部分

《西洋全史（五）中古歐州（上）》，馮作民編著，燕京出版，民 64 年。

《簡明西洋中古史》，劉增泉譯，國立編譯館，民 84 年。

《歐洲文化史》，劉增泉譯，漢唐出版社，民 88 年。

《西洋中古史》，袁傳偉譯，五南圖書，民 78 年。

《西洋中古史》，王任光編著，國立編譯館，民 71 年。

《西洋文化史第三卷（中古下）》，劉景輝譯，學生書局，民 71 年。

《西洋中古史》，張學明譯，聯經，民 75 年。

《世界文明史之十二：黑暗時代與十字軍東征》，幼獅編譯部編譯，幼獅，民 69 年。

2

蠻族王國的文化

歐洲的文化綜合古典羅馬文化與日耳曼文化而成，中世紀的文明即是由這種文化的匯合而誕生。六世紀時可以看到這新文化形成的過程，但要區分那些是羅馬文化，那些是日耳曼傳統，則相當困難，根據資料顯示，這兩種文化彼此相互影響。

蠻族文化與遷移人口數目

入侵西歐的蠻族非常繁雜，主要來自斯堪地納維亞的諾曼人，以及高盧的法蘭克人、盎格魯人、義大利的東哥德人、西班牙的西哥德人、汪達爾人等，他們遷移到羅馬帝國境內的數量難以估計。根據巴黎大學傑克・埃爾教授的研究，蠻族遷移帝國境內是呈緩慢的遷移，人口數量也不多，因此蠻族遷移到帝國是不太可能像潮水般淹沒帝國。實際上，蠻族所到之處也不盡是破壞，也沒有強制帝國居民實行完全不同的生活方式。從人類學的觀點來看，蠻族的遷移，只不過是少數的蠻族群體滲入已經很複雜的帝國居民之中而已。

蠻族移居到帝國的最盛時期應該是在其軍隊入侵期間，據估計其移居較為準確的數字也以這段時期為標準，例如西哥德人在高盧南部定居時，人口可能將近十萬人，這是屬於人數眾多的蠻族遷移。西元507年西哥德人在武耶（Vouillè）戰敗後，大量移往庇里牛斯山的西班牙地區，因而造成在高盧定居的西哥德人驟減。然而當時在伊比利半島的人口已經達到七、八百之眾，因此即使西哥德人全部遷移西班牙亦屬於少數，他們不可能在該地區造成單一的哥德人密集殖民，入侵者也處處都得與西班牙的羅馬人混居生活在一起，他們從未形成單一的群體。

至於日耳曼其他蠻族的遷移數字，亦沒有確切的詳細資料。隨著

蠻族與羅馬諸省的接觸，西羅馬的政治制度與社會組織深受日耳曼傳統影響。此外，蠻族地名和人名的研究，實際上也非常困難，因為帝國境內某些地區的地名雖然日耳曼化，但不能確定這些區域是否有過大量蠻族移民。實際上蠻族已經與羅馬貴族混合在一起，他們的風俗、姓氏和名字如同風尚一般，許多羅馬人也採用蠻族的姓氏和名字，因此從人名、地名去估計移民的數量，根本是障礙重重。

羅馬的防禦措施

　　蠻族入侵的過程中，羅馬文化似乎並沒有遭到嚴重的破壞，主要是羅馬具有優越的防禦工事，保障了羅馬人的傳統和生活方式。因此，過去很多學者常強調羅馬帝國末期和蠻族的衝突是過於誇張。

　　羅馬的防禦措施主要是以萊茵河、多瑙河的長城防線為主，雖然曾多次被蠻族入侵，但還是保持一種強勢的防禦氣勢。蠻族文化與羅馬文化仍以這邊境地區作一分隔點，實際上，羅馬長城防線保障了帝國在邊界地區的安全。長時期的軍隊駐防也促進當地的經濟繁榮，因此邊境的生活方式和經濟活動與軍隊的互動也有著密不可分的關係。

　　幾個世紀以來，羅馬為防範蠻族入侵，在萊茵河邊及摩澤爾地區（Mozelle）、高盧北部等城市皆築有防禦工事的「街道」，此為日耳曼諸國模仿的對象，日耳曼人的城市社會結構，也是羅馬的延續。由此可見日耳曼人的入侵，其目的不在消滅羅馬帝國，而在分享他們的文明。此外，羅馬的拉丁文與日耳曼的方言，其界線也模糊不清，通常是以多瑙河南面的長城為界，在這疆界以內講拉丁文，北面地區則以日耳曼方言為主，萊茵河長城西面一百公里處，則是兩種語言間的界限。

羅馬在邊疆的防禦工事，僅是防範蠻族入侵的一個戰略方法，從軍事觀點而言，羅馬軍團還是嚇阻蠻族最有效的武裝部隊。例如西亞格里尤斯（Syagrius）所率領駐紮高盧北部的軍團，防禦及作戰能力皆很強，法蘭克的克洛維是唯一擊敗過這支軍隊者；鄂多亞克（Odoache）指揮駐紮在米蘭、維羅納（Vérone）、拉韋納（Ravenne）及波河平原的這支軍隊也很強大，這兩支軍隊是有效防止蠻族入侵的力量。此外，羅馬帝國靠地中海地區的省份，則以地中海艦隊作為帝國的海上防禦力量，這支強大的艦隊能確保海上糧食船隊的安全，通商航道及沿岸城市港口都在其控制下，東羅馬帝國的皇帝也是透過海上的交通，才能保持與西羅馬的聯繫。四世紀中葉，君士坦丁堡已經是羅馬帝國新都，因此西羅馬帝國的行政官僚亦經由海上的交通到拜占庭受訓。君士坦丁堡靠近博斯普魯斯海峽，羅馬的地中海艦隊也保障海峽的安全，相對於羅馬的混亂，君士坦丁堡變成羅馬世界的精神與文化首都。由於陸地疆域受蠻族侵擾，因此拜占庭禁止其居民教授航海技術給蠻族，因此蠻族軍隊幾次與羅馬發生衝突，皆因海上的問題引起，然而蠻族卻未能造成進一步的威脅。六世紀中葉，查士丁尼的再征服，曾經一度擊敗義大利的西哥德人，這場戰爭史稱「哥德戰爭」，使義大利半島與羅馬淪為一片焦土，損毀程度遠超過西元 410 年哥德人搶掠羅馬，因此，雖然拜占庭取得輝煌勝利，但也遇到蠻族頑強的抵抗。某些歷史學家認為日耳曼蠻族鞏固了西方的政治結構也保障了西方文化，而且認為日耳曼人的品德高過東方的拜占庭。儘管如此，查士丁尼還是認為再征服只是恢復羅馬帝國故有的疆域，因此他恢復了羅馬從前的傳統，使得東方羅馬文化也再次影響義大利、西班牙以及地中海地區。

　　六世紀在西班牙地區已經有希臘和敘利亞商人的蹤跡，而且東正教亦在西班牙開始傳播，教堂也隨處可見。這時期主教的職務多由拜占庭教士擔任。一位來自阿拉伯半島的教士馬丁（Martin）前往西班

牙北部傳教，並把東方的靜修生活和苦行主義傳入。而西班牙的信徒前往聖地朝聖，高級神職人員去君士坦丁堡學習，皆顯示拜占庭帝國與西班牙之間密切的關係，此外，住在西班牙的猶太人則把子女送到波斯等東方城市學習，使西班牙已經全面受到東方文化影響。拜占庭在北非及西班牙征服的沿海港口城市，仍然是由海路去阿爾摩里克（Armorique）和英格蘭的轉運站。在愛爾蘭、科努瓦那（Cornovailles）、德瓦（Devon）等地，可發現一些東方製造的雙耳底盆，可知這些西方基督教國家和拜占庭之間的關係仍然非常緊密。此外我們可以看到愛爾蘭修道院的教堂內，有如拜占庭聖像屏風般用一堵牆把大殿擋住，基爾代爾（Kildare）的聖布里吉特（Sainte-Brigitte）修道院的教堂內，這堵聖像屏風牆佈滿從羅馬及拜占庭帶來的彩色木刻聖像及象牙雕刻飾品。

　　六世紀末，拜占庭人仍然控制西西里島和義大利南部，他們也佔據著幾條狹長的沿海地帶，包括好幾個大城市，例如坎帕尼亞（Campanie）、阿普利亞（Apulie）、卡拉布里亞（Calabre）等地區。拉韋納依然是拜占庭帝國的行政中心，拜占庭的這種影響很大，且在義大利仍然繼續保持下去。

蠻族的生活方式

　　依據傳統的說法，蠻族入侵導致西羅馬帝國的商業及貨幣經濟崩潰，但這種說法並不確切，因為帝國各省的城市情況皆不同，因此，僅能做參考。

　　以北方的日耳曼王國建築而言，他們用樹枝搭蓋茅屋，又將其排成一行行的鄉村，但很難知道這些「鄉村」茅屋的建築是否與同一時

期的建築物是相應而建，或者這些排列整齊的鄉村是在被摧毀的城市上重建，然而可以確定的一點是羅馬人佔領這些村莊時，並未將這些村莊毀掉。北方諸國的茅屋建築亦有可能繼承克爾特人同一類型的村莊模式，因此村莊（Village）這個名詞，其涵義與現代有別，現代人仍在使用同樣名詞，但所代表的意義是「別墅」。北方蠻族諸國絕不可能有大理石材的建築物，因為石頭砌成的別墅及城牆、城市、道路等皆是羅馬人留下的文明。

　　然而蠻族的定居是否真的意味著城市文明的衰弱？實際上，蠻族入侵後，文明確實受到嚴重打擊，尤其高盧地區的居民，他們拋棄大部分城鎮的住宅，轉而躲進一個設防的城鎮，設防中心點往往以圓形劇場為主，因此設防線有愈來愈小的趨勢，例如：歐坦的城牆長度從6公里縮小到1,300米。佩里格也一樣，中心點的韋蘇納神殿面積由50公頃縮小到5公頃。然而西班牙和義大利的各城市則保持從前的規模，並未縮小，城市的活動還是非常活躍。無論如何，蠻族入侵並不表示城市文明消失，實際上，義大利和西班牙城市文明還是繼續存在，僅是暫時的衰弱或維持原狀。

　　六世紀初，英格蘭和阿爾摩里克地區的城市文明則真正消失，盎格魯人和薩克遜人進入英格蘭後，英格蘭地區逐漸日耳曼化，原來的不列顛語及城鎮都陸續不見，相反地，此時羅馬帝國的其他省份，由於日耳曼人的遷移讓原有的羅馬城市更加活躍。西元625年，北非的汪達爾王國在原來的迦太基大興土木，來往於迦太基的商人也為數眾多，說明汪達爾人並沒有使城市陷於萬劫不復之境，反而讓城市更加繁榮，迦太基還舉行宗教會議，當時非洲有六十一個城市的主教出席，可謂盛況空前。

　　高盧、西班牙、義大利、法蘭克以及哥德國王居住的王宮，往往也是行政中心。日耳曼蠻族在六世紀初即已開始固定住在諸王國境內的城鎮裏，過去那種遊牧部落生活型態，在此一時期也大都定居下

來。通常蠻族國王所建的王宮內部有一個庭院，周圍有行政機構、學校、教堂、王室墓園等。例如高盧地區的奧爾良、斯瓦松（Soissons）、蘭斯（Reims）等城市，王宮建築規模樣式亦大同小異。巴黎幾個著名修道院亦設置國王的墓室，如聖熱納維耶沃（Saint-Genevieve）、聖克魯瓦（Saint-Croiv）、聖日耳曼（Saint-Germain）以及聖坦尼（Saint-Denis）教堂皆有國王的墓室。此外，主教或伯爵的宏偉住宅皆有防禦工事，宅邸的四周則是家族的房屋大都比鄰而建。教堂分佈在城裏或城外，市鎮的修道院通常都有高牆圍住，城鎮的市集地非常熱鬧，工匠忙碌不已，此即高盧地區蠻族城鎮的風光。從前的羅馬城市在這一時期，顯得有些混亂不堪，羅馬城市已經被各式各樣的蠻族城鎮所取代。

西哥德人定居在西班牙中部高原上，根據資料顯示，西哥德人曾經在西元 615 年摧毀由拜占庭手裏奪取的卡塔熱納，因此他們導致城市生活的衰弱。此外，由於哥德人與羅馬人通婚，種族的融合也自然水到渠成。基督教的一支，阿里烏斯教派在西班牙最為盛行，主教也在許多城市舉行宗教儀式，梅里達（Mérida）以及萊奧維吉爾德（Léovigild）、托雷多（Toléde）等城市亦建有富麗堂皇的修道院和大教堂。西班牙的基督教首府在塞維亞（Séville）亦建有雄偉的教堂，城市本身的規模仍然按照當時的主教萊昂德爾（Léandre）和伊西多爾（Isidore）的構想，保持傳統古老的模式。例如雷科波里斯（Recopolis）周圍有 600 米長雄偉壯觀的城牆，這座城牆緊緊環抱著 30 公頃大的城市，讓人覺得蠻族的城市規模並不遜於羅馬人的舊城鎮。托雷多更富於魅力，除了城鎮內有宏偉的教堂及修道院建築，西哥德王室的王宮建築亦很雄偉壯觀。尤其在八世紀初，回教文化大舉侵入西班牙之後，托雷多仍然維持其傳統的文化和藝術，這種歐洲文化的保存應歸功於蠻族的國王。

義大利的蠻族城鎮則以帕維亞（Pavie）為重心，該城不但是倫巴

底人的王宮所在地，而且是行政和阿里烏斯教派首府，阿里烏斯派教徒改奉羅馬公教後，帕維亞成為主教會議的所在地，也是王室議會的會址，此外，它控制阿爾卑斯山脈的通道，也是金融機構的所在地，尤其在文學與法律研究方面，對於蠻族文化更有莫大的貢獻，因此該城即使在倫巴底王國覆亡之後，仍然保持其固有的傳統。

阿里烏斯教派

　　四世紀時，羅馬帝國已經盛行基督教，然而實際上在鄉村地區仍然信奉當地傳統的宗教。所謂的異端邪說乃是基督教一神論的主觀看法，蠻族遷移到帝國境內後，羅馬的北非以及西班牙地區，又重新出現普里西利安教（Priscillien），基督教徒對於這一教派往往以異端視之，西元 567 年布拉加舉行的主教會議譴責普里西利安教義。

　　哥德人在入侵羅馬帝國之前已經改信基督教，是受到烏爾菲拉（Ulfila）的影響。西元 341 年他被認可為主教，並在君士坦丁堡傳教，其所信仰的阿里烏斯教派（基督教的一支）也成為哥德人的宗教信仰。四世紀末，哥德人所定居的地方，信仰阿里烏斯教派的人日益增多，此時阿里烏斯教派也傳到汪達爾人、勃艮地人、斯威夫人以及倫巴底人等所建立的蠻族王國，因此造成日耳曼蠻族的宗教信仰（阿里烏斯教派）和羅馬人的基督教信仰有所衝突。例如彼此間的教堂是分開的，人民之間通婚也被禁止，由於兩方宗教的對立，也造成日耳曼蠻族與羅馬人不能融為一體，任何一方想改變對方的宗教信仰也是困難重重。北非地區，由於阿里烏斯教派信徒眾多，常導致迫害基督徒的事件，例如強迫基督徒離開其所屬的教堂，並勒令一些蠻族遷往西班牙等。

阿里烏斯教派在西哥德人所佔據的西班牙地區是一種優越宗教的象徵，六世紀中葉，西哥德國王萊奧維吉埃德（Leovigild）統治整個伊比利半島，他主張以強勢方式把阿里烏斯教派傳播到其臣民中，西元 508 年，阿里烏斯教派的主教會議決定，所有西班牙地區的羅馬人通過簡單的洗手儀式就可以改宗教。此外在楷里達的桑塔厄拉利大教堂裏，阿里烏斯教派的主教極力拉攏，爭取羅馬基督教的主教，可知阿里烏斯教派在西班牙非常活躍，然而也激起西班牙的羅馬人叛亂。西元 587 年雷卡雷德（Recared）即位，他採取與其父相反的方針，接受羅馬的基督教信仰，並說服阿里烏斯派主教仿效，阿里烏斯教派的貴族雖極力反抗，也無濟於事。[1]

異教徒

　　所謂異教徒乃是指與羅馬基督教信仰不同的宗教信徒，就早期的羅馬宗教而言，宗教只是讓人們熟識各種神靈和討好神祇的一種儀式，那些神靈亦只是虛無縹緲的生靈，對於祂們，羅馬人亦一無所知。五世紀中葉，西羅馬崩潰之後，這種傳統的宗教儀式仍存在於廣大的鄉村地區——高盧、西班牙等地，人們對偶像的崇拜仍然沒有任何改變。基督教在西羅馬帝國的舊疆域雖然盛行，但向異教徒傳教仍很困難，部分的蠻族國王或貴族接受基督教的信仰，但僅限於表面，例如墨洛溫王朝的克洛維接受基督教洗禮，其目的是希望他的政權能

1　一位亞歷山大城的神父名叫阿里烏斯（Arius）曾提出關於耶穌的一些理論，一些主教同意其觀點，而另外有人則不採納，四世紀時，在小亞細亞的尼西亞（Nicée）舉行宗教評議會判定阿里烏斯教派是邪教。

獲得教會支持，實際上在六世紀初墨洛溫王朝境內許多鄉村居民，仍然忠於他們自己的古老信仰。

　　根據這一時期的文獻資料顯示，當時西歐的人們對於傳統的宗教信仰非常虔誠，男人常佩帶護身符保平安，這些護身符形形色色，例如野豬的長牙、熊齒、鹿角、樹脂或琥珀等，皆是男人愛佩帶的護身符。此外人們在死去親人的墓地上燃點一盞火並使之維持不熄，象徵墓地的淨化作用。人們所信奉的神祇為數眾多，幾乎山川草木皆有神靈，也都是他們祭拜的對象，例如人們向泉水神、湖泊神、森林神等供奉祭品。有些蠻族則對太陽和火特別崇拜，甚至興建廟宇敬奉羅馬帝國初期的各種神靈，因此向異教徒傳教是一件困難之事，要促使異教徒改宗需要很長的時間。

主　教

　　五世紀末，在日耳曼諸王國境內，城市仍然是由基督教的主教們所控制，因此主教的德行優劣也關係著城市本身的發展。此外，他也是人們唯一的精神力量，人們選擇的主教往往是一位虔誠、能幹又熟悉公共事務的俗教徒。一般而言，主教都比較富裕，他們大部分是貴族或領主成員。既然主教是城市的主宰者，當然也是一位執政官，因此，他必須保護城市免受掠奪或騷亂，並保障市場機能和經濟的穩定，尤其要讓工匠和作坊的主人都能各司其職，因而多數教堂附近住宅也是工匠工作的地方。此外，學校與醫院的興建，也是主教必須投入心思的地方。可見西羅馬帝國崩潰之後，蠻族逐漸接受基督教，但各城市的政治體制是政教合一。

　　羅馬帝國在四世紀時，基督教已經為多數的貴族接受，然而只侷

限於城市裏，到了六世紀初，這種窘境還是無法改變，西歐的鄉村仍然看不到教堂，即使有教堂的蹤影，也是孤立在一隅。不久許多領主在其鄉村的領地上興建小教堂，作為人們祈禱和集會的地方，但是隨著信徒增多，小教堂也成為基督徒接受聖事和祭禮的地方，之後有教士團長期進駐鄉村，鄉村的教堂也為之改變，成為很有制度的基督教會團體，例如鄉村教堂明確規定宗教儀式，每日做彌撒、領聖體等，此外，一些聖人傳記描述主教如何在鄉村傳教，他們付出很大的心力關注在鄉村傳教。七世紀初，一位名叫絮爾波斯（Sulpice）的主教常常規勸猶太教徒及異端份子改宗，他尤其不能容忍異教徒的偶像崇拜，因而毀壞許多偶像，對於基督教正統的信仰極力維護。西元 624 年到 644 年他是布爾日（Bourges）主教，同時擔任墨洛溫王朝克洛泰爾（Clotaire）二世的顧問，他的宗教信仰不僅影響墨洛溫王朝的宗教態度，而且進一步強化基督教在法蘭克人中的信仰地位，他對於基督教的熱忱，留下深深足跡。

愛爾蘭的修士生活

由於愛爾蘭遠離羅馬帝國本土疆域，又與英格蘭相隔一個海峽，因此長久以來，它保有自己傳統的宗教信仰和生活習俗，政治結構也獨樹一格。五世紀初，愛爾蘭境內蠻族中較大的部落由領主統率，這些領主則聽命於更大的領主或最強大的國王，實際上，愛爾蘭乃是由日耳曼蠻族國王所統治。

五世紀中葉，聖・帕特里克（St. Patrick）在愛爾蘭開始傳教。西元 389 年帕特里克出生於英格蘭北部，父母都是虔誠的基督教徒，十六歲時曾經被海盜俘去愛爾蘭，七年之後才逃出，不久，他又被薩克

遜海盜抓走，經過很多艱險漂泊之後，總算安全返回故鄉。後來又轉往高盧定居，並前往羅馬謁見教皇塞勒斯坦（Célestin），隨後被任命為歐塞爾區（Auxerre）主教，取得在愛爾蘭島傳教的許可。西元 432 年帕特里克率領的傳教士在愛爾蘭東部威克妻島（Wickow）登岸，立即展開傳教。經過三十年的奮鬥，愛爾蘭人大部分接受基督教的信仰，並在各地興建許多教堂和學校，聖・帕特里克建立的新教會也在愛爾蘭地區廣泛的推展開來，被人們所敬重。由於愛爾蘭沒有大城市，因此不設主教，鄉村的宗教事務則都由修道院直接負責，修道院也成為愛爾蘭宗教和文化生活的唯一中心。聖・帕特里克當時在愛爾蘭傳教的成就很大，亦派遣傳教士到愛爾蘭以外地區傳教，甚至遠去歐洲大陸。西元 459 年聖・帕特里克去世，愛爾蘭人稱他為「愛爾蘭使徒」，直到現在每年的三月十七日其逝世日子人們都會舉行追思彌撒。

這時愛爾蘭境內建立許多修道院，較著名的有由聖・菲尼昂修士興建的克魯阿爾修道院，西亞朗修士建造的迪魯合德里修道院也頗負盛名。科隆比出身於愛爾蘭王族，因細故和國王發生爭執，最後被逐出愛爾蘭，西元 563 年他率領十二名傳教士移居蘇格蘭，先在蘇格蘭西部的艾奧納（Iona）島建立修道院，然後以此為中心努力傳播基督教，經過三十年的奮鬥，他終於使蘇格蘭人都改信基督教，西元 597 年去世後蘇格蘭人稱他為「蘇格蘭使徒」。

修道院的建築形式完全按照當時國王的寢宮樣式興建，通常修道院四周都建有一道好幾米厚的圍牆，圍牆內又有許多建築物，按分佈順序是教堂、食堂、招待所、學校、修道士靜修房間等。教堂呈長方形，其建造的材料以琢磨過的石塊為主，屋頂是用大而薄的石板堆砌而成，教堂僅有 3.5 米長。通常修道院的建築都很簡陋，因此修道院內也很難出現大教堂，教士的住所往往只是用樹枝搭起來的窩棚，由此可知，初到蘇格蘭的修士生活極其刻苦和清貧，這也是他們終身遵

守的原則。

　　西元 500 年愛爾蘭的修士把清貧、苦修、貞潔的生活準則轉變成修道院的戒律教條，變成嚴格苦修，絕對順從的群體，他們把時間劃分為祈禱、學習（或抄書）和勞動等不同的作息時間。此外修道院施行寬以待人，指導在俗教徒的精神生活，並接收許多來自英格蘭的學生。以修道院為中心的城市，此時也應運而生，城內有教師、學生、手工業者和農民等，如圖姆里甘修道院內的學校則設有拉丁語、愛爾蘭法律、愛爾蘭詩歌文學三個專業學門。

　　這些愛爾蘭修士喜歡到遠方旅行和流浪生活，他們富有冒險的精神，許多傳教士亦到其他地區傳教。從早期愛爾蘭的歌及通俗文學的描述，說明愛爾蘭修士喜好長途旅行，離群索居在陡峭的山岩或小島建造修院，因為這樣可以靜心修行，也由於他們富於冒險的性格，愛爾蘭修士亦對北方諸島探險，此外高盧地區也成為愛爾蘭修士冒險之地。

　　六世紀，聖‧科隆比修士是比較積極向外冒險的傳教士，他起初在孚日山南面建立修道院，後來與主教發生衝突，最後被驅逐，之後來到瑞士建立新的修道院，他的弟子聖‧高爾負責領導瑞士修道院。倫巴底人佔領的義大利北部亦成為他們傳教冒險之地。聖‧科隆比在義大利的亞平寧山脈中的博比奧亦建立一個新的修道院，此時阿里烏斯教派與聖‧科隆比發生教義之爭，在阿里烏斯教派被判定為邪說之時，聖‧科隆比的傳教則變為更積極，西元 615 年他去世於博比奧。聖‧科隆比的一些弟子在大高盧地區也建立許多修道院，而歐洲的許多修道院如雨後春筍般在各地區紛紛建立。

聖本篤教規

　　南高盧的普羅旺斯海岸地區，較易受到東方影響，他們最初的生活守則是效法東方的苦行主義，長時間的祈禱和苦修，很少和外界接觸。

　　西元 525 年，伯努瓦（Benoit，西元 480～543 年）在卡西內山（Le Mont Cassin）聚集一些俗人，卡西內山位於羅馬和那不勒斯之間，聚會的人希望遁離現世，遵照一定修院規則在一位長老或修道院長的帶領下，過一種靜思、祈禱的生活，伯努瓦為他們制定的規則被稱為聖本篤會（St. Benedictinism）教規，即「聖本篤清規」（The Rule of St. Benedict）——貞節、安貧、服從。伯努瓦的拉丁名字是本篤德尤斯（Benedictus），這種教規比愛爾蘭修士的教規鬆散，他們在祈禱與擔任神職之外，教規也為體力的勞動制定一些條文，修士須開墾修道院四周的田地以自給自足。本篤會規則以很緩慢的速度向外傳播，後來的格列哥里教皇（Gregoriusl，西元 540～604 年）2 使之有了更大的發展。3 聖本篤的教規明確而合適，與東方傳統相比，獨創之處主要在於必須終身修行，過集體生活，做腦力或體力勞動。

2　格列哥里屬於羅馬一個富有的貴族家庭，原為該城行政長官，後來當選為教皇，他善於修復城市廢墟，給飢餓和衰弱的居民供應食糧，並特別熱衷於派遣巡視神職人員至整個西方組織教會和控制主教選舉。

3　逐漸地，神父也開始進入修道院，與俗世弟子一起修行。

傳教使命

西元 597 年，格列哥里派奧古斯丁去英格蘭向薩克遜人傳教，奧古斯丁很快地使肯特（Kent）王國的埃塞爾弗里德（Ethelbert）國王改宗，並馬上組織英格蘭教會，先是坎特伯里，繼而是倫敦和約克。然而，這種基督教化仍然是表面的，因而奧古斯丁的後繼者不得不長期與異教的復甦競爭。約西元 700 年，大部分的英格蘭才算基督教化。但在此處建立羅馬教會引起愛爾蘭修士的強烈不滿，因為他們早已在該島上建立一些修道院和傳教中心，且愛爾蘭人對他們自己特殊習俗的眷戀，因而進一步加深兩個教會之間的敵對，這些習俗包括教士剃髮禮和規定復活節。南愛爾蘭於西元 631 年歸順羅馬，北愛爾蘭和艾奧納的修士則在西元 704 年到 716 年後才歸順。

那些忠於聖‧科隆比和格列哥里教皇指令的傳教士，儘量不去觸犯前輩的神業。蠻族（薩克遜人、法蘭克人、東日耳曼人）的改變宗教信仰，不管怎樣，是一件需要長期努力的困難工作。它極度影響羅馬教會本身的生活、神職人員的活動和修士的生活守則，與東方相比，這種傳教恰是西方的另一種獨創之處，在蠻族移居之後就顯示出。

蠻族的文化

在文學和文化領域裏，很難找到一種真正日耳曼文化的痕跡，如北歐語使用的字母文字從未對歐陸產生重大影響，因為它很晚才被採用，且從西元 500 年起便趨於消失。而用希臘字母書寫的哥德語，在

哥德人改變宗教信仰時曾發出燦爛光輝，然兩個世紀後便讓位給拉丁語。另外，在那些蠻族王國時期，一種民間文化，一種與文人文化相對立的鄉村民間傳說出現，現在看來還難以確定和分析，可能這一出現與其說是真正的新貢獻，不如說是當地克爾特人傳統再現的標誌。

在哥德各王國，拉丁語、修辭風格令人驚訝地被保存下來，因此拉韋納有博埃斯（西元 480～524 年，《哲學的安慰》）和卡西奧多爾（西元 480～575 年，《文學預言風俗論》）。經過拜占庭的再征服之後，在卡拉布里亞地區的維瓦里奧姆修道院裏，卡西奧多爾領導文學與科學研究機構，該處有一個引人注目的圖書館。西班牙人塞維亞的伊西多爾（西元 560～636 年）個性很強，是西方中世紀最傑出的文人之一，也仍然十分忠於拉丁文化，其作品對羅馬古代的偉大表示強烈的懷念之情，對表達方式表示某種審慎態度，他的作品同樣表現出一種極大的獨創性，人們從他的作品裏感受到真正的感情，一種感染和啟發力，一種不同的精神狀態，一種深深置身於他那時代並領略當時社會準則的感覺。修道院、主教學校以及西班牙的國王和貴族都用古書充實他們的圖書館。在愛爾蘭，拉丁語仍是一種深奧、博學、不受庸俗損害的語言，在高盧本地，人們可在圖爾格里哥利的哀歌中找到一些悲痛之處，他哀嘆文學的衰退。

哥德人的歷史像是一種史詩般的民族之歌，方丹認為是「對中世紀感受的最初文學表現形式之一」。這種「民族」感情，這種對羅馬世界性的摒棄，卡西奧多爾對此曾提供初步例證，預示一種新文化的到來。

蠻族的移居帶來一些非常新的藝術表現。蠻族時期，所謂小型藝術（應更確切說是動產藝術或工藝美術）勝過建築和大型雕刻。在一定程度上，人們可以把這一新的藝術和遊牧傳統，與把自己的命運保存在武器、服裝和首飾上的願望有關。哥德人或法蘭克工匠驚人的高超技藝，說明他們把全部心血都傾注在武器的做工和裝飾、宗教或非

宗教金銀器（扣鉤、腰帶牌、金項鍊）上，在他們的作坊經由細心和專注的把工作完成，顯然與羅馬、高盧成批的粗糙生產不同，呈現的是新的技術。在遊牧傳統和東方傳統中，蠻族還保持對奢侈品、貴金屬和鮮艷色彩、華麗服裝、金銀飾品、鑲嵌有堅硬或寶石的鍍金青銅製品的愛好。

蠻族亦致力於平面裝飾，抽象的裝飾圖案，似幾何圖形的交織花體字，單線條勾勒的裝飾式樣，但卻忽視浮雕（雕刻石板），用金銀絲構圖。哥德人的動物藝術（鷹、魚）由於倫巴底人的到來而用草原文化（斯基泰──薩爾馬特人的文化）的題材，諸如鷹頭獅身帶有翅膀的怪獸和龍，這些神怪動物豐富了自己，這也是一種運動的藝術，如激戰中對峙的、糾纏在一起的猛獸、轉動的妖怪。

人們應避免誇大所謂日耳曼人的貢獻。蠻族的這種藝術也是一種合成藝術，它包含一些十分複雜、來源有時不能肯定的成分。羅馬的傳統在哥德人的地中海諸王國中還十分盛行，哥德人建起拉韋納、梅里達或埃武拉大教堂，更晚些（西元 650 年後），在瓦倫西亞地區建立巴尼奧斯的聖胡安教堂，在巴塞隆納附近建泰拉薩教堂，這些教堂呈十字圖形，裝飾有騎馬鐵弓、蓋有石拱頂。北方諸國的建築技術削弱，裝飾題材並非全是蠻族式樣，許多題材來自克爾特人的舊題材。愛爾蘭的藝術，透過修道院裏用小彩畫裝飾得極美的手稿和石雕大十字架，為這種由不同成分合成的藝術提供一個動人的例子。愛爾蘭人往往採用異教徒的裝飾圖案，把它們變為基督教的象徵，卻是信奉從前的信仰（交織花體字，是流水的象徵；鴨子是多產的象徵）。西方各處，蠻族的許多貢獻好像一些從東方文明、拜占庭或薩桑王朝的波斯吸取來的東西，因而加強羅馬藝術的發展，在帝國結束後更愈來愈受到埃及和敘利亞的影響。實際上，在不低估特別是金屬工作方面新技術重要性的情況下，蠻族的這種審美觀有許多東西都應歸功於地中海東方。

若以為蠻族入侵，以強制實行全新的傳統，扼殺羅馬文明，那是

一種錯誤的空想。蠻族的法律表現出某種精神和最初的習俗，包括家
庭共同責任、贖罪金（人價）、裁判決鬥或神意裁判。蠻族的法律，
如厄里克法典或撒利克法典，尚且用拉丁文起草，全都受到羅馬法
律，至少是某些行省的法律形式受到深刻影響。

參考書目

外文部分

J. Lestocquoy, Le paysage urbain en Gaule du Ve au IXe siècle, *Annales. Économies. Sociétés. Civilisations*, 1953.

E. Ewig, Résidence et capitale pendant le haut Moyen Age, *Revue historique*, 1963.

H. Planitz, *Die Deutsche Stadt im Mittelalter*, Graz, 1954.

J. Fontaine, *Isidore de Séville et la culture classique dans l'Espagne wisigothique*, 2 vol., 1959.

P. Riché, *Éducation et culture dans l'Occident barbare (VIe-VIIIe siècles)*, 2e éd., 1967.

R. Latouche, *Les origines de l'économie occidentale (IVe-X I e siècles)*, 1956.

E. Salin, *La Barbarie mère des civilisations (400-700)*(coll. 《Les métamorphoses de l'Humanité》), 1967.

F. Henry, *L'art irlandais* (《Zodiaque》), 2 vol., 1963-1964.

W. Holmoquist, Lart des Germains depuis la Ve siècle, dans *Celtes et Germains* (coll. 《L'Art dans le Monde》), p. 152-221, Paris, 1964.

A. Grabar, C. Nordenfalk, *Le haut Moyen Age*, Skira, 1957.

J. Hubert, *Les origines de l'art francais*, Paris, 1947.

J. Hubert, J. Porcher, W. F. Volbach, *L'Europe des invasions*, 1967.

A. Thiery, *Récits des temps mérovingiens*.

中文部分

《西洋全史（五）中古歐州（上）》，馮作民編著，燕京出版，民64
　　年。

《西洋中古史》，張學明譯，聯經，民75年。

《簡明西洋中古史》，劉增泉譯，國立編譯館，民84年。

《歐洲文化史》，劉增泉譯，漢唐出版社，民88年。

《西洋中古史》，袁傳偉譯，五南圖書，民78年。

《西洋中古史》，王任光編著，國立編譯館，民71年。

《西洋文化史第三卷（中古下）》，劉景輝譯，學生書局，民71年。

3

拜占庭帝國：
查士丁尼時代

君士坦丁（Constantine I the Great，在位 324～337 年）於西元 323 年繼任為羅馬帝國的單一皇帝，[1] 重建博斯普魯斯（Bosporus）海峽上的古城拜占庭 [2]（Byzantium）為君士坦丁堡（Constantinople），西元 330 年 5 月 11 日，拜占庭正式成為羅馬帝國的新都，即新羅馬。這個由希臘移民所建的拜占庭，控有博斯普魯斯海峽，可以隨時關閉東西方之間的交通大門，是各洲商業交會之地，也是萬邦產物屯存之處，更是戰船及商船躲避襲擊或者暴風雨的安全港口。這個城市三面環海，[3] 有著天然的屏障，靠陸地的一面可以興建城牆防守，不怕波斯人、匈奴人、斯拉夫人、保加利亞人、俄羅斯人、哥德人、阿拉伯人等的威脅，只有被十字軍侵佔過。這裏以基督徒居多，他們也習慣於東方王朝的形式，一位基督徒皇帝可以享受公眾的愛戴，這是羅馬的元老院以及非基督徒民眾不會給他的。很快地，君士坦丁堡已可和羅馬相比擬，甚至超越它，建都後不到兩百年，便成為世界上最富有、最美麗以及最文明的城市。

---

[1] 由於羅馬在早期的政治發展上是採取共和體制，屋大維（Octavius，23B.C.～14A.D.）時代才成為羅馬世界的唯一主宰者，不過，他仍以「恢復共和」為號召，從不公開以統治者自居，每年仍競選執政，直至西元前 23 年為止，此後保持保民官的權力，但有鑑於其義父凱撒（Caesar）當皇帝而被殺，因此非常謹慎的掌握政權，雖然已是一位高高在上的專制統治者，但他並未真正的當過皇帝。之後的繼任者才以皇帝自居，但西元 284 年戴克里先（Diocletian，245～313 年）被軍隊擁立為皇帝後，西元 286 年將帝國分封給部將麥西米連（Maximilian），兩人皆稱奧古斯都，戴克里先又在西元 292 年，封君士坦修斯（Constantius）和蓋勒里烏斯（Galerius）為凱撒，是為二凱撒，帝國因而四分，西元 323 年，君士坦修斯之子君士坦丁一世統一群雄，才終止一國分治，成為單一皇帝。

[2] 原為希臘人所建立的殖民地，因傳說中的建立者為拜占（Byzas），故名拜占庭。西元 330～1930 年亦稱君士坦丁堡。西元 1930 年則改稱為伊斯坦堡（Istanbul）。

[3] 由瑪莫拉海（Sea of Marmora）、韃旦尼爾海峽（the Dardanelles）和博斯普魯斯海峽（the Bosphorus）所構成的水域。

新都建立

　　羅馬帝國在狄奧多西（Theodosius I the Great，在位西元 379～395 年）時又分為二，從此再也沒有統一過，狄奧多西在西元 395 年死後，由長子阿卡迪歐（Arcadius，在位西元 377～408 年）繼承東羅馬帝國，幼子奧諾里歐（Honorius，在位西元 395～423 年）繼承西羅馬帝國，不幸地，西羅馬帝國在日耳曼蠻族侵略下，於西元 476 年滅亡。遙屹於東方的東羅馬帝國，雖然是從羅馬帝國分割而來，但卻有著明顯的東方色彩，也不經意地保留了希臘文化，相對於昔日的羅馬帝國，已無法以單純的「羅馬帝國」繼承者來看待，而「拜占庭帝國」（Byzantine Empire，330～1453 年）的名稱，反倒可紓緩其身為羅馬帝國繼承者的使命，也賦予它新的意義，並且寫下璀璨的一頁。若說君士坦丁突發奇想的興建新都，倒不如說他有先見之明，使羅馬帝國能在日耳曼蠻族摧毀整個歐洲之際，尚能保存一脈於東方，更因希臘文化的保存，為後世的歐洲文明留下寶貴的遺產，更促進歐洲的文藝復興。

　　西元 408 年阿卡迪歐（Arcadius）駕崩，其子狄奧多西二世（Theodosius II）繼位為東羅馬帝國皇帝，由於他只有七歲，國事交由執政官及元老院，西元 414 年，狄奧多西的姊姊菩鶴利亞（Pulcheria）僭取攝政職位，年僅十六歲，她終生保持處女身分，將國家治理得有條不紊，西元 438 年頒佈狄奧多西法典，編纂自君士坦丁登基以來頒佈的所有法令，此一新法典在東帝國與西帝國同樣被接受，直到《查士丁尼法典》（Justinian Code）出現為止。西元 450 年，狄奧多西二世駕崩，狄奧多西的皇統乃正式斷絕。

西元 491 年，阿那斯塔西烏斯（Anastasius，在位西元 491～518 年）繼位，他以聰明、經濟的行政措施來重整國家財政，不但降低稅率，還廢除人與野獸的競技，他把澤農（西元 474～494 年）在位時期，擁有無限權力的艾索里西亞人驅出宮廷和政府，且經過幾年的征戰，終於把他們趕到巴爾幹地區。他為了防止斯拉夫民族與保加利亞人的入侵，從瑪莫拉海（Sea of Marmora）至黑海之間築起一條長達四十英哩的「長牆」（Long Walls），使君士坦丁堡固若金湯。由於他的勵精圖治、與民休養生息、改革稅法、矯正弊端，國庫從即位時的空虛，到他去世時已存有黃金 32 萬鎊，此對查士丁尼（Justinian the Great，在位西元 527～565 年）所創的盛世有很大的貢獻。

查士丁尼時代

查士丁尼為查士廷一世（Justin I，在位西元 518～527 年）的侄子，被查士廷收養，在君士坦丁堡接受完整的教育，他好學深思，尤其長於神學與法律，建築與音樂的造詣

東羅馬帝國查士丁尼皇帝

也很高，熱衷於研究財政問題。由於查士廷為一介農夫，目不識丁，完全是憑著機運與取巧當上皇帝，因此在位的九年裏，所有朝中內外

的政務，都是由他的姪子查士丁尼以及宰相普羅克拉斯（Procllus）輔佐。

　　查士丁尼為了征服西方的省份，放棄東方的宗教和平。首先，便是捍衛主教會議確定的教義，與羅馬教皇結為同盟，尊重羅馬教皇的特權，保持基督教的絕對統一，查士丁尼為了呼應羅馬教皇，採取嚴厲措施，攻擊脫離君士坦丁堡教會的埃及和敘利亞教徒，猶太教徒、景教徒和希臘古代異教教義的哲學家也遭到迫害，就連享有盛名的雅典學院也遭到關閉，學院的老師也被放逐到波斯。

　　不過，查士丁尼未能恢復宗教統一。而「尼卡暴動」（Mob of Nika，532 年）[4] 使查士丁尼記取教訓，戰戰兢兢地處理政事，尼卡暴動之因在於，阿那斯塔西烏斯時代在君士坦丁堡特別流行戰車比賽，讓一般人民有著空前未有的狂熱，戰車選手之間分成「青黨」和「綠黨」兩大派，觀眾自然也分成兩大派，但是純粹的運動比賽被摻雜了宗教和政治色彩。擁護先帝阿那斯塔西烏斯以及信奉

查士丁尼皇后狄奧多拉

<hr />

[4] 「尼卡暴動」（Mob of Nika，532 年）名稱的由來，是在君士坦丁堡暴動期間，他們齊聲高喊「尼卡（Nika）！尼卡（Nika）！」，即拉丁語勝利之意，所以，當時羅馬人就把這場首都大暴動稱為「尼卡暴動」。

他所提倡的毛諾非塞特教的綠黨，被一般羅馬人視為邪魔歪道；青黨則擁護查士丁尼，並且信奉他所提倡的希臘正教，兩黨的對話氣氛一直充滿火藥味。西元 532 年 1 月，查士丁尼舉行即位五週年慶典，君士坦丁堡城內有盛大的戰車競賽大會，比賽中的加油聲卻演變成兩黨互相叫罵，進而辱罵朝廷，使得青、綠兩黨大打出手，經過鎮壓後，被逮捕的青、綠兩黨禍首遭處死，使原本水火不容的青、綠兩黨反而連聲一氣，採取共同行動對付朝廷，這一暴動使君士坦丁堡頓時成為一座人間煉獄，查士丁尼在無計可施的情況下，接受皇后狄奧多拉（Theodora）的勸說留在君士坦丁堡內，不過他採取血腥鎮壓，屠殺三萬五千多暴民以換取自己的性命及皇冠。

查士丁尼的治績

在查士丁尼三十八年的治理期間，不論內政、外交以及武功軍事上都令人注目，尤其是在建築和編纂法典上。他的大興土木，不管是否由於好大喜功始然，無可厚非君士坦丁堡內的建築，的確是令後世的人們贊嘆。

聖索菲亞大教堂

查士丁尼在君士坦丁堡建造宮殿、引水渠、橋樑、醫院、公共浴池，尤其是二座富麗堂皇的聖阿波特爾和聖索菲亞（St.Sophia）教堂。聖索菲亞大教堂本來是君士坦丁興建的，不幸在西元 532 年的「尼卡暴動」中被青、綠黨暴徒縱火焚毀，查士丁尼很快地在四十天之後下令重建，聖索菲亞大教堂原本可以於一兩年內回復原貌，但為了比

羅馬更壯觀美麗，他決心花費更多的時間、金錢和人力來建造屬於他的無限榮耀。聖索菲亞大教堂以當時的建築巨匠安提繆斯（Anthemius）為總工程師，每日動員一萬多名建築工人，耗費數百萬鎊黃金，歷時五年又十一個月才全部完竣，立即成為拜占庭帝國基督教徒的信仰中心。聖索菲亞大教堂只是查士丁尼無數宏偉的建築之一，從義大利半島到波斯，整個東羅馬帝國領域內，都有查士丁尼所建的議事堂、禮拜堂、修道院、醫院、水道、城寨堡壘，足以看出查士丁尼的雄心。

拉韋納

拉韋納為帝國的第二首都，位於亞得里亞海邊，透過巴爾幹地區公路上疾馳的郵件押送員和君士坦丁堡保持聯繫。城市周圍遍佈沼澤，構成天然保護網，經由南面幾公里外的克拉西斯港，很容易得到援救和補給。拉韋納是一座避難城市，早在加拉、普拉奇迪亞和瓦拉倫提尼安三世統治時期的羅馬帝國後期，以及後來的奧多雅克和狄奧多里克蠻族國王統治時期，拉韋納就已經是一座都城，城市裏到處充斥著受拜占庭影響的建築，在拜占庭佔領期間拉韋納很快就取代羅馬的地位，查士丁尼致力於把它變成一座宗教和藝術的大都市，修建與新帝國相稱的建築，這些建築顯示出式樣和靈感完美的統一，它們都屬於拜占庭第一個黃金盛期的藝術作品，拜占庭的傳統為以後義大利的宗教藝術留下不可磨滅的烙印。

法典編纂

查士丁尼除了在建築方面的偉業，法典的編纂更是對日後的歐洲影響深遠。六世紀時，羅馬法律已陳舊，出現很多矛盾以及不合時宜之處，狄奧多西二世在西元 438 年所編纂的《狄奧多西法典》已頒佈

逾百年，再加上許多新的法令通過，使得法令堆積如山並且相互矛盾，也阻礙行政與司法事務執行，尤其是關於建立東方專制政體以及基督教的影響，改變立法和法令的解釋。查士丁尼在法令雜蕪的困擾下，西元 528 年，任命十七位法律專家整理、澄清、改良這些法令，以法學大臣杜里布尼安（Tribonian）為法典總纂，根據歷代憲法、敕令、判例，再參酌基督教的法理思想，這本需要研究二千多本古代法學家著作的鉅著在幾年內就完成，《查士丁尼法典》分為羅馬法入門、著名法學家學說彙抄、歷代帝王敕令全集、今上敕令全集四部。羅馬法入門又稱法學提要或法學原理，以杜里布尼安為總纂，一共四卷，內容為人格、財產、訴訟、查士丁尼敕法等四卷；著名法學家學說彙抄又名學說彙纂，根據歷代法庭判例和歷代法學家學說，從三千多卷古籍中精選五十卷而成，費時三年；歷代帝王敕令全集以《狄奧多西法典》為藍本，再參酌當時的帝國憲法及敕令，費時十四個月才全部完成；今上敕令全集則是最後編成的一部新法典，以補充其他各法典之不足。西元 533 年，所有法典全部完成，所有帝國臣民便奉此法典為圭臬，所有法庭裁判亦必須以此法典為依據。

武功

西元 526 年，波斯王庫包德一世（Kobad I，在位西元 487～531年）親筆國書致查士廷，希望將其幼兒科斯羅（Chosroes I，在位西元531～539年）收為義子，遭查士廷拒絕，兩國陷入戰爭的邊緣，同年查士丁尼以同皇帝的身分派部將貝利沙留（Belisarius）屯兵亞洲國境，隔年貝利沙留更在尼西比斯（Nisibis）附近修築要塞，此舉引發波斯王庫包德一世的反感，認為是在挑釁，乃在西元 528 年正式下詔對東羅馬宣戰，不過由於東羅馬帝國的將帥貝利沙留年僅二十四歲，遭部將嫉妒無法眾志成城；波斯則因庫包德一世逝世而有內爭，使得這次戰役勝負皆

有，查士丁尼為了向北非的汪達爾用兵，在西元532年與波斯締結和約。

　　西元539年，東哥德王威提格斯（Vitiges）從義大利派遣使節到波斯進讒言，希望波斯王能予以支援，在亞洲發兵扯東羅馬的後腿，否則，待摩爾族、汪達爾族、東哥德族滅亡之後，便是波斯。波斯國王科斯羅早就想征東羅馬，因此在西元540年正式對東羅馬宣戰，科斯羅率領波斯軍不但攻陷安提阿，更侵略美索不達米亞的達拉斯要塞，由於達拉斯要塞易守難攻，波斯兵才退回本國，查士丁尼獲知敗戰的消息，便緊急任命貝利沙留為東方軍事統帥，剛巧此時突然發生鼠疫，疫區迅速擴大，敘利亞、波斯、印度、北非海岸到歐洲大陸皆是，由於雙方的鼠疫災情慘重，使得戰爭一度中止，西元543年波斯國王科斯羅又對東羅馬發動攻勢，但雙方都已感到精疲力竭，乃在西元545年訂立五年休戰條約。西元547年，東羅馬收復義大利之後，果不其然在西元549年對波斯再度用兵，這一次是在黑海東岸的科爾基斯交戰，時間長達六年，最後，西元555年訂立和約，波斯軍隊立即撤回本國，東羅馬帝國則需支付波斯王國歲幣。

　　查士丁尼在西元534年平定北非的汪達爾之後，便在同年，以替東哥德女王復仇為名，命名將貝利沙留為義大利遠征軍統帥，發兵義大利向狄奧多哈德（Theodahad）問罪，西元536年，貝利沙留便已進入義大利本土，狄奧多哈德不戰而降，但在羅馬被東哥德軍廢黜，由大將威提格斯稱王，新王先留下重兵鎮守羅馬城，然後自己率領大軍北去國都拉韋納，貝利沙留於是光復羅馬帝國故都羅馬。不過西元537年，東哥德王威提格斯又率領十萬大軍，企圖從貝利沙留手中奪回羅馬，卻因東哥德軍發生大瘟疫而退守拉韋納，最後只剩下拉韋納孤城，便向貝利沙留求和，更妙的是東哥德軍欲擁貝利沙留為王，不過卻沒有結果，東哥德軍最後遭到解散，貝利沙留因為功績顯赫，成為查士丁尼嫉妒警戒的目標，不過貝利沙留始終忠於朝廷的。

　　義大利被東羅馬軍政大官統治，這些大官並沒有良好的管理政

策，只是任意的搜刮義大利人民的財物，因而，東哥德軍在西元 541 年，擁立西哥德王族托提拉（Totila）為王，西元 542 年，東哥德軍不但奪回北義大利，更在六個月之內幾乎奪回南義大利，查士丁尼乃調派貝利沙留西征義大利，卻沒有給貝利沙留足夠的援兵，以至於征服東哥德的軍事毫無進展，貝利沙留知道查士丁尼不信任他，對他有防範，乃向查士丁尼請命退休，西元 549 年離開義大利。查士丁尼在西元 552 年發兵兩萬，任命那錫士（Narses）為統帥，那錫士以七十五歲高齡重創東哥德軍，西元 553 年攻下羅馬，東哥德王國正式滅亡，殘兵敗將分散到阿爾卑斯山谷中或被當作俘虜遣送到東羅馬。

面對高原上的摩爾人，拜占庭調用強大的軍隊在重要的地方，在設防的城中修築城牆，儘管摩爾人在邊界和帝國對抗，拜占庭始終掌握馬格里布，一直到西元 670 年才被阿拉伯人奪走。在非洲，在多瑙河畔，在哥德人移民地和希臘商行，在亞美尼亞，甚至在幼發拉底河上游沿岸拜占庭都修築長城。戰爭雖不利整個地中海地區的商業、宗教和藝術的交流，然商船仍把東方的貨品送往各地；希臘、敘利亞或猶太商人定居在西方各港口，西班牙和義大利的學者經常光臨君士坦丁堡的學校和安提阿的學校，通往聖地的道路上，到處都是前往聖地的朝聖者，地中海各國的文明開始萌芽，往往受到來自君士坦丁堡、帝國東部省份、敘利亞和亞美尼亞文明的啟發。

義大利的獨立運動

義大利人懷念羅馬的盛世，無法屈服於外族人的統治，他們不堪忍受拜占庭的佔領，以及從查士丁尼時代開始，一直被執行的希臘化政策。拜占庭皇帝奪走達爾馬提亞、科西嘉、薩丁尼亞島，甚至剝奪

羅馬教皇所在地（梵諦岡）

西西里的民事機構，他們在拉韋納設置自己的行政部門，並建立好幾座希臘修道院，並使修士得到許多恩惠和特權。拉韋納大主教便是皇帝的寵兒，他得到大量的領地，是從沒收阿里烏斯教派手中得到，而舉行宗教儀式時，他光榮地坐在皇帝的右邊，在西方宗教階級制度中，他很快就取得僅次於羅馬教皇的地位。然而拉韋納教會是希臘的，儀式和君士坦丁堡的一樣，復活節的日期也是根據希臘日曆來推算成立。拉韋納是政治之都，是宗教大主教所在城市，從其宮殿氣派、豪華享受、風俗習慣、達官貴人的服裝上來看，都屬於東方的城市。拉韋納比起在戰爭中貧窮、不為世人關心的羅馬還要佔優勢地位，羅馬元老院只管理城裏的事務，東方來的軍事移民到處定居，將軍、主管官員都是希臘人，一些羅馬教皇則是以前君士坦丁堡的修士或者一些達官顯貴的兒子、宮廷的親信。

希臘人一集團掌握威尼斯的潟湖、亞得里亞平原以及拉韋納和波隆那，另一集團控制羅馬和拉齊奧，這兩個集團聚集在通過佩魯賈和亞平寧山脈一條重兵防守的走廊裏，他們還堅守著熱那亞及其河流、那不勒斯、卡立布里亞和西西里。當倫巴底人集結兵力時，總督濫用權力、苛捐雜稅，以及皇帝與羅馬教皇之間的鬥爭，都激怒人民。西元 692 年，當查士丁尼二世想抓住塞爾口教皇時，拉韋納的自衛隊遷赴羅馬，西元 710 年拉韋納還威逼總督，並宣佈成立市政府，但兩年後被殘酷鎮壓。拜占庭的力量逐漸衰弱，利烏特普蘭德於西元 728 年

佔據波隆那，西元 751 年拉韋納陷落，希臘人在義大利北方只控制威尼斯，其間，拜占庭失去許多東方省份，遭受極大的混亂。

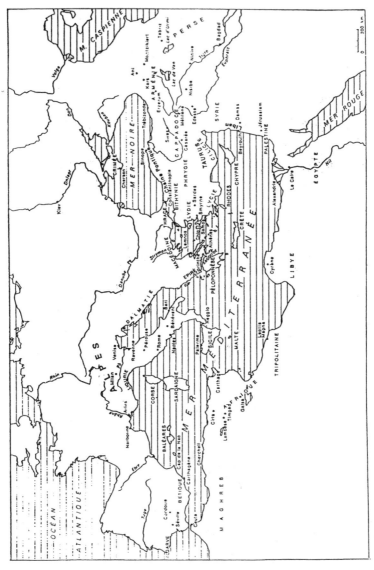

拜占庭世界

參考書目

外文部分

A. A. Vasiliev, *Histoire de l'Empire byzantin*, 2 vol.1932.

L. Bréhier, *Le monde byzantin* (coll. 《Évolution de l'Humanité》, n°s 32, 32 bis et 32 ter), 3 vol., 1947-1960.

G. Ostrogorsky, *Histoire de l'État byzantin*, 1956.

P. Lemerle, *Histoire de Byzance* (coll.《Que sais-je？》, n° 107), 1943.

Ch. Diehl, *Manuel d'art byzantin*, 2 vol., 2e ed., 1925.

P. Lemerle, *Le style byzantin*, 1943.

中文部分

《西洋全史（五）中古歐州（上）》，馮作民編著，燕京出版，民64年。

《簡明西洋中古史》，劉增泉譯，國立編譯館，民84年。

《歐洲文化史》，劉增泉譯，漢唐出版社，民88年。

《西洋中古史》，袁傳偉譯，五南圖書，民78年。

《西洋中古史》，王任光編著，國立編譯館，民71年。

《西洋文化史第三卷（中古下）》，劉景輝譯，學生書局，民71年。

《西洋中古史》，張學明譯，聯經，民75年。

《世界文明史之十二：黑暗時代與十字軍東征》，幼獅編譯部編譯，幼獅，民69年。

4

拜占庭帝國的
退守與復興

西元 565 年，查士丁尼去世，查士廷二世（Justin II，在位565～578 年）即位，他不想再承襲查士丁尼末年所採取的求和外交，在斷然地強硬外交政策下，首當其衝的便是使拜占庭帝國更形削弱。不過幾年的時間，義大利便為倫巴底人所奪，巴爾幹半島也被柔然人（Avars）佔據，北方的斯拉夫民族也連年入寇，西元 572 年更對波斯發動戰爭，但此時的拜占庭帝國已沒有貝利沙留（Belisarius）時代的國勢與財力，今非昔比，查士廷二世在西元 578 年因憂勞過度患精神病，由提比略二世（Tiberius II，在位 578～582 年）將軍繼位，他採取溫和政策，恢復柔然人的年金，請柔然人繼續負責防衛北邊，他自己則專心應付東方，不料卻在西元 582 年突然逝世，其女婿毛利斯（Maurice，在位 582～602 年）接受遺詔即位，與波斯又繼續十多年的戰爭，西元 589 年波斯發生內亂，王子科斯羅二世（Khosru II）向東羅馬求援，從此波斯與東羅馬化敵為友，結束歷時二十年的戰爭。毛利斯轉向北方的斯拉夫人和柔然人，不久斯拉夫蠻族退回多瑙河以北，為了確保帝國北邊的安寧，派大將普利斯卡斯北渡多瑙河，深入柔然人領土心臟地區，殺死柔然王子在內約六萬多人，又派兵征討斯拉夫人，但由於擴大徵兵，使上千人為逃避兵役躲入修道院，毛利斯便禁止修道院在國難未渡過前收容新的人員，此舉引發更多人的不滿。西元 602 年東羅馬軍隊發生兵變，擁立叛將福卡斯（Phocas）為帝，反對貴族和政府，毛利斯得不到軍援，便率軍渡過博斯普魯斯海峽至亞洲，並派王子到波斯求援。

七世紀的政局

福卡斯（Phocas，在位西元 602～610 年）登基後不久，波斯王科

斯羅二世重啟戰端，西元 606 年攻打東羅馬，攻略美索不達米亞、敘利亞、小亞細亞，西元 608 年更佔領卡帕多奇亞、加拉細亞、俾斯尼亞。柔然人與斯拉夫人亦在西方發兵侵佔東羅馬的西方領土，幾乎佔領所有君士坦丁堡的農業腹地，拜占庭帝國岌岌可危。同時北非的總督在西元 610 年應君士坦丁堡的貴族要求，派遣幼子希拉克略（Héraclius I，在位西元 610～641 年）率軍通過博斯普魯斯海峽，進入君士坦丁堡，殺死福卡斯，得到元老院以及軍隊的擁立成為拜占庭皇帝，展開他的奮鬥史。

希拉克略時代

　　希拉克略（Héraclius，在位西元 610～41 年）即位時，敘利亞、美索不達米亞、小亞細亞已被波斯佔領，更有進逼君士坦丁堡之勢，波斯軍隊毀掉城牆、修道院、教堂及灌溉工程，大肆屠殺平民，監禁倖存者，使古羅馬建立的精耕細作農業和密集的城市網絡從巴勒斯坦和敘利亞一帶消失；北方的斯拉夫蠻族更侵入巴爾幹半島，劫掠馬其頓一帶；柔然人又有侵擾之虞；非洲連年的叛亂；義大利被倫巴底人鯨吞；西班牙受西哥德人蠶食，國防軍事的脆弱，再加上財政的捉襟見肘，內憂外患著實像那滾滾的黃沙，欲將帝國淹沒，卻又不時的出現海市蜃樓，縹緲虛無中見真實。

　　西元 613 年，波斯佔領敘利亞，西元 614 年又佔領大馬士革（Damascus），西元 615 年佔領耶路撒冷，搶走基督神木，[1] 西元 616 年侵入埃及，佔領亞歷山大城，使依賴埃及維生的君士坦丁堡陷入斷

1　基督神木即真十字架（the True Cross），為釘死耶穌基督的十字架。

糧，次年又攻下喀萊克頓港，與東羅馬帝都君士坦丁堡僅隔博斯普魯斯海峽相望，在四面楚歌下，有意遷都至北非迦太基的希拉克略，被君士坦丁堡大主教塞加斯諫阻，並經由大主教的振臂疾呼，全國上下萬眾一心，共體時艱，重新編組一支新艦隊，也訓練出很多新軍，希拉克略為了解除北方邊患，首先與柔然人議和，但當他進入赫拉克利亞（Heraclea）時，卻遭背信被圍，乃化妝成士兵逃出。

此外對波斯的交涉上也無收穫，反而遭到波斯王的侮辱。西元620年波斯軍發動艦隊北渡博斯普魯斯海峽，欲攻打東羅馬帝都君士坦丁堡，結果大敗，因此才與東羅馬帝國議和，不過由於東羅馬帝國國力尚無法對抗波斯，儘管戰勝，也只能訂定喪權辱國的和約，期能以些微時間的和平共處來換取更充

君士坦丁堡紀念柱

裕的戰力，帝國為此每年還需向波斯進貢。翌年，為了解除東征波斯的後顧之憂，與柔然人締結和約付賠償費。

西元622年，希拉克略作好萬全的準備，為了帝國的尊嚴與存活，要與他的各方敵人展開一場生死決鬥，首先登場的便是與波斯的大征伐，他留下皇太子鎮守君士坦丁堡，由宰相包那斯、大主教及各元老輔政。在希拉克略親征結果勝利連連，君士坦丁堡在柔然人與斯拉夫人的聯軍攻打下，更是眾志成城，拼死苦撐打敗敵軍。西元627年，東羅馬大軍進迫波斯首都泰西封（Ctesiphon），與波斯大軍會戰於尼

尼微城（Nineveh），雙方激戰終日不分勝負，最後才由希拉克略親自督軍對波斯展開奇襲，終於把波斯軍擊潰。東羅馬軍乘勝追擊，再繼續向泰西封城挺進，波斯貴族一看國家命運危在旦夕，便將科斯羅二世（Chosroes II）逮捕下獄，並擁立太子西羅斯（Sisroes）為王，波斯新王西羅斯派遣特使向東羅馬軍營求和，雙方在西元628年議和，東羅馬帝國取回歷代被波斯所侵佔的領土及財物，基督神木也重拿回耶路撒冷。雖然，拜占庭的勝利代表了從希臘時代東西文化衝突終告結果，但東羅馬與波斯的兩大征伐，不但使兩國的國力耗損，更使得回教阿拉伯人的勢力繼之而起，希拉克略從波斯人手中所收復的失土又為回教徒奪走。

　　希拉克略的晚年致力於加強內政，不過，他的四周圍仍然是強敵環伺，西元638年耶路撒冷被阿拉伯人佔領，西元641年隨著他的逝世，埃及也陷落，穆斯林佔領亞美尼亞，並進攻安納托利亞（Anatolie）。君士坦丁堡所面臨的是阿拉伯騎兵的快速推進，和一支在敘利亞海岸附近倉促成軍的龐大艦隊雙重威脅。穆斯林的勢力一直擴大到愛琴海諸島、小亞細亞沿岸，將君士坦丁堡和它的貿易市場隔離。康士坦二世（Constans II，在位西元642～668年）即位後則致力於西方的防衛，但他仍失去塞浦路斯（Chypre）和羅德島（Rhodes），他試圖定都羅馬（Rome）、那不勒斯（Naples）或拉韋納（Ravenne），其子君士坦丁四世（Constantine IV，在位西元673～678年）時，由於一種新武器「希臘火」[2]（Greek fire）的發明，使帝國能成功地捍衛國土達二百年之久，這種穆斯林和西方尚不瞭解的武器，一挫進攻者

2　希臘火與火焰投擲器相類似，是一種由火油、生石灰（quicklime）、硫磺、松脂所組成的易燃混合物，裝在鍍金的青銅器內，配備在戰船的船頭，以火箭方式攻擊敵船或軍隊，或從管中吹出，或射在裹著有浸過油脂的大麻、亞麻的鐵球上。此亦可安裝在城牆上使用。

的囂張氣焰，使君士坦丁四世與摩阿維亞哈里發（Moawiah）簽訂和平協定，規定他們共同管理亞美尼亞和塞浦路斯，代價則是每年納貢。查士丁尼二世（Justinien II）在西元 608 年左右，同意黎巴嫩的馬札爾人移居潘菲利亞（Pamphilie）沿岸和伯羅奔尼撒半島，此舉摧毀敘利亞的堅強防禦，使防線移到陶魯斯山脈（Taurus），該地區全部讓給哈里發的軍隊，

征服西方的戰役使帝國的財政匱乏，逃稅、漏稅，加上對教會的免稅，以及官員的行賄、受賄，更使財政益形困難。帝國已無力長期抵抗來自東方的攻擊，傭兵部隊尚未能有效整編，而且這些傭兵仍是具有危險性且難馴的部隊，例如在小亞細亞（Asie mineure）、尼西亞（Nicièe）附近的比提尼亞（Bithynie）地區，斯拉夫軍隊的移民雖被徵召對抗阿拉伯人，但是他們卻集體叛變。

西元 746 年帝國又得回塞浦路斯，當邁克爾二世（Michel II，在位 820～829 年）統治時期，希臘人和阿拉伯人的衝突均源於爭奪幼發拉底河上的戰略要塞。在海上，穆斯林從位於西班牙或非洲的基地出發，進攻島嶼並控制內海重要的交通樞紐，克里特島於西元 825 年陷落，巴勒莫（Palerne）在西元 831 年亦陷落，接著則是塔蘭托（Tarente）和巴里（Bari），希臘人似乎失去西方所有的領土。

李奧三世的破除偶像政策

西元 717 年李奧三世（Leo III，在位西元 717～802 年）登上王位，以戰略技巧打贏阿拉伯人，解除君士坦丁堡之危，使回教徒退回敘利亞，但是與阿拉伯人的戰爭並未因此停止，失去克里特和西西里使帝國的海權大受影響，威尼斯的海上力量已不可輕視，帝國在義大利的

統治也因法蘭克人與教皇國的聯盟而中斷。由於李奧三世年輕時，在亞洲吸收一些來自回教徒、猶太教徒、摩尼教徒、基督一性教派、保羅教派等的斯多葛式嚴謹宗教觀念，所以反對基督教徒沉溺於偶像崇拜，以及拘泥於儀式、迷信之中，他為了削弱教士的勢力，獲得景教徒和基督一性教的支持，在西元726年召集一個主教以及元老的大會，宣佈詔令，將教堂中的偶像一概除去，禁止任何基督以及聖母的象徵物，教堂的壁畫也一概塗掉，此舉使低層教士強烈反對，民眾也起而反抗。

　　君士坦丁堡的大主教也參加反抗，但摻雜了個人的野心，他企圖藉反叛使東方教會脫離帝國政教合一制而恢復獨立，西元730年李奧三世將其免職。西元741年，李奧死時，大部分的教堂仍然保有它們未受損害的壁畫和鑲嵌的裝飾。但是李奧之子君士坦丁五世（Constantin V，在位西元741～775年）卻毫不留情地執行詔令，監禁並施酷刑於反抗的教士，西元767年更將大主教斬首，將修道院及修女院封閉，並沒收其財產。君士坦丁六世（Constantin VI，在位西元780～797年）由於年僅十歲，由皇后艾琳（Irène）攝政，雖然她暫時終止破除偶像的詔令，允許教士回到修道院和講壇上，但西元802年她被主張破除偶像者廢除。西元813年，亞美尼亞人李奧五世（Leo V the Armenian，在位西元813～820年）曾進行司法改革和行政改革，他嚴懲貪官污吏，並發表《法律新編》，此一新的法律彙編和羅馬傳統有許多差異，它取消許多無用的條文，大量引進當地風俗和基督教教義方面的事物，同時亦考慮到社會問題，另外還有保護小自由農的文集《海洋法》（le Code Maritime）和《土地法》（le Code surae）。地區行政管理和邊防的改革則是增加軍區，軍區是由當地召募的軍隊駐紮，而非外國僱傭兵，軍區由將軍管理，其權力很快地便取代民事總督，特別是在小亞細亞（Asie mineure）的軍區，但是這種新的政治結構在適應破壞偶像運動時，卻激起更大的反抗。李奧五世再

度禁止崇拜偶像，使帝國又陷入深淵。直到西元 842 年由皇后西奧多拉（Théodora，西元 842～856 年）攝政，才停止迫害。西元 867 年，庸碌無能的邁克爾三世（MichelⅢ，在位西元 842～867 年）被馬其頓人巴茲爾（Basile，在位西元 867～886 年）所殺後，巴茲爾開創拜占庭帝國的第二個黃金時期——馬其頓王朝（Macedonian Dynasty，西元 867～1056 年）。

破壞偶像的爭端與內戰

　　偶像原本只是用於將基督教教義教育給教徒，但由於後來發展的快速多元，演變成對於「虔誠」的態度，甚至於特殊宗教儀式之質疑，聖像的範圍包含教堂的穹頂和牆壁上的裝飾、象牙色的百葉窗和上漆的木窗上、鍍金和上釉的銅板，以及和祭禮有直接關聯的物品等等——教士身上亦佩有小偶像，各家各戶也都有，舉凡教堂、修道院、住宅、商店，甚至傢俱、小裝飾品、衣服上皆有。當城市遇到瘟疫、饑荒、戰爭時，人們寧可依恃這些聖蹟的力量及他們的守護神，而不再信賴人為的一切。這些偶像代表基督、聖母瑪利亞和所有保護神及戰神，人民賦予祂們一種肯定的神權，不僅僅視其為抽象的代表而已，還在祂們的身上看到許多其他的東西，人們崇敬祂們，不僅向祂們表示敬意，也向祂們祈禱，人們天生的幻想自由，把這些聖蹟、畫像、雕像都當成敬拜的對象，他們俯伏、親吻、燃燭、焚香、獻花，希望會有神蹟出現，人們將這些偶像視為超自然之物，狂熱地朝聖。

　　由於這種熱衷行為的過度，使一些嚴謹戒規人士不能理解，甚至無法忍受而要求譴責他們，更進而提出取締偶像崇拜。這種衝突，使

帝國在西元700～720年間分裂，也顯示人民、婦女、教士所信奉的某些原始信仰（物質），和那些能在宗教修行中保持一種較高的靈性和基督教真意（精神）的人之間所產生的信仰分歧，兩者之間的對壘，在全帝國人民之中是不分貴賤；皇帝、貴族和高級教士亦分為兩派，每個人都有自己的一套信仰方式。

這種爭端也使得東方省份和希臘、首都之間的教會分立，東方省份忠於宗教的某種嚴格規定，而希臘及拜占庭則十分忠於偶像崇拜，我們可以從李奧三世（Leo III）和所有破壞偶像的皇帝都是來自東方，主張破壞偶像的軍隊主要也是由亞洲和亞美尼亞（Armènie）的士兵所組成中看出。因此屬於希臘人的皇后艾琳和西奧多拉，只要一有機會，她們便恢復聖像崇拜。這種爭端也說明社會動亂的嚴重性和皇帝希望以無可爭議的霸權方式來肯定他們在各省的權威性。由於教士享有許多特權和各式各樣的豁免權，因此在有形無形中奪走帝國的大批人力、士兵、官員和大量的資金，他們在人民心中的威信是透過偶像崇拜來維持。所以，在皇帝主張破壞偶像的詔令下，政治和宗教的鬥爭於焉展開，這些破壞偶像的首領皆是享有盛譽的軍隊領袖，他們沒收教士的土地，分給屯田兵，李奧三世更破壞豎立在宮殿入口處的耶穌塑像，遭到主教和羅馬教皇的堅決反對，希臘更發生多次叛亂，其子君士坦丁五世無視於反對的聲浪，反倒採取更為強硬的行動，君士坦丁五世在西元754年召開君士坦丁堡主教會議，規定主教以上約三百多名修士禁止崇拜偶像。他強迫修士穿世俗的服裝，甚至還強迫修女和修士結婚、沒收他們的土地，也禁止他們再接受初學修士。被禁止偶像崇拜的人們起而反抗，也發生修會大規模的移民運動，他們移居到較偏遠的地區，如裏海（lamer Noire）沿岸、塞浦路斯島（lile de Chypre），以及義大利南方（Italie méridionale）。

雖在艾琳皇后統治時，召開尼西亞主教會議（le concile de Nicèe），恢復偶像崇拜，並制裁反對者，修士重新獲得財產與權力，但這

是在軍隊的強烈反對下執行的，很快地，艾琳皇后被推翻，西元 815 年，亞美尼亞人李奧五世又開始進行迫害僧侶的第二階段，他在君士坦丁堡安置一位反對聖像崇拜的主教，在其統治時期，反對更為激烈。

　　這場鬥爭為這一時期的文明留下深深的烙印，拜占庭的傳統藝術只留存在義大利南部和在卡帕多奇亞（Cappadoce）山洞避難的修會中。君士坦丁五世在布拉舍爾教堂的牆壁繪上狩獵、勝利場面及戰車、馬夫，至於福音書和聖經中則沒有任何人的插圖，只有幾何線條、花體字母和圓形、橢圓形的畫像。

參考書目

外文部分

A. A. Vasiliev, *Histoire de l'Empire byzantin*, 2 vol.1932.

L. Bréhier, *Le monde byzantin* (coll. 《Évolution de l'Humanité》 , n°s 32, 32 bis et 32 ter), 3 vol., 1947-1960.

G. Ostrogorsky, *Histoire de l'État byzantin*, 1956.

P. Lemerle, *Histoire de Byzance* (coll. 《Que sais-je？》 , n° 107), 1943.

Ch. Diehl, *Manuel d'art byzantin*, 2 vol., 2e éd., 1925.

P. Lemerle, *Le style byzantin*, 1943.

中文部分

《西洋全史（五）中古歐州（上）》，馮作民編著，燕京出版，民64年。

《簡明西洋中古史》，劉增泉譯，國立編譯館，民84年。

《歐洲文化史》，劉增泉譯，漢唐出版社，民88年。

《西洋中古史》，袁傳偉譯，五南圖書，民78年。

《西洋中古史》，王任光編著，國立編譯館，民71年。

《西洋文化史第三卷（中古下）》，劉景輝譯，學生書局，民71年。

《西洋中古史》，張學明譯，聯經，民75年。

《世界文明史之十二：黑暗時代與十字軍東征》，幼獅編譯部編譯，幼獅，民69年。

5

拜占庭帝國的
馬其頓皇帝

馬其頓王朝經過前代的退守之後，又開始擴張，包括文學、藝術及土地的擴張，傳教活動亦使得無數的斯拉夫人皈依東正教，馬其頓王朝時代的政治及宗教擴張，支配著東歐未來一千年的文化發展。由於回教世界的政治分裂，力量減弱使馬其頓人重新佔領敘利亞北部，並且往東北開拓其小亞細亞疆土。更對巴爾幹與保加利亞人確立強硬的拜占庭統治。馬其頓王朝的皇帝獨攬大權，他們既是前羅馬皇帝的繼承人，又是東方專制君主，最後還是東方教會無可爭議的領袖。

馬其頓王朝

西元 867 年，邁克爾三世（Michel III）被其養子巴茲爾（Basile，在位西元 867～886 年）殺害，開始拜占庭帝國為時最久的馬其頓王朝。巴茲爾卓越地治理國家十九年，雖然他目不識丁，卻立法明智、司法公正，使得國庫充裕，他並在佔領的城市中興建新的教堂和王宮。其子李奧六世（西元 886～912 年）博聞、好學、沉靜而和善，他重組一個政教合一的政府，並且重編纂拜占庭法典和瑣細的工業法規，由於他認為只有得子才能解決繼承的紛爭，因而不理會教會的禁止再婚，直到第四任妻子產下一子。

君士坦丁七世（西元 912～958 年）繼承其父親對文學的愛好，卻沒能學習到行政上的才能，他寫了有關治國之道的書，以及有關一國之君必要的儀式和禮節的《禮儀大全》（Book of Ceremonies），並且監編有關農業、醫藥、獸醫學、動物學的著作，也選輯歷史家和編年史家的著作，編成一部歷史家的世界史。其子羅曼那斯二世之皇位（西元 958～963 年）卻被其妻狄奧發諾（Theophano）與尼西發魯斯（Nicephorus）將軍篡奪，尼西發魯斯在西元 961 年將回教徒逐出阿

勒坡與克里特，西元 965 年又將他們逐出塞浦路斯，西元 968 年將其逐出安提阿。尼西發魯斯要求大主教允許將所有殉道者的報償與榮耀，賜予參加對抗回教徒而陣亡的兵士，可是遭到拒絕，大主教認為所有的兵士的雙手皆沾滿了鮮血，尼西發魯斯便不再鍾情於討伐，退隱至深宮，皇后狄奧發諾在此時成為約翰‧色米色斯（John Tzimices）將軍的情婦，兩人謀殺尼西發魯斯。不過約翰‧色米色斯將軍仍努力地對抗回教徒及斯拉夫人。

巴茲爾二世（西元 976～1025 年）曾與尼西發魯斯及色米色斯共任皇帝，西元 976 年他以十八歲之齡開始半世紀之久的統治，他是自從希拉克略帝以來，再次開疆拓土的皇帝，更是從查士丁尼以來最堅強有力的皇帝。他一出生，其父便登上皇位，但這皇位有不正當取得之嫌，其母涉嫌毒殺他的祖父，不幸地，其父亦有被其母害死之嫌，巴茲爾二世的皇位便遭受被分權的命運——分別與尼西發魯斯及色米色斯共任皇帝，待他重新獨掌政權時，朝中卻對他缺乏忠誠，個個有自己的打算，首相的陰謀是欲廢除巴茲爾二世，貴族也因巴茲爾二世的課稅政策而暗中資助反叛活動，東方軍隊更是有的叛亂，有的另擁新帝，回教徒幾乎將色米色斯在敘利亞獲得的土地完全奪回去，保加利亞人侵擾帝國的東部和西部。在內憂外患之下，巴茲爾二世憑著堅韌的性格，不但敉平叛亂，亦從阿拉伯人手中奪回亞美尼亞，並與富豪作戰，鼓勵自由農的增加。

馬其頓王朝早期，大地主極為活躍，整個王朝的貴族都靠他們龐大的財產過活，這些大地主不斷地從貧民處奪得更多的土地，買盡貧民的所有物，使得小農必須依附他們，他們得到的愈多，權力也就愈大，給予帝國更大的威脅，不但使帝國喪失最好的自由農納稅者，也喪失最好的戰士軍事移民者。因此，巴茲爾二世便極力想解決這些問題，首先沒收他們的家產，規定他們要為無力納稅的農民繳稅，使農村社區可以減輕沉重的負擔，他也將這一部分的稅款加諸在富人身

上。不過，巴茲爾二世死後，這些大地主又開始擴權，勢力更為壯大。

巴茲爾二世在前往西西里攻打阿拉伯人時忽然駕崩，享年六十八歲，由其弟君士坦丁八世（西元 1025～1028 年）繼位，由於他已年邁，卻沒有子嗣，只有三個女兒，便將其已五十歲的長女卓伊（Zoe）嫁給羅曼那斯‧阿基拉斯（Romanus Argyrus），卓伊以攝政身分，並在其妹狄奧多拉（Theodora）的協助之下，掌理四朝國政，政治清明，西元 1050 年，卓伊逝世，由他的新任丈夫君士坦丁九世繼任，其妹狄奧多拉則退隱修道院，君士坦丁九世也能清明統治，任用賢能，美化聖索菲亞教堂，為貧民建醫院和救濟院，並贊助文學與藝術。他死後，馬其頓王朝的擁護者擁立狄奧多拉出任女皇，雖然她已七十四歲，但她和她的輔臣還是把王朝治理的很好，不過，在她死後，由於軍隊叛變，使馬其頓王朝出色的治績隨之消失，拜占庭政府和軍隊在叛亂、無能、腐化、懦弱中一蹶不振。

行政機構與軍事

馬其頓王朝的官吏都有雙重頭銜，一個是他的職位；另一個則是符合他地位的榮譽品位。李奧六世與巴茲爾二世時期，有十九個等級，另外，還有針對婦女的「貴婦」封號，有了這樣的等級制度，也鞏固了中央政府的各個機構，如皇帝的秘書處，負責撰寫和頒發文書的掌璽大臣，財政管理機構，王宮公務部門和皇家警衛隊。職務上的晉升按照慣例一步一步地進行，所有重要的任命都取決於皇帝。在李奧六世的《新律》中，明確地指出取得某些職位需向御庫或主管部門繳納一定的金額，皇帝全盤操縱著這個行政機構。不過，皇帝卻十分

信任警衛部隊，以致在西元 963 年被尼西發魯斯奪取政權。

　　軍區制度取代古代的行省，這些軍區常常根據他們的種族起源來定軍隊的名稱，但還是出現混亂的情形，如色雷斯人的軍區位於小亞細亞，並不在色雷斯，但軍區中卻另有一個叫「色雷斯」，此時東方有七個軍區，其中三個在沿海，西方則有十二個，各軍區都交給一位「將軍」管理，他不但是軍隊的將軍也是帝國官吏等級制度中職位最高的人，雖名為行政管理長官，還是財政、徵收貢品和關稅的負責人，以及各行省最高法官。

　　在法律方面，為了補充《查士丁尼法典》以順應政治和社會結構發展，馬其頓王朝巴茲爾重改法典，編寫《普羅奇羅法典》和《埃帕納戈吉法典》，李奧六世及其後繼者，亦制訂大量的《新律》。《查士丁尼法典》在此時失去實用性，巴茲爾陸續頒佈一些法律手冊；李奧六世則頒佈作為審判的六十本登記簿，完全用希臘文寫成，它的分類符合邏輯，而且概括重新匯集《學說匯編》、《法》和查士丁尼新法，但是，此一巨著並沒有考慮到目前情況，它並不瞭解查士丁尼法律是參照三世紀以前的情況，另外，此一巨著的篇幅過大，複製的價錢也很高，首都的法律部門並不能完全掌握，各省也都更差。拜占庭很重視判例彙編以及地方的傳統。另外，法官也從馬其頓法律中得到很多資料作為參考，法官都能執行法律，而且在某些大案件中有相當的獨立性。

　　此時帝國不但擁有一支強大的軍隊，還擁有一支無敵的艦隊，阻止來自亞洲南部大草原的蒙古人和保加利亞人入侵。帝國不但從阿拉伯人手裏奪回義大利和東方的屬地，也使巴爾幹半島上一些新國家畏懼，甚至請求拜占庭保護。

　　巴茲爾登基時，幾乎喪失義大利，整個南方的巴勒莫、塔蘭托和巴里皆被侵擾，西元 876 年，拜占庭的奧特朗托總督反攻佔領巴里，希臘艦隊攻陷利帕里群島，佔領特爾米尼、切法盧、錫拉丘茲，西元

880 年，軍隊攻佔塔蘭托，並且進入阿普利亞，最後在西元 915 年，卡拉布里亞也被征服，軍隊在加里利亞諾附近戰勝穆斯林軍隊。西元 1003 年，拜占庭又再度擊退穆斯林，再加上巴里的平民起義，使得義大利恢復秩序，巴茲爾二世更率領希臘軍隊北進加里利亞諾河，使亞得里亞海成為拜占庭的內湖。拜占庭把他的保護國擴展到卡普阿君王，並保護著羅馬教皇。

巴里成為第二個基督教中心，為大主教所在的城市，它控制著十二個副主教府管轄區，由西西里和希臘的教士任職，他們也把東方的宗教儀式帶來這裏，並且保持下來，許多來自希臘和東方的隱修教士居住在義大利南方的山洞中，西西里的修士在勒佐附近建立很多修道院，村莊也很快出現，修士指揮這些人開墾荒地，到處種植葡萄，他們宣傳希臘的禮拜儀式，抄寫從西西里或是君士坦丁堡帶來的手稿，更致力把拜占庭的文明、宗教和語言傳播到卡西諾峰和羅馬。在阿普利亞南部，來自赫拉克利亞的本都人（Pont）重新建立加利波利；在北部，巴茲爾建立許多新興城市、堡壘和據點。

地中海的爭奪則持續進行著，誰能擁有制海權，誰就能發號司令，像罌粟花般的權力，自是吸引四面八方的強者，海面的平靜是短暫的，波濤洶湧才是它的常態。西元 961 年，拜占庭收復克里特島，穆斯林失去一個堅固的戰略陣地和木材、船桅的基本補給來源地，使地中海的勢力範圍重新分配，至此確定基督教徒在海上的優勢。陸地上，西元 962 年，拜占庭收復阿勒頗，西元 969 年奪取古代基督教城市安提阿，並把聖物的標誌「披風」送回君士坦丁堡，受到群眾熱烈的歡呼。拜占庭的軍隊一直挺進到巴勒斯坦和耶路撒冷，使巴茲爾二世以及繼位者設置新的軍區，並且把亞美尼亞公國列入保護之下，西元 1024 年，瓦斯皮拉康的君主把他所有的土地都獻給拜占庭。西元 1023～1024 年間，那些擁有凡湖（Lac de Van）以南，亞美尼亞土地的每一個穆斯林都面臨被兼併的命運。拜占庭把亞美尼亞變成帝國一

個軍區與邊疆省份,抵禦來自東方的入侵,同時,拜占庭還把亞美尼亞人大批向南遷移,西元 1021 年以後,亞美尼亞移民越過陶魯斯山,居住在阿馬努斯高原,此地是東方基督教國家修士生活的主要中心之一,他們在塔爾蘇斯和安提阿還有主教,敘利亞北方的每個城市都設有亞美尼亞的軍官和行政長官。

東方的基督教徒有別於西方的基督教徒,東方的基督教會拒絕聖戰,選擇論戰,對於異教的征服,他們採取較理性的態度,他們不希望教徒們的雙手染上鮮血,他們寧願以宗教教義的論爭來反對伊斯蘭教,拜占庭努力地向定居在君士坦丁堡裏的穆斯林爭取改變宗教信仰。拜占庭挑起論戰,得到富有表達力的論戰文學聲援。

希臘的征服開始於李奧統治時期,當時只有居住在塔伊耶托斯山坡上的梅蘭格(Melingues)和埃澤里特人(Ezerites)是唯一還能保持獨立的部落,不過,他們必須定期向皇帝納稅,拜占庭繼續在異教的希臘部落和斯拉夫人中傳教。拓荒的運動也悄悄展開,由於從西西里和東方來此避難的人愈來愈多;科林斯有許多被驅逐出埃及的猶太人和希臘人,這些擁有玻璃製造技術的移民,為本地帶來繁榮。不過希臘的和平不但受阿拉伯海盜的嚴重威脅,也受到保加利亞人猛烈攻擊。保加利亞人是具強烈攻擊的敵人,他們總是屢敗屢戰,西元 986年,他們的新皇塞繆爾重新奪回昔日的領土,還橫穿維奧蒂亞、阿提卡,到達伯羅奔尼撒半島,巴茲爾二世也不甘示弱,雖然國內朝政不甚穩固,巴茲爾二世仍然與保加利亞人的軍隊纏鬥十餘年,最後,巴茲爾二世得到「保加利亞人的劊子手」封號,因為巴茲爾二世將這些戰俘們,每一百人即挖瞎九十九人,另一人則挖瞎一隻眼睛帶領他們回去,由於保加利亞人的投降,使君士坦丁堡擺脫大草原部落的威脅。此時的拜占庭,在義大利和亞洲打敗穆斯林,而小亞細亞、敘利亞北部、塞浦路斯、羅得斯、席拉底斯群島和克里特島,皆從回教徒手中奪回,又平定保加利亞人在希臘的侵擾,更擊退匈牙利人和俄羅

斯人，可說是最輝煌的時期之一。

王朝與教會

　　與西方對比之下，拜占庭皇帝可以任免教長，懲處教士，也可以發動教會改革，教會是國家的一個部門，皇帝是教會真正的領袖，拜占庭皇帝集兩種權力（政治權力和宗教權力）於一身，政教合一。教會和國家的關係，在東方和西方有顯著的差別，因羅馬皇帝放棄羅馬，使成為省會的羅馬隨著皇帝的東移，其威望便由主教來接收，人們對皇帝的那份景仰忠誠便轉移至主教，久而久之，主教成為教宗，也握有相當大的俗世權柄。到七世紀，他們成為很有勢力的當地統治者，與俗世君王分庭抗禮，大部分時間讓君王顏面盡失，甚至丟了皇冠。反觀東方的拜占庭帝國，由於皇帝就在君士坦丁堡，教宗沒有抬頭的機會，主教發出的詔令須經過皇帝的批准，不過皇帝雖然專制，卻也不能強迫教民接受新教義，或傷害人民的宗教情感，而且沒有教會的支持，也能使皇帝感到相當困擾。

　　偶像崇拜爭端的結束，宣告著希臘東部地區教會取得勝利。他們規定全帝國的人都要遵守七大公會議上的正式教義，那是天主教教義的根本基礎。偶像崇拜的勝利是修士和偶像保護者的勝利。他們的影響力和財富雖然遭到皇帝的反對，修會卻愈來愈多。（西元 1050 年，君士坦丁九世強加給他們一條特別苛刻的教規。修士不必納稅，不受任何主教裁判權的管轄，擁有教堂、城堡、土地和村莊，經常接受皇帝贈送的錢財。教堂裏的偶像愈來愈多，普通柱杆也從低矮變成高大的柱廊或木隔牆，還有以大理石製成、佈滿裝飾物和虔誠繪畫的偶像屏風，彌撒變成一個只有被接納入教的人和教士才能參加的真正祕密

儀式。拜占庭的宗教禮儀起初非常簡單，後來變得非常複雜、隆重，增加聖詩和禱告的朗誦，遠離古代口頭流傳下來的教義。）

巴茲爾一世和李奧六世統治時期，皇帝和教士互相幫助互相支持，和平與幸福取決於皇帝和主教間達成的妥協，皇帝作為模範的基督教徒和美麗的典範，根據神聖的法律行使司法權，判斷事情的正統性，他捍衛教會反對異教徒和不信教的人，在大城市裏的總主教和大主教有著強大的精神和道德的權威，君士坦丁堡的主教控制教會的管理工作，也能動員輿論和修士與皇帝對立，也可以禁止皇帝進入聖索菲亞教堂，更常以交換條件的方式為皇帝加冕，皇帝有時也會廢黜主教，任命自己的人擔任主教，如西元886年李奧六世廢黜福修斯主教，另立他的兒子艾蒂安為主教。

就東、西方教會而言，教義、禮拜儀式和宗教修行，甚至在政治上，皆是教會分立的導火線，皇帝也因當時之需做適時的仲裁。巴茲爾一世為取得西方的支持，在西元867年廢黜福修斯主教，以恢復宗教團結；巴茲爾二世則竭力分裂東西教會，西元1054年7月25日，東西教會徹底分裂。

藝術與文學

此時的君士坦丁堡已有將近一百萬的人口，主要是亞洲人或斯拉夫人，如亞美尼亞人、卡帕多奇亞人、敘利亞人、猶太人、保加利亞人，以及來自斯堪地納維亞、俄羅斯、義大利、回教地區的商人和士兵。住宅建築有上千不同的形式，如尖頂、平頂、圓頂，配合陽臺、走廊、花園或涼亭，市場上充滿世界各地的產物，住屋與商店之間有上千條狹窄的泥土街道，也有華廈與林蔭的壯麗大道，這些大道更羅

列著雕像與凱旋門，一直經過城門通往鄉間。

　　馬其頓王朝的藝術是一種宮廷藝術，拜占庭有許多的城市、修道院和教堂，還有豪華建築物和大領主建造的別墅，以及皇帝的宮殿。此時的思想和各門學科知識都有顯著的進展，拜占庭大學經過修復、重建，為帝國培養大批的法學家、大臣和高級神職人員。百科全書的編寫和歷史學著作，在此時也發揮到極致，百科全書是把複雜的、很難看懂的著作當教科書發行，政治百科全書匯集《儀式》，蒐集很多國王的私人藏書；道德百科全書則由五十三個題目匯集而成，現已大部分散佚，它提供人們精神生活和事業成功的主要要素，不過這些百科全書缺乏文學及科學規律，留給我們無法理解的深奧文章，當時的人們更只留下他們認為有用的內容，這些反映拜占庭的不尊重文化，只尋求為它自己的文化服務，是一個勝利者國王強化和訓練行政機構裏的文官，並且盡快地培養成才。福修斯大主教圖書館編纂一套出色的古代經典作品的註釋和分析文集，米歇爾‧塞勒斯也為其生存的年代寫下編年史。人文主義和文學的復興，促進人們喜愛從希臘化時代的希臘中吸取。

　　征服行動也把東方的新風格引入拜占庭，講究植物的形狀和幾何圖式的裝飾，以鮮艷的色彩表現。拜占庭把多重遺產和這些東方新風格融合成一種獨創的，具有第二個黃金階段特點的藝術。

　　戰爭的勝利確保帝國經濟的繁榮，君士坦丁堡集合歐洲、亞洲和非洲各國的商人和商品，手工藝匠工在皇家作坊裏製作專供宮廷使用的日用品，商人被集中在一個專門的行會中，受到負責實施詳細規章制度的君士坦丁堡總督或城市長的嚴密監視，所有的經濟活動和各行業都必須服從皇帝的權力，國家壟斷了民生用品也控制大城市所有的食物供應，並避免出現飢餓和社會混亂現象，讓一些行業的原料供應不匱乏，名牌產品也保持高度的質量。

　　馬其頓王朝的教堂是把長方形教堂和中央形結合，它包括兩個相

拜占庭文化是中世紀西歐文明的指標
——圖為巴黎蒙馬特的拜占庭式建築

同且成直角的殿堂,在交叉角道上蓋有一大穹頂,十字架則位於一個正方形內,正方形的四個角則蓋有四個小的穹頂,外部給人一種完美、平衡和雅緻的感覺,教堂的裏面則遍佈著奇異的鑲嵌藝術品,幾乎完全取決於對顏色的使用。拜占庭帝國的手工藝匠工製造的宗教裝飾物,如聖物箱、聖餐杯和十字架等物品,可以在琺瑯和雕刻精細的象牙上鑲嵌圖案而產生。在藝術家的眼中,基督是一位英俊、沒有鬍鬚的年輕人,通常看到的是他的裸體。但另一種基督形式則是在巴勒斯坦和敘利亞流行,基督留有鬍鬚,身穿冗長、飄拂的東方式長袍。在繪畫方面,其式樣出現一種非教條,卻更加大眾化而與眾不同的繪畫,這種畫出現在卡帕多奇亞,位於岩石上教堂裏的牆壁上,這種藝術非常原始,也是受到拜占庭新風格藝術的影響,這些壁畫常常是刻板的圖案,有著橢圓形的臉龐,沒有鬍鬚,眼睛大大地睜著,色彩鮮

艷但是沒有變化。拜占庭帝國的繪畫主題，表現的是神的遺跡和預言，也喜歡表現傳奇和東方的傳統，以及埃及人瑪麗的傳奇。

　　拜占庭在科學方面沒有什麼進展，只發明一些實用性的東西，不過，由於帝國的學者勤奮地閱讀、傳抄和註釋古希臘文學作品，與辭典、語法與百科全書的編纂，作家寫出許多有關法律、地理、戰爭、藝術及政府管理技巧等實用性的論文，此外更有歷史作品及宗教的作品，如此孕育出一個偉大的文學傳統。

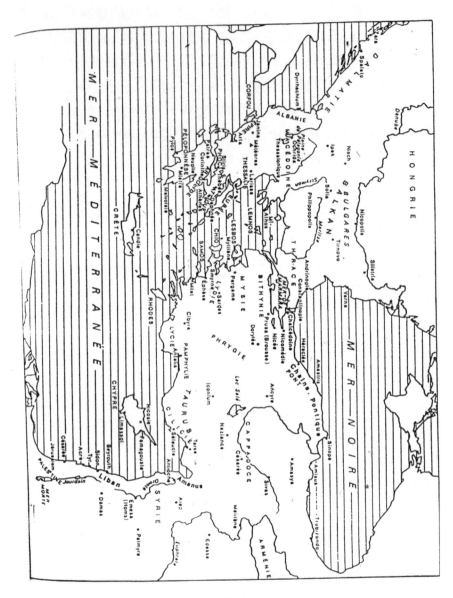

拜占庭帝國：希臘和小亞細亞

參考書目

外文部分

A. A. Vasiliev, *Histoire de l'Empire byzantin*, 2 vol.1932.

L. Bréhier, *Le monde byzantin* (coll.《Évolution de l'Humanité》, n°s 32, 32 bis et 32 ter), 3 vol., 1947-1960.

G. Ostrogorsky, *Histoire de l'État byzantin*, 1956.

P. Lemerle, *Histoire de Byzance* (coll.《Que sais-je？》, n° 107), 1943.

Ch. Diehl, *Manuel d'art byzantin*, 2 vol., 2e éd., 1925.

P. Lemerle, *Le style byzantin*, 1943.

中文部分

《西洋全史（五）中古歐州（上）》，馮作民編著，燕京出版，民 64 年。

《簡明西洋中古史》，劉增泉譯，國立編譯館，民 84 年。

《歐洲文化史》，劉增泉譯，漢唐出版社，民 88 年。

《西洋中古史》，袁傳偉譯，五南圖書，民 78 年。

《西洋中古史》，王任光編著，國立編譯館，民 71 年。

《西洋文化史第三卷（中古下）》，劉景輝譯，學生書局，民 71 年。

《西洋中古史》，張學明譯，聯經，民 75 年。

《世界文明史之十二：黑暗時代與十字軍東征》，幼獅編譯部編譯，

幼獅，民 69 年。

《拜占庭帝國與東正教世界》，劉增泉譯，國立編譯館，民 84 年。

6

十字軍東征時期的
拜占庭

馬其頓王朝的滅亡是拜占庭光榮歷史的結束，帝國最後的四百年（西元 1057～1453 年）可說是每況愈下，帝國呈現內部崩解和外患頻仍的情況，且在十一和十二世紀以後，東帝國內部失去凝聚力，經濟與社會均喪失活力，海權衰落，海盜猖獗，威尼斯商人操縱了帝國的經濟命脈，十字軍東征更加速東帝國的衰落。衰弱的拜占庭帝國之能維持四百多年，並不是因為有堅強的實力，而是因為來自亞洲的入侵勢力分散、削弱土耳其人的力量所致。

大領主的抬頭

　　亞歷西鳥斯・科穆爾（Alexius Comnenus，西元 1081～1118 年）的主政，使大地主的土地與佃農的數量毫無限制的增加，由於農民生活不易，在舉債度日之下，不得不住進城堡接受軍事首領的保護，他們將土地出售或轉讓給大地主，於是大地主控制許多村莊，統治成千上萬的奴隸，雖然皇帝皆試圖限制大地主的發展，嚴禁大地主購買農民的財產，但是，仍然無法杜絕土地不斷集中於大地主手中，皇帝在國庫愈來愈空虛之下，也只好做出讓步以得到貴族的支持及忠誠，貴族的勢力於是不斷擴大，他們可以在自己領土上有警察權和司法權，亦可對農民進行一般性的審判，並且向農民徵收帝國的稅捐，卻也私自從中扣下大部分的稅款，更以皇帝之名招兵己用。隨著帝國衰弱，大地主抬頭，拜占庭帝國走向封建制度的生活方式。

　　十二世紀時，隨著封建制度的發展，拜占庭帝國的經濟與社會持續惡化，由於需定期重估稅率，給課稅者製造貪污受賄的機會，課稅者要求食宿款待，收受禮物與紅包，卻僅繳納勒索來的部分稅款。此外，海盜亦成為帝國的重要問題，希臘半島犬牙交錯的海岸與愛琴海

中星羅棋佈的海島都成為隱藏海盜的淵藪，他們不僅劫掠商人船隻，還搶奪陸上人民。

由於貴族私扣稅款和竊用兵馬，使帝國在無兵可用之下，必須雇傭兵為帝國作戰，但此舉反而引狼入室，在陸上是如此，在海上也受制於人，帝國為取得義大利船隊的效勞以防衛海岸線和海路，於西元1082年，拜占庭皇帝給予威尼斯人特權和君士坦丁堡的大貨棧，使他們得到在全帝國通商的權利，並且享有許多主要賦稅的免稅權，嚴重削弱帝國的國庫收入，也破壞希臘商人的貿易，因而在首都引起民眾強烈的排外情緒。

由於帝國的衰弱，以致疲於應付敵人，俄羅斯人不止一次攻打君士坦丁堡，中亞的遊牧民族——蒙古人也逐漸威脅帝國，巴茲爾二世去世後，蒙古人叛亂，在經過西元1048年到1053年的作戰，拜占庭才重新恢復邊界上的秩序，不過，也消耗了軍力。西元1071年曼奇克托（Manzikiert）要塞被土耳其人攻陷，整個安納托利亞東部和中部被土耳其人佔領，遊牧民族的土耳其人把定居於此的希臘人趕往海邊，土耳其人只在幾條主要道路上修建幾座為數很少、具有防禦工事的沙漠旅行客店，商業城市和耕地從此消失在高原上，這個原有許多繁華城市的地區從此改變模樣。

塞爾柱土耳其人的入侵

西元1055年，塞爾柱之孫土格利耳·貝格（Tughril Beg，西元1037～1063年）佔據巴格達，被哈里發封為「蘇丹」（Sultan），自此，土耳其軍不斷侵擾拜占庭東部邊境，西元1071年，拜占庭皇帝羅馬諾斯四世（RomanusIV，西元1067～1071年）率軍侵入土耳其，企

圖先發制人能一戰擊潰敵人主軍，但並未如預期，拜占庭軍於亞美尼亞（Armenia）的曼奇克托戰役（Battle of Manzikert）[1] 全軍覆沒，羅馬諾斯被俘，土耳其不久佔領整個小亞細亞，建「衣谷尼烏木蘇丹」（Sultanate of Iconium，或稱 Rum，Roum），定都尼西亞（Nicaea）。

　　拜占庭不僅喪失小亞細亞，義大利的亞布利亞諾曼公爵羅伯·奎斯卡偕子鮑海蒙（Bohemond）亦渡過亞得里亞海，直逼希臘半島，攻陷杜拉索港口（Durazzo，阿爾巴尼亞之一海港）。為了對付諾曼人，拜占庭皇帝亞歷西烏斯·科穆爾和威尼斯締結盟約，給予商業特權以使威尼斯牽制諾曼人。

　　東羅馬帝國本想引進西歐基督教勢力以為臂助，雖然西歐並不友善，但仍然呼籲西歐與拜占庭帝國協力抵抗土耳其人，十字軍運動乃應運而生。亞歷西烏斯向西方求援時，只希望西方領主招募一個騎士團服務於拜占庭軍隊，受拜占庭將領的管理，沒想到西方卻組成龐大的「十字軍」，不但無法指揮，反而受制於他們，使東西方的關係更加惡化。[2] 亞歷西烏斯在第一次十字軍（西元 1096～1099 年）的支援下收復尼西亞之後，兩軍便分道揚鑣，十字軍向巴勒斯坦前進，拜占庭軍則向小亞細亞沼海地區前進收復失地，希臘貴族則在十字軍未佔

1　曼奇克托戰役（Battle of Manzikert）是拜占庭歷史的轉捩點，土耳其人雖未有效地乘勝追擊，不過拜占庭帝國對小亞細亞的長期控制自此喪失。南義大利的諾曼人攻佔拜占庭在亞得里亞海岸的巴里港（Bari），顯示拜占庭在西歐的勢力正式終結。

2　在西方人的眼中，希臘人詭詐、自私、無信，拜占庭皇帝更是因利忘義之徒，不足以共患難，威尼斯人更欲控制君士坦丁堡和東方商業，因而在第四次十字軍東征時，以威脅利誘的方式攻佔了君士坦丁堡，建立了「拉丁帝國」；而在拜占庭，他們則認為法蘭克人非常勇敢，但是又非常貪婪，拉丁人的劫掠和破壞加深希臘人民的懼怕和痛恨；又從一位教士說他寧願在君士坦丁堡看見一位戴著頭巾的土耳其人，而不願意見到一位戴紅帽子的樞機主教中可看出，彼此是多麼水火不容。

領區建立國家。

十字軍的東征，至少使拜占庭擺脫土耳其的威脅，拜占庭皇帝也比以前更加關心西方的事務，並試圖發揮更積極的作用，約翰之子曼紐爾一世（Manuel I，西元 1143～1180 年）便夢想恢復帝國的統一，他在羅馬教皇和別的皇帝之間爆發新的衝突時，巧使計謀將他的權力擴張到拉丁國家，而且曼紐爾智力超群，是一名優秀的外交官，他逐一尋求與西方和義大利沿海城市的君主結盟，為了與羅馬教皇取得和解，召開希臘主教會議，不顧主教的反對而提出統一兩個教會的主張；他給予威尼斯人新的商業特權和在君士坦丁堡的其他貨棧，並與日耳曼皇帝康拉德三世結為連襟；他也在匈牙利、法國、英格蘭亦尋求支持，但是最後仍終告失敗，拜占庭的軍隊在布林迪西附近被西西里的紀克姆打得慘敗，最後被逐出義大利。科穆爾王朝最初幾位皇帝振興拜占庭的威望，擴大拜占庭的影響，但是拜占庭在巴爾幹半島的邊界還是漸漸縮小。在曼紐爾一世的熱忱支持之下，文學與學術研究再度蔚為風氣，宮廷仕女鼓勵作家，她們自己則寫詩歌，曼紐爾一世在金角（Golden Horn）頂端的海邊建立一座新宮殿，它的柱子與牆壁一半以上都覆以金子，另外還嵌鑲珠寶，在黑夜裏閃耀著光芒。但是奢侈品的享受、許多的戰爭、重稅，使農民愈來愈窮淪為農奴，城市的手工業者居住在嘈雜的貧民區，黑暗、骯髒成為罪惡的淵藪。

西元 1195 年，安吉羅‧亞歷修三世廢黜其兄長安吉羅‧艾沙克，並將其雙目刺瞎，監禁起來，老皇艾沙克之子小亞歷修則逃往西方招兵買馬，欲借西方之力推翻其叔，使艾沙克復位。亨利六世的兄弟，斯華比亞的腓力（Philip of Swabia）為神聖羅馬帝國皇帝的候選者，也是小亞歷修的姊夫，十字軍中有他的勢力，因此，第四次十字軍東征（西元 1202～1204 年）時，因應著小亞歷修的要求，前往君士坦丁堡，協助其父復位。這個要求剛好也符合斯華比亞的腓力和威尼斯人的慾望，且他們早就有這種打算，只可惜師出無名，如今，有了這麼

好的機會，再加上小亞歷修允諾願為十字軍償還威尼斯其餘的債務，並且協助十字軍前去攻打聖地的回教徒，這似乎是再美好不過的約定。雖然許多武士反對轉向君士坦丁堡，甚至有些武士離開十字軍大軍而自行前往巴勒斯坦，然而大多數人還是進攻君士坦丁堡。西元1203年艾沙克恢復自由，小亞歷修登基為亞歷修四世，不過事情並未就此有好結果，拉丁人與希臘人的不合，發生人民暴動，擁立一位反拉丁的新皇帝，亞歷修四世則被絞死，不甘心的拉丁人便在西元1204年與威尼斯人訂立條約，再度攻佔君士坦丁堡，均分一切戰利品，拜占庭此次遭受空前的浩劫，聖索菲亞大教堂的聖壇被劈成小片分給士兵，教堂內的神聖器皿、金銀飾物被他們取走後，竟在教堂內或內殿中飼養騾子與馬，有時更因牠們摔倒而被刺殺之，使得聖道佈滿血跡與污物而骯髒不堪；一個娼妓更坐在教長的座椅上唱著淫穢的歌，在大街小巷傷患、搶劫、俘虜、貴族無顏地流浪，老年人淚眼縱橫，無數個家庭破碎，圖書館被破壞，這悲慘的製造者不是回教徒，而是昔日的兄弟拉丁人，這不啻是另一個更悲慘的事。

　　拉丁人與威尼斯人創造出一個聯治的國家，拉丁皇帝的御前會議一半是皇帝的貴族，另一半則是威尼斯的商人，拉丁帝國由法蘭德斯伯爵鮑德溫九世為皇帝，此後五十七年，鮑德溫家族始終擁有拉丁皇帝的頭銜，事實上，拜占庭帝國的疆土只在紙上瓜分，因為大部分地區尚未征服，拉丁人不僅身處在希臘人的四面楚歌之中，更有強鄰保加利亞帝國窺伺在側，拉丁人因人數過少，外交無能，國庫又已被洗劫一空，因而在倡導者停止援助後，帝國的維繫更加困難，尤其是在教宗深深的陷入與神聖羅馬帝國皇帝腓特烈二世的鬥爭後，拉丁帝國的前途更為暗淡，最後，尼西亞的希臘人在西元1261年重建拜占庭帝國，拉丁皇帝鮑爾文二世及拉丁教士在驚嚇中逃亡。

尼西亞的復興

　　尼西亞帝國建立一個穩定而有力的政府，西奧多一世（西元1204～1222年）統治時，接納逃離君士坦丁堡的教士和官員，成為一座避難城，人口數目激增，帝國成功地防守拉丁人和土耳其人的進攻，也獲得君士坦丁堡希臘教會的支持。西奧多一世僱法蘭克傭兵，打敗弗提里亞的土耳其蘇丹，並且調集大批屯田兵去邊境抵抗土耳其人；君士坦丁堡的皇帝亨利於西元1216年去世，讓尼西亞減輕了拉丁人的威脅。由於尼西亞位於商業路口，又為土地肥沃的中心，再加上三道圍牆，以及宏偉的宮殿和眾多修道院，吸引商人來到這裏從事東方絲綢、寶石和奢侈品的交易。

　　尼西亞帝國的第二個皇帝約翰二世（西元1222～1254年）擴大自由民的財產，致力於活絡城市經濟，他加強對貴族的控制，沒收貴族的土地，積極參與歐洲的事務，他娶弗里德里希二世的女兒康斯坦斯為妻，因而與弗里德里希二世緊密聯合，並得其丈人之助復興君士坦丁堡；約翰二世更派兵前往義大利去幫助皇帝打擊羅馬教皇及其盟友；征伐削弱和分裂保加利亞人，絲毫不懼怕的氣魄使他佔領色雷斯和馬其頓各省；後來更將目標轉向拉丁人，佔領泰薩洛尼卡（Thessalonique）及整個伊皮魯斯君主國。約翰二世不受限於帝國艱難，反而積極治國的精神，使民眾賦予他各種各樣奇異般的傳說。約翰二世雖然為恢復拜占庭的統一而戰，卻仍極力減低賦稅，鼓勵農業，興建學校、圖書館、教堂、修院、醫院以及老弱貧民收容所，在他的統治之下，尼西亞成為十三世紀最富裕及最優美的城市之一。

　　可惜之後的統治者非但沒有任何表現，反而都很短命，最後竟遭

一位軍官邁克爾・巴列奧略（Michel Paléologue）篡奪政權。邁克爾八世（Michael，在位西元 1261～1282 年）完成歷代君主的理想，以他的聰明和外交手腕，獲得法蘭克人和威尼斯人的幫助，終於收復君士坦丁堡，但是，首都的人口稀少，又遭受嚴重的破壞，帝國的大部分領土仍在拉丁人掌握中，帝國似乎岌岌可危，不過，邁克爾八世運用其外交手腕，防止安茹查理（Charles of Anjou）的威脅，邁克爾八世促成西元 1282 年的「西西里晚禱暴動」（Sicilian Vespers），[3] 法蘭西人因而死傷慘重，使得安茹查理不得不放棄原定進攻拜占庭的計畫。

拜占庭帝國的衰亡

　　巴列奧略王朝統治拜占庭帝國長達二個世紀之久，不過，卻充滿內戰、混亂和失敗，經過漫長的腐朽衰落，帝國不可避免地走向崩潰。皇帝雖然多次試圖重新使君士坦丁堡和羅馬的教會聯合，以取得羅馬教皇及其盟國的支持而能反對拉丁君主，但是，卻遭到東正教徒和清教徒堅決反對，因為教徒不想和羅馬人作任何和解。

　　外國商人、威尼斯人和波斯人掌握君士坦丁堡大宗貨運和貨棧貿易，相對使君士坦丁堡內的人民日趨貧困，政府也減少許多海關的收入，行政官員把小農民逼迫到悲慘的境地，整個帝國到處都爆發憤怒的暴動，例如泰薩洛尼卡的吉洛特人民黨集結農民、手工藝人、海員、工人和自由民殺死貴族，並在城市中成立政府（西元 1342～1349

3　「西西里晚禱暴動」（Sicilian Vespers）係指西元 1282 年復活節翌日，在西西里巴拉摩（Palermo）以晚禱為號屠殺法蘭西人事件。

年）。皇帝和大貴族亦產生對立，約翰五世（在位，西元 1341～1391
年）和軍事貴族首領約翰六世（西元 1341～1347 年）持續不斷的戰
爭，再加上鄰國插手，使帝國疲勞無力，財富喪失殆盡，每個省份多
受到獨立行使權力的君主支配，這種分裂使敵人有機可乘，如阿爾巴
尼亞人往南入侵、亞得里亞群島的入侵，以及塞爾維亞的威脅，還有
土耳其人的擴張，都無法防患於未然，約翰五世雖然了解自己的帝國
危險萬分，也派使攜帶親筆國書向西歐各國求援，更親自去義大利向
羅馬教皇烏爾班五世陳情，請求教皇本著基督教的熱忱號召歐洲各國
組織對土耳其的十字軍，可是當時西歐各國已經沒有當年的宗教狂
熱，而且對於土耳其的侵略也沒有切身的感受，以致求援失敗；伊曼
紐爾二世（Emmanuel，在位西元 1391～1425 年）與匈牙利聯合，號
召德法兩國組成十萬人的十字軍，西元 1396 年在尼科坡利一戰，十字
軍反而被土耳其人打得大敗，西歐各諸侯騎士被土耳其軍俘虜者不計
其數，最後以巨額的贖金從土耳其人手中贖回。鄂圖曼土耳其帝國
（Ottoman Turks Empire）皇帝巴加塞德一世為此而欲攻打君士坦丁
堡，給予懲罰，伊曼紐爾二世得知此消息，便趕緊派使者去東方向帖
木兒帝國求援，當時的帖木兒帝國皇帝帖本兒也正有意攻打鄂圖曼土
耳其帝國，因此答應出兵，東羅馬帝國因而逃過此劫，延長五十一年
的壽命。西元 1451 年，土耳其帝國由穆罕默德二世（Mohammed II，
1430～1481，在位 1451～1481 年）即位，當時的土耳其帝國已是地跨
歐亞兩洲的大帝國，穆罕默德二世在宮廷進行改革，剷除舊有的奢侈
之風，消滅東羅馬帝國的野心從一連串積極的軍政措施中看出，穆罕
默德二世在博斯普魯斯海岸修建一座堅固的城塞，東羅馬帝國雖然接
二連三遣使勸阻，仍無法阻止，穆罕默德二世更放縱土耳其工人闖入
東羅馬的基督教修院，奪取石材、樑木、墓碑等等，更踐踏東羅馬農
民的田園與滋事，雖然東羅帝國要求土耳其設置監督官管理這些土耳
其工人，但監督官反而帶頭暴亂，顯而易見的是土耳其目的在製造爭

端以便向東羅馬宣戰，東羅馬皇帝君士坦丁十一世（Constantine XI，1404～1453，在位 1449～1453 年）並無任何作為，只寄望神的保護，歐洲其他基督教國家對君士坦丁堡的危機卻坐壁上觀，最後，東羅馬帝國在西元 1453 年 5 月 29 日被土耳其人攻陷，自西元 330 年 5 月 11 日建立，歷一千一百二十三年，帝國的消滅也代表此間文明的結束。

參考書目

外文部分

A. A. Vasiliev, *Histoire de l'Empire byzantin*, 2 vol.1932.

L. Bréhier, *Le monde byzantin* (coll. 《Évolution de l'Humanité》, n°s 32, 32 bis et 32 ter), 3 vol., 1947-1960.

G. Ostrogorsky, *Histoire de l'État byzantin*, 1956.

P. Lemerle, *Histoire de Byzance* (coll. 《Que sais-je？》, n° 107), 1943.

Ch. Diehl, *Manuel d'art byzantin*, 2 vol., 2e éd., 1925.

P. Lemerle, *Le style byzantin*, 1943.

G. Walter, *La vie quotidienne à Byzance au siècle des Comnèes (1101-1180)*, Paris, 1966.

中文部分

《西洋全史（五）中古歐州（上）》，馮作民編著，燕京出版，民 64 年。

《簡明西洋中古史》，劉增泉譯，國立編譯館，民 84 年。

《歐洲文化史》，劉增泉譯，漢唐出版社，民 88 年。

《西洋中古史》，袁傳偉譯，五南圖書，民 78 年。

《西洋中古史》，王任光編著，國立編譯館，民 71 年。

《西洋文化史第三卷（中古下）》，劉景輝譯，學生書局，民 71 年。

《西洋中古史》，張學明譯，聯經，民 75 年。

《世界文明史之十二：黑暗時代與十字軍東征》，幼獅編譯部編譯，
　幼獅，民 69 年。

7

回教初期帝國

阿拉伯人創立回教（Islam），音譯為「伊斯蘭教」，意指「歸順阿拉的意旨」，「穆斯林」（Muslims or Moslems）則指回教徒，意為「歸順阿拉的人」。回教的分佈遍及非洲、中東、中亞、巴基斯坦、孟加拉和印尼等地區。阿拉伯半島是世界上最大的半島，位於亞洲西南部，為一貧瘠的岩質半島，東邊是波斯灣，西面為紅海，由於雨量極少，加以高山之澗水均為沙漠吸收，大部分地區是廣大的沙漠，濱海才有宜農的土地。入夜溫度降至華氏三十八度以下，白天則是烈陽高照，可把皮膚曬得焦灼，在飛沙滿天的環境下，人們需要著長袍、面罩來保護皮膚和頭髮。半島上的阿拉伯人早在西元前 3000 年左右便已出現，他們為亞非語系中的閃族，和猶太人一樣。半島南部曾有四個小王國：希巴（Saba）、米內亞（Minaea）、哈達拉摩（Hadhramaut）和卡達（Qatar），不過，在西元 300～500 年間都已衰亡。他們的語言和古典阿拉伯語言不同，屬於衣索匹亞（Ethiopia）語系，商業是他們的主要生活方式；半島中部的人民則過著遊牧生活。農人在貧瘠的土地上播種五穀及蔬菜，飼養牛馬，他們也培植棗、桃、杏、蕃石榴等，以及乳香、麝香草、茉莉花、薰衣草等香料植物，約有十二分之一的人民居住在西部海岸或附近的城市中，有港埠和市場於紅海從事貿易，內陸亦有通往敘利亞的商路。遠溯至西元前，阿拉伯人與埃及人之間便有貿易關係，約有六分之五的居民是遊牧民族，他們依季節及冬季降雨情形而趕著羊群逐水草而移牧，駱駝為他們生活中的重要支柱，這些駱駝能在炎夏無水的情況下連走五天，冬天則能走二十五天，牠們的乳房則可供給奶水，尿水亦可作為洗髮水使用，糞便更可作為燃料，死了之後，其肉可食，其毛與皮革則可製成衣服和帳篷。

阿拉伯人的生活方式

　　他們是個以酋長為首的部落組織，在西南部的綠洲城市或中北部的大草原和沙漠中的帳篷圈皆是。不過，北部部落為亞伯拉罕·伊斯梅爾後裔的馬阿迪人（Maadites）或尼札爾人（Nizarites），和南方部落為亞伯拉罕·卡坦（Qahtan）後裔的葉門人卻是世仇。當葉門人為了尋找水源，和紅海的經濟利益而向北移民時，又引發彼此的爭鬥。

　　阿拉伯人崇拜自然現象，他們敬畏膜拜那些不可知的日月星辰及地層深處的精靈，舉凡泉源、石頭、聖樹間皆是他們膜拜的對象，有些部落還崇敬一些特殊的神，如動物的始祖，遊牧部落尚有自己的圖騰，他們為一多神宗教，每一個部落都有自己所信仰的神，在麥加（Mecca），人們所崇奉的有女神瑪娜脫（Manat）、阿拉脫（Al-Lat）、阿烏沙（al-uzza）以及男神阿拉（Al-lah）。商業的往來以及人口的流動，使得外來宗教開始侵襲阿拉伯人的固有宗教──祆教、基督教和猶太教先後影響阿拉伯人的宗教生活。

穆罕默德創立回教

　　穆罕默德（Muhammad）意為「崇高的禮讚」，生於西元 570 年或 571 年，其先人為亞伯拉罕後裔，為麥加城的中興者，屬哈希姆部族，與伍麥亞部族敵對。穆罕默德從小就是個孤兒，由一位叔父收養

他因而隨叔父經商。他經常造訪父親逝世的地方——麥地那，[1]他在那裏結識不少猶太人，猶太人在麥地那佔多數，許多阿拉伯人深受猶太人彌賽亞降臨思想的影響，他們也熱烈地期待神的使者到來。穆罕默德認為阿拉伯需要新的宗教信仰，一個基於神聖的誡律及超自然力量的宗教，使支離破碎的阿拉伯派閥統一起來，成為一個雄建富強的國家。

穆罕默德在二十五歲時娶卡蒂雅（Khadidja）為妻，由於這樁婚姻的締結，使穆罕默德成為一個有財富的人，社會地位也提高。每年一到聖月（即九月），穆罕默德便帶著全家隱居到距麥加約三哩之遙的山洞（Hira）裏，在那裏日夜齋戒，沉思和祈禱。在穆罕默德身上常有很多特殊的事情發生，西元 610 年的夜晚，在他四十歲時獨居於山洞中時，在夢中，發覺天使加百列（Gabriel）就在面前，並且說著：「穆罕默德啊！你是阿拉神的信使，我是加百列。」另外，他也常跌倒在地，全身抖動，口吐白沫，眉頭汗水如注，這是癲癇症患者常有的現象，但是，一般癲癇症患者常有的現象如嚼舌、記憶力衰退等現象，但卻不曾聽說過，也未聽聞有穆罕默德記憶力衰退等現象，相反的，直至六十多歲，他的思慮依舊清楚，對統馭和權力充滿自信。十三年後，就在麥地那城建立政教合一的政府，根據伊斯蘭教義制定教法，在麥地那擇地興建教堂，每週都在椰樹下講道。

穆罕默德生在一個商業化而又重懷疑的社會，國庫的收入來自朝聖者，麥加在當時已經是一個很大的經濟城市，常常接待東方沙漠的大商隊，接受拜占庭的金幣和薩桑王朝的銀幣。穆罕默德以「上帝聖言的先知」身分開始在麥加講道，提出使信仰者免於淪入地獄，而轉升天堂的預言，宣揚要相信唯一真主，相信死而復活和永久幸福，不

1　麥地那名為 Yathrib，後改名為 Medinat al-Nabi 或「先知城」（City of the Prophet），位於阿拉伯中央高原的邊緣。

論貧富階級，也不分阿拉伯人、基督徒或猶太人，他都歡迎他們到他家聽道，他也常到喀巴去誘引朝聖者，向他們傳播一神論，但是，他不但沒有得到歡迎，反而遭受無情的攻擊。因此一開始接受其信仰的只有他的妻子、侄子阿利（後來成為女婿）、岳父阿部貝克。由於不被接納，使他的傳教轉向窮人，甚至是對奴隸的照顧，如讓他們回復自由之身，使得穆罕默德深受奴隸歡迎。西元 619 年，其妻卡蒂雅和他的保護者叔父阿伯泰利伯（Abu Talib）相繼辭世，因而感到在麥加不安全，再加上對信徒的緩慢增加失去希望，便在西元 620 年遷到麥加以東六十哩的塔夫（Taif）居住，但是此城拒絕他進去，使得他必須重回麥加，回到麥加後，某夜穆罕默德在睡夢中感覺被送至耶路撒冷，由猶太聖殿哭牆廢墟邊的一匹神駒載到天上，再回到人間，醒來卻依然安全地躺在床上。因此，耶路撒冷成為回教的第三大聖城。

西元 622 年，一些麥地那的猶太人覺得穆罕默德說的一神教、信使及最後審判等和他們的信仰相同，因此，偷偷地拜訪穆罕默德，並邀請他到麥地那定居，穆罕默德便問他們，如果他遭受危難時，是否能像保護自己家族那樣保護他，他們皆發誓說願意，並且還反問穆罕默德說，如果他們因為保護他而犧牲生命時，將會得到什麼報酬，他只答以「樂園」（Paradise）。穆罕默德在前往麥地那途中遭受麥加庫拉奚族的攻擊，他們千辛萬苦，最後才躲開追殺，西元 622 年 9 月 24 日到達麥地那。這次的逃亡，使穆罕默德成為宗教和政治的領袖，「哈里發」（Khalifa）制度自此誕生，回教帝國的基礎亦因此奠定，西元 622 年成為回曆的紀元元年。麥加人之所以對他仇視，因為他主張崇拜一個真神阿拉，排除所有的偶像，這不但違反阿拉伯人的傳統信仰，也影響麥加的經濟利益，因而爭鬥不斷。

為了提高先知的權威，穆罕默德在麥地那組織政府，並且不時頒佈一些適合當時當地的演講與一些社會組織的實際問題、生活規範，以及部落間的外交和戰爭啟示，所有事務統歸宗教管轄，因此具有基

督和凱撒的雙重權威，但是大多數阿拉伯人對這個新的教義及儀式抱持懷疑的態度。由於麥地那發生糧荒，穆罕默德便委任軍官搶劫過往麥地那的商旅，當有一支欲從敘利亞到麥加的商隊得知將被搶劫時，便向麥加求救，這也使麥地那和麥加結下仇恨，從此不斷地戰爭。穆罕默德在麥地那十年，籌謀六十五起的戰爭或掠奪，有二十七次是他親自率領，穆罕默德因此聲威遠播，政治勢力擴張到阿拉伯半島，許多部落都接受他傳播的信仰，西元 630 年，穆罕默德毀壞麥加所有的偶像，但把「黑石」留下，頒佈接吻黑石的規定，並聲明該城為回教聖地。

　　穆罕默德專心於立法、審判、民政、宗教和軍事組織等事務，規定回教徒須採用陰曆，每月以 30 天及 29 天輪替，但是，這種曆法使四序運行失去調和。穆罕默德有十位夫人和兩位小妾，在閃族人的眼裏，滿足生理的需要，可說是一種道德上的義務，而其某些婚姻中，有的是政治婚姻，有的是對朋友及信徒遺孀的一些恩惠行為。西元 632 年，穆罕默德患了一種熱病，發高燒臥床昏睡，不時發出囈語，臨終的前三天，還抱病登上祭壇祈禱，並可向信徒講道，但是第二天病情加重不能再登壇講道，因而命令阿部貝克代理，6 月 8 日便逝世。

阿拉伯的征服

　　穆罕默德並未建立王朝，也沒有制定繼承制度，但是，他曾選阿部貝克主持在麥地那回教寺院的祈禱儀式。穆罕默德死後，回教徒頓時群龍無首，不但遊牧人民欲脫離，麥加和麥地那兩城亦在爭奪領導權，因此共同擁戴阿部貝克（西元 573～624 年）為第一任哈里發——繼承人。阿部貝克亦很快便指定奧瑪（Omar，西元 634～644 年）為

中世紀回教徒的騎兵

繼承人。奧瑪曾制定選舉院來解決繼承問題，他逝世以後，阿利和奧斯曼成為兩敵對派的候選人，奧斯曼（Othman，644～656年）獲勝成為第三任哈里發，但阿利派則繼續反抗，造成回教永久的分裂。其因在於奧斯曼代表麥加勢力，他最有力的支持者是奧美亞家族，他們最初反對穆罕默德，因而堅持哈里發職位應該是選任而不是世襲。阿利代表麥地那勢力，也代表穆罕默德家族和最早弟子，因而堅持哈里發職位應該保留在穆罕默德的家族中，不應受外人的操縱。在西元656年，奧斯曼為阿利派暗殺，阿利（Ali，西元656～661年）被擁為第四任哈里發，麥加之奧美亞家族則拒絕承認，內戰因而展開。阿利是穆罕默德的女婿，為人很有賢德，他掌握阿拉伯帝國的政教大權以後，針對積弊，矯正阿拉伯人的奢靡惡習，欲恢復民族的簡樸。但是，阿利卻在西元661年1月被激進黨人暗殺，奧美亞家族的摩阿維亞（Muawiyah）自立為哈里發，內戰才暫時告一段落。

奧美亞王朝

　　阿拉伯人在受到新宗教和新民族意識的刺激，征服周圍的人民，使北非柏柏爾人（Berbers）、波斯人、伊拉克人、土耳其人所在地等都成為其疆域之一部分。阿拉伯人向外擴張的原因很多：在經濟上的原因是因為在穆罕默德前一世紀，政治上的衰微使得水利系統破壞，且人口的生育率超越了土地物產的供應量，以及渴望獲得更多的可耕地；政治上的原因則是拜占庭和波斯兩國之戰的精力耗竭，地方政府

苛捐雜稅繁重，不能使人民得到保障；宗教上的原因為拜占庭政府對基督一性論教派、景教及其他宗派的高壓手段，使住在敘利亞和埃及的大批少數民族逐漸離心。阿拉伯人在西元 635 年征服大馬士革，次年，大敗拜占庭主力於雅摩克河（Yarmuk），西元 638 年，更攻破耶路撒冷（Jerusalem），自此耶路撒冷成為回教第三聖城，西元 640 年，巴勒斯坦最後的凱撒城亦告陷落，西元 642 年更順利佔領埃及。

攻佔耶路撒冷的將軍阿木耳乘勝追擊，在西元 639 年 12 月率軍攻進埃及，西元 641 年佔領巴比倫，建立新的埃及首都名為富斯達（Fustat），亞歷山大城則在西元 642 年投降。在奧斯曼時代，回教軍更自埃及西進到達的黎波里和突尼斯。

阿拉伯人也開始建立他們的海軍，西元 649 年，回教艦隊佔領塞浦路斯，西元 652 年和 655 年，回教海軍亦擊敗拜占庭艦隊獲得東地中海的霸權。奧斯曼時代，西元 649～652 年，阿拉伯人又征服波斯、庫拉桑（Khurasan）和亞美尼亞（Armenia）。

西元 661 年摩阿維亞自立為哈里發後，哈里發成為世襲，歷時達九十年，是為「奧美亞哈里發」時代（西元 661～750 年），此時，回教吸收希臘、羅馬、拜占庭以及其他東方文化，創造出新的伊斯蘭文化。摩阿維亞並將首都自麥加遷至大馬士革（Damascus），因大馬士革位置適中，遠離穆罕默德家族勢力，對回教內部政治鞏固和向外發展都比較有利，使大馬士革乃成為回教的政治中心，也是回教文化的中心。西元 668 年，摩阿維亞派老將索非安由海路去攻打君士坦丁堡，但是，由於城防堅固而沒攻下，再加上有一種名叫希臘火的新式武器，使得阿拉伯海軍只好撤退，不過，阿拉伯軍仍然佔據西齊卡斯島，此島距君士坦丁堡八十英哩，威脅君坦丁堡長達七年之久，到西元 657 年阿拉伯軍才放棄攻城計畫。

摩阿維亞最初被奧瑪指派為敘利亞總督而掌握大權，他也意識到唯有寬大胸懷以及莊嚴的儀式鞏固王位才是必要且永久的方法，便以

拜占庭皇帝作為模範，拜占庭皇帝則是取法於波斯皇帝。他認為消除選舉哈里發職位所造成混亂爭鬥的唯一方法是實行世襲制度，所以，在西元 680 年指定其子葉茲德（Yezid）為王位繼承人，並訂定境內諸王國向其子宣誓效忠的誓言。不過，摩阿維亞一死，內戰又再起，最後，則由摩阿維亞的堂兄弟兒子馬立克（Malik）統治全國。馬立克為他的兒子瓦立特一世（Walid I，西元 705～715 年）鋪下成功基業。瓦立特一世在西元 709 年征服布卡拉，由於柏柏爾人援軍和西哥德王國內部的繼承問題，很快地，便在西元 711 年征服西班牙，西元 712 年征伐撒馬爾罕，在東方，則是將沼澤變為良田，在乾旱地區興修水利，開鑿並且整治運河系統。奧美亞王朝在八世紀不定的世襲制度，使派系鬥爭不斷，但此王朝的諸位哈里發對伊斯蘭教頗有建樹，因為他們在拓展空前絕後的政治版圖中，伊斯蘭教在此時吸收了希臘、羅馬等其他東方文化，創造一個新的伊斯蘭文化。

阿拔斯王朝

奧美亞王朝的衰亡，象徵波斯人在此時對阿拉伯人的政治有相當的影響力，阿拔斯（Abbas，西元 750～754 年）得到波斯什葉派[2]擁戴，西元 749 年，阿拔斯在庫發自封為哈里發，並自稱為「吸血魔王」，將所有奧美亞世系的王子王孫趕盡殺絕。阿拔斯的統治版圖，東起印度河綿延至大西洋岸，在這廣大地區建立阿拔斯王朝（西元 750～1058 年），定都於幼發拉底河岸的哈希米亞（Hashimya），以

2　什葉派（Shiites）為波斯地區的回教徒，以教祖穆罕默德為先知，以阿利為使徒，主張由先知家系為哈里發；而素尼派（Sanmites）則為阿拉伯地區的回教徒，承認阿部貝克、奧瑪、奧斯曼、阿利為教祖的正統繼承人，主張應由選舉產生哈里發。今伊朗地區的回教就是屬於什葉派，但勢力並不大，約為全回教世界的十分之一，其餘的十分之九，則屬於素尼派的勢力。

遠離庫法和巴土拉愛鬧事的阿拉伯居民。西元 672 年阿爾曼索（Al-mansor，西元 754～775 年）遷都至底格里斯河（Tigris）流域的巴格達（Baghdad），據稱此城是以十萬人力，並且花費四年時間建造完成，阿拔斯朝子孫在這裏歷經三十六代五百多年，創造世界史上空前無比的高度繁華。雅耶的統治，顯示他是一位卓越的行政專家，他將政府的行政效率發揮到極致，建立起有秩序、安全和法治的社會，修築道路、橋樑、驛館，疏濬運河，亦極力提倡文學或藝術。他的兒子馬蒙（Mamun，西元 813～833 年）繼位，給予回教徒、基督徒、猶太人、塞比教派及祆教充分信仰及禮拜的自由。在阿布德拉曼三世時期（在位，西元 912～961 年）達到西阿拉伯帝國的極盛時代。西元 750 年阿拔斯掌權，卻一省接一省的脫離巴格達的控制，九世紀晚期，分裂的趨勢更因埃及、敘利亞和東波斯的脫離而加速。

阿拔斯帝國的解體

　　由於朝政間的民族對抗和宗教對抗，在北非，使得柏柏人能夠趁此機會坐大，因而脫離阿拉伯人的統治，柏柏爾人多支持卡里告派和伊巴迪派異端，他們攻打凱魯萬，建立塔費拉雷、特萊姆森和提阿雷特三王國，阿利的親屬伊德里斯為了躲避屠殺，便逃往馬格里布國家，長期對猶太教徒部落、老基督教徒部落作戰，奪取特萊姆森，約於西元 790 年建立非斯城，位於什葉教派一個新的柏柏爾王國的中心，該王國也很快地就擴展到整個摩洛哥。

　　在東方，什葉派與阿利的後裔聯合在巴格達不斷滋事，穆卡納（Movkana）集團佔據整個霍臘散省，使得宗教動亂演變成社會戰爭。在西元 869 年，被虐待、蔑視的黑人起而反抗，搶劫並放火燒村

莊，屠殺阿拉伯人，最後攻下巴土拉。巴格達派軍隊欲消滅他們，但是皆無功而返，就這樣戰爭持續三十年。西元 860 年，伊朗東部邊界以薩法爾（Saffar）為首的集團得到哈里發的封地，他奪取鄰近各省，如印度河下游的信德省和霍臘散省。卡爾馬特派（Karmathes）亦向美索不達米亞和北敘利亞發動戰爭，他們在阿拉伯建立兩個穆斯林共和國，一個靠波斯灣，一個在南部，西元 930 年，他們洗劫麥加，奪取黑石，守護黑石長達二十五年之久。

　　長期以來，巴格達經常為了防止霍臘散省軍人叛變，招募土耳其傭傭軍，或者是柏柏爾人傭傭軍，這種換湯不換藥的作法，只是苟延殘喘的維持國祚，再加上巴格達遭到土耳其官員的破壞，終於，土耳其人在西元 1055 年入主巴格達。

　　阿拉伯人對其所征服的民族採取寬容的態度，允許他們繼續信仰他們自己的宗教和生活習慣，不過他們必須繳付一種特別稅，但是，因為波斯人並不相信唯一的上帝，所以，只有對他們採取強迫的方式，使其接受回教信仰。猶太人和基督徒有不少人自動歸化回教，不過，由於歸化人數不斷增加，使得特別稅收入減少，奧美亞哈里發為了杜絕此種現象，便制定種種法令限制，如歸化回教徒者應繳很重的地產稅，且不是阿拉伯人的回教徒不能在政府獲得較高的職位。

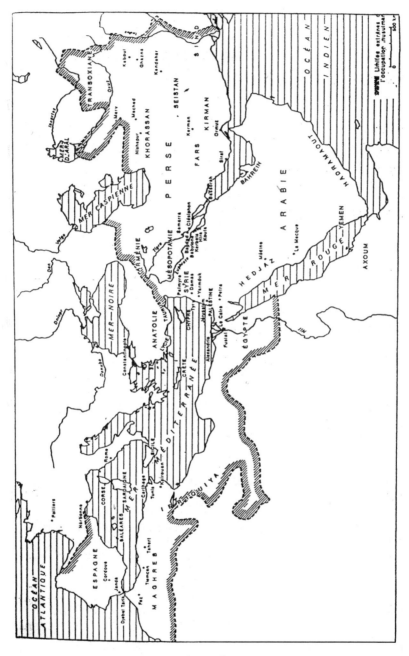

回教世界

參考書目

外文部分

H. Massé, *L'Islam* (coll. A. Colin), 1948.

Cl. Cahen, Les débuts de l'Islam, dans *Histoire générale des Civilisations* (Presses Uiversitaires de France), t. III, p. 86-105.

M. Rodinson, L'Arabie avant l'Islam, dans *Histoire universelle*, t. II (Encyclopedie de la Pléiade), 1958, p. 3-35.

G. Wiet, *L'Islam*, ibid., p. 50-104.

M. Gaudefroy-Demombynes, *Mahomet. Le prophète de l'Islam* (coll. 《Évolution de l'Humanité》), 1959.

X. de Planhol, *Les fondements géographiques de l'histoire de l'Islam* (Flammarion), 1968.

L. Dermenghem, *La vie de Mahomet*, 1950.

R. Mantran, *L'expansion musulmane (VIIe-Xie siecle)*(coll. 《Nouvelle Clio》, n° 20), 1969.

J. Sauvaget, Historiens arabes, *dans Inilitation à l'Islam*, t. V, 1946.

H. W. Hazard, *Atlas of Islamic History*.

中文部分

《西洋全史（五）中古歐州（上）》，馮作民編著，燕京，民64年。

《簡明西洋中古史》，劉增泉譯，國立編譯館，民 84 年。

《歐洲文化史》，劉增泉譯，漢唐出版社，民 88 年。

《西洋中古史》，王任光編著，國立編譯館，民 71 年。

《西洋文化史第三卷（中古上）》，劉景輝譯，學生書局，民 71 年。

《西洋中古史》，張學明譯，聯經，民 75 年。

《世界通史》，王曾才著，三民書局，民 82 年。

《世界文明史之十一：拜占庭伊斯蘭及猶太文明》，幼獅編譯部編
譯，幼獅，民 69 年。

8

回教文化

阿拉伯人是一個後起的民族，他們建立阿拉伯大帝國，統治的人民包括歐、亞、非三洲，由於統治範圍廣大，相對地使這多樣性的人種，如土耳其人、柏柏爾人、波斯人、西班牙人、敘利亞人、埃及人等，以及多元化的教派，如基督教、猶太教、拜火教等，在回教世界的政治環境中得以專心於學術研究，以阿拉伯人為主體，創造光輝燦爛的「阿拉伯文化」。

可蘭經

　　可蘭經是回教文化還沒形成以前唯一的書籍，也是阿拉伯人古老生活的寫照，在此有著穆罕默德的宗教信條和阿拉伯人的道德生活知識，穆斯林應服從每項他堅信無疑的主要習俗，不過裏頭所記載的天文、地理、醫學、生物等知識都尚未啟蒙。伊斯蘭世界的團結只是在於遵守一些直接出自穆罕默德的典範和指示的宗教習俗，並遵守一些社會生活的準則，這些準則有時明確地指出最細微的每日生活細節。

　　可蘭經意指誦讀或講道，回教徒有時用這一字來涵蓋他們神聖經文的全部，有時則僅指其中某一章節，正統派認為可蘭經上的每一字都得自神的啟示，屬於一人的著作。但可蘭經是累積而成的，包含阿拉的傳話人穆罕默德自己的話，許多穆罕默德零星的啟示都記錄在羊皮、牛皮、棕櫚葉或骨片上，這些啟示被藏在不同的容器中，隨著回教勢力的擴展，在不同城鎮出現不同的教本，於是哈里發奧斯曼（Othman）便下令修訂編纂，自此，這份包含十四章無次序的正本才被虔敬地珍藏起來。可蘭經的格式模仿希伯來先知的風格，基本觀念包括一神論、預言、信仰、悔改、最後審判、天國與地獄，在猶太人看來，與他們的信仰極其接近，甚至在形式和衣著上也是如此。在

教規中禁止吃豬肉和喝酒，也禁止放高利貸。剛開始時，穆罕默德直接啟示這些準則相當簡單，但是後來，社會關係多樣化，穆斯林法學家試圖彙集一些全文，建立真正的教規，於是提出教規的來源問題。可蘭經是難以解釋的，它包括某些人認為是偽經的段落，穆罕默德的聖經形成經外傳說，伊斯蘭教的口頭教訓。

　　可蘭經為城市社會立法，只有定居的集體可參加某些主要的集體宗教儀式，禮拜五的祈禱就是這樣。可蘭經上說：最重要的是薩拉（例行祈禱），而且「薩拉如同及時的水流，流到你們每個人的門口」，這種祈禱確定人和真主之間的親密一致。信徒在朗誦慣用的套語時，還做一定的動作，舉雙手拜倒是合套一個拉卡。根據白天的時間，祈禱包括二至四個拉卡，而祈禱次數，穆罕默德時代訂為每天三次，之後加到五次。穆斯林[1]也可以一個人祈禱，只要他處於慣常的潔淨狀態，進行沐浴，旅行中進行沙浴，並且朝向麥加方向。但是，可蘭經須在清真寺舉行公眾祈禱，並賦予其特別意義。每個人皆有禮拜五到清真寺祈禱的義務，而這種聚會也加強穆斯林的團結。

　　聚會和祈禱的地點，也是消遣娛樂的地點，更是法庭所在地和教育機構，先知和他的繼承人在禮拜五祈禱時向聚集來的部落佈道；後來，哈里發由他們的官員和家人陪同，從清真寺經壇高處向人民佈道，內容為政治演說鼓動聖戰。

　　每個成年穆斯林在身體健康的情況下，麥丹月（伊斯蘭教曆第九個月）期間須遵守例行的齋戒，這個月是可蘭經被送到世間的月份。信徒在麥丹月期間，每天從起床到睡覺不吃任何食物，以齋戒節或小節來慶祝齋戒結束。每個穆斯林有能力的話，在他的一生中應至少到聖地麥加朝覲一次，如此能賦予他一種神聖使命感。早期的朝覲，可以在任何地方進行，穆斯林最喜歡集體朝覲，一年中只需要幾天包括

---

[1]　穆斯林乃回教的譯音。

參觀其他聖殿。

回教世界的社會文化

在奧美亞王朝時，阿拉伯人成為統治的貴族階級，接受政府給俸，凡是身體強健的阿拉伯男人，不論何時均有服兵役的義務，他們很講究家世門第，上層階級的阿拉伯人，出門騎駿馬，衣服穿的是絲綢，並佩著寶劍，一般普通人則穿著褲管寬大的褲子，頭戴纏帽，腳穿尖頭的鞋子。所有階層的人對珠寶都很喜歡，婦女穿著緊身的胸衣、鮮艷的束帶和色彩明麗的裙子引男人遐想，自西元 715 年她們在眼睛以下戴上面紗的風氣漸興盛後，更增加婦女的浪漫氣氛，並且具有一種高深莫測的神祕美感。

回教法律非常嚴格，規定私通和雞姦都要處死刑，但是，後來因為生活條件漸好，私通只笞以三十鞭子，同性戀則不予理會，導致後來卻演變成同性戀的流行，哈里發雖然嚴刑制止亦無法阻斷這種情形。阿拉伯人對女人的嫵媚是既懼且羨，又懷疑女人的德性與智慧。穆罕默德的時代，回教徒並不排斥婦女，但是西元 743 年瓦立特二世時，妻妾和太監制度形成，深閨制度也隨之發展，閨房一開始是女人因月經及生育上的禁忌而隔離的地方，後來則變本加厲地限制女人的行動自由，到最後，女人購物亦須遣人購買，或者由小販登門求售，女人在形同監獄的閨房中渡過一生。一般女子的教育只限於記誦一些禱文和幾段可蘭經，以及一些家庭佈置藝術，上層的婦女則可接受相當水準的教育，她們學習作詩、音樂，以及各種女紅。女人因多子多孫而受人尊敬，在農業社會裏，子孫被視為一項經濟資產，生得愈多，在家裏的地位愈高。男人除了太太、奴婢和近親外，注視其他婦

女是非法的。

　　回教城鎮幾乎都是中型，大約一萬人左右，通常築有圍牆，以防止侵略或圍攻，城市最繁榮的中心是回教寺院。瓦立特二世時，麥地那的回教寺院被整修得美侖美奐，到麥地那朝聖的人數愈來愈龐大，奉獻也比以前更豐盛，大大地刺激當地商業的發展，聖城變成財富和聲色娛樂的中心，皇宮和市郊別墅住著皇親國戚和服侍他們的隨從。奧美亞王朝的首都為大馬士革，在阿拉伯帝國的東境，與麥加和耶路撒冷比起來，更位居帝國的中央，大馬士革有五條在此匯合的大河，水源供應一百個公共噴泉，一百個公共澡堂，灌溉十二萬座花園，河水向西流入長十二哩、寬三哩的紫羅蘭山谷，將此一內陸地區發展成人間的樂園。

回教世界的學術文化

　　阿拉伯人雖然征服歐洲，卻吸收希臘文化和羅馬文化，使巴格達、哥多華、開羅、撒馬爾罕、布哈拉等地皆是回教文化的學術中心，也繼承古希臘學術文化。在整個回教文化的發展過程中，回教學者完全從希臘語文獻中尋找研究題材，拉丁文著作則無進展；希臘詩人、歷史家、雄辯家的著作翻譯也很多，由此可見回教文化較專注於研究希臘文化而不是羅馬文化，也較重視科學哲學而非文學歷史的學風。

　　回教徒的男孩六歲時進入小學，學校通常在回教寺院，有時則是在露天的公共場所，課程是很簡單的回教禮拜儀式中必須的祈禱文、認識基本的可蘭經文和可蘭經本身的神學、歷史、教義和教規，每天都要熟讀一段可蘭經並且高聲背誦，每個孩子都規定以熟記可蘭經全書為目

標。

　　當回教徒在西元 712 年佔據撒馬爾罕時，他們從中國人那裏學會
將亞麻和其他有纖維的植物打成紙漿，然後再將製成的薄紙染色，以替
代羊皮紙和皮革，西元 794 年由哈里發哈龍的首相之子於巴格達成立第
一個造紙工廠，這種技藝也從阿拉伯人帶往西西里和西班牙，傳到義大
利和法國。紙的傳播，當然也會產生書本，西元 891 年巴格達已有一百
多家書商，使巴格達成為抄寫、書法、文藝的集合中心。多數的回教
寺院有圖書室，有些城市還有公共圖書館，容量亦可觀。伊斯蘭的學
者蒐集成廣大的字典，使阿拉伯文邏輯化與標準化，使語言更加準確
有條理，以他們的文選、文摘、百科全書，保存易於失散的文獻，強
化傑出文學的根基，他們又以教科書、文學和歷史批評奠定基礎。

　　文學方面，詩歌最有成就，著名的阿拉伯詩人有奧馬開嚴（Omer
Khayyam）、安塔拉（Antara）、馬卡門（Makamen）等人，奧馬開
嚴是阿拉伯帝國時代最偉大的詩人，他的詩集多為討論人生問題的冥
想，他也寫諷刺短詩，對於偽善、貪婪予以無情的嘲笑。隨著詩歌的
發達，音樂也發達起來，其中「音譜」的發明是阿拉伯人對音樂界的
最大貢獻。史學方面，約西元九世紀間，波斯人塔巴里（Tabari）窮
四十年之精力所著的《紀年篇》（Amals），是一本從上古創世紀一
直寫到逝世前西元 913 年的各項大事，是阿拉伯學術上的史學名著，
亦有「伊斯蘭的李維」之稱；瓦其底（Wakid）則寫了一部非常詳盡
的《伊斯蘭教發展史》；本卡利干（Ibn Khalikan）在開羅大學教授歷
史傳記學。這些用散文所寫的史書，都成了後來研究阿拉伯史的寶貴
史料，尤其是可蘭經的註釋，更帶來很大的成就，這些歷史學家在他
們的為學和興趣範圍內，都有突出的表現，並適當地將與人類有密切
關係的地理和歷史結合，他們雖遠勝基督教世界同時代的歷史學家，
但是他們仍長期迷失在政治、戰爭和文辭的修飾中，很少尋求事件的
經濟、社會或心理的因果關係。

哲學方面，阿拉伯哲學家多以亞里斯多德為學習對象，研究形上學、論靈魂、論動物的發生與敗壞、自然科學和醫學，當時最有名的哲學家有阿佛若耶（Averroes，西元 1149～1198 年）和阿溫色那（Avincenna）等，阿佛若耶以註釋柏拉圖和亞里斯多德的著作最有名。阿拉伯哲學把古希臘哲學保留到近世，使得西洋人研究亞里斯多德哲學時，皆需到阿拉伯文獻中找資料，可見阿拉伯哲學在世界學術史上佔有一席之地，後來，更有很多阿拉伯文的譯著都被轉譯成拉丁文。

　　在語文方面，由於地跨歐亞非三洲，阿拉伯文成為一種世界語文，當時世界各國商人為了通商貿易的方便，都努力學習阿拉伯文，留學生和醫生也為了求學和研究學問的方便，努力學習阿拉伯文。

　　在地理方面，阿拉伯人本是經商高手，國土的擴大，自然又產生無數的探險家、旅行家和地理家，因此阿拉伯人的著作中，有關世界地理的書籍很多，如斯來曼（Sulymaln）著《中國與印度風情》、伊本庫達底（Ibn Khurbudhbih）著《路程與諸國》，採自直接觀察的資料，以及其他著作《阿拉伯半島誌》、《印度誌》、《地理辭典》、《埃及誌》、《世界誌》等。

　　在建築方面，阿拉伯的建築模擬希臘式的建築，大體來說，阿拉伯式建築的屋頂是圓形，四周附有很多尖形高塔，哥多華的大回教寺院、格拉納達的阿爾罕布拉宮（Alhambra）、塞維爾的阿路卡札爾宮（Alkazar）和阿塞拉宮（Azzehra）等，都是典型的阿拉伯式豪華建築，內部的裝飾則以雕刻為多，鑲嵌細工與繪畫也有，但是因回教禁止偶像崇拜，沒有機會發展出它的藝術天堂。

　　在天文數學方面，阿拉伯人的天文學、醫學和數學為其文化的三大主體，阿拔斯王朝初期，阿拉伯人製造了天文觀測儀，利用天球儀製訂「天文表」，翻譯印度與希臘的天文學書籍；九世紀，數學家花拉子微（AlKhouarizmi，西元780～850年）首創「代數學」，更是現

今阿拉伯數字的發明者，阿拉伯人在幾何學、三角學也有很大的貢獻。在醫學方面，拉茲（Rhages，西元 865～925 年）著有《天花與麻疹論》，對近世西方醫學貢獻極大，另一著作《醫學全書》則是他自己的臨床經驗，並且旁採希臘、敘利亞、波斯、印度等醫學知識，拉茲還有關於神學、哲學、數學、天文等各方面的著作，煉丹術的實驗更奠定物理、化學的研究基礎；伊本森那（Ibn Sinai，西元 980～1037 年）著有《醫學規範》，內容詳論醫學與藥學，對後世西醫的影響很大，是十一、二世紀歐洲醫生必讀的基本醫書；西班牙哥多華的阿爾噶非奇（AlGarfikee）則著有西班牙文的《非洲藥物譜》，伊本巴太（Ibn al-Baitar）著有《藥物譜》和《藥草大全》兩書；由於阿拉伯帝國領土多為沙漠，終年風沙飛揚，所以眼科醫生和光學特別發達，阿爾哈珍（Alhasen）著有《視學論》，對眼科西醫的影響最大，但是由於伊斯蘭教的教義認為人死後靈魂暫時留在身體內，因此禁止人體解剖，使外科手術醫學毫無進展。回教徒建立第一間藥房和診所，成立中世紀第一所藥劑學校，寫了許多藥學論文，回教徒醫生都很熱心提倡洗澡，特別是在發燒時洗蒸氣浴，義大利與遠東貿易的主要特色之一就是輸入阿拉伯的藥品。醫學訓練主要在醫院中實施，非經考試及格與國家頒發證書，任何人皆不得行醫，藥劑師、理髮師、整形外科醫師都須接受政府的規定與檢查。在曆法方面，大詩人奧馬開嚴制定經過三千七百七十日才差一天的曆法，比現在通行的陽曆還準確。

回教的經濟貿易

　　阿拉伯人的陸上運輸主要靠駱駝、馬、騾及人力，但是馬在阿拉伯人的眼中身價很高，不常用作負重的工具，駱駝便載負大部分阿拉

伯貿易物資。當時的交通以巴格達為中心，驛道向四周成網狀展開，經通尼夏浦、謀夫、布卡拉、撒馬爾罕到卡西加，可至中國邊界，大部分內陸運輸則依靠河流及運河。靠著這些熙攘的交通動脈，再加上阿拉伯人不像西歐的貴族看不起商人，商業就發展開來，以薄利多銷的方式促進消費者及製造者間的交易，城鎮逐漸發展膨脹，交通及市場日趨繁盛，博覽會、市場及市集吸引大批物資、商人和消費者。從人口的比例來看，奴隸在伊斯蘭社會中所佔的比率要比基督教王國大，基督教王國的農奴取代奴隸，回教徒對奴隸有生殺大權，不過，他們對奴隸有人道主義的精神，在農村，奴隸多半從事勞動性工作，在城市，則從事不太需要精細技術的粗工。

可能緣於本身地理環境險惡的關係，阿拉伯人有著冒險犯難的精神，再加上阿拉伯人豐富的地理知識，使得原本不錯的貿易，因為帝國版圖的擴大，更加速阿拉伯帝國國際貿易的發達。阿拉伯人的貿易以商船隊和駱駝商隊為主，商船以西西里島為根據地，掌握整個地中海的制海權，獨佔地中海世界的貿易。當時的國際貿易商品多屬奢侈品，例如在紡織品方面有摩蘇爾（Mosul）特產「摩蘇爾呢」、大馬士革特產的「大馬士革絨」、加薩特產的「加薩綢」，都是當時阿拉伯人最有名的高級輸出品。阿拉伯商人大量開採金銀等自然資源，並且把金銀、大理石、象牙，加工製造成各種精美的工藝品，再由駱駝商隊和商船隊銷售到全世界，阿拉伯人亦把許多東方特產的農產物傳入西洋，如甘蔗、蕎麥、檸檬、香瓜、杏、橙等。

由於八世紀的阿拉伯人分裂成東西兩邊，東阿拉伯帝國的商人無法到西方經商，乃全力發展東方的貿易，阿拉伯商船經由印度群島航行到中國南方的沿海一帶，在廣州、泉州、杭州等市舶司買賣，阿拉伯人賣給中國人寶石、香料、象牙、玻璃、藥材、布匹等，然後從中國買回金、銀、絹、陶瓷器等工藝品。木材貿易提供一個大的伊斯蘭中心，從而彌補木材和船艙的經常短缺，確保兵工廠、燒窯工業和城

市工地的供給。因此巴格達透過波斯灣和底格里斯河內河航道，從印度洋的馬拉巴爾島海岸、錫蘭和馬來西亞得到木材，尤其是柚木、烏木、檀香木，以及非洲東岸贊杰斯（Zendjs）各國的木材。

參考書目

外文部分

H. Massé, *L'Islam* (coll. A. Colin), 1948.

Cl. Cahen, Essor et crises du Proche-Orient, dans *Histoire générale des Civilisations*, t. III (Presses Universitaires de France), 1955, p. 183-187.

R. Blachère, Le Coran, Paris, 1966.

G. Marcais, L'Art de l'Islam, 1946.

M. Gaudefroy-Demombynes, *Mahomet. Le prophète de l'Islam* (coll. 《Évolution de l'Humanité》),1959.

X. de Planhol, *Les fondements géographiques de l'histoire de l'Islam* (Flammarion), 1968.

L. Dermenghem, *La vie de Mahomet*, 1950.

R. Ettinghausen, *La peinture arabe* (coll. Skira), 1962.

Civilisation musulmane (dosssier 55.05, Doc. française).

中文部分

《西洋全史（五）中古歐州（上）》，馮作民編著，燕京，民 64 年。

《簡明西洋中古史》，劉增泉譯，國立編譯館，民 84 年。

《歐洲文化史》，劉增泉譯，漢唐出版社，民 88 年。

《西洋中古史》，王任光編著，國立編譯館，民 71 年。

《西洋文化史第三卷（中古上）》，劉景輝譯，學生書局，民71年。

《西洋中古史》，張學明譯，聯經，民75年。

《世界通史》，王曾才著，三民書局，民82年。

《世界文明史之十一：拜占庭伊斯蘭及猶太文明》，幼獅編譯部編
　　譯，幼獅，民69年。

9

北非的回教王國

回教勢力的擴張速度非常驚人。穆罕默德在西元 632 年逝世時所控制的土地為阿拉伯半島的三分之一，但是經過百年之後，他們的勢力橫跨三大洲，包括印度、波斯、埃及、北非和西班牙等地。

阿拉伯人在埃及的影響相當顯著，當埃及的基督一性教論派遭到拜占庭政府迫害時，阿拉伯人正好來到這裏，他們攻佔孟斐斯，進軍亞歷山大港，當地的埃及人亦協助阿拉伯人。西元 641 年攻陷亞歷山大港之後，阿拉伯人並未禁止其他的宗教信仰，反而宣佈所有教派均可自由信仰，更下令禁止基督一性論派私自對他們的正教派敵人施以報復，而自稱阿利後裔的法蒂瑪人創建開羅，並建立一個大帝國。

柏柏爾王國

凱魯萬的埃米爾

在凱魯萬擁有熱衷於保存和傳播宗教信仰的聖師和學者，此地是柏柏爾人的軍事要地，也是宗教首都，卻是侵入者所覬覦的一個堡壘。柏柏爾人在此基地防禦過歐洲的基督教徒和回教徒的攻打，這個城市雖然遭受許多宗教的入侵，但是，柏柏爾人並未完全伊斯蘭教化，亦未被各種異端邪說誘惑。後來此地被阿拉伯人佔領，成為阿拉伯人推廣伊斯蘭教和阿拉伯語的主要基地，阿拉伯人的定居和殖民化都來自軍事部隊活動，他們保持著對本身國籍和血統的驕傲，不受當地人的文化影響。後來波斯人和流亡親王也陸續抵達此地，他們有的是行政管理人員，有的是商人，定居在鄉村，但是數量的增加並不代表此地更加阿拉伯化，無論如何，阿拉伯化的程度很難估計。可知的

是，有些地方並未伊斯蘭化，例如住在以前有設防皇城的拜占庭官吏和執事人員後裔，仍保持著他們的種族、語言和宗教特性，他們在突尼斯南部，如杰里德、托魯爾、奈夫拉沃各村莊中或是在的黎波里塔尼亞省，都保有基督教信仰和羅馬語言，儼然是一個自治區形式。凱魯萬的阿拉伯人吸收各地的基督徒，讓他們住在王宮附近，並保有教堂和給予他們神職，後來這些基督徒更進而有行政領導權，甚至是軍事指揮權，他們經常負責大型的建築工程、堡壘或清真寺。

大約西元 800 年，凱魯萬實際上已經脫離巴格達哈里發的控制，當時的清真寺已全部被毀掉，在西元 836 年開始重建，並另建奢侈豪華的官邸和壯觀的王族城市，西元 876 年興建賴蓋達工程——為王宮的圍牆和護城河，全長有十公里。這些建築工藝明顯地模仿敘利亞或者巴格達，但是外表的裝飾和鑲嵌圖案、幾何圖型和花樣主題，則類似基督教藝術，可說是融合阿拉伯人的東方民俗傳統和本地羅馬或拜占庭的藝術典型。

雖然被阿拉伯人征服逾一世紀，馬格里布的種族血統和宗教信仰，卻沒有顯著的改變，只有東部地區羅弗里基葉，受到回教徒和基督徒的文化藝術影響。

伊巴底葉派

北非的柏柏爾人總是能對侵略者表現出一種強烈的種族和宗教地方主義，阿拉伯人入侵他們的土地並進行同化時，柏柏爾人發揮其特有的獨立精神和創造性，因此不論被阿拉伯人的武力削弱成多小的部落，亦不受阿拉伯人影響。其實，早在基督教佔領期間，很多的部落還是保持著自己的宗教信仰，他們始終拒絕基督徒和回教徒的統治，例如希臘人統治時期，馬格里布的鄉間和山區便有以色列新教徒的活動。以色列人對抗阿拉伯人攻擊中最有名的戰役，便是以色列女英雄

拉・卡西納，他曾長期把阿拉伯軍隊圍困在奧雷斯山區，以色列人自己則聚集在城市裏。此時一樣有著手工藝人和小商人，如在非斯新城有來自西班牙的猶太人；在凱魯萬亦有以色列人聚集；法蒂瑪王朝時，馬格里布的猶太人和東方以色列人，以及義大利的社團，一直保持著親密的聯繫。

阿拉伯人統治凱魯萬期間，由於總督對當地人的粗暴，以及對當地人和已經改宗的人徵收特別稅，使得柏柏爾人在西元 740 年叛亂，佔領丹吉爾，並追打穆斯林軍隊到西班牙，在西班牙佔據好幾個重要省份，給予穆斯林軍一記重創。在某些省份，特別是在西部地區，如摩洛哥南部海岸，巴爾哈瓦塔人（Barghawata）、里夫的庫馬拉（Ghmara）部落，亦拒絕阿拉伯文本的可蘭經，只是表面上敷衍應付伊斯蘭教，他們還是喜歡舊有的風俗習慣和宗教信仰。

當然也有一些當地人民改宗信仰伊斯蘭教，而且還信奉了最嚴格、最堅定的卡里吉派和什葉派。[1] 卡里吉派的支派伊巴底葉派，在利比亞的昔蘭尼加、的黎波里塔尼亞（尤其是納夫薩山岳地區）展開征服的行動，他們征服易弗里基葉，還在西元 758 年佔領凱魯萬。他們在西元 767 年左右建立塔赫爾城（位於現在的提亞雷特附近），此城直到西元 908 年還是一座聖城，一座宗教城市，是魯斯塔帝國的首都，在這裏，道德行為被要求要貞潔無瑕，宗教建築物也力求簡單樸素，沒有任何裝飾物，以彰顯刻苦的精神。城內有豐富的圖書館和天文台，為宗教神學和哲學研究的中心，城市座落在地勢高的草原邊緣和由古城廢墟堆成的小山崗上，有豐富的泉水和巨大的水庫滋養著，為大批遊牧民族聚集的繁榮城市。

---

1 巴格達的一些首領，失去政治權力後，為了逃避阿拔斯王朝或者是非洲官員的迫害，乃西往北非另外建立王國。

什葉派

　　西元789年，阿利的親屬伊德里斯（Idris）逃往北非，在摩洛哥北部組織一個聯盟，並對鄰近的基督教部落、猶太教部落或異教徒部落展開進攻，佔領特萊姆森。他的兒子伊德里斯二世在西元807年或809年創建非斯新城。這座新首都盛產小麥，周圍亦有城牆保護，因此很快就繁榮起來。西元814年，約有三百多戶的安達盧西亞難民從科爾多瓦逃難到此，十年之後，又有一樣多的凱魯萬人來到此地，城市被分割為兩塊，只用圍牆圍成雙城，並建有兩座清真寺，不過因部落間常爭鬥而動盪不安。也因為阿拉伯人和柏柏爾人住在雙城裏，不但提供相互通婚的方便性，也融合彼此的文化，使非斯新城成為一個要塞，一個大集市、傳教中心。另外還有一些權勢較小的阿利派親王，在中馬格里布的平原、米提霎和阿爾及利亞的謝利夫河谷定居，他們在那裏有一些商業城鎮、市場、交換中心，成為傳播東方什葉派的據點，並將伊巴底葉派趕向南方或山區。

　　西元880年，阿利的後裔法蒂瑪人，招募一些庫塔馬部族，趕走效忠於巴格達總督和艾格萊卜的埃米爾們，在西元908年定居凱魯萬。法蒂瑪的繼任者建立曼蘇里亞（Mancouriya）首都，為一座因搶奪凱魯萬的裝飾品和沙漠商隊遠途貿易而富裕的城市。西元908年，伊巴底葉派建立的塔赫爾城被法蒂瑪人佔領，大批卡里吉派人向南方遷徙，有的逃到杰爾巴島、有的逃到偏僻的杰貝勒和納夫薩流域、有的則逃到靠近烏阿格拉的賽德拉塔，在那裏重新建立第一個撒哈拉首府。對於法蒂瑪人的侵襲，山區的部落便表現與其對抗的決心，在西元944年發動大規模的叛亂，雖然曾一度攻克凱魯萬城，但因後繼無力，三年後還是失敗。

　　法蒂瑪人在東邊海岸的瑪蒂亞有個堡壘掩護的大軍營，那裏的港

口和兵工廠四周都有圍牆保護，有了堅強防固，法蒂瑪人可以隨時從瑪蒂亞和海上其他設防城市出發，突襲地中海基督教國家或支援巴勒莫的埃米爾們，柏柏爾地區對於法蒂瑪人來說，更是一個進攻埃及的重要基地。

中馬格里布的獨立王國

西元 945 年，中馬格里布的法蒂瑪王朝在受到卡里吉派人的攻擊，呈現危難之際，幸而得到開羅法蒂瑪人的拯救，因此常派部落和部隊去埃及。直到西元 1049 年才投靠巴格達，並與什葉派斷交，另一支在中馬格里布的王國貝尼・哈馬德派，則在霍德納山頂。

中部的馬格里布首都和王宮——阿希爾城和加拉城，由高大的城牆保護，有堡壘的軍營、軍事哨所或避難城，王宮四周有警戒的崗哨，要經過曲折的通道才能進去，建築裝飾圖案仍有點粗笨拙、缺乏豐富的靈感，但兩個城市的宮廷生活豪華輝煌。大約在西元 947 年，阿希爾城修建的齊里大宮殿是由君拉（Qal）召集凱魯萬的上千名工匠所修建。

西元 1080 年，最後一個齊里王國首都布日伊成為柏柏爾王國唯一的大城市，它啟發一些藝術家，這些藝術家為羅歇國王修建富麗堂皇的巴勒莫建築物，在基督徒的土地上留下非洲的遺產。

西元 1060 年，上埃及的貝都因人阿拉伯希拉利亞族，在易佛里基葉及中馬格里布平原到處破壞收成和擾亂城市，並追逐糾纏和劫掠旅行者，使得本已衰弱的凱魯萬齊里王國垮台。親王乃相繼逃到瑪蒂亞避難。加拉城則繼續抵抗的行動，但是西元 1088 年，哈馬米德（Ham-mamides）便定居於布日伊，使舊都加拉城慢慢地落沒。阿拉伯希拉

利亞族的入侵，不但將傳統的商路破壞，還將沙漠商隊的路線引向柏柏爾的兩端，朝向突尼斯或是摩洛哥的一些城市，柏柏爾人對於入侵帶來的動亂不安感到厭惡不已。

穆拿喀什人

西部的發展則是由軍人階級的集團所建立，他們為了保護國家免於基督徒侵擾，在易弗里基葉的東海岸修建一些堅固的設防寺院或稱修道院。例如西元 796 年的莫納斯提爾，以及西元 821 年的蘇賽，這兩個城市同時保有伊斯蘭教堡壘的軍事和宗教性質。為了預防來自海上西班牙人、義大利人，或者是西邊的諾曼第人突擊，這種修道院陸續增加，沿著海岸邊，直到摩洛哥的的黎波里塔尼亞，只要它們一發警報傳遞訊息，據說一個晚上軍隊便能從亞歷山大城到休達。

此地的堡壘建築受到拜占庭堡壘的影響，由方形的高牆圍著，並且在高牆的每個拐角處有圓形砲樓相互掩護，為一個堅固的設防內堡，裏面只有一個門能通到中庭，該中庭由一群沒有裝飾的小屋和一座有壁室的穹頂祈禱大廳圍著，當遇有危急情況時，附近的居民則可以來此避難。修道院由虔誠的戰士或殉道者伊斯蘭教的隱士保衛，在每年兩次的穆斯林重大節日組織集市時，更換守衛人員。

穆拿喀什人是一些虔誠的戰士，他們長期從事宗教工作，長時間地演說傳道，常常在異教徒中傳播伊斯蘭教義，而且很快地在遠方的國家中贏得好評。但是，這些信奉著左手拿聖經，右手拿寶劍的阿拉的教徒還是無法捨棄血腥的征服，這些戰士攻打南部的黑人王國，進而揮戈北指，殺進南摩洛哥平原，於西元 1062 年在馬拉喀什建立都城。穆拿喀什人在不久亦降服整個馬格里布，直到阿爾及利亞。這些

伊斯蘭教的隱士更擴大規模征服西班牙，建立一個西方的穆斯林帝國。這些伊斯蘭教隱士的首領伊本‧塔希凡（Ibn-Tachfin）是正統派的捍衛者，規定嚴格的習俗改革，並且有著想要制服摩洛哥西海岸那些獨立、未被完全伊斯蘭教同化者、甚至是那些不信教的部落的願望。

穆瓦希德人

　　摩洛哥南部的阿特拉斯山脈，居住著柏柏爾族的穆瓦希德人，他們擊退西班牙摩爾王國而定居下來，在西元 1122 年，曾在東方長期居住的首領──伊本‧突麥爾特（Ibn-Toumart），對穆拿喀什人的文雅風俗習慣、清真寺的過分裝飾、奢侈的服裝、世俗歌曲的調子，以及禾器的使用都表現強烈的反感，乃提倡改革風俗習慣，並致力使阿特拉斯的提麥爾（Tinmal）成為一座聖城，在得力副手阿卜都‧穆米姆（Abd-ElMoumim）的協助之下，西元 1145 年戰勝穆拿喀什人，建立一個面積更加遼闊的大王國。因此，布日伊在西元 1151 年陷落，西元 1160 年，穆瓦希德人更從西西里島的諾曼第人手中收復瑪蒂亞。至此，馬格里布第一次變成團結統一的國家，亦是當時全伊斯蘭教最強的國家，穆瓦希德人在各處擔任總督一職，強迫阿拉伯部落遵守他們的紀律，想盡辦法迫使那些最好戰的部落分散而且居住在固定的地方，期望能完全掌控他們的行動。穆瓦希德人所建立的柏柏爾王國還廣泛地開放港口給外部世界和海上貿易，義大利或普羅旺斯的基督教船定期穿梭於馬格里布各港口，特別是在布日伊和突尼斯，藉此，布日伊和突尼斯城便參與西方國家的大宗國際貿易。

　　穆拿喀什和穆瓦希德兩個王國一開始皆實行嚴格的節約政策，只

是後來一個王國繼一個王國的延續，總是難避免宮廷生活趨於奢華，馬格里布各城市中，尤其是在西部修建的阿爾及利亞、特萊姆森、奈德魯馬的各大清真寺和非斯的蓋拉維雅擴建工程，皆是當時最漂亮的建築物。第二個王國時期，馬拉喀什的庫圖比亞清真寺和拉巴特的哈桑清真寺，再次展現穆瓦希德人第一批教堂塔扎教堂和提麥爾教堂的風味。

穆瓦希德王國比穆拿喀什王國更能吸收伊斯蘭國家的文化，穆瓦希德王國承接西班牙摩爾文化的鼎盛時期，一方面模仿西班牙伍麥亞王朝建築物的馬蹄形拱門、肋拱上的圓屋頂雕花柱頭、植物狀的裝飾圖案；一方面又模仿凱魯萬建築物，清真寺尖塔牆上的塘瓷琺瑯磚和複雜的幾何圖形，標示穆瓦希德藝術融合各種藝術學說，吸引一些安達魯西亞的藝術家定居非洲，西方國家的大學生和旅遊者亦經常與凱魯萬宮廷和齊里國親王來往。

非洲中世紀的最後幾個王國

西元 1230 年，穆瓦希德王國的統一終因失去各省的忠誠，和未完全對阿拉伯人和柏柏爾族各部落進行同化而破裂。穆瓦希德王國面臨基督教軍事的失敗和其他部落在王國邊境的劫掠、叛亂，呈現無政府的狀態，因而出現三個主要的王國，此三個王國與馬格里布傳統上的劃分一致。東部有易弗里基葉的哈夫西德人王國，是穆瓦希德家族的成員，自稱是突尼斯哈里發；中部有貝尼·阿卜拉·瓦達人的柏柏爾族遊牧民族在特萊姆森周圍所建立的王國；西部則有非斯王國（西元 1248～1269年），是由摩洛哥南部的梅里尼德（Merinides）各部落用強力奪取。

這三個柏柏爾族的王國靠著狹小的基層和有限的王室家族成員維

繫脆弱的政權，不再依靠宗教的改革運動，也不再依靠部落大聯盟的聖戰觀念，因此當彼此內鬥時，誰也不能長期在整個馬格里布行使他們的權力。西元 1280 年，非斯王國攻打特萊姆森，並在城牆下建立有堡壘的營地曼蘇拉（Mansorah）勝利之城（有王宮和一座大清真寺的遊牧民族城），特萊姆森終於在西元 1337 年陷落，此外非斯王國亦攻打易弗里基葉平原。

經濟發展上，非斯、特萊姆森、突尼斯城這三個商業城市，成為穿過撒哈拉通向黑人國家沙漠旅行路線的起點。穆斯林商人從此地帶回金粉、芳香的植物和調味品，以及鴕鳥的羽毛，還有補給各港口基督徒的商品。突尼斯王國出口小麥、皮革、卡萊大漁場的珊瑚，由於穆斯林沒有船隊，因此，他們的商品要等到熱那亞、佛羅倫斯、威尼斯或卡塔魯尼亞的船隻經過時才能載運，其中有些船只定期從休達、奧楠（特萊姆森港口）到突尼斯的各港口停靠。基督教船則只准停靠在格拉納達王國，並在馬格里布和穆斯林東方之間往來。

此地還有很多伊斯蘭教高等學校——神學學校，顯示宗教科學在此的發展，尤其是梅里尼德人統治的時期。這些城市的四周都有堅固厚實的圍牆，寬敞的貨棧和市場，以及大的公共澡堂和排水管道，但也因此使原有的農田風光遭到嚴重的破壞。摩洛哥、卡比利亞、瓦爾塞尼斯山或奧雷斯山中反抗統治權力者，常騷擾著這些城市，威脅農人或搶劫旅途中的商販，因此一旦統治政權變弱，居民只好自求多福。西元 1415 年，馬格里布便沒有能力抵抗葡萄牙人進攻，之後更無力抗拒土耳其人和西班牙人的攻擊。

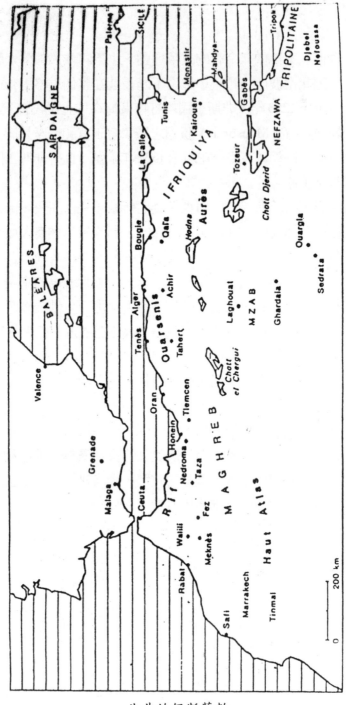

北非的伊斯蘭教

參考書目

外文部分

H. Massé, *L'Islam* (coll. A. Colin), 1948.

G. Marcais, *La Berbérie musulmane et l'Orient au Moyen Age*, 1946.

H. Terrasse, *Histoire du Maroc*, t. I, Casablanca, 1949.

H. R. Idris, *La Berbérie occidentale sous les Zirides (Xie-XIIIe siecles)*, 2 vol., 1959.

M. Talbi, *L'Émirat aghlabide (184/800-266/900). Histoire politique*, 1966.

G. Marçais, *Architecture musulmane d'Occident*, 1954.

G. Marçais, *L'art musulman*, 1946.

L. Golvin, *Le Magrib central à l'époque des Zirides* (Art et Métiers Graphiques), 1957.

H. Terrasse, *L'art hispamo-mauresque, des origines au XIIIe siècle*, 1932.

中文部分

《西洋全史（五）中古歐州（上）》，馮作民編著，燕京，民 64 年。

《簡明西洋中古史》，劉增泉譯，國立編譯館，民 84 年。

《歐洲文化史》，劉增泉譯，漢唐出版社，民 88 年。

《西洋中古史》，王任光編著，國立編譯館，民 71 年。

《西洋文化史第三卷（中古下）》，劉景輝譯，學生書局，民 71 年。

《西洋中古史》，張學明譯，聯經，民75年。

《世界文明史之十一：拜占庭伊斯蘭及猶太文明》，幼獅編譯部編譯，幼獅，民69年。

10

西班牙的回教王國

敘利亞的阿拉伯人，以及西部非洲的柏柏爾人，相繼來到以古羅馬遺風和蠻族人為標誌的西哥德王國，展開他們在這塊土地上的征服和衰弱歷史。

阿拉伯人和柏柏爾人

西元 711 年，穆斯林軍隊在決定性的拉亞達（La Zanda）戰役中打敗西哥德軍，越過庇里牛斯山（Les Pyrenees），以快速襲擊取得卡爾卡松（Carcassonne-Narbonne）—納爾榜地區和索恩河谷、勃艮地、盧瓦河地區，時值西元 740 年，這是穆斯林軍最大的擴張範圍。

雖然阿拉伯軍戰勝基督徒，在西班牙進行土地的剝削並擁有政權，但是由於西部非洲的柏柏爾人和來自敘利亞的阿拉伯人常發生內戰，使國家很難安定。他們在靠近托雷多和地中海東岸地區的阿爾加維定居，為防止兩派爭吵，總督將每個管理區和軍事部隊劃分明確，例如：大馬士革到埃爾維拉的管理區；厄麥薩到塞維亞的管理區；約旦靠近馬拉加、巴勒斯坦到西頓（黎巴嫩）管理區；埃及到貝雅和木爾西亞管理區。但是，當為數不多的東方阿拉伯人定居在一起時，很快就成為不安定的地方，從西元 711 年起便分裂成兩股勢力，一派是由穆沙·本·努塞爾（Muza Ben Nusar）為首的穆達爾人派（Modharites）[1]，另一派則是以塔里克（Tarik）為首的葉門人派，繼續持續著以前東方王朝的內鬨。因此，塔里克在里弗招募的柏柏爾人定居山中，如龍達（Ronda）山脈、馬拉加（Malaga）山脈、梅里達地區、瓜達拉馬山脈，其中居住人數最多約有二十萬人。他們在山中開墾樹

---

[1]　穆達爾人派（Modharites）為先知穆罕默德的親族庫賴什家族所統治。

林和畜牧，就像在非洲一樣。很明顯地，來自東方的阿拉伯人在安達盧西亞的地中海東岸平原和科爾多瓦居住，戴著東方的高便帽，如羅馬人般的在水田耕作；柏柏爾人則居住於山區和高原，戴著非洲的包頭布。兩種截然不同生活方式更加深彼此的差異和對立。

政治的混亂

西元716～780年之間，由於科爾多瓦更換二十個總督，使柏柏爾人乘機叛亂，西元740年，阿拉伯人被驅逐到瓜達拉馬山脈北部，翌年，由巴萊克（Balek）將軍統率的敘利亞援軍又擊敗柏柏爾人，柏柏爾人雖被鎮壓並受到各種迫害，但他們仍然繼續反抗，後因在西元751～753年的收成不好，發生饑荒，才使內戰平息，也由於這次的飢荒，把一些部落趕進非洲，而巴萊克所率領的敘利亞援軍則在南部平原駐紮，此對於東方的阿拉伯人來說，又增加不少生力軍。

西元755年，伍麥亞家族的親王阿卜杜‧埃‧拉赫曼由於在大馬士革遭阿拔斯人追殺，便帶領家族和軍隊在格拉納達的阿爾穆涅爾海灘登陸。拉赫曼曾試圖在馬格里布建立王國，但是耗費五年仍無法如願，反而在西班牙戰役中有顯著的功績，拉赫曼藉由阿拉伯部隊的幫忙，在阿拉梅達戰役中獲得勝利，並在科爾多瓦建立一個王國，繼續敘利亞王朝，與巴格達的哈里發互別苗頭。雖然拉赫曼在科爾多瓦建立王國，但是無法使這個王國安定，混亂和內鬥仍然不斷地上演，國王必須應付各省總督的反叛，還要鎮壓阿斯圖理亞斯基督徒的反抗，以及阿拔斯和其盟友斯拉夫人所率船隊在地中海東岸進犯。西元777年左右，諾曼第人在盧西爾河港灣的營地向加利西亞和葡萄牙海岸發動襲擊，並在西元845年溯塔日（Le Tage）河和瓜達爾基維爾河逆流

而上，洗劫塞維亞。

　　內部的叛亂多由貴族和伊斯蘭學者在科爾多瓦、托萊多和梅里達所領導；西元814年的叛亂則是由大學生和神學家在科爾多瓦所引起；另有一群不說阿拉伯語，也不說羅馬語的人民[2]被血腥鎮壓，使這些約莫八千多戶的人大規模遷徙，他們遷往摩洛哥，並在摩洛哥的非斯建立安達盧西亞居住區與凱魯萬人對立；另有一萬五千戶到埃及，但是西元826年，他們在埃及被趕走而另遷至拜占庭的克里特島，直到西元961年；西元850～852年之間，基督徒仍在各個城市間零星的反抗。

　　科爾多瓦隨著拉赫曼三世的執政（西元912～961年）平息下來，拉赫曼三世宣稱自己是哈里發，西元932年佔領托雷多，其威望擴大到整個穆斯林西方，甚至超越巴格達哈里發。他的繼承者皆能保持安定與和睦，在曼蘇爾[3]掌管國家和軍隊，使全西班牙成為獨裁國家。曼蘇爾對聖‧雅克‧德‧孔波斯特拉發動一次突襲，成為多次戰勝基督徒的勝利者，西元1002年曼蘇爾逝世後不久，西班牙也因而分裂，西元1031年，科爾多瓦的伍麥亞王朝就此結束。

穆斯林在西班牙的財富

　　穆斯林幸運地佔有西班牙這塊土地，他們延用羅馬人在西班牙的

2　不說阿拉伯語，也不說羅馬語的人，被稱為「啞人」，編年史家認為是斯拉夫或中世紀東正教的斯拉夫人。

3　曼蘇爾為一位法學家，是皇室的管家，趁著僅有兩歲的國王即位而掌權，並自稱為曼蘇爾，即勝利者。

遺產，與東方國家繼續定期的商業往來，或者說更加穩定於這些商業往來，並獲得大筆的利益。羅馬人留下的遺產豐富，沿著里斯本到瓦倫西亞整個海岸，灌溉渠道密如網狀，灌溉地區也已有相當的農村專門術語和水利法律知識，以及一些簡單的規章制度，還有新的農作物推廣種植，如水稻、甘蔗、棕櫚、椰棗樹，後來穆斯林也開始做葡萄酒。穆斯林對於礦山的開採並不如羅馬人積極，雖然在科爾多瓦和塞維亞之間有鐵礦，靠近木爾西亞和貝亞有銀礦，阿爾馬登有水銀礦。而且，科爾多瓦的各城市應宮廷對奢侈品的需求和北方一些基督徒的來到，興起市集貿易——亞麻布、地毯、高貴的服裝、鑲著科爾多瓦金線的錦緞、皮革、薩拉戈薩的海狸皮和紫貂皮桶子、科爾多瓦和塞維亞的首飾、托雷多的軍械、馬拉加或拉塔尤德的陶瓷製品和玻璃器皿、雅蒂巴（Jatiba）的造紙業等，皆是市集中受歡迎的商品。

　　安達盧西亞是伊斯蘭教著名的文化中心之一，有享負盛名的哲學家、法學家、醫學家和天文學家。哈里發在科爾多瓦收購大量的希臘文手稿並翻譯為阿拉伯文。西元 1000 年，圖書館約有藏書四萬冊，僅此家圖書館的目錄就有四十四冊之多。但是由於曼蘇爾擔心世俗的科學影響擴大，為贏得神學家的支持，乃將前人蒐集的所有哲學著作燒掉，焚書行動充分表明統治者企圖控制人們的思想的獨裁行為，一如秦始皇的焚書坑儒和漢武帝的罷黜百家、獨尊儒術的一統思想。

科爾多瓦的宮廷生活

　　西元 719 年，伍麥亞王朝便定居於科爾多瓦，使科爾多瓦也成為穆斯林在西班牙的政治首都，在拉赫曼一世時此城開始擴展並富有，拉赫曼三世時，科爾多瓦的文學、哲學、藝術成就非凡，有富麗堂皇的建築物、豪奢的王室宮廷，以及商業區和手工業者人口較密的郊區，此地皆被拉丁和希臘的旅遊者比喻為西歐君士坦丁堡。此城有五

十多萬的居民，編年史作者斷言此城的住戶有十萬之多，三千多座的清真寺和三百家的公共澡堂。其建在瓜達爾基維爾河右岸，有產麥的鄉村和種植橄欖的園區，並有通往山脈到托雷多的大街。

穆斯林一開始只佔據基督教堂，並用非常簡單的木頭柱子修建小教堂，一旦遇到禮拜的日子，便容納不下前來的信徒。拉赫曼一世將以前的建築物摧毀，並在西元 785 年擴大規模，才有較舒適華麗的教堂，但要到西元 990 年曼蘇爾時代才完成。清真寺隨著城市而發展，有厚實堅固的高圍牆，並有很大的內宮及十九個平行殿，特別是壁室的奇特鑲嵌裝飾，成為穆斯林藝術中最卓越的建築物之一。科爾多瓦的卡扎爾宮，座落在前西哥德總督府的遺址上，經由歷代伍麥亞君王的擴建和美化，呈現華麗的面貌。

科爾多瓦不斷發展，由設防的城牆之內擴展到城牆之外，計有二十一個郊區，陶瓷作坊和鞣革作坊節比鱗次。河邊則有一些供觀賞的花圃，用大戽斗水車澆灌，並有領主的宮殿，由分佈在大池塘周圍的亭台樓閣組成。拉赫曼三世在西部修建的麥地那・埃・宰海拉於西元 936 年開始興建。不久，哈里發就住在這裏，並把法庭和造幣廠也搬到這裏，這座城堡歷經四十年才完工，由一千名工人、一千隻騾子、四千匹駱駝運輸，整個工程耗損哈里發三分之一的收入，也使得整個西方穆斯林搶購物資，例如對大理石柱的大量需求，宮廷需用四千根，因國內不足，從迦太基運來一千根。新市區分層次建在山坡上，按不同的高度分三個不同的城區，各自用圍牆圍起來，最高處是哈里發的宮殿和他的浴室、女眷住房和辦公室；下邊則是花園和果園；最低處則是大清真寺及其附屬建築物、市場和雇工住房。

科爾多瓦的藝術

穆斯林在西班牙的藝術是東方親王夢想建立新的敘利亞藝術。但

是由於長時間不同成分的拼湊，讓人覺得像是一種流亡者的藝術。拉赫曼一世為建在科爾多瓦北面第一座高大華麗的建築物命名為魯薩法（Ar-Rusafa）宮，是大馬士革一座著名公園的名字。科爾多瓦的大清真寺如同大馬士革一樣朝著南方，表現對敘利亞首都的念念不忘。

安達盧西亞各城牆借用希臘人的城牆模式，西元 965 年由波斯王派來一名專業鑲嵌瓷磚工匠，教導一批奴隸，使這些人學習他的技術而負責清真寺的裝飾，特別是清真寺內面向麥加壁飾的裝飾。

非穆斯林社團如猶太教徒，仍保有其信仰的自由，並擁有自己的行政組織和司法組織，在格拉納達和科爾多瓦為數眾多。另外，接受穆斯林統治的基督教徒則在每個城市聚居，受一位保護人、庇護人或主教的領導，此期間的藝術也繼承羅馬西班牙或西哥德西班牙的傳統藝術。科爾多瓦及其郊區，尤其是在塞維亞，仍然是基督教徒的首府，修道院學校保持塞維亞大主教的宗教和精神的傳統習慣，並與歐洲基督教保持聯繫，一名審判官仍執行西哥德的古老法律。

科爾多瓦的穆斯林藝術融合拜占庭與西方國家的雙重遺產。

政治分裂

勝利者曼蘇爾一死，王室和異教徒紛紛起而反抗，每個城鎮裏，顯貴或作戰首領都宣佈自己獨立，因而修築堅固的堡壘、招募僱傭軍、鑄造貨幣，各自成為小王國，最多計有二十六個小王國，他們以光復運動為口號，不斷在邊界興起戰爭。政治的分裂不單只是王族的分裂，還有不同部落或種族之間的對抗。

穆斯林在西班牙的軍事力量雖然衰弱，但是仍保持同樣的文明和光輝，每一個小國的君主除了經常招攬詩人或哲學家，國王本身也是

音樂家和藝術家，更是文學藝術事業的贊助者，還修築華美的宮殿。西元1064年法國十字軍佔領巴爾巴斯特羅時，曾經發現可觀的金銀珠寶、絲綢和各種藝術品，可知此時期的富有程度。

此時的文化亦常受到東方穆斯林的影響，裝飾圖案的表現、精細的裝潢——花形或幾何圖形，以薩拉戈薩的 Aljaferia 宮最具代表性。安達盧西亞盛行唱詩歌，他們用阿拉伯語或羅馬語，或混用兩種語言，加上他們感興趣的外來語演唱，由奴隸小樂隊伴奏著。這種詩歌是原始的、優美的，以流浪冒險為題材，不接受古典或宗教的主題，但發展到後來，則敘述著對西班牙城市的驕傲、思鄉和懷舊、愛情的歡樂和苦悶。

西班牙的穆斯林曾有兩次被非洲人短暫統治。西元1085年，托雷多被基督教徒佔領，穆斯林國王向穆拿喀什人的蘇丹優素福‧本‧塔什芬求援，穆拿喀什人趁機要求獨立，不過被穆斯林國王所拒，但翌年彼此仍簽訂協議，因而在宰拉蓋戰勝阿爾方斯六世（Alphonse VI）。

由於西班牙穆斯林自身的叛亂，使基督教的首領收復他們各自的城市。柏柏爾穆瓦希德人佔領安達盧西亞，西元1170年又佔領穆斯林各省。但是西元1212年卻被基督教徒打敗於拉斯‧那瓦斯‧德‧托羅薩（距科爾多瓦七十英里）的戰役中。

繼穆拿喀什人之後，穆瓦希德人是排斥異己的伊斯蘭教捍衛者，他們對於非穆斯林者採取強硬的態度，據稱一些向北部大批移民的摩薩拉佈人（居住在穆斯林國家的基督徒）消失了；另一方面，被柏柏爾人佔領的城市則到處有新建的清真寺和堡壘，如塞維亞有馳名的金塔和距該城幾公里遠有雄偉壯觀的阿爾卡拉‧德‧瓜達伊哈（Alcala Deguadayra）。但是，經過一些時日，統治者仍被那些他們原本輕視的文明所征服，塞維亞就像摩洛哥一樣，成為一個豪華的、生活安逸的城市，此地融合了穆瓦希德人和西班牙摩爾人的藝術——清真寺的

四方形多頂尖塔有很氣派的建築，比以前更具幾何圖形、更形單一也有更古典的繪畫，堅持和諧與勻稱，沒有過分地裝飾。

莫德哈爾人和格拉納達王國

穆瓦希德王國垮台後，出現好幾次光復運動。來自瓜達爾基維爾河流域上游的一個堡壘——阿霍納奈斯爾小王國，獲得卡斯提爾國王資助，對格拉納達這最後的穆斯林堡壘，展開持續的攻擊。

這個穆斯林最後的王國，有義大利商人的資金援助，沿海的摩爾人農民放棄糧食種植，改種甘蔗或水果，坡地農民則從事喬桑，這種投機經濟作物用來供應遠方市場，說明當時馬拉加的繁榮昌盛和交通的發達，以及格拉納達由非洲以船隻往返供應小麥，也表明從屬非洲的地位。

在這個伊斯蘭堡壘裏，就像少數民族聚居區那樣，維持著一種宗教和藝術生活，格拉納達的詩歌優美而且講究，但是有如缺乏靈魂的宮廷藝術缺少人情味。

莫德哈爾人 4 保留他們的信教自由，在埃布羅河流域和瓦倫西亞王國居住，不受其風俗習慣、語言、生活方式和活動、裝飾建築物的影響。有力的證據是，現今人們發現各處都有基督教徒把阿拉伯學者和哲學家的著作譯成拉丁文。住房和宮殿（塞維利亞的摩爾人在西班牙建築的宮殿）、修道院或教堂仍有正面和半圓形後殿用磚裝飾、清真寺尖塔方式闊氣地修飾方形鐘樓，內部雕刻石膏的飾面有阿拉伯式的裝飾圖案和單線條勾勒的花形。

---

4 莫德哈爾人為生活在基督教國家中的穆斯林。

參考書目

外文部分

H. Terrasse, Islam d'Espagne. Une rencontre de l'Orient et de l'Occident, 1958.

E. Lévi-Provençal, Histoire de l'Espagne musulmane, 3 vol., 1950-1953.

CI. Sánchez-Albornoz, *Espagne préislamique et Espagne muaulmane dans Revue historiqu*, 1967, p. 295-338.

CI. Sánchez-Albornoz, *La España musulmaña según los autores islamitas et Cristianos medievales*, 2e éd., 2 vol., Buenos-Aires, 1960.

H. Peres, *La poésie andalouse en arabe classique*, 1937.

G. Marçais, *L'architecture musulmane d'Occident*, 1954.

Ars Hipaniae, vol. III : G. Moreno, *Arte arabe hasta los Almohades*, Madrid, 1951, et vol. IV : L. Tores-Balba, *Arte almohade, arte mudéjar*, 1949.

中文部分

《西洋全史（五）中古歐州（上）》，馮作民編著，燕京，民 64 年。

《簡明西洋中古史》，劉增泉譯，國立編譯館，民 84 年。

《歐洲文化史》，劉增泉譯，漢唐出版社，民 88 年。

《西洋中古史》，袁傳偉譯，五南圖書，民 78 年。

《西洋中古史》，王任光編著，國立編譯館，民 71 年。

《西洋文化史第三卷（中古下）》，劉景輝譯，學生書局，民 71 年。
《西洋中古史》，張學明譯，聯經，民 75 年。
《世界文明史之十二：黑暗時代與十字軍東征》，幼獅編譯部編譯，
　幼獅，民 69 年。

11

回教向非洲內陸的擴張

這是一部分非洲內陸中世紀的歷史，是白人和穆斯林滲入非洲的歷史，從西元 700 年開始，這塊土地上便陸續地被滲入外來的政治、軍事和商業迫害。

　　我們從考古發掘中得知一些在穆斯林入侵之前，黑非洲的文化狀況，如達喀爾大學（Dakar）和法國黑非洲學院對加納（Ghana）、杰內（Djenne）、奧代戈斯特（Aoudahgest）、尼阿尼（Niani）、馬里（Meli）的古都和市場遺址的考古發掘，以及伊巴頓（Ibadan）大學和阿卡拉（Accra）大學的考古發掘。此外，我們僅能由一些歷史學家、地理學家和阿拉伯旅行家的著作從旁推敲它的真實性。如科爾多瓦的著名作家埃爾·貝克里（Al-Bekri）在西元 1077 年的作品，以及巴多塔（Ibn Battouta）在西元 1352 年的作品，內容皆談到當地的政治情況和風土人情，以及黑非洲的市場風貌和撒哈拉的商業買賣，不過這些作品往往稍嫌誇張，帶有偏見地以穆斯林為主角，便很難反映出當時黑非洲的人物和古老城市的真實風貌，似乎只有對於非洲當時的特殊風貌有較客觀和真實的記載，較具歷史價值。

　　此外，較具可靠性的，便是尼日爾（Niger）大學根據一些古代文章、傳記和口頭傳說編纂而成的一套歷史叢書《塔里克》（Les Tarikh），雖然成書於西元 1600 年，後來又加以修改，但其敏銳的觀察力和將軼事生動描繪出來的有趣性，使本書成為吸引人的作品。後來，還有一部由德拉福斯（M. De Lafosse）在西元 1912 年根據阿拉伯人或黑人歷史學家的編年史寫成，其是依據不同民族所流傳的口頭傳說。

伊斯蘭教傳入之前

　　歷史記載，在西元以前，撒哈拉以南的地區原來就是可以灌溉和耕種的最佳良田，北方的白人遊牧民族（大部分是柏柏爾人）和南方從事農業的黑人經常在此發生衝突。伊斯蘭教傳入之前，加納（Ghana）王國 *1* 是當地最強大的黑人王國，其位於塞內加爾河（Senegal）和尼日爾河（Niger）的上游之間。*2* 西元 800 年時，加納王國曾有過一段光輝燦爛的擴張時期。

　　阿拉伯軍隊為了得到奴隸和黃金粉，以快速而大膽地行動向撒哈拉沙漠的綠洲和黑人蘇丹國襲擊和掠奪，這是穆斯林軍在征服埃及和馬格里布國家之後的必然結果，他們將野心往非洲內陸推進，進入黑人和蘇丹（Soudan）教徒國家。西元 666 年，柏柏爾人奧凱巴（Ogba）率領一支軍隊從埃及出發，向南方發動襲擊，到達費贊（Fezzan）的棕櫚樹林，甚至到比爾馬（Bilme）地區的考瓦爾（Koouar）。西元 734 年，阿曼（Omeyade）國王率領軍隊進入南方，掠奪大批的東西和黃金。這兩次的襲擊，使一些士兵因迷路而流落當地，成為當地居民，並且改宗。

　　柏柏爾人繼續不斷地向南方移民，在非洲掀起一股接連不斷的移民浪潮。阿拉伯人從北方滲入非洲，導致當地土著部落遊牧經濟體制

---

1 加納王國在未被阿爾莫拉維人（Almoravide）征服之前，擁有二座城市，一座居住著土著居民，信奉著多神教，有一片神聖的小樹林；另一座則居住著穆斯林教徒，高高聳立著許多清真寺的寶塔。

2 這地區完全不同於目前的加納，其距離目前的加納尚有一千公里遠。

解體。阿拉伯人更進一步的佔領撒哈拉沙漠對面沙漠綠洲的水井，和尼日爾河、塞內加爾河地區當地農民開墾過的田地。有些柏柏爾人在乍得（Tehad）湖和蒂伯斯底（Tibesei）草原之間定居，與當地人混雜形成一個新的卡內本魯（Kanen Bornou）王國，以努米（Nguigmi）為中心，此處是遊牧部落聚居的中心，市場繁榮，人們經常來此以銅和食鹽換取奴隸。卡內本魯王國的西方，有幾個強大的柏柏爾人聯邦──桑哈查（Sanhadja）和贊納加（Zenaga），他們是沙漠中的遊牧民族，把牲畜從毛里塔尼亞（Mauritanie）驅逐到霍加（Hoyger），建立帳幕之城──奧達哥斯特（Aoudaghost），他們不斷地搶掠黑人領土，從此之後的一個多世紀裏從未停止過。

　　加納國王率領強大的軍隊與柏柏爾人交戰，常得到優勢。西元990年，加納國王佔領奧達哥斯特城，統治周圍地區所有的柏柏爾部落，尤其是贊加。加納首都位於目前毛里塔尼亞（Mauritanie）的庫比薩勒（Koumbi Saleh），周圍都是可灌溉的良田，但是沒有牧場，此城市亦成為沙漠商隊做買賣的貿易市集，也是商人往黃金地方做交易的必要市場。

伊斯蘭教的擴張

　　第二次柏柏爾人的勝利進攻，是透過信奉伊斯蘭教的遊牧部落薩納杰（Sannadja）國王征服西部烏格里布的軍事活動。薩納杰（Sannadja）國王在撒哈拉西邊建立一座設有防禦工事的修道院，為數眾多的回教弟子亦形成一個軍人集團，他們在撒哈拉地區是代表奧達哥斯特國，有侵略信奉多神教的黑人加納王國的使命，這支回教軍隊歷經了十五年的戰鬥，由阿布‧貝克（Abou-Bekr）率領，於西元1076年佔

領加納後，穆斯林便成為這個大帝國的主人，疆域直達尼日爾河。不過，當阿布‧貝克於西元 1087 年去世後，此帝國也告瓦解，因而出現許多不信奉伊斯蘭教的獨立小公國，穆斯林對他們也失去了統治的地位。西元 1203 年，由於來自尼日爾河信奉多神教的黑人對他們展開侵略，使穆斯林放棄加納，並在西元 1224 年建立一個貿易中心瓦拉塔（Oualata）城，在該城設立許多宗教學校，成為傳播伊斯蘭教的中心。此後，穆斯林不再依靠大規模旳武裝入侵和建立新國家來傳播伊斯蘭教，而是以穿越撒哈拉的商業活動來傳播伊斯蘭教。

商業通道

在伊斯蘭教擴張的階段，穿越撒哈拉的商業活動曾經有一段繁榮興盛的時期，南方或是北方的一些城市如非斯（Fes）、特萊姆森（Tlemcen）、突尼斯（Tunis）、凱魯萬（Kairouan）、加夫薩（Gafsa）、瓦爾格拉（Ouargla）、馬里（Mali）、加奧（Gao）、卡諾（Kano），都是位於商業交通要道的樞紐，這些城市因買賣稀有貨物而變得繁榮，它們的交易活動足以養活一支強大的軍隊和一批法律裁判官，更讓周圍的部落受其統治，這些國家組織有條不紊，與部落結構完全不同，都因大商業活動產生的結果。

這些沙漠通道和貿易市集在不斷變遷下，仍有其主要的相同方向可以分辨出來：

西部通道：連結塞內加爾的許多城市，從尼日爾中部通到馬拉喀升（Morrakech）或非斯。

中部通道：從尼日爾的通布圖（Tombouctou）或瓦拉塔（Oualata）通到塔菲拉萊（Tafilalet）綠洲的西迪馬薩（Sidjilmassa），再通到特萊姆或突尼斯。

東部通道：為一複雜的通道。起點可能是加奧、尼日爾貿易市

集，或是豪薩（Haoassa）國的卡齊納城、卡諾城、庫卡瓦城，又或者是加奈姆博浩王國（Kanem-Bornou）；中途則經過阿加德茲（Agades）或比爾馬（Bilma），再通到費贊，然後到達的黎波里（Tripoli）、巴爾卡山（Mouts de la Barca）、開羅（CAire）。

這幾條通道都是古代加拉蒙德（Garamontes）遊牧民族經常走的通道。

最靠東邊的一條通道：此通道是所有穿越撒哈拉通道中最短的一條，從達富爾（Darfour）通到尼羅河的第一和第二瀑布之間，只要約四十天的路程，因而被稱作「四十天之路」。

這些通道都是由柏柏爾人的沙漠商隊細心地從沙漠中開發出來，他們從非洲北部出發，沿途挖掘一個又一個的水井，從塔菲拉萊綠洲一直挖到達拉河河谷（Droa），又在西方通道的另一端——奧達哥斯特和加納之間挖掘一系列的水井。在塔菲拉萊綠洲的西迪馬薩城，約在西元 750 年成為一座四周種滿棕櫚樹林的主要城市。

這種穿越撒哈拉的商業活動要冒很大的危險和代價，花費的時間也很長。商人一路上經常會遭到土匪攔路搶劫，冬天的深夜會被凍得四肢僵硬，路上會遇到沙暴的襲擊，每經一個關卡就要向擁有水井的當地部落繳納很高的通行稅，以及僱用當地土人作為嚮導。

商業活動

・奴隸和黃金

商業活動的活躍是因奴隸和黃金的豐厚利潤，使得商人甘冒巨大的危險也不放棄。據莫內（R. Mouny）估計，每年至少有二萬名奴隸

被販賣到地中海各國。這些奴隸主要來自撒哈拉大沙漠南部的邊緣地區，他們先被原始森林裏的主人賣到各貿易市集裏，再由沙漠商隊收購，經由最接近的最東部邊緣通道，送往埃及和阿拉伯。

黃金的買賣則與西部的蘇丹黑人王國有關，蘇丹黑人王國控制著一大片的黃金區，例如位於塞內加爾王國內法萊姆河岸邊的斑布克（Bambouk）與位於更東面一點的布雷（Boue）。它們擁有阿拉伯人所稱的提伯爾（Tibr）金粉；在黑人國裏，加納的商人和後來的馬里商人進行一種交易，不用說話只要打手勢及出示自己的商品便能達成。也由於這些沙漠商隊對黃金的熱衷，使蘇丹和馬格里布的大城市富庶起來。

非洲的黃金交易在摩爾斯（Maures）人的絕對壟斷下，把巴塞羅納（Barcelone）、馬治爾克（Majorque）、熱那亞（Genes）、威尼斯（Venise）、佛羅倫斯（Florence）的船隊和商人，全部吸引到馬格里布的各個港口。單是蘇丹的黃金，就可以在某種程度上紓緩歐洲金屬鑄造業的原料短缺，另有一大部分非洲黃金則是轉到埃及和東方國家的市場上。

・其他商品

除了奴隸和黃金以外，象牙、阿拉伯樹膠、鴕鳥毛、蜜蠟、皮革、獸皮以及撒哈拉綠洲的椰棗、散沫花、靛青等也是商隊交易的商品之一。穆斯林商人以岩鹽棒與黑人國家交換黃金，黑人國家由於柏柏爾人和穆斯林的統治而衰弱，且主要的鹽田塔卡查（Tagaza），位於塔菲拉蘭特（Tafilalet）和陶代尼（Taoudleni）之間，受到柏柏爾人控制，黑人國家便被這些穆斯林剝削。撒哈拉的其他礦產銅，可以製作餐具和生產工具，尤其是可以製作挖鹽的工具。撒哈拉中部的塔凱達（Takedda）是由黑人女奴和童奴開採，他們把礦石就地冶煉成

銅棒，長約三十公分，厚薄不等。這種銅棒被當成交易的錢布使用，可以換取肉、木材、牛油和奶酪。另一種交易則是到馬里和首都尼阿尼換取黃金，三根銅棒可以換得二條金塊；不然，就是拿到豪薩國和南部的黑人國家，用銅棒來換取奴隸、小米和花布。

此地的糧食都是由沙漠商隊從遙遠的地方定期運來，他們從尼日爾運來小米，從北方綠洲運來椰棗，並由一些遊牧民族運來鴕鳥肉，且因附近地區土地十分貧瘠，不宜耕種和放牧。

中世紀末期，沙漠商隊帶來大量的絲綢、花布和銅器，並運到地中海沿岸的一些馬格里布城，如非斯、特萊姆森、突尼斯城市販賣以獲取暴利。卡塔盧尼亞和義大利商船亦運來熱那亞、那不勒斯、馬治爾克生產的毛毯和英國生產的高級紡織品，以及從西班牙、中歐、土耳其等地採購而來的銅棒或銅製餐具，還有摩爾人在蘇丹作買賣必須的貨布，以及用彩色玻璃製成的珠子。由於商業活動不斷擴大，使整個地中海地區穆斯林、基督徒居住的城市和往來道路，都成為巨大國際商業網不可或缺的一部分。

由於商業活動帶來城市繁榮，使傳教士、伊斯蘭教的隱士、神學家、文學家、學者、詩人紛紛來到這些商業繁榮的城市，還建造清真寺和學校。

伊斯蘭教的推進與大商業的興起和政治情況有密切關係，教徒的遷徙亦是伊斯蘭教向前推進的原因。例如潘爾族和福爾佩族，其祖先發祥地尚難確定，他們從信奉伊斯蘭教的蘇丹西北部出發，帶著牲畜向南遷移，進入信奉多神教的黑人部落。西元 1350～1400 年間，曼丁哥人（Mandinques）向東方移民的運動，標誌著伊斯蘭教在尼日爾河對岸豪薩王國傳播的開端。

在政治方面

雖然加納王國瓦解，但是非洲仍存在幾個龐大的黑人王國，不過，它們還是經常遭受阿爾摩拉維（Almoravides，柏柏爾人的國家）國襲擊，伊斯蘭教的傳播總是影響蘇丹黑人王國的興衰。非洲西部的塞內加爾和中尼日爾的許多國家，有兩大帝國互相對峙，彼此互有勝負。

尼日爾河出海口周圍的地區，原本是由索科（Sorko）人統治以農耕為生的松海人，為一松海國（Songhay），後來，從東方來了一批柏柏爾人遊牧民族，他們在空吉亞（Konkia）定居。柏柏爾人便與松海人結盟，把統治他們的索科族人趕到北方。索科人於西元690年在北部地方建立加奧，但不久便被空吉亞國王奪取，西元1000年加奧成為首都。為逃避阿拉伯人入侵利比亞（Libye）的柏柏爾人，已信奉伊斯蘭教，由於常以商船販運撒哈拉的食鹽到尼日爾出售，使這座城市日益繁榮起來。

大約在西元1200年左右，位於尼日爾河上游地區的曼丁哥帝國，或稱馬里帝國開始強大，西元1235年，國王蘇雅塔（Soundjata，在位西元1230～1255年）在克里那（Krina）打敗卡尼阿加（Kaniaga）國王，進軍加納控制所有西非的金礦。後來，在曼丁哥國王康康莫薩（Kan Kan Moussa）的統治下，在西元1325年奪取加奧，並把松海國一併置於其統治下。西元1380年，曼丁哥帝國更控制塔凱達的銅礦。

後來，松海人逃亡到空凱（Konkai），回頭攻擊曼丁哥王國，加奧的松海國王阿里貝爾（Ali Ber）打敗曼丁哥國的軍隊，並且佔領首都馬里和許多城市，西元1468年又進攻圖阿蘭人（Toaokeg），並奪取通布圖（Tombouctou），西元1473年，還打敗從五世紀以來就一直保持獨立的小王國首都杰内（Djeine），從此這個以加奧為首都的

松海帝國，國土一直延伸到西部蘇丹的主要地區，更控制整個尼日爾河流域，甚至到達河灣以南很遠的地方。

松海國東部還有一個王國加奈姆－博爾諾（Kanem-Bornou），在西元 1200 年達到鼎盛時併吞從查得湖到尼羅河、費贊之間的全部土地。

伊斯蘭教在此地的進展很難估計，它以十分緩慢的方式進行，有些國家的國王對伊斯蘭教信仰本不堅定，這些擁有至高無上權力的國王，基本上還是以自己的利益為出發點，為了維持一種神聖不可侵犯的君主政體。加奧的國王阿里貝爾為伊斯蘭教什葉派信徒，但是他仍然忠於古老的多神教，只是偶而遵守伊斯蘭教的某些基本禮儀，每天向真主祈禱五次，坐著唸誦某些宗教書上的詞句。松海國對於伊斯蘭教則強烈抵制，他們把大量奴隸帶到宮廷和城市，信奉多神教。曼丁哥國的國王雖信奉伊斯蘭教，但並不強迫黑人礦工信仰伊斯蘭教，因為這些國王認為，黑人礦工若信奉伊斯蘭教，會危害他們的社會結構，會破壞他們的生活習慣，損害他們的水井收入。

文明生活

撒哈拉的許多沙漠綠洲，使得一個個巨大的村莊陸續出現，反映著人口不斷地增加，這些村莊裏有乾燥的磚砌房屋，四周則有大片的棕櫚樹林，周圍築起許多堅固的堡壘，這種堡壘被稱為「噶夏」（gas-ha）或「克沙」（ksaar）。一些柏柏爾人的國家裏，建造阿拉伯國家的王宮，還有商場和招待所。在比庫比薩蘭的考古挖掘中，人們發現一個面積約一平方公里的木城市遺址，房屋構造十分堅固，以板岩石塊築成，牆上裝飾著壁龕和美麗的石板，從這些彩色石板的圖案可以

證實主人信奉伊斯蘭教，穆斯林墓地面積甚至比城市大一倍。隨著阿拉伯語言和文字的推廣，伊斯蘭學校亦興起，通布圖則以法學和醫學著稱。

蘇丹的一些黑人城市，在伊斯蘭教未傳入之前便具有非常燦爛輝煌的文化。例如摩西國（Mossi）、貝寧國（Benin）、努貝國（Nouple）早已有青銅器、黃銅器、木刻、玻璃杯以及手工精緻的紡織品，但在伊斯蘭教傳入之後，本地文化失去原有的特色，出現明顯地退步。

由於穆斯林把大量的黑人奴隸運到地中海和中東販賣，使他們開採當地的銅礦和鹽礦，因而向撒哈拉沙漠內陸擴張使當地的黑人加速淪為奴隸並減少人口，更影響非洲的社會結構、生活方式、傳統經濟和人命。在非洲北部的撒哈拉沙漠綠洲，一個柏柏爾人、阿拉伯軍人貴族或販賣人口的商人，往往統治和剝削一群賤民（半自由人，往往是混血兒）和許多黑奴（負責種植棕櫚樹的農民），由於對奴隸的需求量急增，導致部落間戰爭的增多和搜捕奴隸行動的日益猖獗。西元1460年葡萄牙人（Portugais）來到幾內亞灣（Guinèe），以基督徒的商船販賣奴隸，在數量上大大地超越從前沙漠隊販賣的人數，還把交易的場所往南推進。

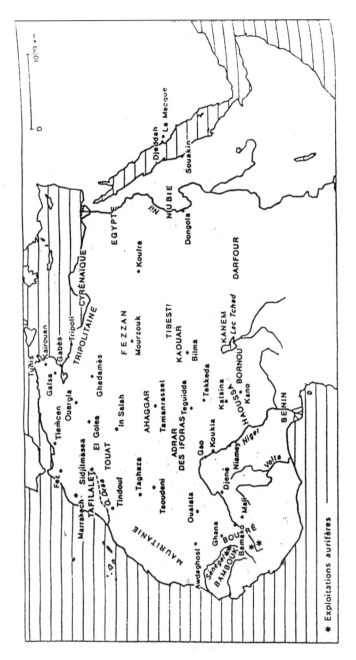

黑人非洲世界回教的擴張

參考書目

外文部分

R. Mauny, *Les siècles obscures de l'Afrique noire*, 1971.

R. Carnevin, *Histoire de l'Afrique* (Payot), 1962.

J-P-Chrétien, Le Moyen Age, âge d'or de l'Afrique, dans *L'Information historique*, nov.-déc. 1965.

H. Terasse, *Histoire du Maroc*, 2 vol., Casablanca, 1949-1950.

J. Lacour-Gayet, *Histoire du commerce*, t. III, 1955.

E. W. Bovill, *Carvans of the old Sahara*, Oxford, 1933.

V. Monteil, *Islam noir*, 1964.

J. Maquet, *Afrique, les civilisations noires*, 1962.

R. Oliver, J.-D. Fage, *Short History of Africa* (coll. Penguin Books).

H. Deschamps, *Histoire générale de l'Afrique noire*, 1970.

R. Mauny, V. Monteil, A. Djenidi, S. Robert, J.Devisse, *Extraits des Voyages d'Ibn Battuta*, Dakar, 1961.

M. Griaule, *Les arts de l'Afrique noire* (Éd. Du Chêne), 1947.

J. Delange, *Arts et peuples de l'Afrique noire*, 1967.

J-D. Fage, *An Atlas of African History*.

Arts d'Afrique interiropicale (Dossier 55.16, Doc. francaise).

中文部分

《西洋全史（五）中古歐州（上）》，馮作民編著，燕京，民 64 年。

《簡明西洋中古史》，劉增泉譯，國立編譯館，民 84 年。

《歐洲文化史》，劉增泉譯，漢唐出版社，民 88 年。

《西洋中古史》，袁傳偉譯，五南圖書，民 78 年。

《西洋中古史》，王任光編著，國立編譯館，民 71 年。

《西洋文化史第三卷（中古下）》，劉景輝譯，學生書局，民 71 年。

《西洋中古史》，張學明譯，聯經，民 75 年。

《世界文明史之十二：黑暗時代與十字軍東征》，幼獅編譯部編譯，
　　幼獅，民 69 年。

12

埃及的回教王國

西元 969 年，柏柏爾人從伊弗里吉亞（Ifrigiya）出發，在軍事領袖昭海爾（Djauhar）率領下，以凱羅安（Kairouan）哈里發的名義攻佔尼羅河三角洲，由於當地人並未強烈抵抗，因此很快地宣佈建立法特梅王朝，從此佔領埃及。後來，由於巴勒斯坦或敘利亞的貝都因人（Bedouins）及其盟軍東部的卡馬蘇人（Kamarthes）向柏柏爾人進攻失敗，使得柏柏爾人的勢力更加強大，從馬格里布中部一直擴展到敘利亞，在埃及建立起法特梅王朝，標誌著什葉派的勝利和巴格達哈里發在政治上的沒落，什葉派便以埃及為基地，開始擴展自己的帝國版圖。

埃及的新命運

　　彰顯帝國強大的表徵便是為自己建立一座宏偉的城堡，法特梅帝國選在原首都弗斯塔特城的北部興建開羅城，四週用生磚砌成城牆，並在出入口建起一些宏偉壯觀的紀念門，還把原來伊體・土綸的城市阿爾賈塔伊（AL-Qataiyeh）也合併一起。西元 973 年，阿爾莫蘇哈里發（AL-Mowizz）便從蒙蘇里亞（Man-couriya）遷入開羅。開羅除了有龐大的軍營外，還有許多獨立的小區域，包括郊區在內總共有二十個小區域，每個小區域都住著同一地方來的士兵，城裏也建立許多什葉派的清真寺，其中最著名的清真寺是阿爾・阿札爾寺（AL-Azhar），這座清真寺建於西元 970～972 年，為什葉派在整個埃及傳播宗教的中心。很快地，開羅成為地中海地區和中東的一個繁華商業市場，許多手工業者和商人紛紛定居於開羅・弗斯塔特的尼羅河岸邊，有許多小商店專門買賣地中海的生鐵和其他金屬，也出售各種生活消費品，如食用油、番紅花、義大利榛子、蠶絲和綢緞。埃及為了

修建房屋和船隻，燒製陶器和玻璃器皿，並千里迢迢從印度經蘇伊士海峽進口木材。法特梅帝國可說是一個真正的海上帝國，它可以向塞浦路斯和托羅斯（Tourus）發動軍事遠征，勢力遠及卡比利、克羅米里、埃特納、卡拉布里亞和黎巴嫩山區，以及梅里迪那奧爾（Meridionales）河並擁有地中海龐大的森林資源。

　　開羅南方有尼羅河經過，能夠充分地得到所需的資源，如努比亞人紡織的棉花外套和人數眾多的奴隸；開羅亦可藉地利之便將珍貴的土產，如棉花、亞麻、祕製芳香油、罌粟製的鴉片，以及精巧的手工藝品，如亞麻紡成的布匹、金線繡成的外套、茅草編織的屋頂、羊毛編織的毛衣、銅製器皿、木器雕刻、彩色花紋的玻璃杯等外銷到各地。

　　根據古瓦登先生（S.D.Goitein）對於開羅猶太人「熱尼札」（Genize）遺留的商業合約和出納帳目進行研究，指出開羅在當時的手工藝行業已有十分繁多的種類，而且非常豐富，約有二百六十五種不同的手工藝職業，猶太人的手工匠工和穆斯林或基督徒的手工匠工混雜在一起，散布在各省份可以自由遷移，如同拜占庭帝國一般。

法特梅藝術

　　法特梅王朝的建築在很多方面皆是根據過去開羅在伊本・土綸（Ibn. Touloun）時代的建築風格，例如修道院的中殿垂直於清真寺內面向麥加的壁室中軸，其他的建築原理則來自拜占庭時期基督教堂的傳統，或尼羅河三角洲科普特人的教堂風格。另外，法梅特建築亦有巴格達和波斯的風格，如各建築物表面都使用扁平抽象的幾何圖案浮雕裝飾；建築物外面的圍牆上則覆蓋著彩色的瓷磚瓦；建築物的牆上鑲嵌著一些風景圖畫；陵墓上還修建圓形塔頂；法特梅皇宮的木雕彩色門楣，更吸收古老東方藝術的傳統，上面畫著伊朗薩桑王朝（Sassannide）王公住宅所使用的各種圖畫──有古怪的動物、鳳凰、龍、宮廷場景、歌舞場面、歷史戲劇、飲酒作樂的聚會場面、帶著寶劍或鷹去狩獵獅子的場面、體育競賽場面或旅遊風景區的場面等。

宗教和政治上的混亂

哈基木哈里發（Hakim，西元 996～1021 年）是什葉派教義的狂熱傳播者，他在開羅設立一所屬於阿爾‧阿札爾清真寺的什葉派大學，要求嚴格遵守可蘭經的教規，增加一些規章和限制條件──禁止婦女在街上拋頭露面、禁止婦女佩帶珠寶首飾、禁止婦女去浴室洗澡、甚至禁止婦女外出上街、禁止賭博和下棋、禁止卜卦算命、禁止酗酒等法條。哈基木在西元 1009 年下令摧毀聖塞比萊爾大教堂（Saint-Sepulere）和所有耶路撒冷的教堂，並自稱為救世主，還在西元 1020 年放火焚毀福斯達德商業城，並對基督徒施以種種的迫害，西元 1021 年以祕密方式處決許多長期跟隨他的親信，其中一位名叫阿里‧達拉齊（AL-Darazi），他宣傳以哈基木為偶像崇拜，免去一場災難。阿里‧達拉齊使一些部落相信他的德路茲教派（Druzes），在豪蘭山（Hauran）中成為一個強大的集團，另外還有一些原本信奉多神教或基督教的部落，如諾開里和阿洛埃特（Alaonites），也信奉德路茲教派奉阿里為救世主。

西元 1094 年失去哈里發皇位繼承權的哈桑‧伊本薩巴（Ha-ssan Ibn Gabbah）流亡到敘利亞，在那裏建立一個以伊朗為發源地的神祕強大教派──易斯瑪依教派（Ismoilien），然他們在集體宗教儀式上使用印度大麻，造成大量的死亡被稱作殺人犯。後來，哈桑‧伊本薩巴繼續在波斯傳教，奪取阿拉莫城堡（Alamont），他的第八代繼承者哈桑成為一個真正神祕的公國統治者，勢力在黎巴嫩、敘利亞和波斯高山上的無數堡壘。

此時，開羅的土耳其人、柏柏爾人、黑人和一些地痞惡棍之間，彼此進行著激烈的鬥爭，混亂了社會秩序和政治安定。

塞爾柱土耳其人

興起

長期以來，拜占庭皇帝和巴格達的哈里發便常招募中亞細亞的突厥人，西元 1020 年突厥部落中出現一個強大的塞爾柱部落，他們以聖戰的名義向亞洲一些國家的城市發動進攻，以期掙脫伊斯蘭教、埃及的法特梅王朝、波斯的布耶德王朝和遜尼正統教派的束縛。

塞爾柱部落原先居住於伊朗和尼薩布爾（Nishapoar）地區，西元 1040 年打敗噶蘇納維皇家軍隊而揚名，西元 1055 年更迫使巴格達的哈里發俯首稱臣，接著又在小亞細亞東部的曼齊卡特（Mantzikiere）打了勝仗，擊敗羅馬的拜占庭皇帝戴俄格尼（Diogene），並在西元 1078 年進駐大馬士革。

從政治角度來說，塞爾柱土耳其人的興起，代表著在精神上和宗教上具有至高無上權威的巴格達哈里發開始沒落，必須向土耳其帝國俯首稱臣，尊稱土耳其國王為「蘇丹」（Sultan），土耳其國王參與奧斯曼帝國的大臣會議，並參加所有的行政機構。蘇丹讓他們的軍事將領掌握指揮權，並制定伊格達（Iqta）制度，把大量領地和各種稅收都賞給軍事將領，以此擴大軍事附庸國的範圍，最初的幾個蘇丹皆能以嚴格的管理方法來維持帝國的安定和統一。

從宗教的角度來說，塞爾柱的蘇丹進行聖戰，西元 1070 年向基督

徒進攻，佔領耶路撒冷，並把它變成穆斯林世界的精神中心，增設許多宗教學校，其中最著名的一所是巴格達的尼札木宗教大學（Nizamiyah），此為傳播宗教信仰的堅強堡壘，與開羅法特梅帝國的什葉派的阿爾‧札阿爾大學（AL-Azhar）遙望相對著。

衰落

西元 1092 年，塞爾柱帝國已呈現混亂，帝國分裂為三個小國——波斯王國、小亞細亞王國和敘利亞王國。另有一個羅馬蘇丹阿那托里（Anatolie）崛起，他的領土包括整個小亞細亞中部和亞美尼亞（Armenie），南部邊界一直到達潘菲里（Pamphylie）和利西（Lycie），面對著羅德島（Rhodes），並在這些邊界上修築許多堅固的堡壘和武器庫。由於政治版圖重新劃分，使當地許多城市的面貌大大地改變，商業路線也因而重新調整，一些沙漠商隊的重要交通要道都集中在通向首都科尼亞（Konya）和高原中部錫瓦斯（Siras）等交通樞紐。[1] 城市裏仍有許多貿易集市和幾座清真寺，許多高大門樓的建築，牆上裝飾著幾何圖案和壁龕、圓形屋頂，內部塗著綠色或藍色，木雕上還有許多古代伊朗繪畫風格的花紋圖案和長著翅膀的神仙。

塞爾柱帝國在特朗沙克西納（Transoxine）時代，成為伊兒汗國的附庸。這個伊兒汗國擴張到克蘇（Coxus），位於阿姆河邊（Amor-Darial）以及鹹海（Merd Aral），東部延伸到很遠的東方，穿過突厥斯坦（Turkestan）直到貝加爾湖（Baikal）和葉尼塞河（Ienissei）。花剌子模也於西元 1190 年進攻塞爾柱帝國，並在伊朗建立一個帝國，

---

[1] 在一望無際的大草原上，聳立著一些建築雄偉的沙漠商隊旅店「坎」（Khan）的石頭圍牆，以及一些清真寺的圓形塔頂。在每一個休息站或十字路口，都為商人準備一口水井、一些存放貨物的倉庫、一些空房間和一些寄養牲口的馬廄。

控制包括阿富汗在內的所有東部各省，並採用什葉派的宗教理論。

薩拉丁在埃及

塞爾柱帝國到後來只統治著一個首都和周圍幾個城市。政府的高
級官員、伊斯蘭教的埃米爾們、突厥人、阿拉伯人、庫爾德人和擔任
年輕的塞爾柱王太子監護人的太傅，以及一個叫「富圖瓦」（Fo-
utouwa）的宗教，各自霸佔土地稱雄割據而成為許多的小國。

其中一位庫爾德族出身的將軍薩拉丁（Salatin），率領一支阿勒
普（Alep）國王的軍隊攻佔埃及，西元1171年推翻法梅特人的統治，
建立一個強大的王國，自立為蘇丹，把埃及和整個敘利亞併入版圖
內，薩拉丁成為遜尼正統教派的伊斯蘭教統一事業的偉大英雄，致力
與基督教徒的抗戰。西元1187年他打敗十字軍，奪回耶路撒冷並在耶
路撒冷的廢墟上建立一座奧馬爾（Omar）清真寺。

薩拉丁及其繼承人的努力，使埃及重新成為東方穆斯林世界的領
袖，他寬容地接受基督教文化，如建造祭天宮殿和新的城堡時，使用
埃及的建築師放棄用磚頭砌牆的辦法，改用拜占庭或美索不達米亞平
原的建築風格，他們借用十字軍宮殿的建築藝術，用凹凸不平的石頭
砌成石牆，並有環形的通道和西歐雕堡式的半圓形圍牆。西元 1250
年，年輕的蘇丹王被他的僱傭軍「馬穆魯克騎兵」（mamelouks）篡
位。

蒙古帝國軍事征服

幾個世紀以來，一些亞洲的遊牧民族一直在不斷地襲擊東方與西方的鄰國，而且是致命的一擊，他們通常先為某國的傭兵，然後獨立於原來的君主。拜占庭帝國和俄羅斯帝國便曾先後遭受卡札爾人（Kazhars）和百欽內格人（Petchenegues）的猛烈襲擊；塞爾柱土耳其人佔領巴格達和取得整個穆斯林東方的輝煌成就之後，蒙古的成吉思汗亦在西元 1190 年建立一個西達中亞細亞的大帝國；另一個遊牧民族庫里台（Gourides）也取得巨大的成就，在整個印度北部建立自己的國家。

西元 1210 年，一位名叫鐵木真（Tamudjn）的蒙古人，以其果斷英勇的軍事領導能力統一整個蒙古，被尊稱為成吉思汗（Gengis-Khan），成吉思汗並不以此自滿，他率軍進攻伊朗的花剌子模侵略突厥斯坦、波斯、阿富汗斯坦、巴克特里亞（Bactriane），最後一直攻進高加索北部和南俄羅斯平原直到伏爾加河，成吉思汗讓人民有信仰宗教的自由，並把所有的突厥部落團結成一個整體。

成吉思汗的繼承者，第三個兒子窩闊台（Ogotal，在位西元1227～1241 年）和以後的繼承者，把蒙古人的疆域擴展到極限，向西穿過匈牙利（Hongroises）和波蘭平原，直到維也納，成為幅員遼闊橫跨歐亞的大帝國，它的東邊是中國，西邊則有三個汗國———是波斯國或稱伊兒汗國，首都位於烏爾密湖邊的默拉加；二為突厥斯坦國或稱察合台汗國，其首都位於鹹海南部的烏爾根奇，該城是沙漠商人來往必經之地；三是欽察汗國或稱俄羅斯的金帳汗國。

蒙古人的入侵，威脅伊斯蘭教在中東的地位，不過，在宗教上卻

採取寬容的態度，蒙古人信奉古老的多神教，崇拜許多神靈、崇拜自然界的神奇力量、崇拜一些神聖的動物，尤其崇拜他們部落中死去的英雄人物，每年春天都要祭奠他們。蒙古人侵略時，只有極少數的部落改信伊斯蘭教、基督教（聶斯脫利派，即景教）、佛教、猶太教。有位蒙古皇帝曾言：所有各種不同的宗教信仰有如一隻手上的各個不同的指頭應該並存。

蒙古帝國的衰弱

　　蒙古人佔領巴格達後五十年，伊斯蘭教幾乎收復所有喪失的領土，欽察汗國的大汗烏茲貝格（Ozbeg，西元 1313～1342 年）在薩拉伊（Sarai）宣佈信奉伊斯蘭教，他的繼承人雅尼貝格（JaniBeg，西元 1342～1357 年）更進一步地保證伊斯蘭教，使蒙古人在南俄平原上能與當地定居的突厥部落更加接近，並與其他部落，如伏爾加河流域的保加利亞人和芬蘭人，共同組成一個新的韃靼帝國（Tatare），為一個使用土耳其語言並信奉伊斯蘭教的帝國。

　　波斯原本信奉佛教，但因信奉伊斯蘭教的穆斯林人數增多，因而在西元 1295 年由噶牡（Ghazan）宣佈改為信奉伊斯蘭教，並把波斯的新國都大不里士（Tabriz）變為伊斯蘭教的文化中心，後來又因蒙古人的佔領促使什葉派在波斯取得決定性的勝利，直到現在，什葉派仍是伊朗的官方宗教。

　　蒙古遊牧民族的文化，促進伊朗和伊拉克城市的繁榮和興旺，而且蒙古人尚未入侵之前，喜愛的騎馬和馬球運動便已傳到中東地區，我們可從其建立的清真寺中採用圍繞一個中心圓形或多角形的結構，和屋頂呈圓錐形的方式看出蒙古包的味道。蒙古人對波斯的特別貢獻

應是拉近波斯與遠東地區的距離，中國文化的繪畫藝術，如人物臉孔的造型，各種圖畫的樹木、山石、天空、雲彩、花卉等，與畫植物、鳥類、衣服皺摺等筆法技巧，甚至是風格神韻皆影響波斯的繪畫藝術。

　　西元 1380～1392 年，蒙古帝國被居住在亞美尼亞的土庫曼人（Turkmenes）攻擊，最後在塔曼朗（Tamerlan）戰役大敗而結束在波斯的統治。蒙古帝國在中國的統治，也在起義軍首領朱元璋的領軍之下，於西元 1368 年被打敗而退回北方。

參考書目

外文部分

R. Grousset, *L'Empire mongol (Histoire du Monde*, Cavaignac, t. III), 1941.

J. Auboyer, *L'Asie mongole (générale des Civilisations* t. III）, p. 313-346.

Cl. Cahen, *L'Islam aux temps mongols*, ibid., p. 512-525.

B. Spuler, *Les Mongols dans l'Histoire* (Payot), 1961.

E. D. Phillips, *Les nomades de la Steppe* (Ed. Sequoia), 1965-1966.

P. Pelliot, *Le Livre des Merveilles du Monde de Marco Polo*, 1959.

L. Hambis, *Marco Polo, la description du Monde*, 1955.

G. Marcais, *L'art musulman* (coll. 《Les Neuf Muses》), 1962.

L. Hautecoeur, G. Wiet, *Les Mosquées du Caire*, 2 vol., 1932.

R. Ettingliansan, *La peinture arabe* (coll. Skira), 1962.

B. Gray, *La peinture persane*, 1961.

M. Bussagli, *La peinture de L'Asie centrale* (coll. Skira),1963.

中文部分

《西洋全史（五）中古歐州（上）》，馮作民編著，燕京，民 64 年。

《簡明西洋中古史》，劉增泉譯，國立編譯館，民 84 年。

《歐洲文化史》，劉增泉譯，漢唐出版社，民 88 年。

《西洋中古史》，袁傳偉譯，五南圖書，民 78 年。

《西洋中古史》，王任光編著，國立編譯館，民 71 年。

《西洋文化史第三卷（中古下）》，劉景輝譯，學生書局，民 71 年。

《西洋中古史》，張學明譯，聯經，民 75 年。

《世界文明史之十二：黑暗時代與十字軍東征》，幼獅編譯部編譯，
幼獅編譯部編譯，幼獅，民 69 年。

13

鄂圖曼帝國的擴張

馬穆魯克人殺害薩拉丁（Saladin）的後裔阿尤布蘇丹（Saladin）後，便在埃及建立政權，並宣稱自己是伊斯蘭教遜尼派的捍衛者，不容許異教派學說傳播。西元 1260 年，馬穆魯克人在耶路撒冷北方打敗蒙古人，並把拉丁人趕出亞洲，建立一個既反對基督教又反對蒙古人的大帝國。

埃及的馬穆魯克帝國

埃及的威望

　　西元 1260～1277 年間，巴貝爾蘇丹（Baibars）是伊斯蘭教歷史上最偉大的人物之一，他是人民傳頌的長篇史詩英雄，也是一部歌頌騎士制度長篇小說《西拉特·巴貝爾》（Sirat Baibars）中的英雄，因為他使穆斯林世界的神學、權利和傳統文化在埃及保存下來。

　　馬穆魯克帝國到處推動伊斯蘭教的教育並向外擴張，他們在埃及建造許多清真寺和伊斯蘭學校，這些伊斯蘭學校有時還開放給外國人，這些學院和他們所聘請的教員，以及所有的宗教機構，皆可以經由一些基金會取得大量的資金。在馬穆魯克帝國的統治之下，埃及成為世界所有伊斯蘭國家的指標，西元 1280 年，一直信奉科普特基督教的努比亞人（Nubie）也改變宗教信仰，轉為信奉伊斯蘭教。

馬穆魯克人

　　馬穆魯克人原為外籍奴隸（有斯拉夫人、高加索人、格魯吉亞

人、塔吉克人、希臘人），他們被人從黑海沿岸買來，再用希臘船或義大利船載送到亞歷山大港。從西元 1250～1382 年之間的馬穆魯克王國的前面幾朝皇帝都同屬於一個軍事集團，駐紮在尼羅河中的羅達島上，因而人們稱為「伯海里系馬穆魯克」（Mamelouks Bahrites）；從西元 1382～1517 年，馬穆魯克王朝後來的幾位皇帝都原籍高加索，被稱作「布爾吉系蘇丹」（Sultans Burdjites），因駐紮在靠近碉堡的地方而被稱為「布爾吉」（burj），即碉堡的意思。

馬穆魯克人雖然有各自不相同的原籍，卻都同樣來自亞洲或是俄羅斯草原的南部，深受突厥人影響，有著軍人的作風和一種新的軍事社會組織體制，他們按軍事等級制度劃分地位，把軍隊的最高統帥稱作蘇丹，各高級軍官都擁有自己受封賞的領地。不過，在埃及原來的官僚機構裏，基督徒或猶太教徒的職員始終擔任著財務工作，負責徵收所有尼羅河流域村莊中的賦稅錢糧。

埃及的繁榮與衰敗

埃及在伯海里系馬穆魯克統治時期，正值西元 1350 年蒙古人西征，此時開羅和亞歷山大港的轉口香料買賣更為繁盛。也由於埃及缺乏船隻運輸，才讓基督徒的船隻來幫忙運輸，並且給予他們稅收方面的優待，還幫他們設置巨大的倉庫和居住的客棧。開羅的一些喪葬清真寺還為教徒設禮拜房，禮拜房就設在寺廟中心的庭院四周，如建於西元 1266 年的拜巴斯清真寺（Baibars）；此外，一些醫院也設有禮拜房，如建於西元 1285 年的卡拉奧姆醫院（Kalaoum）。這些清真寺有一種非常富麗堂皇、結構複雜和具有獨創性的藝術風格，是吸收法特梅王朝（Fatimide）建築風格、波斯紀念物的建築風格，以及拉丁十字軍在他們佔領的土地上修建天主教堂和城堡的風格，並把這些各種建築風格的原理結合起來加以運用。清真寺的圍牆地基都是由磚頭和

石塊交替砌成，並有波斯式穹窿形的線條、鮮明的高圓屋頂矗立在一些圓球形的大廳之上，大廳四周有許多成雙成對的窗戶，大廳的正面是一些巨大的門廊。教堂的塔頂都由一個圓柱形塔和一個正方形的基礎建築所構成，周圍有一群環齒形陽台。埃及的影響不僅達到敘利亞，而且還到達金帳汗國的卡納特（Khanat），在克里米亞和薩拉伊的兩個城市裏，埃及的藝術家和建築師建造一些以鑲嵌技術和壁畫裝飾的宮殿，內部模仿羅馬人的浴室，並用熱水管取暖，還建造一些堤壩挖掘灌溉渠。

從西元 1420 年開始，埃及因為鄂圖曼帝國（Ottomane）的興起而日漸衰弱。其主因在於鄂圖曼帝國切斷埃及和黑海之間的聯繫；再者，義大利的紡織工業已有很大的發展，義大利商品的售出比買進的多，導致埃及的收支發生逆轉，所得的利潤大大的下降，經濟和財政嚴重失衡與貨幣貶值使得有人開始仿造基督教的錢幣，造成埃及乃採取對外國人和非穆斯林更強硬的政策，反而加速它的衰落。到了十五世紀末期，葡萄牙人佔領歐洲通航印度洋道路上的好望角（Bonne-Esperance），並在印度洋有進展之後埃及更是岌岌可危。

帖木兒的征戰

蒙古帝國崩潰之後，整個中亞細亞又出現分裂的局面，陷入混亂和鬥爭之中。帖木兒・蘭（Timour-Leng）又名瘸子帖木兒（Timour Le Boiteux），重新建立一個強大的遊牧民族國家。約在西元 1360 年，他率領著一支強大的軍隊，把勢力擴展到其首都撒馬爾罕（Samar-Kand）與周圍的整個特朗沙克遜（Transoxizne）地區。在西元 1380～1385 年間，他征服伊朗東部，西元 1405 年去逝之前，更發動

多次遠征，穿過所有東方穆斯林國家，他的軍隊曾蹂躪波斯、金帳汗國的許多省份，直到西元 1395 年，他已掠奪黑海沿岸的義大利貿易市集加發（Caffa）和拿塔那（La Tana），西元 1398 年，他的軍隊更抵達拉合爾（Lahore）和德里（Delhi）。當時帖木兒帝國的疆域一直從幼發拉底河（Euphrate）延伸到恆河平原（Gange），從波斯灣（Golfe Persique）延伸到鹹海。西元 1402 年，他在安卡拉（Ankara）大敗鄂圖曼土耳其帝國後便越過大馬士革（Damas）摧毀敘利亞。可惜帖木兒的侵略行動未能化成實質的佔領，不能像成吉思汗一樣把征服的地方組成一個新的國家。

亞洲的各個帝國

帖木兒的後代繼承者被中國皇帝進攻的顯無招架之力，而其所控制的西部各省又被兩個敵對的伊斯蘭教土庫曼（Turcomans Islamises）遊牧民族和建於摩蘇爾地區的什葉派黑羊王國（Mouton Noir）所瓜分。西元 1410 年，黑羊王國佔據巴格達；遜尼派的白羊王國則在西元 1400 年建於更西部的埃台斯（Edesse）、錫瓦斯（Sivas）、迪亞巴克爾（Diyarbakir）等地，位在鄂圖曼帝國的邊境。

此外，亞塞拜然（Azerbaldjan）的山區，有一些神祕主義的什葉派蘇非教派（Soufi）在土庫曼人（Turcomans）和庫德人（Kurdes）之間集合大批的信徒，其宗教信條一直是要實施強大的政治權力，最後，形成一個蘇非派修道士的王朝，並在離裏海不遠的阿爾比勒城建立一個新的波斯王國。西元 1501 年，蘇非教派的首領伊斯瑪儀便自稱為國王，即「沙赫」（Chah），他將波斯王國變成什葉派國家，並把蘇非教派限制在伊朗各省。

撒馬爾罕的文明

　　這些存在時間不長的弱小國家，在帖木兒征戰中誕生，因而也吸收各種外來的燦爛藝術文化。帖木兒雖是個文盲，但仍在他的家鄉克奇（Keeh）建造一座富麗堂皇的宮殿，並在撒馬爾罕修建一些華麗的紀念柱建築物，如夏基津達（Chakhi-Zinda）清真寺、戈爾艾米爾（Gour-Emir）墓，國王也常招聘許多詩人、畫家、學者、音樂家到他們的皇宮裏，烏魯格貝格（Ouloug-Beg）即是一位傑出的天文學家和數學家。撒馬爾罕中心的宏偉紀念廣場——雷吉斯坦（Reghistan）是用來檢閱軍隊和騎馬比賽的場所，四周還建造許多伊斯蘭學校和清真寺。在許多後來的中亞細亞國家和伊朗首都中，人們都可以看到這種美麗的長方形廣場。在巴庫國裏，切爾文沙赫也在首都建造一個豪華的廣場，廣場四周建有許多低矮的圓頂房屋，還建造一些公共浴池，一些有宏偉中央大廳的清真寺，一個頂部呈金字塔式的皇家陵墓。

　　撒馬爾罕的文化藝術要歸功於某些方面吸收遠東文化藝術的結果，許多藝術家主要是來自波斯的一些城市。在撒馬爾罕的高大圓柱上的圓屋頂、大門進口處走廊裏的蜂窩般陽台、以及那些石頭上的雕刻藝術、美麗的上釉彩的陶瓷繪畫，和按一定常規，用單線勾畫出來的花卉裝飾品，處處都反映出它們具有伊朗藝術的風格。

鄂圖曼土耳其帝國

最初的征服

　　鄂圖曼土耳其帝國的統治是一種真正的殖民化政策，無論是在行政方面、軍事方面、經濟方面，以及宗教方面皆實行嚴格的整頓，為了確保自己的權力並能完全控制被征服的人民。

　　起初，鄂圖曼公國建立於安納托利亞（Anatoli）西北部的薩卡里亞河（Sakaraya）的小河谷中，後來他們陸續奪取一些具有戰略意義的交通樞紐城市，如尼山和布羅斯。從西元 1326 年開始，他們就在布羅斯建立首都，此後便控制通往君士坦丁堡的交通要道，西元 1350 年，他們的軍隊橫渡博斯普魯斯海峽，為拜占庭皇帝效力。

　　鄂圖曼土耳其帝國在巴爾幹的勝利，說明拜占庭帝國各省份和斯拉夫各王國皆已處於分崩離析和無政府主義狀態。其實，鄂圖曼帝國的侵略是經過幾個世紀的準備，他們建立許多亞洲人和土耳其人的部落，這些部落雖然接受基督教的教義，但仍然反抗希臘人和斯拉夫人，例如羅多披山區住著多勃羅查部落，在靠近多瑙河和瓦爾達爾河的地方，保加利亞的異教徒對抗著君士坦丁堡的教會勢力。

　　西元 1389 年，土耳其在尼斯西南部的科索沃平原上打敗塞爾維亞國王；西元 1396 年，巴亞吉德一世在多瑙河南岸的尼科波里斯大戰中，打敗匈牙利皇帝西吉斯蒙德和法國勃艮地公爵之子王子傑所率領的基督教十字軍。不久又攻打君士坦丁堡，但因熱那亞總督法國之帥布西科（Boucicault）率領一支義大利軍船來參戰，才使得君士坦丁堡

免於淪陷。

第二次遠征——佔領君士坦丁堡

　　穆罕默德一世（Mahommet I，在位西元 1421～1451 年）在亞洲重建帝國，並把疆域擴張到更東部的地方，在拜占庭帝國的布羅斯聖城周圍，穩固地建立他的國家。穆罕默德一世在西元 1440 年和西元 1442 年，雖分別在貝爾格勒和川夕法尼亞山的錫利斯特拉都打了敗仗，但在西元 1444 年和西元 1448 年，於瓦爾納、科索沃取得勝利打敗匈牙利，並征服拜占庭帝國位於伯羅奔尼撒半島的米斯特拉。

　　其子穆罕默德二世（Mahommet II，在位西元 1451～1481 年）於西元 1453 年佔領拜占庭帝國的君士坦丁堡，此可說是難能可貴，因為在過去的歷史上，包括柏柏爾人、波斯人、阿拉伯人和土耳其人本身皆吃過敗仗。土耳其人靠著他們所擁有的強大砲兵和新穎的武器，把一部分戰船放在木板上從陸路拖到君士坦丁堡港的戰略，因而順利地通過「黃金角」（Corne d'Or），繼而四處發動攻擊，使敵人腹背受敵，終於在西元 1453 年 5 月 29 日攻陷君士坦丁堡。

　　君士坦丁堡的陷落，使得羅馬教皇波埃二世親自號令組織十字軍，但仍是徒勞無功。西元 1468 年鄂圖曼土耳其征服阿爾巴尼亞，西元 1475 年位於黑海的加發（Caffa）也被其攻陷，西元 1480 年土耳其人的勢力擴展到亞得里亞海，並向東方繼續擴展。

鄂圖曼土耳其帝國的組織結構

　　鄂圖曼土耳其人征討的初期，安納托利亞仍保持著一種遊牧民族或半遊牧民族的生活方式，如門德雷斯河的高原地區就有二十萬頂帳幕，安卡拉北部就有三萬頂帳幕，騎兵部隊則經常以部落為單位或以

十五世紀愛琴海上的羅德島
此圖為鄂圖曼土耳其帝國的戰船
與官員

十五世紀鄂圖曼士耳其時期的羅
德島地區

　　家庭氏族為單位編組，他們的戰士中有一種「甲騎」（ghazi）的徵兵
制度，為伊斯蘭的志願兵制度，這些應徵士兵必須到遙遠的邊境軍營
服役，為鄂圖曼土耳其帝國最基本穩固的軍隊兵員來源，這些來自土
耳其遊牧民族士兵的宗教信仰，受到東方蘇非教派以及伊朗的影響而
信奉伊斯蘭教成為一種「次等的伊斯蘭教」，此為一種十分接近農村
平民老百姓的教派，他們在荒僻的地區建立修道院開墾荒地，實行著
殖民主義統治，如在貝克塔吉，其經濟和社會上的表現可與現代西方
的宗教秩序相比擬，特別是和西斯坦西安相比。

　　穆罕默德一世時期，這些甲騎支持著農村裏的勞苦百姓，支持著
基督徒和什葉派，支持著所有的少數民族，並進而鼓吹要實行公社制

度（Communautaires），建立一個人人平等的共和國，此舉使得蘇丹
必須組織一支堅強部隊，實行中央集權管理辦法，此為土耳其近衛
軍。這支部隊皆由步兵組成，士兵都是從民間招募而來的，並由皇帝
發給薪餉和提供給俸。這支近衛軍亦是一支常備軍，與蘇丹的王府關
係十分密切，部隊中的主要軍官都在蘇丹王府中擔任某項職務。

　　西元1400～1410年間，土耳其接收大批從匈牙利或日耳曼叛逃過
來的手工藝工匠，這些人在過去都是冶煉專家和製造大砲的能工巧
匠，他們所造的大砲曾在圍城戰，甚至在野戰中都曾發揮決定性的作
用。騎兵則有權在自己的封地裏徵收土地稅或村莊稅，但他們仍受到
蘇丹的嚴格控制。

　　蘇丹不僅是軍隊的司令
員，亦是宗教的領袖，領導
人們去從事神聖的戰鬥，鼓
勵人們要有勇氣並努力去建
立值得後世歌功頌德的大事
業。蘇丹雖然要容忍那些近
衛軍的神祕主義傳教士，尤
其是由貝克塔什所領導的軍
團，但仍監視著他們的一切
宗教生活，禁絕他們散佈異
端邪說，也禁絕他們組成強
大的獨立社團。

　　鄂圖曼的官吏必須監督
各省的行政管理部門，以及
新的邊境領地。各地的總督
或統帥都直接聽命於首都的
皇室。皇室官吏中最有權勢

鄂圖曼土耳其皇帝接見使者情形

的便是首相，任職首相的往往就是蘇丹的長子。蘇丹的主要官吏和顧問，都選自家族中的得寵者，有時繼承人是從他的童奴中挑選出來，但這些童奴往往是他們某個小老婆所生，這些小老婆往往是從格魯吉亞買來，因為蘇丹本人沒有合法的妻子。鄂圖曼帝國最初在巴爾幹半島進行征服時，便不斷地在當地買來希臘人、保加利亞人和南部的斯拉夫人，他們其中有的為行政官員、奴隸、衛隊或僕從，他們還買或搶來兒童。

鄂圖曼帝國的強大也歸功於它擁有一個堅實、繁榮昌盛的經濟基礎。土耳其人每年都組織大批的沙漠商隊，從麥加運來印度香料、從波斯運來絲綢和珍珠。蘇丹向這些商人徵收大量的水路和陸路關稅，並收取福山和卡拉希沙爾明礬礦的租金。安納托利亞供應熱內亞商船到地中海東岸來採購的大部分貨物，其中包括明礬、木材、柏油、水果、生絲、胭脂、五倍子、朝拜用的地毯、銅製餐具等等。安納托利亞所產的棉花也在市場上和埃及所產的棉花展開競爭，安特里諾波爾歡迎所有中歐和東歐的商人，包括匈牙利人、波蘭人、塞爾維亞人、俄羅斯人。布羅斯城不僅聯繫著君士坦

十五世紀羅德島防衛圖

丁堡，也聯繫著佩拉半島的熱那亞郊區，成為東方的主要商業交流中心，布羅斯城有許多可供沙漠商隊住宿的旅店，還有許多可供義大利旅遊者和做生意夥計們存放東西的倉庫，城內還有一些手工藝人織造綢緞和製造陶瓷器皿。城內並有許多的清真寺和最早的蘇丹墓，其裝飾著五彩繽紛的特殊上釉牌子，穆罕默德一世的清真寺則被稱為「綠寺」（Mosquee Verte），寺內有一個巨大的中央大廳，寺的頂部矗立著一個大的圓形屋頂。西元 1453 年後，伊斯坦堡的清真寺建築也有此種布羅斯的建築藝術。

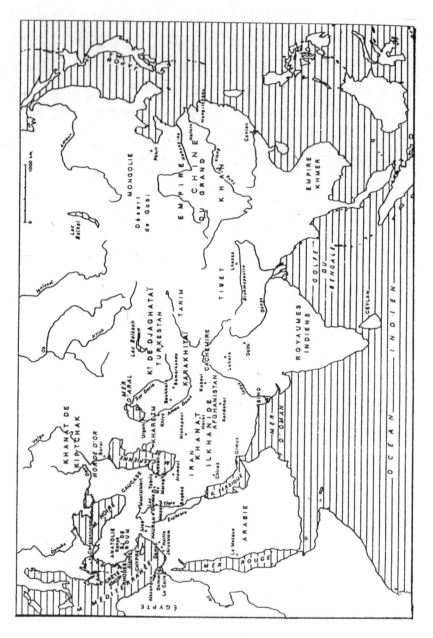

東方的伊斯蘭教

參考書目

外文部分

G. Wiet, L'Égypte Arabe (*Histoire de I'Égypte*, de G. Hanotaux).

Cl. Cahen, La formation de la puissance ottomane (*Histoire générale des Civilisations*, t. III), p. 512-547.

F. Babinger, *Mahomet II le Conquérant et son temps* (Payot), 1954.

Ibn Iyâs, Journal d'un bourgeois du Caire, trad. Par G. Wiet, 1955.

G. Marcais, L`art de l'Islam, p. 110-125, 1946.

L. Hautecoenr, G. Wiet, Les Mosquées du Caire, 2 vol., 1932.

B. Gray, La peinture persane (coll. Skira), 1961.

中文部分

《西洋全史（五）中古歐州（上）》，馮作民編著，燕京，民 64 年。

《簡明西洋中古史》，劉增泉譯，國立編譯館，民 84 年。

《歐洲文化史》，劉增泉譯，漢唐出版社，民 88 年。

《西洋中古史》，袁傳偉譯，五南圖書，民 78 年。

《西洋中古史》，王任光編著，國立編譯館，民 71 年。

《西洋文化史第三卷（中古下）》，劉景輝譯，學生書局，民 71 年。

《世界文明史之十二：黑暗時代與十字軍東征》，幼獅編譯部編譯，幼獅編譯部編譯，幼獅，民 69 年。

14

南亞諸國的回教文化

伊斯蘭教未傳入印度時，便有阿曼國和巴林國的採珍珠人、駕駛人和海盜穿梭於印度各港口中。伊拉克各城市和港口的繁榮，使南阿拉伯和波斯灣沿岸的各國人民熱衷於海上活動。這些商人在伊朗南部各省海岸、印度洋海岸以及沿馬拉巴爾的格朗格努爾、卡利卡特、奎隆建立一些商行，他們的行跡還遠達錫蘭。西元 640 年起，便有海盜襲擊此地並帶回大量財富，更在西元 712 年征服信德省（Sind）。穆斯林佔領一些貧窮的沙漠地帶，儘管建立軍事殖民地，以及貿易和伊斯蘭教傳播中心，但由於部族和部族間的紛爭，以及宗教迫害和招募太多的外國僱傭軍而被削弱，使這些新殖民地很快就脫離哈里發的控制。

穆斯林在印度的征服

真正在北印度以軍事佔領，並真正建立穆斯林國家的是中亞人民、土耳其人、阿富汗人和蒙古人的移民，這些成群的遊牧民為了尋求土地和財富，也為了新教徒的宗教狂熱，他們翻山越嶺，經常進攻富饒的平原，恰巧當地的一些公國人民也為了宗教紛爭和地方主義、種族、語言的各異［，而發生連續不斷地戰爭導致了實力的削弱。穆斯林最輝煌的幾次戰役，都是由土耳其僱傭軍首領加茲尼毛朝蘇丹所指揮。他們在加茲尼周圍建立一個幅員遼闊的帝國，包括伊朗的霍臘省和東方各省。從西元 1010～1026 年，馬哈茂德和他的土耳其騎兵征服整個阿富汗和印度河谷地，他們劫掠寺廟並帶回大量的財富。另一支

---

１ 國王支持印度教，建立傳教士學校，他們迫害佛教徒，摧毀他們的寺廟，強迫他們遵循印度的種姓制度。

古里人的遊牧民族，在領袖穆罕默德的率領下，以伊斯蘭教軍旗征服平原直到多阿布——即恆河中游河谷和恆河支流河谷，以及孟加拉灣，約於西元 1200 年建都於馬德里，並建立一個強大的穆斯林蘇丹國主宰北印度。

各蘇丹國的衝突

馬穆魯克的君主傭傭軍後裔在馬德里執政，約經過有三個奴隸王朝。西元 1325～1351 年，穆罕默德・伊本・圖格魯克（Mohammed-Ibn-Tugluq）將領地擴展到南方，直至德干高原並在道格塔巴德距馬德里南方七百公里處建立新都。他從北方各城市中挑選一些商人、手工藝人和官員在那裏定居。後來馬德里政府卻走向分裂，穆斯林在此必須面對印度人長期、零星、短暫的突襲，西元 1397 年時，帖木兒率領一支勁旅直抵德里，翌年便滅了平原上的各個城市。西元 1440 年，阿富汗新王朝領導的德里蘇丹國，則僅限於靠近該城的地帶。直到蒙古大軍到此建立蒙古大帝國統一各區，這已是西元 1519 年以後的事了。

殖民化

穆斯林的征服以暴行進行，他們血腥屠殺數千名神父、僧侶、顯貴、婦女、兒童並破壞寺廟和神像、洗劫聖殿，使印度拒絕接受穆斯林的統治管理和宗教文化。穆斯林將教徒和非教徒嚴格地加以區分。他們雖將一些藝術家、醫生、學者和哲學家帶回巴格達，並熱情地描寫當地的建築物、寺廟和王宮，但他們仍對印度宗教懷有強烈的敵意。在財政方面，當地人須繳納土地稅，此稅可達所有收入的四分之一，當地人還須交出他們土地和牲畜群收入的百分之五十，某些農民

因此處於貧窮和家庭奴隸的地位。穆斯林還禁止他們騎馬、擁有武器和穿某些衣服，奴隸的比例愈來愈大，偶而聖師、神學家、伊斯蘭教學者有不當的措詞時，便會招致宗教迫害。

穆斯林的重稅制度引發嚴重的叛亂，造成多阿布這個富饒之區有非常嚴重的劫掠情形，皇軍進行無情的鎮壓，屠殺農民、燒毀房子。儘管有無情的鎮壓，在公路設置崗哨，仍無法消滅以牢固要塞為掩護的盜匪，這些盜匪到處敲詐勒索商人，並攻擊德里城下的村莊。

宗教和藝術生活

對印度人民來說，雖然改信伊斯蘭教在社會和財政繳稅上有許多好處，但是這有時也只限於某些特殊情況。印度人還是忠於自己的各種宗教，就算是那些已改信伊斯蘭教的印度人也一直遵守舊習俗——禁止再婚和不吃牛肉。

德里的菲魯茲（Firuz，在位西元 1351～1388 年）建立幾座城市，如菲魯茲阿巴德，靠近德里、江布爾；更靠東部則有法特哈巴德，如在塔特哈巴德約建立八百多座公共建築物，並僱用五萬名工人挖掘一個運河網，以灌溉恆河支流河谷。更靠南部，德干巴赫曼的蘇丹也建立一些新城，並圍以厚城牆，尤其是在比沙布爾建立一些豪華的清真寺、學校和博物館。

雖然穆斯林常企圖將西亞建築裝飾如高大的石柱、尖頂拱廊和磚表面強加於印度，但是，這些國王卻又都把印度的建築師迎接到他們的宮廷中，一些手工藝人仍忠於他們的建築方式，並且以祖傳的圖案裝飾建築物，如孟加拉灣蓮花圖案。在古吉拉特的清真寺至少在外部形式和裝飾方面直接參考印度教或耆那教的古廟。

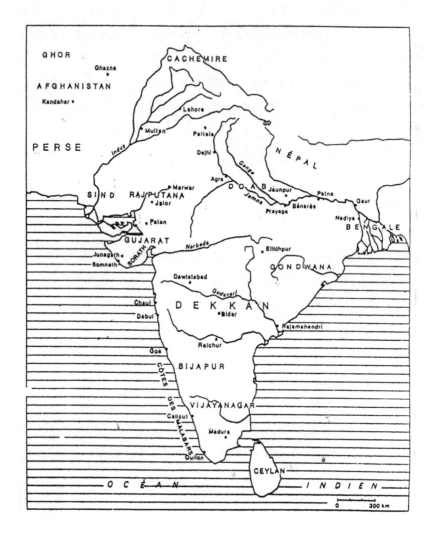

印度的伊斯蘭教

穆斯林在印度的繁榮昌盛

　　穆斯林對印度的佔領，從經濟觀點來看，無疑地加強商人和伊朗、伊拉克或阿拉伯的聯繫。不過後來他們為能有效地嚴格統治而監督沙漠商隊的貿易和市場上的物價，並登記所有商人，甚至發行銅幣。印度的市場吸引力是強烈的，它擁有棉布、絲巾、刀劍、硬鋼工具、辛香作料、桂皮、生薑，芳香植物如麝香、蘆薈、樹脂和樟腦、柚木，染料如靛藍和檀香木及寶石；經由紅海或波斯灣而來的阿拉伯人也從地中海帶來珊瑚和白銀；軍事的維持也產生大宗的馬匹交易。

　　阿拉伯人亦隨著古吉拉特的印度商人乘船到恩蘇格島（Insulinde，現在的印尼和菲律賓），循著路線而至，但卻來到中國的廣州，此為西元 671 年的事，他們隨後便根據季風的規律定期來到中國廣州進行貿易。一些阿拉伯商人還在廣州定居，但後來，西元 878 年，由於阿拉伯人的武裝侵犯而遭到屠殺，至此，他們只能藉著與猶太人做生意來取得中國的物品。

　　穆斯林亦在馬來西亞、印尼和菲律賓定居，他們先在蘇門達臘的北部定居，進而推展到其他島嶼，伊斯蘭教是由海員和商人傳入，因為受到當地商人貴族階級歡迎所致。

東非的穆斯林

　　非洲沿海地區，伊斯蘭教的傳播隨著海上貿易和在國外開設商行而發展，亦有些是因為受到宗教迫害，被阿拉伯或伊朗驅逐而移民到此傳播，但他們並未建立什麼大帝國，只有幾支埃及軍隊在遠征軍向

努比亞和衣索比亞的基督徒發動攻擊時才在北部有所建樹，但也沒有什麼重大戰果。

奴比亞和衣索比亞

穆罕默德時期，尼羅河上游第一瀑布南部有三個努比亞王國，他們皆為基督教國家，都是來自拜占庭的傳教士所進行的傳教活動，是正統派或是一性派教徒，他們保留希臘語，亦為禮拜儀式上的使用語言。在更東邊，衣索比亞基督教王國建在阿克蘇姆聖城的周圍，控制整個紅海與葉門和哈德拉姆各港口進行貿易。西元 640 年，埃及人攻打努比亞人，十年之後，他們包圍努比亞人的首都，強迫努比亞人接受一項和約必須進貢奴隸並且還強迫居民改變信仰。另有一些受到伊斯蘭教化的遊牧部落巴杰（Beja）人入侵阿克蘇姆王國，在上尼羅河和紅海之間建立幾個阿比西尼亞王國，衣索比亞人則向更南方撤退至地勢高的地方墾殖，在那裏建立幾個附庸公國。西元 700 年起，達拉克群島和整個厄立特里亞沿岸定居的大部分阿拉伯人，有一段時間必須依靠內地的衣索比亞人過活。一些商行則在南方印度洋沿岸牢牢地站穩腳跟，他們因為與高盧的遊牧民族——達納基勒和索馬里亞做生意而致富，這些遊牧民族向其販賣奴隸以換取印度棉布和食鹽。

東非的貿易商行和帝國

伊斯蘭教未在此地興起之時，阿拉伯商人便經常往來於東非國家各個港口，如桑給巴爾的島嶼或者是更遠的索發拉（Sofala）。一些來自葉門的薩拉人亦在非洲的東部海岸定居，特別是在基盧瓦人以南的桑耶‧卡托（Sanjey Kato）島，他們亦可能為大陸帶來冶鐵術和冶金術。

貿易商行的文明

穆斯林以樹枝搭建的茅草屋為住所，後來發展為堡壘和土房子，以後才有花圃包圍四周的高大建築物。桑給巴爾島上的基濟姆卡濟清真寺內有面向麥加的壁室，是建於西元1207年。靠海的穆斯林國家為海盜和貿易的國家如摩加迪沙、基盧瓦、馬林迪、蒙巴薩、奔巴和桑給巴爾，因有內地的木材提供而和阿拉伯、伊拉克以及印度進行的遠方交易而繁榮。人們曾在非洲的穆斯林貿易商行裏，發現一些西元700年中國鑄造的錢幣，約在西元1400年中國的明代，曾有船隻多次抵達非洲東海岸。

阿拉伯商人從非洲內地拿走無法估計的財富，因此，遠到剛果皆說著他們的商業語言——斯瓦希利語。阿拉伯商人從此地帶回狩獵產品或漁產品、蔗糖、索發拉山地和馬林高原礦場的鐵、木材、織帆布和做纜繩用的紡織纖維、椰子油或棕櫚油、象牙、麝香，特別是黃金和奴隸。最豐富的金礦在羅得西亞，即現在的維多利亞地區的班圖王國，離津巴布不遠，此金礦的挖掘地段有六百多公里的距離，深度則有三十公尺，為一產量可觀的金礦產地。

販賣奴隸則是一件令人遺憾的事情，位於波斯灣阿曼海中凱奇（Keich）島上所居住的阿拉伯人以毀滅性的襲擊在當地國家海岸各地擄掠兒童和青年。伊斯蘭教侵入各地之後更升高販賣黑奴的熱潮，這些奴隸的來源，主要是由摩爾人深入內地很遠的地方，直到大湖地區，他們襲擊黑人村落並屠殺反抗者，更將俘虜帶到沿海各城市以物品販賣，阿拉伯商人把男人和女人裝上船隻讓全部的人擠在二塊或三塊船板上，在擁擠的情形下，每個人必須直挺地站著歷經五到六週的時間才到達波斯灣，許多奴隸在這段期間因飢餓或是得了流行病而死掉。但是，由於成本低又有高利潤，使這些阿拉伯人趨之若鶩，也使非洲這些省的人口迅速減少。

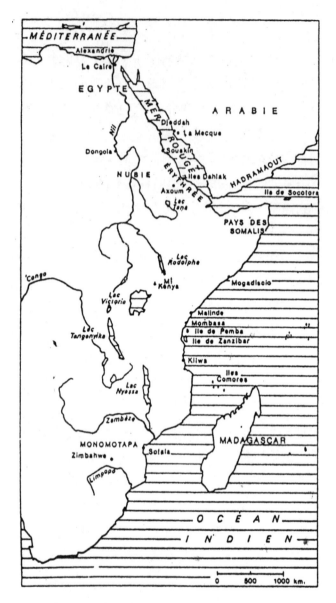

東部非洲回教的擴張

參考書目

外文部分

I. Prasard, *L'Inde du VIIe au XVIe siècle*, 1930.

A. Toussaint, *Histoire de l'océan Indien*, 1961.

R. Cornevin, *Histoire de l'Afrique* (Payot), 1962.

A. W. Macdonald, Inde. La conquête musulmane, dnas *Histoire universelle*, t. II (Encyclopédie de la Pleiade),1958, p. 1319〜1351.

J. Lacour-Gayet, *Histoire du commerce*, t. III, 1955.

J. Auboyer, *Art et styles de l'Inde* (Larousse), 1951.

D. Barret et B. Gray, *La peinrure indienne* (coll. Skira), 1963.

La civilisation de l'Inde (dossier n° 55.15, Doc. francaise).

中文部分

《西洋全史（五）中古歐州（上）》，馮作民編著，燕京，民 64 年。

《簡明西洋中古史》，劉增泉譯，國立編譯館，民 84 年。

《歐洲文化史》，劉增泉譯，漢唐出版社，民 88 年。

《西洋中古史》，袁傳偉譯，五南圖書，民 78 年。

《西洋中古史》，王任光編著，國立編譯館，民 71 年。

《西洋文化史第三卷（中古下）》，劉景輝譯，學生書局，民 71 年。

《世界文明史之十二：黑暗時代與十字軍東征》，幼獅編譯部編譯，幼獅編譯部編譯，幼獅，民 69 年。

15

加洛林王朝時期的西歐

八世紀中葉，法蘭克王國的墨洛溫王朝（Merovingian Dynasty，西元481～751年）不斷地發生內戰，發生無數次的王位糾紛，以及貴族擁兵割據，使墨洛溫王朝威權逐漸衰落，尤其是達哥伯特一世（Dagobert I，在位西元628～638年）以後，法蘭克王國已不再出現有才智的君王，政權最後落到貴族和宮相[1]（Mayors of the palace）手中。西元656年，國王西熱貝爾二世（Sigebert II）死後，老丕平的兒子格里莫阿爾（Grimoald）欲取代墨洛溫王朝而遭其他貴族反叛，因此被俘處決。西元687年，蘭屯丕平（老丕平）（Pepin of Landen）之孫海利斯多丕平（小丕平）（Pepin of Heristal）在東法蘭克人民擁護下，率兵抵抗僭王葉柏倫，在泰斯特利（Testry）大敗葉柏倫軍，擊敗其他宮相，成為全法蘭克王國的統治者。至此，法蘭克王國便由加洛林家族所掌管，國王已成為傀儡，小丕平以「高盧保護者」自命，曾領兵征討弗利然、薩克遜、紹林吉、巴伐利亞、阿里曼尼等各日耳曼蠻族，擴張法蘭克王國威權。小丕平治理的重心也從原來西法蘭克的斯瓦松、巴黎等城，轉移到東法蘭克的麥次、阿亨等城，這時墨洛溫王朝尚未被罷黜但已搖搖欲墜。

---

[1]　「宮相」起初是經管國王宮廷和地產的人，由於政治的紊亂，使得他們控制國王的經濟，逐漸掌管大權，成為國家的實際統治者。宮相皆有大家族作為後盾，他們擁有萊茵河（Rhin）和摩澤爾河（Moselle）之間，在馬斯河（Meuse）下游沿岸，在布拉班特（Brabant）地區之中的大片領地，他們很善於從這些廣大的領地抽出一些人來保衛省分和土地，並在那裏安置一些忠誠的兵士或為表揚他們而建立許多修道院。一旦野心過大，篡權登基便是手到擒來的事。

加洛林王朝的興起

　　小丕平在西元 714 年逝世，由其庶子「鐵鎚」[2] 查理（Charles Martel，在位西元 714～741 年）繼承宮相。查理不但擊退弗利然人（Frisians）和薩克遜人對高盧的入侵，並在都爾（Tours）打敗回教徒，挽救基督教的歐洲，查理一向以基督教國家的保護者自居，深得教會與國民的推崇與敬重，例如羅馬教皇格列哥里三世，曾把聖彼德大教堂和聖墓的鑰匙交給他，以表示對他的信賴。但是另一方面，查理為了有更多的土地酬庸戰士，卻沒收高盧教會的地產，分別贈予他的將士，作為日後國家不時之需，此舉引起教士的反感。然，為了對付回教徒

查理・馬特

查理馬特（普提耶戰役）

2　「鐵鎚」查理的封號乃緣於西元 732 年，查理與阿拉伯軍決戰於都爾城（Tours），由於法蘭克軍皆人高馬大，個個有如不動金剛，使行動快速的阿拉伯輕騎兵失去威力，有如「木棍」碰到「鐵鎚」一樣，法蘭克軍大獲全勝，阿拉伯的勢力也從此不敢往都爾城以北的歐洲內陸進犯，都爾一戰獲勝的查理，因而被取為「鐵鎚查理」。

的騎兵，查理不得不擴展其有限的騎兵，而騎兵開支非政府所能負擔，戰士能力所及，因此，土地的佔有和軍事服役自此關係密切，使歐洲政治更進一步走上封建制度。

查理於西元 741 年逝世，被埋葬於聖但尼大教堂（Saint-Denis）。其實，鐵鎚查理名義上雖然是法蘭克王國的宮相，但實際上卻已等於是法蘭克王國的國王，因為查理在西元 737 年狄奧多里四世死後，便沒有再另立法蘭克國王，由他以宮相的身分統治全法蘭克王國，所以鐵鎚查理便被尊為加洛林王朝的始祖。

矮子丕平

加洛林王朝丕平國王

鐵鎚查理之子矮子丕平（Pepin the Short，在位西元 741～768年）承三代之餘威，掌握全法蘭克王國的政權，變成法蘭克王國的實際國王，但是名義上他還是宮相，他遣使詢問教皇札夏里（Pope Zacharie），廢去墨洛溫傀儡王，自立為王，以使名實相符，是否犯罪，札夏里由於需要法蘭克支持他對抗倫巴底人的野心，乃回答：「宜由有王者之實者為王。」矮子丕平乃將被他立又被他廢的墨洛溫王朝最後一任國王契爾得利克三世（Chilperic Ⅲ）削髮送進修道院，

至此，加洛林王朝（Carolingian Dynasty，西元751～987年）於焉展開。矮子丕平深知沒有宗教的協助，在統治上將發生困難，因而恢復教會的財產和特權，將聖物帶給法蘭西，並從倫巴底手中解救教皇，這種水幫魚，魚幫水的關係至此發揮到極致，矮子丕平得到教宗的許可，教宗得到矮子丕平的一臂之力，各取所需。

矮子丕平在西元756年攻陷倫巴底城後，將所征服的城市歸還給羅馬教會，且立據為憑，這便是所謂「丕平的贈獻」（The Donation of Pepin），[3]「教皇國」至此正式成立。從此羅馬教皇除了掌握神聖的教權以外，又掌握了世俗領土的政權，首開獨立教皇權的先河，把義大利半島由中間切斷，直到西元1870年義大利王國統一全義大利為止，羅馬教皇維持一千年之久。

查理曼大帝

矮子丕平在西元768年病逝於聖但尼大教堂（Saint-Denis）。查理曼（原為西法蘭克王）則因其弟卡洛曼（Carloman，為東法蘭克王）在西元771年得怪病逝世，接收其弟的領土，成為法蘭克王國唯一的國王，也成為黑暗時代最偉大的君王，他曾討平萊茵河以東的日耳曼地方，使薩克遜、弗利然、巴伐利亞、柔然、斯拉夫、丹麥等族

3　「丕平的贈獻」（The Donation of Pepin），北起波河下游流域，沿亞得里亞海向南，橫越義大利中部，直達羅馬與地中海，狀似啞鈴，包含拉溫那、里米尼、佩沙洛（Papal State）、福利（Forli）、烏俾諾（Urbino）、波隆郡等城。案：以羅馬教會的立場，這些土地是被倫巴底人不法佔據，現在只是物歸原主，當然應該是「歸還」而談不上是「贈送」，但是，以法蘭克人的立場來說，這些土地是他們辛苦打戰所獲得的戰利品，當然是屬於法蘭克人所有，因此，應該是「贈送」才是。

加洛林王朝查理曼大帝　　加洛林王朝（查理曼帝國）的士兵

臣服於法蘭克，又出兵義大利征服倫巴底人，重建西羅馬帝國，同時，更發兵征服西班牙的阿拉伯人，把北西班牙收歸法蘭克版圖，於此，我們可以看出查理曼的武功赫赫，在歐洲廣擴領土，因而被後世尊稱為「查理曼大帝」（Charles the Great，在位西元768～814年）。

查理曼的武功

　　查理曼一生南征北討，建立一個自五世紀末之後西方所未見的帝國，西元 800 年的加冕不過是一件既成事實的說明。首先，查理曼要解決的，便是侵擾法蘭克東北邊疆，歷代諸王與宮相最為憂勞之薩克遜人問題。查理曼認為，要杜絕薩克遜人的入寇，就得征服整個日耳曼地區，要征服日耳曼地區，就得讓各部族都改信基督教。因此，查理曼一方面進行著武裝清剿，另一方面則派遣傳教士深入日耳曼地區傳教，最後，終使薩克遜部族的酋長威提金德（Wittikind）歸順，查理曼亦把丹麥人、諾曼人、柔然人、斯拉夫人制服，使他們不敢再入寇法蘭克，至此統一日耳曼地區的偉業才告完成。

　　對於倫巴底王國，最初，查理曼企圖以和平方式暫時解決教宗與

倫巴底王迪迪埃（Didier）間的糾紛，因為他正準備討伐薩克遜人，無暇兼顧義大利的戰爭，但是由於倫巴底王要求教宗哈德良（Hadrian I，在位西元772～795年）加冕卡洛曼的兩個兒子為法蘭克王遭拒，[4] 便率軍佔據托斯卡尼（Tuscany），準備圍困羅馬城。查理曼應教皇之請，在西元773年秋，大會諸侯於日內瓦，誓師遠征義大利，至西元774年6月，帕維亞（Pavie）被攻克，倫巴底乃告滅亡，查理曼則成為「法蘭克王兼倫巴底王」。他的軍隊就地過冬，又征服北義大利，並在該國安置法蘭克新貴族而告結束。查理曼又把義大利王國托付給他的兒子丕平。

　　西元777年，駐守在西班牙薩拉戈薩（Saragosse）的回教總督伊本（Ibun-al-Arabi）要求查理曼大帝幫忙他對抗科爾多瓦的回教統治者，這對查理曼大帝來說，是一個天大的南征良機，便立即答應所求，率軍從日耳曼越過庇里牛斯山，包圍並攻下基督教的旁普羅納（Pamplona）城，在前進薩拉戈薩途中，方知回教叛變並未發生，但被征服的薩克遜人此刻發生瘋狂的叛亂，查理曼知道自己孤立無援的力量不足以和科爾多瓦一拼，又意外遭到阿拉伯軍民的頑強抵抗而失敗，查理曼心急於本國的叛亂乃決定撤退。但是，由於軍隊以狹長的縱隊行軍，因此，整個軍隊拖得很長，當法蘭克軍隊的後衛在通過庇里牛斯山道侖斯沃（Roncesvalles）山口處時，忽然間，一隊巴斯克人（Basques）突然向他們襲擊，這奮血五天以寡敵眾的戰役，便是有名的歌謠「羅蘭之歌」（Chanson de Roland）的由來，查理曼之姪羅蘭在此役遇難，這時已是西元778年。不久之後，法蘭克軍仍不死心的從塞普蒂馬尼（Septimanie）出發，推進到庇里牛斯山那邊，並攻佔

4　查理曼和其弟卡洛曼皆娶倫巴底王的兩個女兒為妻，其弟死後，查理曼掌管其領土，並未讓其弟與倫巴底公主所生的兩個兒子繼承，又廢皇后倫巴底公主，使得倫巴底國王不滿。

卡塔盧尼亞（Catalo-gne）的主要地方，直至埃布羅河（Ebre），西元795年攻佔勒羅納（Gér-one），西元801年攻佔巴塞隆納（Bar-celone），西元811年攻佔托爾托薩（Tortosa），至此在庇里牛斯山區成立一

查理曼接受教皇李奧三世加冕

個特別行政區，特別命名為「西班牙特區」（Spanish Mark），這就是後來「基督教西班牙」正式的起源。

　　查理曼大帝連年征戰的結果，使法蘭克王國的領土無限擴大，東邊領有了義大利，北邊統一日耳曼，南邊制服西班牙，北從易北河南到埃布羅河，北濱北海，南臨地中海，也就是包括現在的法國、比利時、盧森堡、德國、奧地利、瑞士、義大利北部、西班牙北部等地，甚至於連今天的捷克、南斯拉夫等地也成為法蘭克的附庸國，建立一個空前龐大的「查理曼大帝國」。西元795年，教皇哈德良逝世，李奧三世（LéonⅢ）繼位後，為鞏固地位，突然地為查理曼加冕為羅馬皇帝，並宣佈他為「羅馬人的皇帝」，但是此舉招致查理曼的不快，因為查理曼原有意與拜占庭女帝愛玲（Irene，在位西元797～802年）聯姻，若此便可兵不血刃地把東羅馬領土收歸版圖，查理曼亦可名正言順的成為羅馬皇帝，而今教皇此舉反使得拜占庭與其決裂。

查理曼大帝的治績

十五世紀歐洲
的莊園制度中的領主

查理曼大帝把全國領土劃分成國、郡、教會領、皇帝領等四大部分，國由公爵（Duke）統治，郡由伯爵（Count）統治，教會領由主教統治，皇帝領由帝領伯統治，此外在各邊境重要地區又設「邊境伯」統治，這就是中古時代封建制度的正式起源。查理曼大帝深知教會力量的龐大，因此利用教會作為收攬民心的工具，極力保護基督教的傳教士，把全國劃分成很多「教區」，每個教區內都派有掌握政教大權的主教。但是實際上，查理曼的權力比表面上看到的要弱很多，他還是要經過貴族領主的同意才能做任何決定，且在所有重大的問題上都還是要諮詢貴族領主的意見，並非由他個人獨斷獨行掌管整個帝國。

查理曼時期為了戰勝那些伯爵和當地貴族階級的影響，讓「推薦制度」仍然繼續存在。墨洛溫王朝統治的時期，由於四處充滿了暴力，生活不安定，弱者於是棲身強者之下尋求保護，強者是「領主」，被保護人即是「附庸」。受到保護的代價，附庸須承擔各種的義務，如在領主的田地上為領主耕作或隨領主參軍作戰，查理曼也有自己的附庸，他命令社會的貧困子民在鄰近大莊園主中選一位園主作為「領主」，查理曼從這種制度中找到可以將自己的命令迅速傳給其臣民的辦法，即以領主作為他和人民之間的中介。但是，如此一來，附庸只遵從領主的意見，而不是接受最高統治者的命令，最高統治者於是失去其最高權威。封臣從王室財產中獲得封地，漸漸地，法蘭克

貴族階級取代省的貴族階級或通過許多聯姻與其合為一體，他們擁有職位、榮譽和分佈在好幾個地區的土地。

查理曼企圖控制自由人的團體，他們的法庭和他們的百人隊長，企圖強迫他們實行政治道德以及道德規範，他更想把法蘭克的那些制度擴大到鄰近征服的外族國家。查理曼不僅為政府和道德制定法律，也為農業、工業、財政、教育，以及宗教立下法律。查理曼大帝蒐集很多日耳曼民族的古法，有文字可循的都編纂成書，在民間口耳相傳流行的就派遣官吏一一筆錄成文，然後交付每年秋季的國民會議逐條修訂，討論時是採取多數通過制度，然後在第二年的五月野會向人民公佈實施，這些法令就是有名的「法蘭克王國法令集覽」。但是，這些法令並非有組織系統，而是許多以前「野蠻的」法律，為了適應新的情況和需要而作的擴大和應用，有些部分還不如倫巴底法律開明，它仍然保留殺人賠償法、神裁判法、決鬥裁判法及殘害處罰、異教信仰或齋期吃肉須判死刑等。

查理曼振興農業、獎勵通商、開鑿運河、架設橋樑等，他也在首都阿亨及法蘭克安、因該爾海姆（Ingelheim）等城建造壯麗的宮殿，又把全國各教堂一律修復，並在教堂附近興建修道院培養傳教士，努力推展教育。當時處於黑暗時代，日耳曼民族的文化程度低落，只有傳教士的水準較高些，其餘可說全是文盲，所以查理曼召請英格蘭學者阿昆（Alcuin）──諾森伯利亞文藝復興產生的最後一位重要學者──在首都阿亨城創辦「宮廷學校」（Palace School），專門教育貴族子弟，他最重的工作是編最新、最正確的聖經版本，使基督教文化免於因基本經文的錯誤而引起混淆，並推動學校的建立，這是近世歐洲教育思想的發端。

查理曼除了聘請約克主教學校教師阿昆之外，也聘請西班牙人泰奧杜爾夫（Théodulfe）、義大利人保羅迪亞克爾（Paul Diacre）和保羅·德皮斯（Paul de Pise）等人，因此王宮裏出現一種精神與文學運

動，此被稱為「加洛林王朝的文藝復興」。查理曼又在各地方設立很多「經院學校」，由傳教士主持，因而也都附屬於基督教修道院，經院學校不但收貴族子弟，也收一般平民子弟，開創國民教育制度的先聲，當時各學校所教授的學科包括天文學、倫理學、文字學、史學、神學等等。查理曼當時經常到各學校視察，也親自接見主持學校的僧侶學者，訓勉各學校的學員努力讀書。

加洛林王朝的崩潰

查理曼帝國分裂的主因，是加洛林王朝行之有年的國土由諸子均分的弊病使得權力分散無法集中力量控制全局，當然，查理曼個人的君王魅力消逝，繼起之領導者無法再有如此能耐掌控一切，也是不爭的事實。

虔誠者路易

虔誠者路易（Louis the Pious，西元814～840年）於西元814年繼承王位，但是因他是一個性情溫良的虔敬者，無法處理野心勃勃的各個諸侯王的問題，以及教皇的擴權行為，因此整個查理曼帝國綱紀廢弛，帝國中央政府無法統治各諸侯王，各教會也驕橫放縱不聽朝廷命令。但造成虔誠者路易二十六年來混亂政局最大的原因，是所謂的「家庭糾紛」——疆土分割不均，導致父子、諸子間不斷的內戰。虔誠者路易原本是依照法蘭克的

傳統王位繼承法分封給三子（羅塞、丕平、路易），孰料，因為他的皇后早他而逝，續后為他再生一子查理，路易乃欲將以前封給三王子的土地更改，將一部分封給查理，此舉引發三子的不滿而興兵對抗，虔誠者路易失敗被判處「終身懺悔」，終生在修道院裏。後來，因他三個兒子不久又發生爭執，二子丕平和三子路易聯合背叛長兄羅塞，兩兄弟就把父皇路易一世從斯瓦松城救出復位，但不久次子丕平卻一病而死，長子羅塞一看他父皇又恢復政權，便跪在地下叩頭懺悔，請求父親把全帝國平分給他和查理兩人，路易一世便原諒羅塞，把法蘭克帝國平分給羅塞和查理，三子路易沒分到一點土地，當然又舉兵叛變，路易一世便親自率兵征討，但在平亂中得了重病而死。長子羅塞便在西元 840 年繼承法蘭克帝位，三子日耳曼路易和四子禿子查理也聯兵叛變，西元 841 年 5 月，雙方會戰於勃艮地的封特內城（Fontlenay），兩軍死傷慘重，結果長兄羅塞帝軍大敗，乃於西元 843 年在法蘭克眾朝臣斡旋下，三兄弟三分帝國，此即為「凡爾登條約」[5]（Treaty of Verdun），此條約奠定西方民族國家的大輪廓，也導致歐洲史上一些最棘手的問題。

查理曼帝國從西元 843 年到 888 年內戰不斷，最後由於有繼承王

---

5 「凡爾登條約」（Treaty of Verdun）將查理曼的帝國分為東、西、中三部分，依據封建的方式，以所擁有土地、修道院以及其他不動產為準則。四弟禿子查理得西部，包括舊紐斯托利亞和亞奎丹，自此稱「西法蘭克國」；三弟日耳曼路易得東部，包括薩克森、巴伐利亞和萊茵河以東地區，稱「東法蘭克國」；皇帝羅塞得中間部分，包括義大利、勃艮地、萊茵河、繆士河、隆河和須耳得河流域地區，稱「中國」，擁有南北兩京都之羅馬和亞琛。當時日耳曼路易的東法蘭克王國人民，幾乎全都是使用日耳曼語的日耳曼人，之後他們融合薩克遜人與巴伐利亞人，形成一種新民族，即「德意志民族」；禿子查理的西法蘭克王國，則幾乎全是使用拉丁語系的人民，之後他們融合法蘭克人與高盧人，形成「法蘭西民族」。凡爾登條約，大致劃定日後法蘭西和日耳曼的疆土後來東西兩法蘭克王國為了爭奪介於兩國之間的「羅塞領土」，則形成以後德、法兩國仇視的基本根源。

位血統之關係人相繼去世，使日耳曼路易的三子胖子查理（Charles the Fat）繼位為全法蘭克王，但因怯懦低能，平日只知大吃大喝不善理國家政務，以致把帝國又弄得內憂外患交加。西元887年，胖子查理被罷黜，次年死在君士坦斯湖中一個小島。至此，查理曼帝國宣告瓦解。

歐德伯爵

于格・卡佩

　　此後，西法蘭克王國選擇的國王不再屬於加洛林家族，而是由歐德伯爵家族繼承，他曾在西元885年為保衛巴黎而勇敢地抵抗過諾曼第人。在之後的一個世紀裏，歐德的繼承人及禿子查理的後代在法國的王位上相繼交替出現，最強大的領主利用這一混亂時局幾乎取得獨立。西元986年，西法蘭克王羅塞臨死時，托孤于格・卡佩（Hugues

Capet），請他輔佐他的兒子路易五世，但路易五世只在位一年就死了，於是加洛林王朝正式斷絕，西法蘭克諸侯擁立于格・卡佩為王，卡佩王朝（Capetian Dynasty，西元 987〜1789 年）6 即於西元 987 年開始其八百年的統治。

加洛林王朝的經濟生活

查理曼統治時期，正是阿拉伯人控制地中海，法國南部和義大利經濟陷入低潮的時候，英吉利海峽和北海雖仍有活躍的商業，但是也已為挪威的海盜擾亂，北方的維京人和南方的回教徒幾乎封鎖法蘭西的海港，使它變成內陸的農業國家，由於商業中產階級衰落，以致於沒有人能對抗農業貴族，法蘭西封建制度因查理曼的土地賜予以及與回教戰爭的勝利而加強。

由於經濟幾乎封閉，重要的國際交易和貨幣交換遭到破壞，查理曼帝國只能忙於生產自己的衣食。但是某些人認為，這種向陸地收縮以及貿易經濟的貧乏，只不過是西方長期貧窮化的結果，其因在於阿拉伯的征服和薩克遜的海上劫掠之前，重大貿易活動早就衰落。隆巴爾（M.Lombard）更指出，加洛林王朝時期，有一些現象預示商業的即將復甦，他們提出貨幣改革的重要性，因為貨幣改革確認國王的壟斷權，並製造穆斯林世界和北歐各國都可接受的成色好的銀幣。

一方面因為薩克遜和佛里斯蘭商人經常去康托維克（Quentovic）

---

6 卡佩王朝的始祖歐德因其最初的封地是法蘭西（France），所以，後來他就自稱為「法蘭西公」，他的孫子也都沿用這個法蘭西公的封號，而今，卡佩建立卡佩王朝，法蘭西公國就一變而為「法蘭西王國」，而這也就是今天法蘭西即法國的正式起源。

和多雷斯塔（Dorestat）港口，他們沿塞納河流域而上，直至巴黎和聖但尼交易會，沿萊茵河流域而上，直至斯特拉斯堡（Strasbourg），甚至到巴塞爾（Bale）和康士坦茨（Constance），再往北，他們把在比爾卡（Birka）所購買的皮貨運到海澤比（Hedeby）販賣。海澤比是一個商業地，是一個有特色的港口村莊，有一堵牆，一些壕溝和一個柵欄保護著，這對薩克遜諸國的軍事征服以及貿易的擴張打開道路。

　　另一方面則是因為查理曼建造許多行宮，剛開始只是作為重要戰略要道上的軍事站，後來成為傳教中心和重要的商業市場，也因此來往的人數增加，此要道便是以前羅馬時代人們常走的大路，可從科隆到達多特蒙德（Dortmund）、帕德博恩（Paderborn）以及馬格德堡（Magdebourg），或穿過科爾韋（Corvey）、戈斯拉爾（Goslar）和哈爾伯施塔特（Halberstadt）；另一條路則從多特蒙德到達明斯特和奧斯納布台克，然後分成三條支路：一條通往不來梅和海澤比，一條通往明登、費爾登和漢堡，一條通往盧納堡（Lunebourg）和巴多維克（Bardowick）。所有這些陸路也像默茲河（Meuse）和萊茵河的水路一樣，似乎十分活躍，因而德國的歷史學家，尤其是普拉尼茨斷言，在查理曼時期商業的蕭條已被克服。

　　查理曼曾努力保護自由農民，使其不至於變成日益普遍的農奴，但是，貴族和環境的力量使他的努力遭到挫敗，甚至因加洛林王朝與非基督教民族戰爭，讓奴隸制度有一時興起的現象。國王自己的地產是皇家收入的主要來源，因沒收、禮物、遺產歸還、土地收回而週期地增加，為了管理這些土地，他頒佈一道異常詳盡的莊園法（Capitulare de villis），可看出他對國家收入和支出細心考察的情形，所有森林、荒地、道路、港口、地下礦產都屬國有。他對殘存的商業加以鼓勵，對市集加以保護，度量衡及物價亦有定準，關稅適度，禁止投機，道路、橋樑或修或補，在梅因斯（Mainz）建橋橫跨萊因河，水

運保持暢通，並計畫修運河以連結萊茵河和多瑙河，使黑海與北海相通。不過貨幣雖保持穩定，但因法蘭西缺少黃金和商業衰退，導致以銀鎊代替君士坦丁的金幣。

查理曼下達有關管理經營其土地的指令集，由欽差起草的關於高盧北部好幾個大地產或金庫的清單，最後就形成加洛林王朝修道院著名的拆選式登記冊，或交納年貢的人。這些登記冊明確地指出土地的範圍和對農民的稅收，開列房屋、牲畜和農具的數目，如聖日耳曼德普雷修道院（Saint-German-des-Prés）的拆選式登記冊。就德國而言有普呂姆洛爾施（Prum Lorsch）、維桑堡（Wissembourg）等修道院的拆選式登記冊。法國島至萊茵河，在法蘭克人從前定居的地方各國，每個經營單位或農場計有五百至一千公頃土地以及樹林，分為由主人直接耕種和由佃農耕種的土地，即分給一些佃農的小塊經營地，人們為了方便起見，把它叫做保留地和普通的份地。農場的中心是庭院，庭院是主人固定或臨時的居所，不管怎樣都是管理和經營的中心。庭院往往用石門關閉的一些柵欄保護著，包括主人的房屋、僕人和奴隸的住所、牲口棚、豬圈、羊舍、穀倉、酒窖和食物貯藏室，另外還有各種作坊，如打鐵舖、製革坊、縮絨坊、磨坊、壓榨坊。保留地的工作，在初期是由家庭奴隸做，這些家奴在主人的保護下生活，住在主人房屋旁邊，每天成群結隊地被帶去工作，由管家和產業官員領導。某些奴隸負責一些專門的手工業工作，如加工木材、打鐵、製革，女人則織大麻或亞麻布、羊毛呢。

然而這種依附土地的奴隸般勞動力愈變愈少，因為，在東部戰役擄獲的奴隸和在凡爾登市場上所提供的奴隸，幾乎總是再被賣往伊斯蘭國家，因此只能獲得租地的利益，租地給一些自由人或非自由人（奴隸之份地）。這種份地就是原則上給一個家庭耕種的農民經營單位，份地的名稱則有所不同，可根據產業劃分情況和地皮大小，面積也各不相同，按最初形式，它通常指一塊約十來公頃的租地。佃農積

極參加保留地的耕種，他們份地所需負擔的租金通常是實物，與土地的租金相當，而且除了上繳租金，還要負擔沉重的勞役，勞役則是根據他們的情況而有所不同。他們每週出一人做一天或數天勞役，如耕地、收割莊稼或採收葡萄。他們也必須負責運輸、警備、修理圍牆或維修房屋；奴隸的份地則要提供房樑、屋面板、木板，和做木桶用的桶皮、桶蓋。

參考書目

外文部分

L.Halphen, *Charlemagne et l'Empire carolingien* (coll.《Évolution de l'Humanité》, n° 33), 1947.

H. Fichtenau, *L'Empire carolingien* (coll. Payot), 1958.

R. Folz, *Le couronnement de Charlemagne*, 1967.

G. Pepe, *Le Moyen Age barbare en Italie* (coll. Payot), 1956.

P.Zumthor, *Charles le Chauve*, Club Francais du Livre,1957.

R. Boutruche, *Seigneurie et féodalite. Le preniser âge des liens d'homme à homme* (coll. Aubier), 2e ed., 1968, p. 59-105.

R.Latouche, *Les origines de l'céonomie occidentale* (coll.《Évolution de l'Humanité》, n° 43), 1956.

G. Tessier, *Charlemagne*, 1967.

R. Doehoerd, *Le haut Moyen Age occidental* (coll.《Nouvelle Clio》, n° 14), 1971.

Eginhard, *Vie de Charlemagne*, trad. L. Halphen (《Classirue de l'Histoire de France》), 2e éd., 1938.

Ermold la Noire, *Poème sur Louis la Pieux et épîtres au roi Pîpin*, trad. E. Faral. (《Class. Hist. De France》), 1932.

Nithard, *Histoire des fils de Louis la Pieux*, trad. Ph. Lauer (《Class. Hist. De France》), 1926.

A. Grabar, C. Nordenfalk, op. cit. P. 40. *Les Carolingien* (Dossier D. P. 5232, éd. Doc Francaise).

J. Hubert, J. Porcher, W. F. Volbach, *L'Empire carolingien*, 1968.

C. Heitz, *Architecture et liturgie à l'époque Carolingienne*, 1963.

J. Hubert, L'art préroman, 1938.

中文部分

《西洋全史（五）中古歐州（上）》，馮作民編著，燕京，民64年。

《簡明西洋中古史》，劉增泉譯，國立編譯館，民84年。

《歐洲文化史》，劉增泉譯，漢唐出版社，民88年。

《西洋中古史》，袁傳偉譯，五南圖書，民78年。

《西洋中古史》，王任光編著，國立編譯館，民71年。

《西洋文化史第三卷（中古下）》，劉景輝譯，學生書局，民71年。

《世界文明史之十二：黑暗時代與十字軍東征》，幼獅編譯部編譯，幼獅編譯部編譯，幼獅，民69年。

16

加洛林王朝時期新的入侵

加洛林王朝末期，查理曼後代子孫的內亂，再加上維京人 *1*（斯堪地納維亞人）、在匈牙利人（馬札爾人）及薩克遜人（阿拉伯人）不斷入侵，在虔誠者路易之後，帝國已無力抵抗這些襲擊，因而加速加洛林王朝的政治分裂與衰弱，這些蠻族初以劫掠為主，使加洛林王朝沿海地帶以及內陸河流域，幾乎無一處能倖免，入侵者的掠奪令歐洲蒙受苦難，但是歐洲卻能努力地支撐，這也是西方基督教王國所要面對的最後侵略。但是，由於加洛林王朝沒有能力保護人民的安全，使地方權貴紛而起，鞏固各自的勢力，蠻族侵略結束後，造成封建制度在法蘭西和義大利已成固定事實，並在英格蘭和日耳曼則在逐漸滋長。

加洛林王朝的衰弱

法蘭克王國興盛的時候，入侵者便持續不斷，鐵槌查理曾擊敗來自南方的侵略者阿拉伯人，查理曼大帝也擊退來自東方的柔然人、斯拉夫人、丹麥人（Dane）。查理曼大帝末年，丹麥人對法蘭克的侵略變本加厲，因此查理曼不得不加強北邊沿海防務，他首先在易北河北岸建立軍事重鎮漢堡（Hamburg），西元 812 年，查理曼見諾曼人的勢力太大就跟丹麥人講和，兩國暫時相安無事。加洛林王朝的衰弱或許不可避免，但帝國內部各種民族混居，擁有各自的語言、法律和傳

---

1 維京人的侵略廣闊令人震驚，他們異常靈活，能隨意掠奪、蹂躪某一地區，他們通常包圍一個守衛良好的城鎮，反而很少冒險與強大的武裝力量正面作戰，這當然因為他們只是掠奪，無需與被侵略者生死決鬥，只要能搶得所需便揚長而去，使被侵略者很難對付。從斯堪地納維亞南部到地中海，從不列顛東部到俄羅斯、黑海和君士坦丁堡，北歐人的活動包含整個歐洲沿海地區。最後更在法蘭西的諾曼第定居，也在俄羅斯地區建立基輔王國。

LES NORMANDS (ou Vikings) assiègent Paris défendu par le Comte Eude et l'Évêque Gozlin (886).

諾曼人入侵法國西部

統，都是造成帝國土崩瓦解的原因。一方面由於查理曼大帝逝世後，帝國的認同意識薄弱，這可從伯爵、公爵、侯爵或主教的認同，相對於其底下首領、一般人民群體的不認同中看出。從虔誠者路易統治結束時起，就很難徵集軍隊，更不用說要他們遠離各自的省份參加共同防禦。那些首領，甚至大領主，往往拒不聽從國王的召喚，因而造成禿子查理（Charles le Chauve）從未能在塞納河（Seine R.）的設防橋頭上保持足夠的兵力攔阻侵略。另一方面加洛林王朝軍隊的編制只考慮進攻的戰略，卻未有完善的防禦措施，騎兵部隊在統籌調度上過於消耗時間，使得集合時間拉長，嚴重妨礙時效性，因此每年只有幾個月可以進行防禦工作。此外，有名無實的海軍，更無法發揮最高的作戰攻略，尤其是侵略者是以海為家的諾曼人，再加上城市和修道院大部分皆沒有堡壘，在嚴重缺少要塞的情況下，抵禦外族侵略可說艱辛困難。再者由於居民的恐慌，一見入侵者本身釋放出來的恐怖氣勢以及極盡兇狠的屠殺，慷慨就義的熱血便被這冷血的刀刃所劃破凍僵，再也激不起澎湃的民族情操，成為俎上肉，只有任人宰割。

斯堪地納維亞人入侵

原因

我們或許可說，西方由於法蘭克諸王國和查理曼時期帝國的力量，才獲得一段長時間的休息，否則被侵擾的時間可能還要再往前推。在很長的一段時間裏，入侵者只是做一些劫掠，他們劫掠的物品包括修道院的珍寶、聖物箱、雕像、藝術品、禮拜儀式上用的傢俱等，他們並無意去佔領其他地方，只要能獲得戰利品就好，不過這種想法漸被慾念所吞噬，他們開始沿著從前日耳曼人入侵的道路，或是沿著一些很熱鬧的貿易道路進攻。

查理曼大帝駕崩以後，以海為家的諾曼人[2]（Norman，或稱North Men 北蠻人，北人）成為另一批的侵略者，由於他們來自斯堪地納維亞半島，所以，也叫他們「斯堪地納維亞人」（Scandinavians），更因他們從事海上冒險事業，乘著高大而迅速的船舶，四處劫掠，經常潛伏在海峽河口或港灣一帶，伺機搶劫來往商船或者是岸上城市，行徑野蠻，通常他們會先殺後搶再放火燒光，因此被稱為維京

---

[2] 所有的「諾曼人」（Norman）只是歐洲大陸人對北方侵略者的一種泛稱，其實，隨著他們侵入地區的不同，名稱也不同，如侵入英格蘭者，因為大部分來自丹麥，所以就被稱為「丹麥人」或「丹人」（Dane）；侵入俄羅斯者則被稱為「羅斯人」（Rus）；侵入東羅馬帝國者則被稱為「瓦朗基安人」（Varangians），為海盜之意；而侵入法蘭克西北部者，因為由法蘭克王國封為諾曼第公，便被稱為「諾曼人」。

人（Vikings，或稱海灣人），他們也是日耳曼民族的一支。

其實，據早在一世紀末，諾曼人便已在北歐出現，不過他們並未參加四至六世紀日耳曼民族的大移動，可能是因為他們的故鄉冰天雪地，因此還沒能蘊釀新的意識，待這些日耳曼民族紛紛吸收羅馬文化，成為基督教社會的一部分，定居在歐洲大陸後，他們才從這些日耳曼人中間接吸收羅馬文化，使得諾曼人的生產力發達，人口急遽增加，產生一股龐大的民族遷徙動力。直到九世紀之後，諾曼人才從丹麥往外移動，而後整個歐洲大陸就成為諾曼人的侵略目標，在西洋史上激起一股新的民族大遷徙浪潮，因此被稱為「第二次日耳曼民族大移動」。

當歐洲大陸各新興日耳曼國家，因受羅馬文明的薰染而逐漸失去殺伐精神時，以斯堪地納維亞半島為中心的諾曼人，便乘機南下歐洲大陸，擴充他們生存的空間。由於斯堪地納維亞半島氣候陰濕、土地貧瘠，多山的挪威、瑞典和多沼澤多沙的丹麥並不太適合於農業，且收穫量非常有限，因此經常鬧飢荒，再者斯堪地納維亞人的人口增加特別快，加上斯堪地納維亞人採行與其他各日耳曼民族迥然不同的「嫡長子繼承法」，使得嫡長子以外的子女，即次子以下及庶生子女都無法繼承任何財產，因此在謀生不易的情況下，海洋可以給予他們更豐富的生活機會，無數的深灣和小港口正是活動的好場所，因此他們只有到海上另尋生路。再加上維京船隻的改良——由槳與帆一起推進——船隻可以乘載四十至過百的海員與戰士，能以十海哩的時速航行，與危險機率的降低，各方面的條件都已能適合遠洋航海。所以，北歐人大都從事航海、貿易、漁業，以及海盜生涯。

不過也有人對斯堪地納維亞人入侵的原因持不同看法，他們認為斯堪地納維亞人不是因為人口過剩而進行掠奪活動，因為他們的侵犯只針對戰利品而不是土地，此外斯堪地納維亞半島也有廣闊的土地等待開墾；且並非因為夏季變冷，使他們必須尋找充滿陽光的土地，因

為這與西歐其餘地方氣候變化的情況不相符合，當然這也不是斯堪地納維亞人有意識、有組織的政治擴張運動，這可從西元 900 年左右，哈羅德（Harold）剛遷移至挪威（Norvège），其政治稍稍獲得穩固可知；丹麥（Danemark）在西元 950 年的統一，也多歸功於哈羅德才得以實現。米塞更指出，社會地位的提升以及尋求戰功、家產才是這種冒險精神（入侵）的重大刺激因素，這可從一些酋長並不受國王控制，且能各自主宰戰利品都是富有者看出，況且他們的戰功多受到歌頌，更能讓他們名利雙收。

有人亦從經濟的觀點來看入侵的原因，他們提出諾曼人是農民也是手工業者的民族，都在海德比（Hedeby）、比爾卡（Birka）、哥德蘭島（Gotland）等北方市場上出售一些鐵器、木器或皮革製品，以及他們捕獲的奴隸、捕魚的產品，這些交易通常是經由外國人進行，加洛林王朝的產品也經常到斯堪地納維亞諸國出售，如呢絨、玻璃製品、酒和鹽皆是諾曼人的主要交易物品，但是約在西元 850 年代起，可能因為波羅的海東部的道路斷絕（通往拉脫維亞－格羅比納－立陶宛和東普魯士商埠的道路），使這些交易活動有些衰落，因此才引起嚴重的經濟困難，轉為競相劫掠戰利品的行動。

入侵範圍

大致來說，丹麥人、挪威人和瑞典人都有其襲擊的地區，挪威人的襲擊地區是蘇格蘭、愛爾蘭，以及附近較小的島嶼，更遠至冰島、格陵蘭島和北美洲；丹麥人則襲擊英格蘭；丹麥人和挪威人亦在西歐沿海各地活動，自北海到直布羅陀海峽；瑞典人則採取東方路線，從波羅的海經俄羅斯各河川直抵黑海，還曾到達君士坦丁堡，只要船舶可到之處都是他們活動的範圍。

維京人根深柢固的習俗確保兵士集團的團結一致，他們祖傳的法

律在很長的時間裏都決定著武器裝備和艦隊編制，包括指揮、航行、地面進攻、戰利品分配等。他們擁有出色的作戰工具，靈巧的船隻——設有甲板的船隻，其快速而堅固約有二十來米長，只有一個桅杆和一個展開可形成長方形的大帆，能在各種海岸上停泊並能沿江河而上。這些可從挪威國王們（如奧塞伯格的墳墓）的墓穴裏得到例證。維京人的兵士擁有大矛、弓箭、木盾，有時還有金屬頭盔，除了這些傳統武器外，還有從法蘭克引入的劍。此時對法蘭克、盎格魯薩克遜或愛爾蘭世界的攻擊並沒有整體的計畫，在這一個多世紀裏，這些攻擊接連不斷，毫無規律，曾因長時間的休戰所中斷。

西元 814 年，維京海盜開始擾亂法蘭西海岸，每年夏季，維京船舶必然對法蘭西海岸地區作例行的劫掠，秋天回北方，持續達半世紀之久。西元 834 年起，丹麥人劫掠弗里斯蘭（Frise）海岸，然後劫掠安衛爾（Anvers），並沿萊茵河流域而上。西元 841 年，更強的維京人艦隊馳入塞納河，洗劫盧昂城（Rouen），西元 843 年南特城（Nantes）被毀，居民被殺者無可計數。後來維京人不再從事夏季的海盜活動，開始其遷移的活動。

西元 844 年，維京人以羅亞爾河口為基地，作更進一步的侵略加倫河（Garrone）流域、西班牙沿海地帶、塞維爾、羅亞爾河流域，使這些地區都成為其蹂躪的地方。西元 845 年，他們到達巴黎，從禿頭查理（Charles le Chauve）處獲得首次的丹麥金，共七千鎊黃金。但是他們仍然繼續進行入侵、劫掠、擄獲奴隸和修道院的珍寶，他們從塞納河上設防的瓦塞勒（Oiselles）營地出發，西元 857 年，波爾多（Bordeaux）、都爾、布魯亞（Blois）、奧爾良、普瓦泰和巴黎等地皆遭受劫掠。西元 859 年又洗劫西班牙沿海地帶，搶掠摩洛哥（Morocco）和巴利亞利群島。西元 872 年更奪取翁熱（Angers），作為侵入內地的基地，西元 880 年整個法蘭西的西部皆被劫掠，西元 885 年更東進塞納河，圍攻巴黎達兩年之久，巴黎的歐德（Eudes）伯爵領導

一場具有歷史意義的抵抗運動，但也付出很大的代價。維京人以搶劫為主，多繞過防守堅強的城鎮，以鄉村為目標，那些富有的修道院就是他們的搶奪對象。

十世紀初，法蘭克人採行以夷制夷策略，法蘭克國王——天真查理（Charles le Simple）並不像他的名字一樣天真，他了解若能與羅洛結成盟友，塞納河一帶地區便可成為阻止進一步侵略的有效屏障。西元 911 年，他將塞納河下游地區割讓給維京酋長羅洛（Rollon），後來又包括今日所謂的「諾曼第」（Normandy）。羅洛及其人民皈依基督教，成為法蘭克王的附庸，終止維京人百餘年來在西歐的侵略。

入侵結果

維京人雖然加速加洛林王朝的崩潰，但是也帶來新的血輪和活力，他們猶如過去的日耳曼人，富有吸收更高文化和適應新環境的能力。在俄羅斯、英格蘭和法蘭西，他們都很快地接受當地的語言、習慣和制度，他們在貿易和海上冒險的專精，也給歐洲帶來向外發展的新希望，他們的航海知識和造船技術也奠定以後商業復甦的基礎。

諾曼人不僅接受基督教和羅馬文化，更是文化的傳播者和熱心的傳教士，由於他們的努力，約在西元 1000 年左右，整個斯堪地納維亞半島成為基督教世界的一部分，封建制度也在這時期開始傳入。例如在西元 1282 年，丹麥貴族已能強迫國王每年召集會議一次，參與國家事務的決策。羅洛在諾曼第的統治，實際上防止法蘭西沿海地區被維京人侵略，並在羅亞爾河流域為西法蘭克國王提供有效的聯盟。維京人承襲法蘭克的文化以及語言，也保留以前的冒險精神，十一世紀產生很多最具戰鬥力的戰士、十字軍、行政人員和僧侶。維京人是那時最偉大的航海家，他們把遠洋航海的技術引入歐洲，擴展西方基督教世界的眼界。

對北方諸國來說，從波羅的海海岸至愛爾蘭海岸，從萊茵河河岸至羅亞爾河河岸，再加上匈牙利人和薩克遜人的破壞，西歐只有少數的地方沒有遭到蹂躪，城市和修道院皆被毀，信奉伊斯蘭教的西班牙也曾多次受到損害，這些破壞也使得土地的耕種受到延誤。但經濟上卻有驚人的復甦，首先是在東盎格利亞（L`East Anglia）各港口、盧昂、努瓦爾穆捷（Noirmoutiers）的市場販賣從大陸內搶來的人口，然後把他們送上船運往斯堪地納維亞的市集。日耳曼的諾曼人繼弗里斯人之後，由於查理曼的努力給他們打開進行重大貿易大門，萊茵河當時仍是一條活躍的貿易道路，在蒂爾（Tiel）與杜伊斯堡（Duisbourg）之間設有一些新的中心，諾曼人的介入使北方海上大道，從愛爾蘭至波羅的海東岸都活躍起來，又使瓦雷格人通往黑海和裏海的江河道路也活躍起來。對德國北部來說，諾曼人促進經濟繁榮而非破壞，不來梅（Breme）和弗里斯蘭（Frise）的幾個城市中心，如斯塔福任（Stavoren）的發展證明這些商業路線有新的活動。

從斯堪地納維亞半島移民至諾曼第和英國到底有多少人，一直受到爭議，在諾曼第，根據對人民地名的研究，斯堪地納維亞移民的數量可能是比較多的，從北歐籍女人的名字只佔總數的 4％可看出有很多混合婚姻，在阿弗朗香（Avranchin）和科唐坦則有不可忽視的挪威移民，這些地方從前法蘭克人的勢力就難以滲入。

西元 845 年法蘭克人在塞納河畔的第一次納貢，以及西元 865 年英國人的進貢，成為往後的一種慣例，而丹麥金的施行標示著斯堪地納維亞人入侵史第二階段開始。在法蘭克王國，國王的正式讓與，如盧昂附近地區讓與羅洛的埃普特河畔聖克萊爾條約 3（traitè de Saint-

---

3 聖克萊爾條約（西元 911 年）：一、西法蘭克王天真查理封諾曼酋長羅洛為諾曼第公，從此兩國永結盟好，不得互相侵略。二、西法蘭克王天真查理將一公主許嫁與諾

Clair-sur-Epte）和南特以及在威悉河口，在萊茵河口；另外則在英國的約克、東盎格利亞、林肯、萊斯特、諾丁漢、斯坦福和德比五皆讓與維京人。以上除了盧昂的羅洛國（諾曼第）以外，其他幾年過後便都消亡，因為他們靠首領的威望維持，一旦首領逝世後便產生繼位的糾紛，如丹麥人和挪威人之間爭鬥，為信奉基督教的諾曼第人和新異教幫派之間爭鬥。約在西元 944 年，韋塞克斯的愛德華收復約克，諾曼第公爵理查一世未成年時，法蘭克國王甚至在盧昂安插一位伯爵。

匈牙利人的入侵

東方蠻族如斯拉夫人和保加利亞人在九世紀便不斷侵擾帝國邊境，摩拉維亞人（Moravians）也不斷劫掠東法蘭克王國，馬札爾人（Les Mayars）則從十世紀起便造成日耳曼的嚴重威脅。馬札爾人可能是源自芬蘭（Peuple d`origine finnoise），起初來自北俄羅斯（La Russie du Nord），他們擴大在中亞（Arie centrale）的部族。約在西元 875 年，他們越過喀爾巴阡山（les Carpathes），定居在潘諾尼亞（Pannonie），逐出原本定居在此的農民和傳教士，獲得廣大的牧場和可耕地。西元 895 年，馬札爾人（原居住於中亞的阿爾泰語系民族）抵達匈牙利平原，加入阿瓦爾人的殘部，從西元 898 年起，他們每年都襲擊德國、高盧（Gaule）、勃艮地（la Bourgogne）和隆河（Rhone）直至卡馬格河流域和義大利（波河平原、中部山區，甚至亞得里亞海〔Adriatique〕沿岸）的鄉村、修道院。西元 900 年，他們橫掃多

曼第公。這就是諾曼第公國的起源，從此諾曼第公羅洛不但不侵略西法蘭克，反而協助西法蘭克擊退其他入侵的諾曼人。

瑙河、巴伐利亞。此後的二十年裏，襲擊所有的日耳曼地區以及亞爾薩斯和萊茵河流域的邊境地區。西元937年，他們到達法蘭西的蘭斯，他們的騎兵經過革新，馬釘上馬蹄鐵並使用馬鐙，蹂躪整個日耳曼，但掠奪直至西元955年便告結束，因為日耳曼國王鄂圖一世（Otto the Great）在利茲菲德戰役（Battle of the Lechfeld）中徹底擊潰他們。

薩克遜人入侵

薩克遜人（les Sarradins，或稱摩爾人 les Maures）的侵略最早，也為時最久，他們多半在法蘭西南部和義大利半島活動，但造成的損害較為輕微。他們是來自北非和西班牙的回教徒，與七、八世紀的回教徒祖先不同，他們以盜賊而非以征服者和殖民者的姿態出現。從七世紀開始，以北非為基地的回教海盜（Corsairs）便已不斷擾亂地中海西部海岸，在近兩個世紀的時間裏，他們在海上劫掠、從事海盜行徑和追捕奴隸，組成一個真正海上共和國，襲擊地中海基督教民族一些極重要的地區，如普羅旺斯（Provence）、拉丁姆（Latium）、坎帕尼亞（Campanie）。

他們很快深入內陸，九世紀時轉移到西地中海諸島，法蘭西和義大利從此不斷受到他們週期性的劫掠，西元827年，薩克遜人開始進攻西西里島，西元831年，西西里島便被佔領，查理曼沒有海軍，他的繼承者也無力捍衛海岸，西元846年，羅馬竟被搶劫一空，聖彼得墓地亦受到褻瀆。西元869年，他們更劫掠亞得里亞海上蒙特加爾加諾（Monte Gargano）的倫巴底（Lombard）聖殿。普羅旺斯被侵佔阻斷法蘭西和義大利之間的聯繫。在普羅旺斯，那些獵獲奴隸和戰利品的人把科西嘉島和薩丁尼亞島完全孤立，他們襲擊圖倫（Toulon）、

阿爾勒（Arles）、弗雷瑞斯（Frèjus），他們在莫爾山中設防的基地堅不可摧，從弗拉克西納托姆（Farxinetum）速戰速決地推進到阿爾斯山脈各地，直至康斯坦茨湖（Constance）沿岸。西元 900 年左右，南法蘭西的隆河三角流域、薩丁尼亞（Sardinia）和科西嘉（Corsica）兩大島也被征服，使地中海的交通全都操縱在回教徒手中。

西元 880 年，拜占庭的基督教徒再征服，攻佔塔蘭托，在教皇約翰八世的呼籲下，使羅馬避免遭受新的蹂躪，並在西元 915 年攻佔穆斯林最後一塊殖民地——加里利亞諾，但是，非洲的法蒂米德人（Fatimides）馬上在巴勒莫

阿爾卑斯山

定居並重新推動薩克遜人的入侵和海上劫掠戰，這種戰爭往往是由定居在伊利里亞群島（les de l`archipel illyrien）的斯拉夫雇傭軍進行。再次，卡拉布里亞（Calabre）、坎帕尼亞（Campanie）諸城亦被入侵，甚至在西元 932 年，熱那亞被劫掠，而使南義大利的希臘人繳納大量的貢品。值得一提的是，一些從北方商業城市來的商人和西方的新生力量對戰事也有其重要性，如在西元 982 年，鄂圖二世（Otto II）在軍艦上尋求避難，其因在阿拉伯人圍攻科森札（Cosenza），佔領馬泰拉（Matera），紮營於巴里城下，幸而有義大利基督教艦隊的援助才佔上風；西元 1003 年，在巴里前多虧威尼斯人（Venitiens）；在西元 1006 年，在雷焦（Reggio）海面上則多虧比薩人（Pisans）。

雖然最後，回教徒並沒有在義大利本土上建立正式的殖民地，但

他們還是佔領這片土地直到西元 915 年，才被拜占庭軍隊驅逐。

歐洲的變化

　　西歐的面貌由於入侵者的襲擊，從南到北都有了改變，雖然有些變化在很早以前就出現，如羅馬帝國結束時和查理曼時代，高盧東南部諸城起初全都僅靠在兵營周圍一些設防的城堡內尋求防衛，但在普羅旺斯，平原居民已向城堡後撤。但是，不可否認的，還是有很多地方因諾曼人入侵而增蓋許多良好的防禦工事。北方的人們在古城和新的販賣站周圍興建像維京人設防營地那樣的堅固防禦工事。整個法國北部和荷蘭都佈滿要塞，布魯日（Bruges）便有八百七十九個要塞、康布雷（Cambrai）有八百八十一個、朗格勒（Langres）則有八百八十七個、聖奧梅爾（Saint-Olmer）也有八百九十一個要塞，甚至連濱海的蒙特勒依（Mon-treuil-sur-Mer）修道院也有建築要塞，居民更修復斯特拉斯堡和特雷沃的羅馬城牆。同一個時期，英國也修復羅馬舊城，並用城牆圍住，在丹麥法地區建立商業中心，也在薩克遜人地區興建無數的防禦點。

　　諾曼人、匈牙利人和薩克遜人的入侵加速社會結構和管理形成的演變，新的政治秩序，便加劇地方主義的產生，我們可從一些密集的私人要塞網中看出國王的頻繁垮台、權力和職責的分散、私人戰爭的災害以及道路和江河的不安全，讓此時城堡的守護者——城堡主人的權力在此時發揮得淋漓盡致，國王無法提供身家安全時，城堡主人的捍衛給予依附者生存的保障，附庸的關係，人與人的宣誓與從屬關係增多，甚至成為一種形勢，一種慣例，在這種封建社會下，王權的行使便受到阻礙。西元 877 年禿頭查理起草瓦河畔基耶齊敕令（Quierzysur-Oise）雖然認可這一權利，但也想趁此機會掌握它。還有一個待解決的問題，即從種族或政治集團繼承的地區性封地與加洛林王朝從前的區域重疊可知，城堡主人破壞伯爵的權力，從此加洛林王朝時期管理領土的官員便消失，此情況在劫掠者襲擊之前就可能已開始緩慢的演變，但是在入侵者襲擊期間，演變卻是急遽的，「入侵」對西方封建社會的形成佔著重要的因素。

參考書目

外文部分

L. Musset, *Les invasions. Le second assaul contre l'Europe chrétienne* (coll. 《Nouvelle Clio》, n° 12 bis), 1965.

Fr. Durand, *Les Vikings* (coll. 《Que Sais-je?》, n° 1188), 1965.

A. R. Lewis, *Naval Power and Trade in the Mediterranean, A. D. 500-1100*, Princeton, 1951, et : *The Northern Seas. Shipping and Commerce in Northern Europe. A. D. 300-1100*, Princeton, 1958.

L. Musset, *Les peuples scandinaves au Moyen Ages,* 1951.

R. Boutruche, *Seigneurie...* (op. cit. P. 41), p. 167-181.

R. Latouche, Les *origines* (op. cit. P. 41).

F. Mosse, *La Saga de Grettin*, Paris, 1933.

F. Wagner, *La Saga du scalde Ejil Skallagrimasson, histoire poétique d'un Viking scandinave au Xe siecle*, 1925.

T. D. Kendrick, *Late Saxon and Viking Art*, Londres, 1949.

H. Arbman, *The Vickings*, New York, 1961.

J. Brondsted, *The Vikings*, trad. Angl., 1960.

E. Oxenstierna, *Les Vickings*, trad. francaise, Paris, 1962.

中文部分

《西洋全史（五）中古歐州（上）》，馮作民編著，燕京，民 64 年。

《簡明西洋中古史》，劉增泉譯，國立編譯館，民 84 年。

《歐洲文化史》，劉增泉譯，漢唐出版社，民 88 年。

《西洋中古史》，袁傳偉譯，五南圖書，民 78 年。

《西洋中古史》，王任光編著，國立編譯館，民 71 年。

《西洋文化史第三卷（中古下）》，劉景輝譯，學生書局，民 71 年。

《西洋中古史》，張學明譯，聯經，民 75 年。

《世界文明史之十二：黑暗時代與十字軍東征》，幼獅編譯部編譯，
幼獅，民 69 年。

17

法蘭西的復興與衰落

查理五世與其父親和祖父大不相同，他的父親和祖父是英勇的騎士，隨時準備著拔劍開戰，查理則是個學者，他的外號叫作「聰明的人」（Sage）。

查理五世的英明統治

查理五世

查理五世常在圖書館裏一待就是很長時間，他在那裏翻閱上百種收集到的手稿，他喜歡布匹、地毯、雕花傢俱、珠寶，他擴建了羅浮

中世紀羅浮宮城堡

宮，使之更為美觀——羅浮宮是菲利·奧古斯都時代開始興建的；他讓人在巴黎東部修建了聖·保羅宮和文森城堡（chateau de Vincennes）；他在塞納河右岸建立一道新的圍牆，並下令修建一座重要的堡壘——即巴士底堡壘。

但查理五世最注重的事情是確保財政狀況良好，他建立一種安全貨幣並向食鹽銷售商徵稅，此即鹽稅，這些豐厚的稅收使他有能力對英格蘭重新開戰。但查理五世本人並非是個好戰的軍事將領，然而為了實現他的軍事偉業，他幸運地找到優秀的合作者，即迪蓋斯克蘭（Duguesclin）將軍。由於他懂得如何選拔人材，使他在當政的十六年，收復了父親及祖父所失去的一切。

領土的收復者迪蓋斯克蘭

貝蘭特朗·迪蓋斯克蘭（Bertrand Duguesclin）是一位布列塔尼貴族，但家境貧窮。他勇敢而有計謀，在戰場上，他喜歡用伏兵襲擊敵人，而不進行兩軍直接對壘。在他統治的最初幾年裏，他逼迫馬賽爾過去的同謀即惡人查理（Charles le Mauvais）與查理五世和好，然

貝蘭特朗·迪蓋斯克蘭

查理五世時期的戰役

後他又到西班牙,當時西班牙有兩位兄弟正在爭奪卡斯提爾(Cas-tille)的王位,此時迪蓋斯克蘭也帶走「強盜社團」中的大部分成員,使法國脫離強盜社團的騷擾。在這些成員的幫助下,他參與這次王位的爭奪,在其協助下後來的卡斯提爾王終於獲勝。但他在西班牙隨即被逮捕,查理五世為他付出一大筆贖金。

西元1368年查理五世與英格蘭的關係又決裂,其因英國人幾次侵擾法國的西部。查理五世與英國人發生衝突,他採取不同於菲利六世及善良約翰的作戰手法,他採用突擊戰術,在作戰中騷擾敵人視線,並在敵人到來之前堅壁清野,使之得不到軍需供應。同時王室軍隊圍攻英國人在法國所佔據的城堡,並進行各個擊破。

瓦洛亞王朝的菲利六世

西元1380年,即查理五世和迪蓋斯克蘭去世之時,當時英王在法國只佔著加萊、瑟堡、不列斯特(Bresr)、波爾多(Bordeaux)和巴雍(Bayonne)等部分的領土。但不幸的是,法國的國勢那時已經精疲力竭。

查理六世

雪上加霜的是,當時法國的新國王查理六世(西元 1380～1422年)還是個孩子,權力也因而落到他的叔父們手中,叔父們政績極

查理六世

差，他們四處收取重稅，以致法國很快陷於貧窮的困境，因此不滿的情緒也四處高漲，在許多城市也發生暴動事件，不過暴動事件也很快地被殘酷地鎮壓下去。

查理六世成年以後，撤換他的叔父們，他找到幾位好的顧問進行幾項改革並將土地和官職分給他的兄弟——奧爾良公爵路易，但這項改革事業很快就停止，因為國王患了精神病（西元 1392 年）。具有王室血統的王子們此時掌握政權，各種節慶活動和大肆浪費的現象也愈演愈烈。

阿曼雅克派和勃艮地派的對立

比大肆奢侈更為嚴重的是兩位具有王室血統的王子之間的敵對：一位是國王的表兄弟——勃艮地公爵無懼的約翰（Jean Sans Peur），另一位是國王的兄弟——奧爾良的路易（Louis d'Orléons）。為了擺脫對手，約翰派人將路易謀殺，使法國爆發一場內戰。全法蘭西分成兩大派——阿曼雅克派和勃艮地派。人們稱奧爾良一派為阿曼雅克派，因為當時此派的領袖是阿曼雅

查理六世被懷疑謀殺勃艮地公爵無懼者約翰

克伯爵（Armanjac）。在巴黎由於兩派的對立，亦導致許多次大屠殺。

奧爾良和勃艮地雙方都利用掌權期間為自己謀利，雖然政府的日常工作仍有一批文官處理，但法蘭西此時是處於混亂狀態之中，因此在西元 1415 年時，英格蘭國王亨利五世重新進攻法蘭西，法蘭西已無抵抗之能力。

阿金庫爾戰敗與特魯瓦條約

西元 1415 年法軍與英軍在皮卡爾第地區，離克雷西不遠處的阿金庫爾（Azincourt）交戰，法蘭西的騎士第三次慘敗。後來被英格蘭人和查理六世的皇后伊莎貝・巴維艾爾（Isabeau de Baviere）所扶持的勃艮地公爵成為法蘭西國王，但當勃艮地公爵在蒙特洛橋（Montereau）上與王儲（即未來的查理七世）會面時，無懼的約翰竟然被暗殺（西元 1419 年）。

這次事件幾乎將法蘭西毀滅。因為皇后伊莎貝就此與英格蘭人簽

查理七世

訂災難性的特魯瓦條約（Troyes）。她剝奪其子的王位繼承權，並將自己的女兒嫁給英王亨利五世，承認亨利五世為法國王位的繼承人。更甚的是，她將法國的統治權立即轉給亨利五世，理由是查理六世已經發瘋，讓法蘭西保留自己的一切體制，但國王卻是個英格蘭人。在這個時期，查理六世去世，他的兒子在布魯日宣佈為法蘭西國王，即查理七世（西元 1422 年）。但他對圭耶訥和羅亞爾河以北的領土沒有任何權力，於是當時法蘭西分成兩部分，出現兩個國王，兩者互相指責對方為叛國者。

奧爾良之圍

十五世紀攻擊城堡戰

圍攻奧爾良

　　當然，大部分的法蘭西人痛恨英格蘭人，因為在他們眼中，英人是十足的篡位者。但英人擁有強大的軍隊，並且可以支持與依靠勃艮地公爵。無懼的約翰之子善良的菲利（Philippe le Bon）指責查理七世事先計畫蒙特洛橋的謀殺。西元 1428 年，英人已經佔領整個法蘭西北部，並進軍圍攻奧爾良城。這是法蘭西北部唯一承認查理七世為王的城市，當地的居民亦奮勇抵抗英軍，就在奧爾良居民將要投降的緊要

關頭，少女貞德的到來使法蘭西局勢為之改變。

貞德的青年時代

貞德是位農家女，西元 1412 年她出生於
洛林的多姆勒密（Domremy）鄉間。童年時
代，她目睹戰爭帶來的災難，她將英格蘭人
看成是篡位者，因為她的父母與當地人都對
查理七世效忠。

聖女貞德

貞德對宗教信仰非常虔誠，有一天她在
放牧的時候（當時她只有十三歲），看到聖
靈顯現。在以後的三年裏，她又看到過許多
次聖人和聖女，並能喊得出他們的名字：聖米歇爾（saint Michel）、
聖卡特琳娜（saint Catherine）、聖瑪格麗特（saint Maguerite）。她
聽得見他們的講話，聖人的聲音告訴她必須離開她的村莊去趕走英格
蘭人，她經過長時間地猶豫、躊躇，心想一個鄉間的貧窮女孩怎能夠
趕走英格蘭的士兵呢？終於有一天，她信心突然猛增決定出發。她花
了很大的力氣才從沃古樂爾（Vaucouleurs）附近的一個村裏的士兵那
裏弄到一匹馬、一副武器和幾名隨從。西元 1429 年 2 月，貞德和六位
武裝的男子組成的小隊出發，他們要去什農（Chinon）因為查理七世
住在這裏。

貞德的勝利

貞德努力說服查理七世相信她是遵照神的旨意行事，但查理七世
並未立即相信她，他先將貞德派到普瓦提埃，那裏有幾位神學家詢問
貞德關於顯聖的事情，神學家的意見是肯定的，於是貞德便受命帶領

聖女貞德圍攻奧爾良　　　　　查理七世接受教皇加冕

一支軍隊奔赴奧爾良。

　　她成功地進入城內（西元 1429 年 4 月），並為法軍帶來勇氣，駐軍猛烈進攻英人在城牆外築起的堡壘工事，5 月 8 日英軍不得不撤離而去。

　　解救奧爾良並未使貞德感到滿意，她立即擁戴查理七世在蘭斯的大教堂裏舉行加冕儀式，她將查理七世帶到蘭斯是其一生中最高興的時光（西元 1429 年 7 月 17 日），因為她所擁戴的國王在大教堂裏舉行接受聖油和加冕禮，如此法人從此再沒什麼可疑惑的——自特魯瓦條約以來，兩位國王之間的問題，上帝是站在查理七世這一邊，亨利六世不過是個篡權者，上帝當然不會讓篡權者勝利。

貞德的失敗

　　奇怪的是，查理七世與其周圍的人在全國一片激情振奮的氣氛中，仍然對政局保持著漠不關心的態度，他們對貞德懷疑，甚至帶有敵意。當時王室的軍隊應該趁英軍士氣低落之時，一舉擊潰英軍奪回巴黎，但人們似乎在浪費時間，因此，第一次戰鬥失敗時貞德受傷，王室的軍隊卻絲毫沒有鬥志，他們邊打邊散，後來竟自行解散（西元

1429 年 9 月）。

被帶回王宮的貞德在長達六個月的時間裏不能自由活動，後來她與幾位同伴逃走，進入貢比涅（Compiegne），此時勃艮地人正努力圍攻貢比涅，第二天她外出進城時，被勃艮地人捉住（西元 1430 年 5 月），幾個月後，勃艮地領主將她出賣給英人。

貞德案件

英人不僅想將貞德監禁，他們還要使她名譽掃地，使查理七世喪失民心。英人說她的使命只是一個謊言，她不是上帝的使者而是魔鬼派來的。人們組織一個宗教法庭審理她的案件，並宣佈貞德是邪教徒、巫婆。

英人選擇盧昂（Rouen）的宗教司鐸、巴黎大學的神學家和主教皮埃爾作為審判官。案件審理在盧昂舉行並持續六個月。法官向貞德

1431 - Jeanne d'Arc, prisonnière des Anglais à Compiègne (1430), est, après un long procès, brûlée vive à Rouen (30 Mai 1431).

聖女貞德被判火刑

長時間發問，神學家的問題複雜且充滿圈套，他們希望貞德弄錯，就可以宣佈她為邪教徒。貞德極力為自己辯護，她的表現非常平靜和靈敏，但事實上她早已被判決，最後法官宣佈她為偶像崇拜者、褻瀆神

靈者和邪教徒。

後來，皮埃爾又想出另一種可恥的辦法使貞德迷惑，他設計可怕的一幕把貞德嚇壞，又設計發誓棄絕的用語使貞德承認自己的使命並非神授。在當時貞德未能及時理解其中的意思，之後她被叛終身監禁，但很快地，貞德為自己一時的軟弱而慚愧萬分，她推翻人們使她吐露的所有供詞。法官看到她「復持異端」，她又陷入自己曾發誓棄絕的錯誤之中。天主教會在處理復持異端時，是將其送交王室法庭，王室法庭將對此人施以焚刑。後來宗教法庭將她交給英人，西元 1431 年 5 月 31 日貞德被活活燒死在盧昂。

可悲的是，法王查理七世及其身邊的人，不曾努力贖回或拯救貞德。

百年戰爭的結束

貞德的事業看來是失敗，但實際上，她卻賦予法人勇氣，沉重打擊敵人的士氣。她也使勃艮地公爵善良的菲利疏遠英人，從 1435 年起，公爵與查理七世又重歸於好，他讓出皮那爾第地區的幾座重要城市。不久，巴黎也趕走英軍，亨利六世也提出停戰的要求。

查理七世終於不再漠然，他接受更好的建議，利用停戰時期重組一支強大的軍隊。西元 1445 年他有了一支素質優良的騎兵隊，即「法令軍團」（Compagnies d'Ordommanre）。他親自任命軍官，並按期付軍餉。他從平民中選出一支弓箭隊，隊員被免除人頭稅，人們稱「自由弓箭手」即是這個意思。他還建立一支強有力的砲兵部隊——大砲能夠發射盛有火藥的發射物，此為十三世紀西班牙的回教徒所發明，最初大砲只用來固定在砲座上使用，不能移動，後來人們製造出

更輕便的砲體，即輕型長砲，人們將這種輕型砲安裝在輪子上，砲體是銅製的，拋出的彈球不再是石頭而是生鐵，同時人們發明手持的小長砲，這就是槍的雛型。

查理七世對自己的軍事力量有把握時，便重新對英軍開戰（西元1449年）。後來他佔領諾曼第，又奪回被英王佔領長達三個世紀的圭耶訥。西元1453年英人在法蘭西領土只剩加萊一地，而百年戰爭至此也告一段落。

百年戰爭後的影響愛國主義產生

經過這場戰爭的考驗，王室產業的範圍擴大，但除了物質利益之外，更有一份精神上的優勢。戰爭的災難使法蘭西的愛國主義大為發揚，即由法人所組成的國家，而這個國家的統治權不應落入異國人的手中。沒有人能比貞德在這方面的貢獻更大，貞德是一個普通的農家女，十六歲時離開自己的村莊，去解救自己的國家，她使愛國主義的情緒在法人之間普及開來。

法國經濟的重建——新貴族階層的出現

百年戰爭結束時，法國是勝利者，但也因被戰爭蹂躪致使經濟衰竭，到處都是荒廢的土地，被掠奪的村莊，在許多大城市裏，人口大量減少，巴黎街頭甚至可以見到狼。

此時法國人民需要重新從廢墟中站起來。農業的發展在查理七世時期並不理想，因為被擱置休耕多年的田地重新有收成是需要很長的時間。但工業和商業很快就恢復以前的基礎，人們開採煤礦、鐵礦、鉛礦和銅礦，呢絨業又一次蓬勃的發展。

查理七世時期最有名的商人是雅克‧科爾（Jacques Colur）。雅

克在馬賽擁有一支七艘船隻的船隊，他的船隊把朝聖者的武器、呢絨運到東方，又從東方帶回絲綢、絲絨、地毯、香料、香水，這些物品通常都是從威尼斯商人那裏買進的。同時，他在佛羅倫斯有一個絲綢作坊，在蒙帕利埃（Montpellier）有一處染布店，他在法國各地都有幅員廣大的產業，還有好幾處豪華的別墅。科爾常常借錢給查理七世，查理七世也將他視為「財政的支持者」，但科爾的富裕也引發查理七世的妒嫉，後來他突然失寵被關進監獄（西元 1451 年）。

這些富裕起來的市民常向貴族們買下戰爭中成為廢墟的莊園或封地；另有一些市民服務於國王並成為國王的財政或司法官員；同時，市民們也被授予貴族稱號。因此在傳統的貴族之外又形成一個新貴族階層。傳統貴族大都貧窮如洗，負債累累，新貴族則由官員組成，人稱「長袍貴族」，這是由於行政官員穿長袍之故，今天的法官和律師穿長袍即根源於此。

國王權力的加強

當國王重新恢復法國的國勢時，法國的王權也比歷史上任何時期都要強大。查理七世在市民階級的協助下進行統治，就如其祖先英俊菲利和查理五世那樣，身邊有很多的顧問，並形成國王的參政團。像往年一樣，法學家們希望國王做國家的主人，他們促使國王自己執政不與三級會議協商。

我們知道什麼是三級會議及會議在法王約翰被俘期間（即西元1356～1375 年）所起的作用。在這以後，國王經常召開三級會議以表決他所需要的稅收，也就是說如果沒有三級會議的同意，國王是不能收稅的。但隨著英人在法國的勢力大為削弱後，形勢則完全改觀，西元 1439 年以後查理七世不再召開三級代表會議，並且將暫時性的稅收亦宣佈為永久經常性。

此時法王設立三種主要稅收的來源，這些稅也一直是他收入的主要來源，這三種稅收引發了西元 1789 年法國大革命。這三種稅是：間接稅、鹽稅和人頭稅。間接稅是由商品銷售中所抽取的稅，鹽稅是食鹽上所徵收的稅，人頭稅是在土地和財產上徵收的貨幣稅。但人頭稅並不是每個法國人都須繳納，例如貴族、宗教神職人員和國王官員，即使這些官員是平民，他們都享有稅收豁免權。

　　由於國王擁有一支常駐軍隊，而且又有常收的稅，因此他可以對人民、神職人員和貴族的忠誠感到放心。大的附庸們有時試圖起義，但他們總是受到嚴厲的鎮壓，因此不得不服從國王。

勃艮地公爵的強大

　　但查理七世對整個王國的權力並不完整，他的權力常與勃艮地公爵的權力有所衝突。

　　勃艮地公爵封地是一塊親王采邑，即屬王室產業的一部分，由國王授給有王室血統的王子的封地。大膽的菲利（Philippe le Hardi）王子從其父善良的約翰手中繼承勃艮地公爵封地。大膽的菲利和其繼承者無懼的約翰及善良的菲利成功地透過巧妙聯姻關係使得他們的產業擴大許多。

　　十五世紀中葉，善良的菲利擁有兩大片領土——在南部有勃艮地和弗朗治公爵領地；在北部的皮卡爾第也有幾座城市，如阿爾圖瓦（Artois）、法蘭德爾（Flandre），這兩地也都是法國的領土，另外他還佔有現在比利時的一部分領土，以及今日荷蘭的一部分土地、盧森堡地區，以上幾塊與弗朗治公爵領地都是當年查理曼帝國的領土。在勃艮地與弗朗治兩大地區之中，弗朗治是當時歐洲最富裕的地區之一。那裏的土地獲得很好的開墾，呢絨業極為欣欣向榮，當時的布魯日與威尼斯都是歐洲最活躍的港口。

十五世紀上半葉，法蘭德爾還產生偉大的藝術家，例如雕塑家克羅‧斯呂特爾（Claus Sluter）、畫家約翰（Jean）和于貝爾‧凡艾克（Hubert Van Eyck），音樂家奧克蓋姆（Ockeghem）。

　　然而勃艮地的強大對查理七世來說是非常嚴重的威脅。這不僅標示著法國的分裂，而且勃艮地公爵善良的菲利還夢想著能夠佔領洛林和香檳地區，以便於把他的兩塊領地聯為一體。但查理七世則極力地阻止勃艮地公爵野心的實現，他也成功地做到了這一點，不過勃艮地問題卻在其子路易十一統治時期，也成為最棘手的問題。

・路易十一「無處不在的蜘蛛」

　　我們對路易十一了解較多，得益於路易十一的一位顧問高密那（Commines）所留下來的回憶錄。路易十一長得很醜，他的身材不

路易十一　　　　　　　　　　魯莽查理

匀稱，並有一雙瘦長而彎曲的腿。但他的生活則非常樸素，他經常穿著普通布匹所做的衣服，在出遊時也不帶豪華的儀仗隊。晚上寄宿於

平民家裏，或像路過商人一樣在小酒店裏吃飯。他雖然英勇，但卻很討厭戰爭，他認為戰爭對農民來說是場災難。他喜歡用協商解決戰爭的問題。他也常耍計謀，策劃伎倆以對付他的政敵。高密那對他非常了解，他將路易十一比喻成一隻織網的蜘蛛，並稱之為「無處不在的蜘蛛」。他所承諾的諾言並不會成為他行動的障礙，因為他可以毫無顧忌地違背諾言。有時他所策劃的陰謀過於複雜，以致於使他自己也跌進自己的陷阱和圈套裏。在失敗的最後一刻，他更顯得非常不耐煩，他的表現非常專制、暴戾甚至殘酷之至。

魯莽的查理

　　路易十一最強勁的對手是善良菲利的兒子魯莽的查理（Charles le Teneraire），查理在西元 1467～1477 年間是勃艮地的公爵。這個年輕

城堡大廳被燃燒的情形

屠殺場面

人易激怒，脾氣暴躁，性格陰沉，個性衝動，但並不懂得權謀，然而他的野心卻是很大，他想佔領阿爾薩斯、洛林和香檳區以聯結他的兩

處產業，他還想自立為王。為了達到他的目的，他支持幾位大附庸的野心，這幾位大附庸在貝雷公爵（Berry）的帶領下反抗路易十一的統治，而貝雷公爵他卻是國王的兄弟。

　　路易十一因過於孱弱而不能阻止他們的行徑，也因此先後有幾次讓步。他授予反抗者所要求的東西，如領土、津貼以及稱號等，他甚至冒很大的危險——他促使比利時的列日起義反對勃艮地公爵，然後他相信自己有足夠的聰明才智，竟然去貝洛那（Peronne）看望魯莽的查理。當時查理剛獲悉路易十一策劃那一場運動，一氣之下，查理將其人員全關進監獄，甚至想殺掉他，後來路易十一應允查理所要求的一切條件才得以解圍，路易十一也同意陪查理去列日城觀看對這個城市的懲罰——列日被火焚毀並完全變為廢墟（西元 1468 年）。不久之後，路易十一在都爾（Tours）召開一次會議，宣佈與其所應允的一切「無任何關係」。

　　為了達到自己的目的，勃艮地公爵與其姐夫英格蘭國王結成聯盟，並向英王許諾說要幫他成為法國國王。路易十一巧妙地唆使洛林公爵和瑞士人民反對勃艮地公爵魯莽的查理，同時他用重金拉攏並促使已經侵入皮那爾第地區的英人離開。失望的查理也陷入冒險舉動之中，他向瑞士進軍，然而卻在內莎泰勒湖（Nenchatel）附近的克朗松（Gransen）和莫拉（Morat）慘敗（西元 1476 年）。查理大怒，為了洗雪恥辱，他對南利城（Nanry）進行攻擊。最後他被擊退，幾天之後人們發現他那已被狼吃掉一半的屍體（西元 1477 年）。

路易十一併吞勃艮地

　　路易十一很想把勃艮地的遺產收歸己有，然而卻只獲得勃艮地及皮那爾第地區屬於勃艮地公爵的幾座城市。其他領土都被奧地利大公哈布斯堡家族的馬克西米利安（Maximilien）繼承，因為他娶了魯莽

查理的女兒為妻，於是勃艮地的大片遺產並未落入法王之手，且從法國分離出去，此包括一直都屬於法國的阿爾圖瓦（Artois）和法蘭德爾地區。但倘若路易十一將馬克西米利安的女兒娶過來，做未來的查理八世即當時王儲的妻子，法國也就可以以嫁妝的形式把阿爾圖瓦和弗朗治伯爵領地帶回。但為了更有把握起見，他想迅速地佔領這兩個地區，然而由於路易十一所設想的婚姻並沒有實現，因此法國最後也不得不將阿爾圖瓦和弗朗治伯爵領地還給馬克西米利安。

安茹家族的遺產，對路易十一而言是比較幸運的，因為他獲得了包括：緬因（Maine）、安茹（Anjou）和普羅旺斯等全部的土地。他的這份繼承領土還包括對那不勒斯王國的權利，後來的查理八世也得到了這份遺產。路易十一還從亞拉岡國王手中奪得魯西榮（Roussillon）。

路易十一亦曾對歐洲的幾個國家發生過不容忽視的影響，例如納瓦爾和薩瓦省（Savoie），這兩省的國王娶了路易十一的姊妹。米蘭和佛羅倫斯的統治者和路易十一也有聯盟的關係，此外他在瑞士招收很多的僱傭軍，因此對瑞士也有一定的影響力。

· 「恐怖國王」

路易十一整日忙於外交上的事務，對於內政則未進行重大改革，但他採取有利於工商業發展的政策，因為他需要一個富裕的法國來保證國家的稅收。他為法國引進絲綢工業和印刷業，前者來自義大利，後者來自日耳曼。此外他也發展里昂的市集與日內瓦競爭，為法國帶來可觀的外匯，他更與許多國家簽署商業貿易協定，在他的積極推動下，盧昂的批發商人開始在北海和波羅的海與弗朗治人及英人競爭，在大西洋上他們則與西班牙人競爭，在地中海上他們可以與義大利人競爭。

路易十一對其父留下的種種政治體制並未做任何的更動，但他的粗野、暴戾也使王權大為加強。在他的身邊有各種各樣的密探，例如他過去的理髮師奧立維爾（Olivier），以及王室的法官特里斯當‧萊爾密特（Tristan Lermite）等。他迫使所有的附庸都屈服於他的統治之下，把所有反對他的人一律處死，而且從不優柔寡斷。他曾將一名樞機主教關在監獄裏長達十一年之久，並強迫修士和宗教會議選他指定的候選人為主教或修道院長，更將其所任命的市長強加給各個城市，並對市民們課以重稅。他違反所有的司法條款，大肆進行獨裁關押，建立特別法庭來審判他的政敵。這種種作為讓他去世後留下一個綽號，即「法國歷史上前所未有的最恐怖的國王」。至少，全法國從未對一位國王如此屈從過。

博熱的統治

查理八世

　　西元 1483 年路易十一去世的時候將權力傳給了他的女兒安娜（Anne）及其女婿皮埃爾‧博熱（Pièrre de Beaujeu）。當時的王儲即未來的查理八世過於年幼，因而還不能執事。博熱家族的統治者為爭奪政治上的權益，不斷與一位具有王室血統的王子爭鬥，這位王子就是奧爾良‧路易，他後來繼承查理八世的王位，即路易十二。當時的王權比較強大，還能挫敗對手的

陰謀，這一點我們可以從西元 1484 年博熱在都爾召開三級會議看出來。三級代表會曾經決心要限制王權，但實際上他們卻只能服從國王的意旨，並沒有任何的力量能夠和國王對立抗爭。

博熱統治時期甚至還成功地吞併布列塔尼，布列塔尼當時是法國最後一塊獨立狀態的封地。西元 1491 年博熱家族的統治者們促使年輕的國王查理八世娶了布列塔尼的女繼承人安娜（Anne）為妻，但這次的政治聯姻卻使法國失去路易十一時期佔領的阿爾圖瓦和弗朗治伯爵（Franche-comdé）領地。不久之後，博熱家族退位，查理八世正式繼承王位，並且開始施展其政治上的改革。

至此，自卡佩王朝以來即十分強大的「封建制度」就徹底被瓦解了。在法國雖然還有三至四處的封建領地，但在這些封地上，國王也絕對的擁有收稅、徵兵，以及最後審判的權力，因此法國內部統一基本上可以說大功告成。[1] 這也導致法國王權的強大，國王也擁有一支強大的軍隊，國家富裕，愛國主義也大為發展。然而查理八世卻魯莽地參加西元 1494 年的義大利戰爭，這次戰爭對法律產生相當大的影響。

---

[1] 行政文書從前是用拉丁文寫成的，但從十五世紀中葉起，開始用法語編寫。同時，法語在羅亞爾河南部大有進展，也讓奧克語日漸萎縮。

參考書目

外文部分

La Guerre de Cent Ans (dossier D.P. 5203, éd. Doc. Francaise).

P.-C. Timbal, *La Guerre de Cent Ans vue a travers les registres du Parlement (1337-1369)*, 1961.

A. Coville, *Les premiers Valois et la Gerre de Cent Ans (Histoire de France de E. Lavisse, t. IV)*, 1902.

E. Perroy, *La Guerre de Cent Ans*, 1945.

Les villes au Moyen Age (dossier 52.70, Doc. Francaise).

J. Thiellay, *Journal d'un bourgois de Paris a la fin de la querre de Cent ans*, 1963.

P. Adam, *La vie paroissiale en France au XIVe siècle*, 1964.

18

東歐民族的入侵

斯拉夫民族（the Slavs）從羅馬帝國前期就已被知悉，但是，到西元 500 年才有這個詞的出現。其實，斯拉夫民族在四千多年以前便已出現在黑海以北，起初居於喀爾巴阡山（Carpathian Mts.）北麓，維斯杜拉河、聶斯特河（Dniester River）和南布格河（South Bug River）的發源地一帶，亦即現在的烏克蘭（Ukraine）西北部、波蘭東南部和俄屬白俄羅斯的西部之地，略呈一不規則的長方形。一世紀間，開始四處播遷，與歐洲史上的「蠻族大遷徙」同時發生，他們的活動範圍在維斯瓦河和頓河之間，北面以森林前端為界，南面以裏海沿岸領土為界，移民的程度稀疏，政治或宗教結構也很薄弱，尚無法形成有組織的國家。西元 200～500 年之間，他們也流徙到其他地區，包括中歐與東歐，即現在的俄羅斯西部，以及東南歐洲的巴爾幹地區。更在八世紀時曾一度在中歐建立以摩拉維亞（Moravian）為中心的統一帝國，但在西元 906 年被馬札爾人（the Margyars）征服，部分受東羅馬所統治，又被蒙古人征服，此後他們分為三個族群。

斯拉夫人的遷移

東斯拉夫人

為現在俄羅斯人（Russians）的祖先，原住在今日歐俄的西部，即普瑞比耶特河（Pripyat River）、布列錫納河（Brezina River）和迪斯納河（Desna River）三河的源頭，這一帶河道縱橫易於向四方發展，北可至芬蘭灣，東可至窩瓦河，南可沿聶伯河（Dnieper River）達黑海，西則可沿尼門河（Niemen River）達波蘭東疆，當時歐俄平

原的北部是芬人（Finns）的住地，不久他們向西北方面集中，定居於現在的芬蘭（Finland）和卡瑞利亞（Karelia）一帶，此地的東斯拉夫人和芬人大量通婚，成為「大俄羅斯人」（The Great Russians）的祖先。歐俄平原的南部是一片大草原，有很多北亞遊牧民族進入，如西徐亞人（Scythians）、匈奴人（Huns）、保加人（Bulgars）、阿瓦爾人（Avars）、哈札爾人（Khazars）、佩臣尼格人（Pechenegs）和古曼人（Cumans）等，十三世紀的蒙古人則是最後入侵的一支，他們曾建立欽察汗國（Kipchak Khanate）達二百五十年之久。後來東斯拉夫人分為三支，包括俄羅斯人或大俄羅斯人（the Russians）、烏克蘭人或小俄羅斯人（the Ukrainians）及白俄羅斯人（the Belorussians）。

西斯拉夫人

維斯杜拉河與萊茵河之間的北歐平原，原來全是日耳曼人（Germans）的居住地，後來有一部分日耳曼人離開奧得河河谷使斯拉夫人乘虛而入，並且更逐漸西移，一度到達今日西德的易北河流域，西元805年，查理曼大帝為了阻止斯拉夫人西進，曾在今日德國境內構築石灰牆防線。

西斯拉夫人分為四支，捷克人（the Czechs）在今捷克共和國西部，也就是波希米亞（Bohemia）和摩拉維亞兩區，合稱「捷克地方」（Czech Lands）；斯洛伐克人（the Slovaks）在捷克人的東方，語言和捷克人十分相近，九世紀間建立的「大摩拉維亞帝國」被匈牙利王國佔領，於是在馬札爾人的統治下達千年之久；波蘭人（the Poles）意謂「住在河洲平原的人」，是一批未曾離開原始發源地的部落，他們又分為波蘭尼安人（Polanians）和馬祖維安人（Mazovians）；最後一支是目前在東德境內魯薩什亞（Lusatia）和柏林一帶，約有近二十萬的溫德人或索爾伯人（the Wends），不過他們已日耳曼化。

南斯拉夫人

　　西斯拉夫人和南斯拉夫人本是同一支，中古時期東方的阿瓦爾人和馬札爾人先後侵入中歐，馬札爾人在多瑙河中游平原建立匈牙利王國，乃將斯拉夫人切為兩半，北面是西斯拉夫人南面是南斯拉夫人。南斯拉夫人分為克魯特人（the Croats）、斯洛維尼人（the Slovenes）、塞爾維亞人（the Serbs）、保加利亞人（the Bulgarians）、馬其頓人（the Macedonians）和蒙特尼哥羅人（the Montenegrins）等。

　　從羅馬帝國末期開始，斯拉夫人因為人口壓力，漸進的朝幾個方向推移，在東歐方面斯拉夫人漸漸趕走土耳其民族，因此約在西元1000年左右，在東方斯拉夫人到達裏海和亞速海。在西方，隨著日耳曼人的推進，他們也跟著推進，從波羅的海起，先與易北河，後與馬格德堡相接，走向東面切斷帕紹地區的多瑙河，他們緩慢且毫無困難地佔據廣大的領土，這是由北方部族，尤其是波希米亞人、斯拉夫人發動大量襲擊下取得。這裏的斯拉夫人與同一時期的匈牙利人一樣，是到日耳曼地區尋找戰利品（大約在西元800～1000年）。再往西，人們可以發現斯拉夫人在那些大領地上有農奴或俘虜奴隸的生活現象，但他們仍受德國統治。

　　在南方，斯拉夫人趁查士丁尼撤走巴爾幹半島前線的部隊時，發動襲擊，他們首先遠征多瑙河彼岸，多次襲擊泰薩洛尼卡和君士坦丁堡，最後定居巴爾幹半島、希臘和各諸島。此外馬其頓和北方各鄰省也被斯拉夫人佔據；據說，他們乘坐由樹幹挖成的凹形獨木舟到達那些島嶼。不過，斯拉夫人定居在希臘本土及伯羅奔尼撒半島，對中世紀遷移史上到底帶給希臘世界怎樣的影響，各方學者仍各持己見沒有共識，希臘作者反對德國斷言希臘世界完全斯拉夫化論點，阿邦指出

這個問題的複雜性和敘事來源的無說服力，一如著名的莫奈姆瓦夏紀事，不能確定日期便失去強有力的說服力；雖然君士坦丁清楚地說，希臘諸國約在西元 850 年代就已「完全斯拉夫」，但是仍難以讓人決定是否應該將其解釋成斯拉夫人的附庸國，或是受奴役的附庸國。

可確定的是，斯拉夫人在伯羅奔尼撒半島的影響在北方和南方皆有所不同，斯拉夫人在北方是以一個緊密的集團形式定居，而南方的斯拉夫人不多所以比較分散。希臘人因為入侵者的襲擊而躲在海岸，建立一些新的城市，如莫奈姆瓦夏，另有些人躲在各島，有些則躲在南方各區，或是中部和西部山區，特別是品都斯山脈，還有一些希臘人則離鄉背井，經海路到達卡拉布里亞或者是西西里島。希臘人的大逃難，使義大利南部因移民和修士定居而增強希臘文化。

移居希臘的斯拉夫人，雖然也向君士坦丁堡納貢，但並非像君士坦丁堡皇帝所認為的附庸一樣，他們有自己的種族和宗教自治，常常反叛並且猛烈抵抗皇帝的征討，而且斯拉夫人更在薩克遜人援助下襲擊佩特雷，陸續在西部及南部建立一些省，更在行政和軍事上取得進展，並且設立雅典和佩特雷大都會，改信基督教。大約在西元 900 年左右，定居在泰托斯（Taygete）山脈的兩個強大部族梅林格人（Melingues）和埃澤里特人，滿足於納貢和保持自治，斯克拉維尼亞則一直都沒有縮小。

遷移

斯拉夫人的遷移並非沒有受到阻礙，他們受到來自土耳其或者是芬蘭民族（保加利亞人和匈牙利人）遷移的限制或導向，這些民族的遷移打亂東歐的種族分佈。

· 保加利亞人

　　保加利亞人在羅馬帝國衰落時，定居在現在的俄羅斯南部大草原上——位於頓河和伏爾加河下游之間——他們是勇敢的騎兵，是拜占庭皇帝對付哥德人的長期盟友、傭兵，有時也與阿瓦爾人襲擊巴爾幹半島的城市和鄉村，甚至在西元 626 年圍攻君士坦丁堡。且在襲擊失敗後阿瓦爾人的勢力減弱之際乃趁機形成保加利亞大王國，在國王庫布拉特的統治下，王國的版圖從頓河擴大到庫班平原，但因王國的分裂以及來自東面的其他土耳其民族的襲擊，除了潘諾尼亞的阿瓦爾人、庫班河和高加索北面的哈札爾人以外，保加利亞人的遷移如同斯拉夫人，朝好幾個方向進行；一為朝東北方向遷移，他們在鄰近伏爾加河和卡瓦河匯合處的平原上建立穩固和團結的帝國，一直到西元1236 年蒙古人征服之時，此帝國即大保加利亞。從西元 800 年代起，他們便改信伊斯蘭教，並向巴格達哈里發要求一些神學家和法學家，但也肯定信奉猶太教的哈札爾帝國及其獨立性。二為朝西南方向遷移，第一個保加利亞帝國很快便在巴爾幹半島建立，西元 680 年，保加利亞人正式定居在多瑙河下游平原，在西元 800 年代，他們向南推進到愛琴海，再次威脅泰薩洛尼卡和君士坦丁堡，一個世紀之後，在西梅翁統治時期（西元 893～927 年），形成廣大的帝國，降服馬其頓、阿爾巴尼亞、塞爾維亞大部分地區直至貝爾格勒。當時保加利亞的統治使得那些省的斯克拉維尼亞人團結，甚至是某種程度上的統一。

· 馬札爾人

　　馬札爾人入侵約在西元 1000 年，他們在潘諾尼亞定居，破壞中歐斯拉夫世界政治統一的努力。另外，商人和瑞典人的襲擊和定居亦是

一個阻礙，他們從東波羅的海的基地出發，穿過森林和草原，通過伏爾加河和第聶伯河到達黑海、亞速海海岸和裏海南岸，他們和拜占庭人或穆斯林貿易，是為希臘皇帝效力的傭兵，組成一支強而有力的瓦雷格人衛隊，對西西里島的穆斯林作戰，並在西元 1050 年對義大利南部的其他諾曼第人作戰，這些東歐道路的頻繁運輸，使斯拉夫民族能向南面襲擊草原地方和君士坦丁堡。

東歐的各移民

　　經過斯拉夫人、保加利亞人、馬札爾人和阿瓦爾人的不斷遷移，東歐顯得多樣化；在斯拉夫人的世界裏，南面和東南面受草原民族的限制，北面則受波羅的海人和森林芬蘭人限制，本身更被大量外國移民分割，除了土耳其或芬蘭族群（保加利亞人和匈牙利人），還有保留拉丁語之殘餘古羅馬孤立小群體居民，如色薩利和品都斯的瓦拉幾亞人，鐵門地區多瑙河南面及蒂莫克河的羅馬尼亞人，尤其是川夕法尼亞的羅馬尼亞人。

　　這些拉丁人、日耳曼人或者是來自遙遠亞洲的入侵者，加深對斯拉夫世界的分割、並造成地方主義和分裂。其實，從入侵初期起，就已出現重大分歧，各個不同國家的政治命運又使之突顯，通常是把西部斯拉夫人與南部或巴爾幹半島的斯拉夫人區別開來，他們談不上文化或政治結構的統一，也談不上有共同的法律，因此斯拉夫世界的統一只是一種空想或者只是對該名詞的濫用而已。

草原諸帝國

　　庫班草原和俄羅斯南部的土耳其民族形成強而有力的國家，即阿瓦爾帝國；以及在伏爾加河的大保加利亞，巴爾幹半島的保加利亞帝國和哈札爾帝國。土耳其種的哈札爾人，七世紀時越過高加索進入南俄，在聶伯河和裏海之間建立起秩序井然的統治，並在窩瓦河河口，接近今日阿斯特拉堪（Astrakhan）地方建立都城伊第爾（Itil），夾在回教和基督教兩大帝國之間，他們的國王和上層階級卻信猶太教，也許是因為他們不願任何一邊構成他們的威脅，給予人民充分的信仰自由，各種信仰不同的商人也都雲集在哈札爾。哈札爾帝國蓬勃的貿易商隊最遠可達裏海或黑海，帝國也有商業城市，城市裏住有猶太人、基督教徒、穆斯林。擁有嚴格的政治組織，靠的是階級森嚴、權利至高無上的軍事貴族和對最高首領的服從，他們還學習許多波斯人的政治習俗和薩桑王朝宮廷的禮法，如可汗的宮殿便是效法美索不達米亞和泰西封的設防宮殿而造，也模仿波斯的國家概念──包括不同民族、不同語言和不同宗教。九世紀時，哈札爾的王國為土耳其種的遊牧民族所侵，政府無法再保護商道使其免於盜賊攻擊，至十世紀，哈札爾帝國逐漸陷入種族的紛爭。

　　首先與東羅馬帝國打交道的斯拉夫人是保加利亞人（Bulgarians），保加利亞人是斯拉夫人與小群亞洲入侵者保加人（Brlgar）的混血種，他們以原始的日、月、星辰為崇拜對象，以馬、狗作為牲品祭祀。保加利亞人在七世紀末期越過多瑙河，與東羅馬帝國不斷發生衝突。保加利亞帝國在宗教和政治概念效法君士坦丁堡，西元705年，保加利亞可汗第一次獲得凱撒頭銜。西元811年，保加利亞人的

可汗克魯穆（Krum）擊敗東羅馬皇帝奈斯普魯斯一世（Nicephorus I）的軍隊，奈斯普魯斯一世也陣亡，克魯穆竟以其頭蓋骨挖空後鑲以銀邊作為飲器。西元 864 年，保加利亞人的國王鮑里斯（Boris）引進羅馬神職人員，接受拉丁教會並受洗。保加利亞人徘徊於羅馬公教與希臘正教之間，最後在九世紀後期接受希臘正教，建立希臘教會，而且有獨立自主的主教，保加利亞帝國有保加利亞人、斯拉夫人、希臘人、拉丁人、日耳曼人等多種居民，保加利亞人雖然接受東方正教信仰，但是並未因此而與東羅馬帝國發展友好關係，其皇帝自稱擁有希臘人皇帝的頭銜以及羅馬的繼承權，尤其在西元 913 年西梅翁（Symeon，or Simeon I，在位，西元 893～927 年）稱自己是皇帝（Czar），更有征服君士坦丁堡的野心。十世紀後期，保加利亞王撒姆耳（Samuel）與東羅馬帝國皇帝巴茲爾二世（Basil II，在位，西元 976～1025 年）的戰況最為激烈，西元 1014 年巴茲爾二世俘虜四千至五千名保加利亞俘虜，而且將一百個俘虜中弄瞎九十九人的眼睛，另一人則只留下一隻眼睛來帶領其他人回去，撒姆耳見此情景震駭而死，巴茲爾二世因而得到「保加利亞人屠殺者」（Bulgar-Slayer）的稱號。西元 1018 年左右，東羅馬帝國征服保加利亞人。

基輔公國

從九世紀初葉以來，橫行於大西洋方面的諾曼人，亦即斯堪地納維亞人（維京人－瑞典人），很早就從斯堪地納維亞半島東下波羅的海，把他們攻擊蘇格蘭、冰島、愛爾蘭、英格蘭、日耳曼、法蘭西和西班牙的人馬和精力，撥出一些人劫掠波羅的海沿岸一帶的芬族和斯拉夫族，不久，諾曼人就從波羅的海往東進入歐洲內陸，諾曼人多半

集中在今天列寧格勒附近的拉多加湖（Ladoga）一帶，拉多加湖以北是芬族居住地，以南是斯拉夫人的居住地，芬人把諾曼人叫做「羅斯」（Ros），後來被人誤讀成 Russia，也就是今天「俄羅斯」一名的由來。

俄羅斯為東斯拉夫人建立的國家，西元 862 年左右，定居在拉多加湖的諾曼人應斯拉夫人之請，進入斯拉夫內地協助平定內亂，諾曼人的領袖羅立克（Rurik）也在此建立「俄羅斯王國」，但因人數遠比斯拉夫人少，所以反被斯拉夫人同化。西元 879 年俄羅斯王羅立克死，由其子奧列格（Olego）繼位，遷都至南方的基輔（Kiev），並且發兵統一所有的斯拉夫各部族，使廣大的俄羅斯都隸屬在他的統治之下，西元 907 年，他更發兵橫越東歐大陸，順著黑海西岸南攻君士坦丁堡，跟拜占庭帝國簽訂非常有利的通商條約，拜占庭人應允供給俄羅斯商人膳食、沐浴以及補給回航船隻，俄羅斯人則同意停留君士坦丁堡期間住在城市一個特定區域，而且向帝國官員登記，他們進城的條件是每次五十個人一組，輕裝便服，由皇帝的軍士護送，他們必須從一個特定的門才可以進城，否則他們不許進城，這表示拜占庭人多麼關心他們國民的生命和財產的安全，以防止蠻族任意滋事，也表示拜占庭人渴望得到俄羅斯人帶來的商品。

基輔日益重要，控制著波羅的海至黑海地區的貿易，並與拜占庭交易。伏拉迪密爾一世（Vladimir I，在位西元 980～1015 年）時，他排除東南方來的哈札爾人的猶太教，以及東面伏爾加來的保加人的回教，也排除羅馬教會正式接受東正教信仰，並娶東羅馬皇帝巴茲爾二世之妹安娜為妻，宣佈東方正教為國教，接受希臘文化及禮儀，下令

全國人民，不管願意不願意都得受洗。¹ 希臘的教士為伏拉迪密爾一世解說王權及其神聖的來源，以及這套理論在增進社會秩序和王朝穩固上的功用，西元 996 年更建造俄羅斯的第一座石教堂——基輔的蒂瑟教堂。西元 1000 年，在全歐洲的政治單位中，基輔俄羅斯的幅員僅次於神聖羅馬帝國，它的地位雖不怎樣鞏固——完全要看那些較小的公國對它是否忠心而定——但最低限度，它的五百萬人民已經開始聚集在一起，形成一個真正的民族。可惜十一世紀後半及十二世紀，基輔俄羅斯便衰落。

斯堪地納維亞和德國歷史學家皆強調，斯堪地納維亞移民至城市以及鄉村的重要性，並認為瓦雷格兵士兼商人在通往黑海、拜占庭的江河和便於運輸道路上所給予的貢獻，也使得基輔國獲得政治上的穩定。俄國的歷史學家卻不這麼認為，其斷言，在斯堪地納維亞人介入之前，俄羅斯就已存在著城市生活，因此城市不是來自外國的商業功績，而是對古老傳統的繼承。這可從以下之情形來說明：從西元 1951～1958 年對諾夫哥羅德（Novgorod）城市的發掘表明，在一千年後還保留斯拉夫城市特有的面貌，如木鋪面街道，大約每二十五年，人們便增加一層新的鋪面，所以已有二十八個不同的層面，以及有三層木房。諾夫哥羅德位於一個廣大農業土地的中心，人們先種黍又種黑麥，其收穫足以滿足城市的需要，城市的房屋面向一個蓋有馬廐和牛欄的庭院，城市的手工業化比商業的效用重要得多，城裏也有許多鞋匠、專業鐵匠和骨物製品商。

1　伏拉迪密爾一世要全國人民接受基督教洗禮的行動是不順利的，曾經碰到相當大的反抗，有些區域，基督教的洗禮儀式要在刀劍逼迫之下才能舉行，許多農民在好幾代裏對基督教還是不感興趣，有的仍然相信異教，他們慣於崇拜祖先和愛好狂歡的節日，不願接受任何形式的基督教，更不願接受基督教教義中謙卑與溫和的觀念。他們更受到一位名叫伏爾克維的術士之迷惑，一再騷擾基督教會。

西斯拉夫人

　　西斯拉夫人沒有在征討中產生大帝國，只有歸併一些鄰近土地的小土邦，南部和中部的土邦可能因為通往保加利亞諸城和君士坦丁堡的道路而較為繁榮；而北部，尤其是波蘭的土邦，則是在當地的資源中獲得財富，它們以另一種方式發展，不過，對拜占庭在政治和經濟方面上多少有重大影響。

　　在中歐，由一些設防軍營領袖在其統治地區建立大摩拉維亞斯拉夫王國，約在西元 900 年，這塊領土住有一些起源不同的民族，其範圍除了今日的摩拉維亞和斯洛伐克外，還一直延伸到易北河和維斯瓦河上游流域，來自薩爾茲堡的一些修士已使摩拉維亞人部分地基督教化。然而，摩拉維亞人卻希望有一定的宗教自治，因而他們的國王拉提斯拉夫於西元 862 年要求拜占庭派來傳教士，於是拜占庭皇帝選派哲學家西里爾（Cyril）去，他是君士坦丁堡主教福提奧斯的弟子之一，並且是哈札爾人的使徒。

　　摩拉維亞城市米爾庫西塞人（Milkucice）和斯塔雷梅斯托發現的貨幣、首飾和藝術品，證明其為通過多瑙河而後通過貝爾格勒、尼什（Nich）和埃迪爾內的道路，與君士坦丁堡、威尼斯貿易往來，此貿易路線在當時是十分活躍的。

　　波蘭人最初的國家在普雅斯特王朝時期，經歷長期默默無聞的開發，西元 960 年，波蘭人大公的領地以格涅茲諾設防的軍營周圍為中心，包括大波蘭庫雅維（plaines de Grande Pologne，de Cuiavie）、馬索維亞和波德拉謝低窪平原，是個土地相當貧瘠，沒有一處到達沿海地帶；其四周是日耳曼帝國、波希米亞國、基輔公國和北面所組成的

一個部族聯盟韋萊特人（Velethes）國家。墨什柯首先對波莫瑞發動攻擊，欲征服奧得河河口和維斯瓦河河口與征服科沃布熱格肥沃的菜地和大片鹽田，這一策略主要目的是奪得重大國際交通道路的海上出口，並使格涅茲諾大公與德國人、瑞典人和丹麥人聯合對付韋萊特人，然而，西波莫瑞仍未併入波蘭，這與日耳曼人亦有關係。墨什柯乃將目標轉向南方各省，並在這裏滿足他的野心，此地有聖多米爾和克拉科夫地區的斯拉夫部族，即維斯拉那人，他們曾先後歸順摩拉維亞人和捷克人，現在則歸屬波蘭人。西元 1000 年，墨什柯之子波列斯拉夫一世（992～1025 年）佔領勞西茨，西元 1002 年甚至佔領波希米亞，西元 1004～1017 年又佔領斯洛伐克和摩拉維亞。

文明的演進

　　拜占庭的開化斯拉夫人，使斯拉夫人皈依基督教，就如同古羅馬在西歐開化大群的蠻族，並使其皈依基督教是一樣的，在斯拉夫民族中首先受到拜占庭影響的是保加利亞人，由於保加利亞人沒有文字，所以皇室的墓碑銘文都必須採用希臘文，不過他們對拜占庭傳教士的來訪卻遲疑不決，因為此舉將意味拜占庭政治權力的擴張。另一個斯拉夫民族摩拉維亞人建立的強大國家，雖然想接受強鄰日耳曼人的宗教信仰，但又恐懼來自日耳曼人和教皇的侵害，乃在西元 862 年，派遣使者到拜占庭，要求派遣希臘傳教士到摩拉維亞，以他們的斯拉夫語教導摩拉維亞人民接受基督教，因此拜占庭皇帝派遣二名傳教士——西里爾（Cyril）和其弟麥叟地亞斯（Methodius）到摩拉維亞，他們被尊稱為「斯拉夫傳教之祖」（Apostles to the Slavs），他們會說斯拉夫語，並且發明一套可以書寫的字母，現在俄國人、保加利亞人、塞爾維亞人仍

在使用，被稱作「西里爾字母」（Cyrillic）。不過，由於日耳曼的壓力與教皇不願認可非拉丁語系禮拜儀式的勢力太大，所以收穫很少，幾年以後，日耳曼的傳教士與羅馬基督教在摩拉維亞得到勝利。

俄羅斯人在西元 980 年末期，其國王伏拉迪密爾一世在位期間皈依基督教，他認為舊信仰過於貧乏，在基輔社會中，教會成為一支重要的社會力量，教士成為深富影響力的新興社會階級，儘管拜占庭人堅稱對俄羅斯教會具有理論上的宗主權，儘管基輔早期的大主教多為希臘人並由拜占庭指派，但是，俄羅斯教會仍然很早就要求實際的獨立權。

俄羅斯亦採用西里爾字母，所有文學作品幾乎全是宗教性，不過，由於俄羅斯基督教崇拜儀式中的文字是以教會斯拉夫文所寫的，雖然方便傳教，卻也阻礙俄羅斯人學習希臘文或拉丁文而喪失承接西方文化遺產的機會。俄羅斯也輸入拜占庭的藝術形式，並加以模仿，特別是人像繪製、宗教壁畫、鑲嵌工藝和教堂的建築技術，基輔的聖索菲亞大教堂不但和君士坦丁堡的教堂同名，其建築的富麗堂皇也毫不遜色，從教堂到皇宮的通道上都有描寫狩獵、跳舞和音樂的壁畫，當時已有很多熟練的工匠，其中有陶匠、金飾匠、造船工匠、木雕匠、畫匠、造橋工匠和石匠。基督教會在基輔俄羅斯境內廣泛設立救濟院、學校和修道院，扮演重要的角色，修道院後來在東部遼闊邊疆的殖民地上扮演極為重要的地位——既是宗教活動的中心，又可以作為軍事防守的堡壘。

波蘭歷史學家以考古學的大量發現為依據，認為斯拉夫國家和城市的建立不完全是瑞典人干預的結果，雖然不可否認斯堪地納維亞的交易、國際貿易和波羅的海沿海地帶市集的重要性，但是可以肯定的是在平原和南方有城市誕生並拓展內地的開發，城市作為行政、軍事、宗教中心，它的命運起初與鄉村的軍營聯繫在一起，因此經濟結構和經濟活動的發展緩慢，但這不是因外國控制的結果，甚至在北

方，像奧得河河口沃林這樣的一個城市，起初也是在一座軍營的周圍形成的，另外，在北部的某些波蘭城市裏有大量斯堪地納維亞籍居民，他們北歐式帶柵欄的房屋不久便被當地式的房屋建築取代。

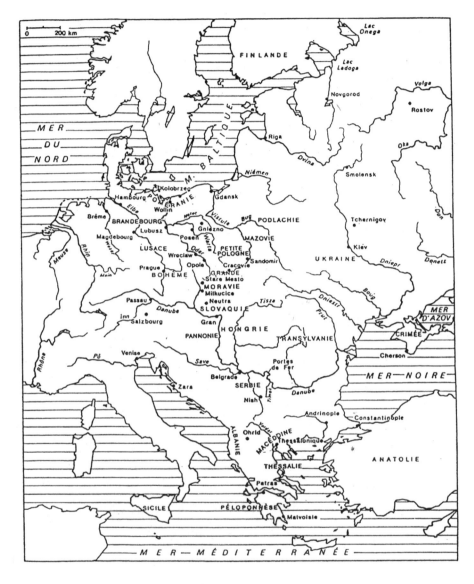

歐洲東部外族的入侵

參考書目

外文部分

R. Portal, *Les Slaves. Peuples et Nations* (coll. 《Destins du monde》), Paris, 1965, p. 30-36 et 70-81.

A. V. Artsikhovski, La ville rouse au Moyen Age, dans *Le Moyen Age,* 1959, p. 453-468.

A. Gieysztor, Aspects territoraux du premier État polonais, dans *Revue historique*, 1961. P. 357-382.

W. Hensel, *Méthodes et perspectives de recherches sur les centres ruraux et urbans chez les Slaves (VIIe-XIIIe siècles)*, Paris, 1964.

W. Hensel, L. Leciejewicz, En Pologne médiévale : l'archéologie au service de l'histoire, dans *Annales E.S.C.*, 1962.

K. Modzelewski, L'organisation 《ministériale》 en Pologne médiévale, dans *Annales E.S.C.*, 1964, p. 1125-1138.

S. H. Cross, O. P. Sherbowitz-Wetzor, *The Russian primary Chronicle (la Chronique de Nestor)*, trad. Angl., Cambridge, 1953.

P. Kovalevsky, *Atlas historique et culturel de la Russie et du monde slave*, Paris, 1961.

中文部分

《西洋全史（五）中古歐州（上）》，馮作民編著，燕京，民 64 年。

《簡明西洋中古史》，劉增泉譯，國立編譯館，民 84 年。

《歐洲文化史》，劉增泉譯，漢唐出版社，民 88 年。

《西洋中古史》，袁傳偉譯，五南圖書，民 78 年。

《西洋中古史》，王任光編著，國立編譯館，民 71 年。

《西洋文化史第三卷（中古下）》，劉景輝譯，學生書局，民 71 年。

《西洋中古史》，張學明譯，聯經，民 75 年。

《世界文明史之十二：黑暗時代與十字軍東征》，幼獅編譯部編譯，
幼獅，民 69 年。

19

領主與封建制度

「封建制度」（Feudalism）現代歷史學家用來敘述中世紀早期社會、軍事和政治組織的一種形式。封建制度是中世紀歐洲唯一的政治制度，興起於西羅馬帝國的滅亡（四、五世紀），結束於十字軍東征以後（十四、十五世紀）。中世紀時期，人們因外來入侵的威脅，建立一個新的政治和軍事體制，藉此擊退外來的襲擊，當面臨飢餓時，他們找到耕種田地的新方法，也因而大大地增加農產品的產能。封建制度是偶然發生的，並非有制度的系統規劃，只能說是為了應付環境急速變化的一種臨時性生活組織型態，依時間、地點和人之不同而異。封建制度的形成因素是在戰爭中彼此合作──領主 1（baron；英文 lord；羅馬 senior）保護他的附庸（seminiscence）及其土地，而附庸則在領主的軍隊中服役，聽從領主的命令。這些無法自衛的自由民，2 把他們的土地和勞力獻給強而有力的人以換取保護與支持，這種託付道盡他們受驚嚇的程度是無以復加。

封建制度

其實，早在日耳曼人入侵之際，便已在鄉間形成此種半獨立的經濟單位。因戰爭而失修的道路，再加上強盜造成的危險，商業凋蔽、工業沒落，國家歲收銳減，使得貧弱的政府已不能夠保護人民的生命財產安全，因此，只好尋求經濟上的自給自足。例如在義大利和高盧

1　領主有三種職權：用軍隊保衛他的封地和所屬的居民；組織當地的農業、工業和商業；在戰時效忠他的君主或國王。能夠發揮駕馭能力，組織防衛和耕種團體的人較容易成為土地的主人。
2　自由民包括貴族、教士、職業軍人、專業醫生、大部分的商人與手工藝者及農民，由於農奴的增加，使得奴隸銳減。

的城市裏，因生命財產受到威脅，貴族遷往他們的農村別墅，其佃農和士兵則住在貴族城堡的四周，修道院中的修士耕作土地，自製手工藝品，許多以前得自城市加工的製品都轉由大農莊來生產供應。農村的領主過著奢侈的生活，擁有自己的法院和軍隊，偌大的土地由半奴隸的佃農耕作。

六至九世紀，墨洛溫王朝和加洛林王朝諸王賜予他們的將軍和行政官土地，在九世紀由於加洛林王朝諸王的無能，封給各將軍和行政官的采邑竟變成世襲與半獨立的局面，且在查理曼大帝統治下，封建制度正式制度化，後來又傳到義大利和西班牙。八、九、十世紀阿拉伯人、北蠻人和馬札兒人的入侵，更加深六世紀以前日耳曼人侵入所導致的惡果。十一世紀時，威廉一世征服英國，就把封建制度從歐洲大陸帶到英國，十字軍東征時代，東方各國也相繼採行，十四世紀，封建制度推廣到斯堪地納維亞諸國，直到十五世紀火藥的發明才使騎士制度瓦解，再加上中產階級的興起而促成莊園制度的衰落。

封建制度的起源在義大利和德國，但卻在法國有最典型的發展，義大利北部或西班牙從未成熟；在西羅馬帝國，大地主從未發展出軍事或法律的獨立權，且歐洲的大半農民仍是非封建的。這也說明第一段所述——依時間、地點和人之不同而對封建制度的發展有不同的效應，雖然是同在一個歐洲大陸板塊上，也無劃一性的制度，這是應然也是必然的結果。

封建制度的發展

八世紀初期，查理馬特的統治時期，法蘭克政府的稅收極少，皇帝和貴族只能靠他們土地所生產的物品來贍養其家族和家眷，當法蘭

中世紀的武士

克人開始使用騎兵 3 時，昂貴的裝備費用和不斷地演練費用以及軍需日用品，都需要武士們具有非常富裕的經濟能力。中央護衛力量的沒落，使地方貴族或主教結合地方上的力量並組織秩序並擁有軍隊和法庭，由於入侵者常騎馬乘勢而至，所以擁有馬匹戰力的騎兵比步兵更形重要。4 查理徵募許多有能力的武士，這些武士發誓絕對忠誠於他，成為他的附庸，查理則授給每位武士一塊足夠養活自己的封地。但是，如此多的封地不可能皆由王室土地來支持，因為如此必會削弱政府的財源，因此，查理將目標轉向教會的土地，命令主教把土地授予士兵。理論上，查理雖然擁有這些教會的封地，但實際上，這些土地仍然屬於教會，只是目前受控於查理而已，比如當受封的士兵去世

3　騎兵用盔甲和盾作防護，刀劍和長矛則作武器。

4　在法國、諾曼第、英格蘭及信基督教的西班牙等地的貴族與農民之間，形成一種騎馬的騎士階級。騎士是一個移動性的堡壘，十二世紀時的騎士從頭到腳都用一種鎖子鎧，即一種連結手臂的外衣所覆蓋著，並用一種鐵盔遮住眼、鼻和嘴以外的頭部。他的腿、足也用鐵器護住，又用一種鋼盔來保護鼻子。所謂的好騎士是必須有堅忍不拔的鬥志來努力奮鬥，並且光榮的戰死，也就是死在戰場上。

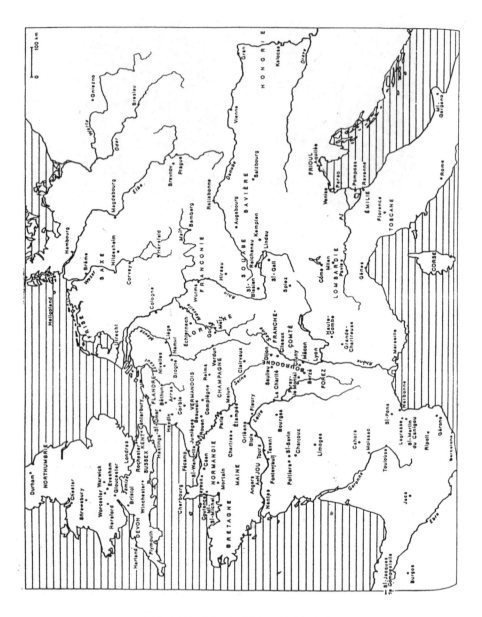

歐洲地圖（公元 900～1100 年）

時，查理便又將此封地授予另一個表現傑出的士兵。

　　九世紀混亂的局勢，造就強而有力的封建領主階級。其一，在上層，王室的權利存在著長久的衝突；其二，一些下屬人士能夠自願屈服。也就是說，在王室內戰中，統治者期望著最有戰力的武士來為他作戰，他則以王室的土地回饋，即采邑。5 但是，當一個領主為國王提供五十名騎士時，他只要從自己大量的土地中拿出少量的小采邑來換取騎士的跟隨，而自己卻可從國王那裏得到更豐厚的獎賞，如此領主的管轄權便愈加擴大，更有甚者，擁有教堂的土地者還有「豁免權」。6 因此，發展到最後，國王必須防止具有強大而有實力的領主篡奪他們的權力。發展到十世紀之後，管轄權擴散到擁有土地者的手中，即有些領主具有高級法官才有的審判權，也彰顯他們個人的威望和地位。

中世紀法國領
主相互攻伐的情形

5　采邑，在領主與附庸之間有顯著的變化，從領主可以撤回采邑使用權到兒子接管家傳采邑，直到他的子孫歸還。到了十世紀，大多數的采邑則成為世襲，長子繼承其父親的采邑，如果繼承者尚不能參加打仗，或者是一個未婚的女兒，那麼，領主有權要求某些男人保管采邑，並盡其義務，有時是由繼承者的親戚來擔任。有些則規定由領主來保護繼承人及其土地，若繼承者是男性，領主則擁有這塊采邑直到男孩達到法定年齡為止；若繼承者是女性，則領主為她尋找一個能履行義務的丈夫。而何時領主可收回采邑？則視彼此所訂定的契約條款是否不被履行，但是，一旦大部分的附庸聯合起來反對，領主也很難制裁他們。
6　豁免權即領主可以對自己管轄的土地上的人進行審判和處罰，九世紀最盛。

下層人士之所以甘心地附屬於顯要的封建領主之下，最主要的原因只不過是求取生命安全的最基本求生本能，這種最基本的人身安全需求，也只有在混亂的戰爭中才會表現得如此淋漓盡致。於是，他們順從上天的安排而各司其職，普通的自由人接受騎士保護成為農奴，有裝備和戰力的則成為騎士，這些人附屬於比他們更強大的領主之下，聽從領主的命令，領主則負責大家的生命財產安全，發展成為一個小規模的軍事體制以對付維京人的攻擊。九世紀，這種國王之下有伯爵，伯爵之下有騎士，騎士之下有農奴的金字塔式階層結構還不完整，並未包含加洛林王國，只有在西法蘭克（今法國）、洛林和法吉科尼亞的發展最為迅速。

中世紀的農村

　　典型的農奴耕作領主的土地，領主則給予他們生命的保障，只要他們按年繳納產品、勞力或金錢。農奴隨時都有可能因領主的不悅而被驅逐；農奴死後，還須經領主的同意才能將土地轉移給兒子。在法國，農奴可以放棄其土地和所有財產來解除與領主的封建契約。但在英國，農奴則沒有遷居的權利。

　　農奴必須盡的義務極繁雜，他們每年以金錢繳付三種稅，經由領主繳納人頭稅、地租、和不定期的稅；每年還要繳付給領主穀物或收成的一部分，服勞役如清理森林、清除沼澤、挖掘運河、構築堤岸等工作，有些領主一年到頭要求每個星期服三天勞役，在收成季節則是每個星期要四或五天，當有特殊的事情時更有額外的工作天數，領主卻只供給餐點完全沒有酬勞，且每戶須派一名壯丁。且使用領主的磨房、烘爐、酒房來打穀、烘麵包、

釀酒、榨葡萄時，必須向領主繳稅；在領主領地內漁獵或放牧時，也要繳稅；農奴出售他的產品時，亦須繳給領主一筆稅金；領主被俘，農奴須付贖金。領主的公子成為騎士時，農奴須送貴重的禮物；農奴

耕作及剃羊毛

中世紀的農人耕作情形

將其子弟奉獻給教會或者是讓子弟受較高的教育，導致莊園失去一個人手，農奴就須付出一筆罰鍰；若子弟結婚，必須徵得領主准許，若與不同莊園的人結婚，則須付一筆稅金，領主對農奴的新娘則有初夜權，不過，大半情況下，都批准農奴付錢給領主以贖回新娘；在某些莊園，尤其是在教會的莊園，農奴尚須繳納年稅及繼承稅，並按年繳納其收成的十分之一。

　　農奴的農舍以木頭築成，通常蓋上稻草和草皮，房子常是兩間，房裏有一個燒木頭的火爐和一個捏麵包的水槽及桌子、凳子，以及家庭用具、碗碟與以羽毛或稻草鋪成的床墊。農奴與其太太、子女和過夜的客人都雜七雜八的相互取暖睡在一起。有些時候，農民在傍晚彼此拜訪，玩戶內遊戲和飲酒，通常他們待在家裏，因為蠟燭昂貴，天

黑之後便很快上床睡覺。農奴穿布或皮做的罩衫，毛做的夾衣，穿著褲子並繫著皮帶，穿著高的鞋子和長靴。吃著日常的食物，如蛋、蔬菜和肉，農奴雖參與鄉村的社交生活，卻沒有文化的素養，更沒有閱讀能力。

莊園與耕作

封建制度，經濟基礎十分之九在農業之上，十二世紀的法國和英國，莊園裏土地的開發是按年劃分成三塊，一塊種小麥或裸麥；一塊種大麥或燕麥；另一塊則休耕，每一塊地再以未耕作的田畦分隔成一畝或半畝的長條地，再以不同分量的長條地分配給每個農夫，並依所制定的計畫來輪植作物，整個田地的耕作、耙掘、播種、整理及收成皆有賴全體的力量。每一個繳清封建稅金的農民除了有這些長條土地的權利之外，還有伐木、牧羊和在莊園林地、公地、草原上割草的權利，也可以在房子的四周圍建造花園。十一世紀以前，公牛是承載重物的好幫手，再加上牠吃的少，又能被用來當做食物，可說是最能物盡其用的牲畜，但是，到了十一世紀，由於硬領的發明，使馬拖運重

物而能不窒息，所以馬可以在一天之內像公牛一樣耕犁三次或四次，溫溫的氣候裏，耕犁的時間常被要求快速，在速度的差異下，馬逐漸取代公牛，除了旅行、打獵和作戰之外，馬又增加耕犁的辛苦工作。星期日和聖日，農民因上教堂而不用工作，到教會做彌撒，之後便是聚會或者是其他的娛樂。

領主以軍隊保衛他的封地和所屬的居民，並組織當地的農業、工業和商業，在戰時領主必須效忠他的君主或國王，一個封建領主也可能擁有數個莊園、領地。除了指派一位家臣監督所有莊園外，每個莊園可再派一位管家或執行官員。每個領地內則都築有堡壘，堡壘外圍是一條既寬且深的護城河，護城河內則高築一道防波堤，防波堤內則為整片相連的隱蔽屯營地，護城河之上則是橫跨著吊橋。

中世紀的貴族

領主通常穿著鮮麗的絲綢錦製便服，再配上一些光彩圖案，以一條寬鬆的披蓋掛在肩上，裏面穿短襯褲和外衣，襪子一直穿到股腿，再套進一雙捲曲的長靴，繫上劍鞘於腰間。領主的夫人管理著家務，當丈夫出外打仗時，她便接管莊園的軍務和經濟，並且要隨時應付突如其來的緊急戰況，如補充足夠的金錢，或是收集各種貢賦及典當她的寶物來贖回被俘的丈夫。若丈夫死了又沒有兒子繼承，她就可能變成主人。女孩則學習近百種的手藝來款待賓客以及征戰或比武回來的騎士。她們讀書認字，為聽眾朗誦抒情詩人所作的浪漫詩文。

莊園領主有時即是當地的主教或是大修道院的院長，教會的成立多半是國王和貴族捐贈土地或者是采邑，以及教士的協助，例如在都

十五世紀歐洲莊園
制度的領主女主人

爾的阿昆（Alcuin）即有兩千個采邑。大主教、主教和大修道院院長雖得到國王的獻禮，但也須向國王表示忠誠，主教或修道院院長擁有公和侯的頭銜，可以鑄錢並參與教會法庭，也必須負起軍事服役和農事的工作。

　　領主為了回報對他的效忠或者是政治上的支持，或者是在軍事上的傑出表現，便有了封臣的產生，通常是給予一塊土地連同屬於這塊土地上的農奴，但是所有權仍屬於領主，只有收益權屬於封臣。封臣是在農奴之上領主之下的地位。封臣也可以再分封采邑

中世紀貴婦

給另一個小封臣，因此，有些人可能一身擁有許多個領主的采邑，不管領主的地位有多高，也可能是另一個貴族的封臣，所有的領主又都是國王的封臣。

中世紀領主生活富裕
圖為德國波斯坦附近城堡

中世紀的修道院

　　國王是一切世俗封建領域、一切封臣和一切領主的控制者。在君權神授的世界裏，國王便是上帝的封臣，雖然在實際上是經由選舉、繼承或戰爭而得來。但是，對人民來說，國王似乎離他們太遙遠、太不真實，農奴和封臣只要對保護他們的領主效忠，就是他們生活的全部，好比中國人所說的「天高皇帝遠」。再者，國王雖然是貴族中的第一位，但是，權力只限制於在自己土地上的一位封建領主而已，且在軍事和外交上還要仰賴封臣的幫忙，多半時候，國王都要防止領主蓄意佔領，甚至搶奪王位。簡單地說，當國王有強大的權勢財力時，便能呼風喚雨，控制封臣；但是，一旦繼承的國王懦弱無能，又無實權時，便只是個傀儡，隨時都會被毒死遜位。

領主與附庸的關係

　　封建制度一開始的彼此合作，乃為了抵禦維京人襲擊，因此附庸

處於被領主完全控制，附庸隨時有可能被領主調入軍隊中，毫無限度的為其領主的軍事效勞。隨著時間的演進，附庸對領主的徵召有了選擇性，當領主的采邑受到侵犯時，附庸便服從他的支配，直到將敵人趕走；當領主欲掠奪鄰國的土地時，附庸則可能不履行這種義務。[7]在不同的領主保護下，有些附庸在一年中必須用四十天的時間參與進攻性作戰；有些附庸則必須自備食糧及耕作用具為領主服勞役四十

中世紀武士決鬥

天，如果領主提供糧食和耕馬飼料，便再服勞役四十天；有些附庸的勞役時間則只有十天，或者更少。

當世襲采邑發展時，救濟成為一種封建的義務，救濟品在領主死後是要給予的，到了十一世紀，只有當一個繼承人繼承采邑時才能提出要求。這救濟品多半是軍事裝備──武器和盔甲，十二世紀則演變成支付金錢。但是，當一個領主需要額外的財力時，也會向他的附庸尋求援助。當領主要舉行隆重的慶祝活動時，如大兒子被封為騎士，或大女兒結婚，附庸都要為此納貢。有時候，領主計畫進行一項社會運動，如建造一座新的城堡，或是做超出他所能承受的範圍時，亦需要附庸的援助。

---

7 即領主要發起一次征伐時，領主必須在法庭上徵求附庸們的意見，就連領主在為自己或為兒女挑選結婚對象時，也要徵求附庸們的意見，一個領主考慮有關采邑利益的任何問題時，徵求附庸的意見，已成為一種慣例。就如同修道院規章中所規定的，大凡修道院院長在執行對全體修道士有益的任何事情之前，亦要直接聽取修道士的意見一樣。

一個附庸的義務在封建關係中受到誓盟的約束，必須忠誠於他的領主，不能背叛其領主。附庸若打傷或殺死領主，或勾引領主的妻子或長女，是犯了最嚴重的罪行。另一方面，領主對附庸負有重要的責任，必須保護附庸及附庸的采邑不受外來敵人傷害的義務；在法庭上，領主亦被約束要公正，當一個附庸要求當著每個附庸的面說出領主虐待他，領主必須准許，若領主不能履行這種責任，附庸便能公開反抗，更可以宣佈不再是他的附庸，而帶走一塊采邑，當然，若領主不許，戰爭便於焉展開。

領主與附庸的關係隨著時間的積累，問題也跟著產生，當一個附庸依附於一個領主時，所負的義務是簡單的，但是，當一個男人接受妻子的嫁妝所帶來的土地時，他亦成為他的妻子所屬家族首領的附庸，當他的兒子去外地繼承其母親的嫁妝時，也同時會得到父親的一塊采邑。當其兒子所屬的不同領主彼此發生戰爭時，也只能盡其必盡的義務。這些不一而足的情況可說是屢見不鮮，也成為混亂局面的火藥庫，更增添封建制度的複雜性。在十二世紀，最為顯要的領主兼附庸為香檳伯爵（法蘭西國王）、安茹伯爵、勃艮地公爵、神聖羅馬皇帝、蘭斯、桑斯大主教、朗格勒、夏龍、奧頓和奧克西爾主教的附庸。當安茹伯爵佔有布盧瓦伯爵的土地時，除了要對法蘭西國王效忠外，亦必須為布盧瓦伯爵效勞，因而當法蘭西國王和布盧瓦伯爵發生戰爭時，安茹伯爵便要親自為法蘭西國王效勞，並且另外派出小部分的騎士為布盧瓦伯爵效勞。

高盧境內尤其明顯，加洛林王朝的子孫為了贏取或示酬於封臣，不斷地分割帝國，此外主教把采邑再分封，還有北蠻人的掠奪，因此到了十、十一世紀，法蘭西國王的領地已小的無法稱雄於封臣領主，國王不能像以前一樣參與封臣對領土的裁決、差遣部下徵稅，以及阻止封臣獨立訂立條約或宣戰。在這種多頭領主控制之下，長此以往便分散整體性，再加上商業經濟的發展所需要的安定和十字軍東征、百

年戰爭、玫瑰戰爭、宗教戰爭等促使領主的私鬥或公開性戰爭，使得一些商人和漸興的城市供應給國王金錢並要求國王能限制私人的法律；在教皇方面，也認為和專制君主交易，遠比和分散、目無法紀的貴族交易來得容易些，有了這兩股勢力的支持，國王的權勢漸漸回復，交通的進步和金錢的流通，使國王有正常日豐的稅收以維持較大的皇室軍隊。到了十三世紀末葉，美男子菲力普的權力便能駕馭他的封臣和教會。

　　領主亦常透過家族親戚關係增強自己的實力，透過這種政治活動組織，來延續一個家族在政治上的生命力，例如克萊爾（Clare）家族得到亨利一世國王的恩寵，並得到十二世紀早期在英格蘭最有勢力的地位，一百年之後，此家族成了反抗約翰國王的中心力量。

封建制度的生活

　　在封建政制中，法官和執行人都目不識丁，因此習慣法便成為法律的主要來源，雖然國王或領主可頒佈命令，但卻不是法律，而且，當此種命令超出共認的習慣時，便會受到抵抗。理論上，只有國王才有完的所有權，就算是最高的貴族也只是一位佃戶，必須藉由服役才能獲得保留權。封建財產法有三種土地佔有方式：私有地，完全無條件的佔有；采邑，土地是由服役於貴族而來，並沒有所有權，所有權仍屬於其領主；由佃農或農奴以付租稅的方式保有土地。莊園法庭可以解決佃農之間或佃農與地主間的紛爭，所有原告和被告都要關起來，直到宣判為止；領主與封臣或領主之間的衝突則必須由有貴族頭銜的人解決，場所是在貴族的大廳上討論；神職人員的案件則由主教法庭處理；皇家法庭則是由全國貴族所組成的最高法庭，有時由國王

宴會　　　　　　　　　　　　　貴族出遊

親自出庭處理案件。決鬥裁判法的使用在當時是盛行的，但農奴不可以挑戰自由人，卑賤者不可以挑戰高位者，私生子不可以控訴有法定身分者，也就是說，人只可以控告與自己相同階級的人。女人、教士和身體殘缺的人可以免受挑戰，但可以挑選「鬥士」代表他們。雖然如此，在十世紀時，一位健全的人亦可僱用職業鬥士來代替，但似乎必須是個有權勢的人才行，如鄂圖一世僱用鬥士接受那些懷疑他女兒是否貞節以及某些財產的繼承是否合法的挑戰；外交使節也經常僱用鬥士以便解決外交爭端之需。

　　封建社會下的家庭，男人要負的基本義務就是打仗，因此，孩子七、八歲時就把他交給父親的領主或者是親戚教育，以免受到父母的縱容，使得他軟弱無能，之後，還要當幾年城堡夫人的侍童，也藉此機會學到演奏樂器或唱歌之類的才能。到了十四、十五歲時，他成為一個領主的侍從，必須照顧戰馬、擦亮盔甲和餐桌服務。到了二十歲時，必須通過訓練被認為有用者，才發予武器、盔甲和坐騎，成為一名騎士。[8] 為了生活，打仗成為他們終生的職業和愛好。騎士接受教

貴族的嘉年華

堂的基本教條，亦照規定的禮儀形式，並根據他的財產給宗教團體物品或捐款，有時甚至會朝聖或加入十字軍，建造教堂更是一種必然的傳承。十一世紀時，騎士得到的享受物品略多於耕種他的土地的農民，雖然有充足的食物，但種類極為單調和農民無異，羊毛製的衣服亦如同農民般的粗糙。大部分的中古騎士都輕視知識，只有義大利和拜占庭帝國的騎士才有作學問的傳統。

築城修堡是中古戰爭中極為普遍和主要的防衛，戰敗的軍隊可以

8 對於騎士的定義是多面的，因騎士在不同地區和不同時間的趨使之下，呈現不同的面貌與地位。在德國，騎士常常是農奴，與其他家庭的僕人沒有區別，騎士生活在領主身邊時，亦與服軍役當步兵的富裕自由農民沒有區別，在弗朗德勒、香檳和諾曼第的農奴騎士，僅僅過著一種奴隸生活；但在一些靠近南方的省份中，如弗雷和馬科納，騎士有自己的封建財產、遺產、采邑和自由地。在法國，從西元 1000 年開始，牧師向騎士教授神聖軍人的典範和伯爵的品德典範；在西元 1100 年的德國，十字軍的騎士隊亦受此倡議而獲得成功，於是騎士成為上帝的戰士，並在皇帝與教皇的衝突中得到更高行政職權，參與了開發德國的東部土地，因而越來越富有。大體來說，騎士是為領主服役的士兵，而不是貴族。

暫避於莊園城牆之內，若再失守，便退至堡中的主塔；至於戰船則保
留古代的形式，甲板上沒有戰塔，全船由平民或者是船奴推進，為了
防止水和空氣的侵蝕，中古時期的船匠和藝匠在船艙外表塗上瀝青，
又用臘混以白色、朱紅色、深藍色的顏料裝飾船；並在船首、船尾雕
刻人像、野獸和神像。

　　封建領主則在家中享樂，有時到小教堂聽彌撒音樂，有時外出處
理事務，更常時候是狩獵，而狩獵更有一種方式是提供給女人的——
放鷹獵鳥。雖說封建社會的法律標示著所有自由人是平等的，但是，
實際上，王室官員常常對那些貴族罪行的指控不予理會，除非受害者

十三世紀的修女與窮人

中世紀城堡

中世紀義大利米蘭
（領主的住宅）

是顯要的人提出控訴，才會執行
法律。

　　婦女因為不會打仗，從封建
早期的習慣，即被認為是次要的
人，教會亦主張妻子應從屬於他
的丈夫，婦女一生要受男人的保
護，婚前受其父親的保護，婚後
為丈夫，若丈夫先去世，則須受

其領主或是長子的保護。

　　總括來說，封建制度在不同的國家便有迥然不同的演變方式。但這些社會都有一些傳統封建制度的共同特徵，即個人的依附、保護、被保護。

中世紀時期的法蘭西風光
圖為法國的安息古城，仍維持中
世紀的建築風格

萊茵河兩岸山頂上的中世紀城堡

參考書目

外文部分

R. Boutruche, *Seigneurie et Féodalité. Le premier âge des liens d'homme à homme*, I (coll. Aubier), 2e éd., 1968.

M. Bloch, *La société féodale* (coll. 《Évolution de l'Humanité》, n° 34 et 34 bis), 2 vol., 1939-1940.

F.-L. Ganshof, *Qu'est-ce que la Féodalité ?*, Bruxelles, 3e éd., 1957.

L. Genicot, La noblesse au Moyen Age dans l'ancienne 《Francie》, dans *Annales E.S.C.*, 1962, p. 1-22.

J.-F. Lemarignier, *Le gouvernement royal au temps des premiers Capétiens (987-1108)*, 1965.

E. Pontieri, *Tra i Normanni nell' Italia meridioale*, Naples, 1948.

D. C. Douglas, *William the Conqueroe : the Norman impact upon England*, Londres, 1964.

M. de Boüard, *Guillaume le Conquérant* (coll. 《Que sais-je ? 》, n° 799), 1958.

F. M. Stenton, *The First Century of EnglishFeudalism 1066-1166*, 2e éd., Oxford-New York, 1961.

R. Folz, *La naissance du Saint-Empire*, 1967.

F. Lot, R. Fawtier, *Histoire des institutions françaises au Moyen Age*, t. I : *Institutions seigneuriales*, 1957.

G. Fourquin, *Seigneurie et féodalité au Moyen Age* (coll. 《Sup-L'histori-en》), 1970.

J. F. Fino, *Fortersses de la France médiévale*, Paris, 1967.

Le château fort (dossier D. P. 5253 ； éd. Doc. Française).

中文部分

《西洋全史（六）中古歐州（下）》，馮作民編著，燕京，民 64 年。

《簡明西洋中古史》，劉增泉譯，國立編譯館，民 84 年。

《歐洲文化史》，劉增泉譯，漢唐出版社，民 88 年。

《西洋中古史》，袁傳偉譯，五南圖書，民 78 年。

《西洋中古史》，王任光編著，國立編譯館，民 71 年。

《西洋文化史第三卷（中古下）》，劉景輝譯，學生書局，民 71 年。

《西洋中古史》，張學明譯，聯經，民 75 年。

《世界文明史之十二：黑暗時代與十字軍東征》，幼獅編譯部編譯，幼獅，民 69 年。

20

教會改革

基督教（Christianity）創始於一世紀，先流傳於窮人與下層社會，最後才擴展到受過教育的人和中產階級、上層階級。在二世紀及三世紀，基督教因快速的發展而遭受到迫害。[1] 基督教只承認唯一的真神，為一神教，這種信仰牴觸羅馬帝國的政策，羅馬帝國信奉多神教，對其他宗教並無嚴格限制，皇帝被視為神明以維持帝國的一統和增加人民對帝國的向心力，在帝國衰退時，更是必要的措施。但是，基督徒拒絕崇拜羅馬皇帝為神，不接受羅馬帝國的宗教，又不斷地擴張因而遭致嚴重的迫害。基督徒在羅馬帝國的迫害下不但不畏懼，愈挫愈勇，那可歌可泣的殉教精神獲得更多人支持使信教者與日俱增。西元 380 年，狄奧多西皇帝定基督教為國教，禁止其他異教。基督教至此大放光芒，不但在往後的世紀裏揮灑著祂的愛、恨、情、仇，更成為世界性的宗教。

羅馬教會的起源與發展

剛開始的基督教以平等主義為宗旨，認為所有人類都是上帝的子女，所以排斥一切階級觀念，僅以使徒為中心的集合講道模式行之，但是，基督教擴大勢力之後，便產生教士與俗人的區別，之後漸有教會的組織，即設置祭司、主教（Bishoop）等教職，專門負責處理有關教徒和傳教事務。後來因教會的數量無限制的增加，導致必須仿照羅

---

[1] 自尼祿皇帝在西元 64 年對基督教採取的迫害政策，到西元 313 年君士坦丁大帝頒佈米蘭詔令（Edict of Milan）為止，約有二百五十年受到羅馬帝國的迫害。米蘭詔令給予基督教合法宗教的地位，在法律上享有和羅馬帝國國教同等的自由，基督徒則享有法律保障的權利。

馬帝國的政治制度，訂定嚴密而一統的羅馬教會組織制度，把全羅馬帝國劃分成無數的教區；又以市為單位設主教，由主教統轄教區內的各教職；在各地方首府設大主教，由大主教統轄區內設各主教，其中又以羅馬、君士坦丁堡、亞歷山大、耶路撒冷、安提阿被視為羅馬帝國基督教的五大聖地。因為這五大聖地的大主教具有無上的宗教威權，被稱為「總主教」（Patriarch）；羅馬教會除了為西方世界首屈一指的千年古都之外，又因是從耶穌手中得到開啟天堂鑰匙的十二使徒首席──彼得所開創，自然成為全基督教界的首都。在羅馬教會組織制度中，大主教有任命主教之權；主教則有任命所屬各教士出任神職之權；遇有宗教上的重大事務時，就召開宗教會議（council）解決，透過宗教會議，羅馬大主教漸擴張其權力，地位更加崇高。

　　當日耳曼蠻族入侵整個羅馬帝國領土之際，羅馬皇帝對日耳曼蠻族既不能抵抗又無法安撫，帝國的威權蕩然無存；相反地，羅馬教會的幾個大主教卻能解救人民的苦難與戰禍。尤其是在西羅馬帝國沒落後，整個歐洲社會失去羅馬的政治保護而陷入黑暗時代，這時只有羅馬

中世紀的隱修院

教會為唯一的救贖大道，因而羅馬總主教被正式稱為教皇 2（Pope）。如在西元401年，羅馬皇帝對於西哥德的入侵束手無策，只是死守著拉韋納宮內，教皇英諾森一世便向阿拉力克勸諫，使得羅馬人少受很多災難；西元452年，匈奴王阿提拉入侵義大利，欲南侵羅馬城時，羅馬教皇李奧一世亦說服阿提拉，又使羅馬城免除一場大浩劫，羅馬教皇與羅

2　一教皇（Pope）本是「爸爸」的意思，一開始是用來尊稱各城的主教或大主教，後來由於羅馬大主教受到特別的尊重，「教皇」（Pope）就成為羅馬大主教的專稱。

馬教會的貢獻，不僅得到羅馬人民的信任，更凌駕於羅馬帝國的威權之上，成為此一黑暗時期的最高領導者。

苦行之風始於三世紀，禁慾主義運動風行於東方各國，這種禁慾主義的中心思想是崇尚貞節、斷絕一切物慾和情慾，曾存在初期基督教的教義中，後來，因基督教勢力的擴張而分裂成兩大派，一派為既信仰基督教又過著普通人生活的教徒；另一派則厭棄現實社會的一切事物，嚴守基督教清規，進入深山苦行，修道院於焉產生。希臘人聖巴西耳倡導修士（修會的教士稱為修士，Monk）組成共同的生活、遵守會規和從事勞動生產的修會，約在西元 363 年，在希臘東北部的阿佐斯山（Mt. Athos）建立第一座聖巴西耳修會，為東方教會的修會；西方則在西元 520 年，由義大利修士聖本篤（St. Benedict）創立本篤會（Benedictines）。

九、十世紀，西歐中心地帶的教會腐敗和混亂到達頂點，在復興基督教會制度後，才把教會提昇到一個更高的精神層面，因而在十二、十三世紀時對當時的文化發揮支配的作用。

羅馬教皇權的極盛

歐洲社會在整個黑暗時代混亂不堪、人心紛亂，幸而此時的羅馬教廷出了很多德高望重、有膽識的教皇，成為維繫世道人心的安定力量。奠定羅馬教皇權基礎者即第一位教皇，在西元 452 年說服匈奴王阿提拉不要入侵羅馬的李奧一世。而格列哥里一世（Gregoriusl，在位西元 590～604 年）時代，更特別努力伸張教皇權。但是，人的通病便是「慾」念，一旦嚐到權力、奢華的甜頭，又豈能讓它溜走，名為耶穌的信奉者每天在上帝之前禱告懺悔，也逃不過世俗的貪、嗔、癡。

一方面，羅馬教皇的繼任者不可能每位都能有智慧的處理教務；再加上羅馬教皇這個崇高的地位，讓教徒覬覦，一旦被有野心的人繼任，羅馬教皇的清譽也就毀壞，人們便不再對其崇敬，羅馬教廷的縱慾享樂也侵蝕前人辛苦建立的基石。

格列哥里一世的貢獻

　　西元 573 年的羅馬雖然名義上由東羅馬帝國統治，但是，當時查士丁尼已經駕崩，東羅馬帝國正與波斯帝國陷於苦戰之中，根本就沒有兵力防止倫巴底人侵襲，使羅馬人民受著戰爭的苦難。此時，出生於貴族世家的格列哥里一世以羅馬市長及元老院議長的身分為羅馬人民解除此一危難，但名望如日中天的他卻選擇聖本篤派的修道院當苦行僧，此一舉動更轟動全羅馬，得到更多人的愛戴。西元 590 年，教皇披雷傑二世（Pelagius）得瘟疫去世，格列哥里一世以其聲望，順理成章的被東羅馬皇帝任命為新教皇。新教皇一上任便積極派遣傳教士到各異教地區傳佈羅馬正教，並設立羅馬教會的分會，奠定「教會政治」的基礎。格列哥里一世不僅使倫巴底女王狄奧多琳坦皈依羅馬公教，更使倫巴底人逐漸改宗為羅馬公教，使得被倫巴底人征服的義大利半島成為羅馬教會的勢力範圍；西元 596 年，法蘭克王克洛維改信羅馬公教，也影響法蘭克族的改宗羅馬公教。最偉大的傳教成就在不列顛，奧古斯丁教團不畏艱難，使肯特王國的臣民陸續皈依羅馬公教，盎格魯薩克遜人的改宗是歐洲基督教史上的一件大事，它突破有無羅馬文化的界限，開啟了基督教向異民族傳教的宗教征服序幕。不久，基督教更渡海傳佈至斯堪地納維亞半島。

東西教會因偶像崇拜的爭論而分裂

　　基督教教會因東西兩羅馬帝國的分裂，已有區域性的不合，五世紀以後，西方由於西羅馬帝國的崩潰，羅馬大主教成為教皇，領導西方各教會，使用拉丁語文，形成「拉丁教會」，羅馬教廷去除帝王的羈絆，儼然是義大利半島上的獨立政權；東方則由東羅馬帝國皇帝領導東方教會，政教合一，使用希臘文。七世紀阿拉伯人崛起，佔領亞歷山大、安提阿、耶路撒冷等羅馬帝國的五大教區之三大教區，使君士坦丁堡和羅馬各據東西兩方互別苗頭。

　　基督教原本禁拜偶像，但由於在傳教的時候很空洞，無法使教民有實質的崇拜對象，也無法順利地促使教徒熱衷，因此，基督教傳教士便把基督、聖母、使徒、殉教聖者的畫像掛在教會牆上，讓教徒對這些畫像和偶像焚香並頂禮膜拜，久而久之，各地方的教會都佈滿畫像和偶像，已與多神教無異，這樣的儀式因而成為回教徒嘲笑和利用的把柄，且發生在東方的基督教會裏。每當回教大軍攻陷敘利亞、巴勒斯坦、埃及時，回教徒必定衝進教堂去破壞基督、聖母、使徒等的畫像，以表示唯一真神阿拉的偉大和勝利；當回教大軍攻下小亞細亞的以得撒時，便佔據以得撒聖像，[3] 東羅馬帝國為贖回以得撒聖像，

3　「以得撒聖像」，乃是小亞細亞的以得撒王保護耶穌，使其逃過猶太人的迫害，耶穌便以一幅畫有自己面像的白布贈予以得撒王作為紀念，經過五百年之後被尋獲，放置於以得撒城。當波斯王國於西元 542 年入侵以得撒時，主教手捧著這張基督聖像於城牆上，守軍便為之勇猛百倍，因而打退波斯軍的攻擊，「以得撒聖像」成為天物，被教徒膜拜，各城市更前來臨摹並帶回城鎮作為自己的守護神像。

使其不受回教徒的侮辱，便用一萬二千鎊白銀和兩百名回教徒戰俘交換，此舉引發該不該崇拜偶像的爭論。

東羅馬帝國在李奧三世時代（在位西元717～741年）還能有一番新氣象，打退回教大軍的攻擊，李奧三世為了重振東羅馬帝國的聲威，決心革除基督教崇拜偶像的積病，於西元726年頒佈「偶像崇拜禁止令」，命令所有基督教會不得崇拜畫像或偶像；所有基督教會必須立即毀壞所有的畫像或偶像。此命令引起大規模的流血衝突，教民湧向君士坦丁堡展開攻擊，軍隊也毫不猶豫的對教民屠殺，可見李奧三世的徹底決心。如此看來，身在西方的基督教徒是幸運的，羅馬教廷雖然亦收到東羅馬帝國李奧三世以統治者自居所頒佈的禁止偶像詔令，但是，當時的羅馬教皇格列哥里二世（在位西元715～731年）並未理睬，並且還寫信給李奧三世，痛陳其禁止崇拜偶像的非法，若有必要，教廷便以神賜之法力宣佈任何帝王破門，以護其教權。

李奧三世派駐義大利總督破壞境內的教會畫像，反遭教徒組織軍逐出義大利，因此李奧三世雖履次派兵西去義大利平亂，但仍無所進展，教皇格列哥里三世（在位西元731～741年）便於西元732年在羅馬召開宗教會議，宣佈東羅馬皇帝李奧三世與希臘教會破門罪。羅馬帝國東西兩教會因此分裂為：東方的各基督教信奉「希臘正教」，以東羅馬皇帝為政教領袖；西方各基督教會則信奉「羅馬公教」或「拉丁教會」，以羅馬教皇為政教領袖。雖然東羅馬皇帝在西元842年解除崇拜偶像的禁令，但仍因種種政治因素而無法復合，不過還有外交的往來，其實東西兩教會的真正完全分裂是在西元1054年。

皇帝和教皇的威權之爭

　　羅馬教皇雖然掌握整個西方教會的宗教大權，但是其地位仍與各帝王相等，皇帝必須得到羅馬教皇的允許才能即位；羅馬教皇也須得到皇帝的承認才能即位為教皇，顯示當時的西方勢力錯綜複雜，帝王和教皇皆無法獨當一面掌控西方各地，必須結合彼此的力量獲取各自的利益，就好比法蘭克王矮子丕平（Pepin the Short，在位西元751～768年）為了取得王位便先使全日耳曼人都改宗基督教，擴大羅馬教廷的威權，尊羅馬教皇為宗教領袖，得到教皇查克里亞斯（Saint Zacharias）的支持而取得王位，推翻墨洛溫王朝（the Merovingians），成為加洛林王朝的第一位君主，後來更尊稱羅馬教皇為「天下主教」，於此，矮子丕平得到王位，羅馬教皇「日耳曼使徒」聖鮑尼腓斯得到天下主教的頭銜。查理曼大帝（Charles

羅馬教皇的所在地（梵諦岡）

the Great，在位西元768～814年）時代，在西元800年，因為解救受倫巴底人圍攻的羅馬教皇，並滅了倫巴王國，使得羅馬教皇領更加穩固，因而被羅馬教皇李奧三世加冕為「羅馬人的皇帝」[4]（Emperor of the Romans）。

　　到了十世紀，羅馬教廷受控於野心人士之手，教皇公然娶妻納

妾，羅馬教皇變成世襲，由於這靡爛不振的教廷令教徒痛恨不已，西元 962 年，由教皇約翰十二世（John XII）加冕為皇帝的鄂圖大帝（Otto the Great，國王在位西元 936～973 年，皇帝在位自 962 年始）便藉此機會廢黜教皇約翰十二世，另立傀儡李奧八世為新教皇，並令李奧八世下令神聖羅馬帝國皇帝有任免羅馬教皇和大主教特權，至此，神聖羅馬帝國的帝權便高過羅馬教廷的教權，在亨利三世時期，帝權達於極盛。

當帝權高過教權的旨令頒佈後，提倡「教權神授說」的克呂尼（Cluny）派 5 便極力改革，以勃艮地為中心，向全歐洲推行「教權神授說」，主張世間一切權力皆出於神授，羅馬教皇便是神派至世間的代理人，俗界帝王必須由教皇授以權柄方能被承認，教權是高於一切世俗帝王之權的。最能實行此一理念而使得教權與帝權之爭達於高潮的便是格列哥里七世（Gregory VII，在位西元 1073～1085 年）與神聖羅馬皇帝亨利四世（弗朗哥王朝，在位西元 1056～1106 年）的教權與帝權之爭。

亨利四世繼位時年僅五歲，政令便由其缺乏果決的母后執行，以致於各諸侯王無視於皇室的存在，各大主教與教皇也都想掌控羅馬帝國，使教皇權高過帝皇權。當西元 1061 年教皇尼古拉二世逝世時，羅

4　「羅馬人的皇帝」代表著一統帝國的理念在西歐又復活。教皇聖鮑尼腓斯之後，羅馬教皇皆以羅馬主教始祖聖彼得繼承者的身分，給予各國帝王舉行加冕儀式，凡是未得到羅馬教皇加冕者，只能稱王而不能稱帝。另外，西歐各國羅馬教會的主教雖是由皇帝任用，但是，仍然必須由羅馬教皇授與法衣才能就職，主教被罷免亦要經過羅馬教皇允許方才生效。查理曼大帝表面上雖非常尊重羅馬教皇，其實卻掌握義大利的實際政教大權。

5　西元 910 年，阿基坦公爵威廉在勃艮地的克呂尼（Cluny，法國東部的城鎮）建立克呂尼修會，他們嚴守教規，嚴禁買賣聖職和強調獨身，這些教規發展成為大規模的運動，追隨者眾，成為有名的克呂尼改革運動（Cluniac Reform Movement）。

馬教廷的樞機主教希爾得布朗德6（Hildebrand，即為格列哥里七世，在位1073～1085年）按照西元1060年召開宗教會議所設立的「主教會議」7，由羅馬教皇的主教會議選舉亞歷山大二世為新教皇，此舉使得攝政者，即亨利四世的母后艾格妮斯不滿，召集全帝國主教在巴塞爾（Basel）開會，宣佈羅馬教廷所選舉的新教皇無效，並立韓諾留二世為新教皇，但神聖羅馬帝國內部卻發生政變，皇太后艾格妮斯被驅逐，神聖羅馬帝國自動撤銷韓諾留二世教皇稱號，承認亞歷山大二世為合法的教皇，希爾得布朗德在第一回合贏得勝利。西元1073年，希爾得布朗德被選為教皇，其以豐富的閱歷與經驗，主動向神聖羅馬帝國皇帝展開挑戰。

　　西元1075年，格列哥里七世在羅馬召開宗教會議，決定嚴禁基督教教士娶妻納妾，此一禁妻令引起日耳曼的教士抗議，格列哥里七世因有人民和苦行僧的支持，更宣佈凡是違抗這項禁律的教士，一律處以破門，並嚴禁曾經結婚的教士進入教堂，亦命人民拒絕聽已娶妻的教士講道。羅馬教廷的威權更進一步擴大，西元1076年，又頒佈禁止聖職買賣令，大主教以下的各聖職「敘任權」由教皇任免，一切教會領地屬羅馬教廷所有，神聖羅馬皇帝不得再行干涉，凡發現有違抗教皇教令一律處以破門之罪。

　　正當教皇格列哥里七世苦無機會壓制亨利四世時，薩克遜人乘機

6　即為格列哥里七世，一生以教權高過帝權為理想而奮鬥，最初在聖本篤派當苦行僧，後來進入法國克呂尼修道院，不久出任格列哥里六世的樞機主教，西元1049年應李奧九世教皇之邀出任羅馬教廷的樞機主教，掌握羅馬教廷的實際政教大權。以歷事五個教皇的成就，與亨利四世展開轟動歐洲的權力爭奪戰。

7　西希爾得布朗德為了伸張教權，革除義大利半島貴族、教士把選舉教皇作為施展個人權力的政治工具之弊端，便以尼古拉二世的名義頒佈羅馬教廷設立「主教會議」，選七十名德高望重的教士為議員，有選舉教皇的特權，神聖羅馬皇帝僅有形式上的裁可，而無實質上的否決權；義大利各諸侯王須改由羅馬教皇重封為獨立王侯。

政教衝突，教皇格列哥里七世將日耳曼的亨利四世逐出教會，圖為隆冬時阿爾卑斯山的雪景

向其說亨利四世的一切秕政以報其仇，於是格列哥里七世在羅馬召開宗教會議，宣佈亨利四世的罪狀，並把亨利四世宮中的五名主教宣告破門；亨利四世亦在西元 1076 年召開伏姆斯宗教會議，宣佈格列哥里七世的教皇是賄選而來等等罪狀，正式把格列哥里七世貶為庶人。教皇格列哥里七世便還以顏色在羅馬教廷宣佈亨利四世的破門罪[8]（Excommunication），亦將亨利四世廢為庶人，通令神聖羅馬帝國人民一律遵行。起初亨利四世並不以為意，直到得知以前不滿他的一些諸侯王紛已興兵欲攻之，甚至連人民都把他當罪人，才知事態的嚴重性，於是在同年 12 月，帶領皇后和王子翻山越嶺以避人耳目的在隔年一月到達倫巴底，並在卡諾沙城（Canossa，義大利中部亞平寧山脈上的城堡）外，在寒風中赤足站了二天三夜，才得到教皇的接見，並向教皇懺悔，表示今後有關日耳曼政教事務皆由教皇裁斷，此為羅馬教皇權勢力最為高漲之時。教皇格列哥里七世便帶領亨利四世進入卡諾沙城禮拜堂，撤消亨利四世的破門罪。

8　所謂「破門」，即由羅馬教皇下令，把觸犯教規的基督教徒開除教籍，一個被羅馬教皇宣佈破門的基督徒便不能參加基督教會的任何聖禮，死後亦不能葬在基督教墓地，更不能跟任何基督徒來往，基督徒亦將其視為可怕的惡魔，如同痲瘋病一樣的人人喊打。擁有宣佈破門令的羅馬教皇儼然是歐洲列國的太上皇，其教皇權的極盛要延續到十三世紀末才漸減弱。基督教在西方歷史，甚至是今日，其影響之大無與倫比。

亨利四世回到倫巴底後，顯得有些後悔，再加上倫巴底貴族的慫恿，以及得知日耳曼諸侯已經擁立斯華比亞公魯道夫為新帝，便趕緊回到日耳曼，因此時的教皇解除亨利四世的破門令已下達於整個日耳曼，使得忠於亨利四世的臣民紛紛起來勤王，整個日耳曼到處都有保皇黨和教皇黨的軍隊在交戰。由於亨利四世在返回日耳曼後，不太理會他在卡諾沙的承諾，因此在西元1080年，教皇格列哥里七世再度發佈教令處亨利四世以破門罪，正式承認日耳曼諸侯所立的魯道夫為新帝。亨利四世亦宣佈廢黜教皇格列哥里七世為庶人，並另立拉韋納主教為新教皇，即是克里門三世，亨利四世在魯道夫落馬死亡後乘勝追擊，日耳曼的教皇黨失去領導中心之際，他親自率兵南去義大利向教皇問罪，教皇格列哥里七世與亨利四世對抗三年後，終於潰敗而投靠諾曼王基斯卡德，得到諾曼王的支援後，教皇格列哥里七世又打回羅馬，但因諾曼兵在羅馬城內大肆搶劫又不聽教皇格列哥里七世的約束，招致城民的憤怒，將教皇格列哥里七世和諾曼兵趕出羅馬，教皇格列哥里七世便在西元1085年因憂憤死於沙來諾城。

　　背叛自己的父皇而即位的亨利五世（Heirrich V，在位西元1106～1125年），雖是得自羅馬教皇的陰謀而即位，但仍不與教皇妥協，與教皇爭奪聖職敘任權而被宣告破門，日耳曼地區因此又交戰十年，直到西元1122年，才簽定「伏姆斯協定」（Concordat of Worms），主教授職由教皇與皇帝一同授職，達成暫時的和解。

參考書目

外文部分

H. Focillon, *L'an mil*, 1952.

K. Bihlmeyer et H. Tuechle, *Histoire de l'Église*, t. II, Mulhouse, 1963.

R. Morghen, *Medio Evo cristiano*, Rome, 2e éd., 1961.

P. Cousin, *Précis d'histoire monastique*, 1956.

J. Décarreaux, *Les moines et la civilisation*, 1962.

M. Pacaut, *Les ordres monastiques et religieux au Moyen Age*, 1970.

E. Pognon, *L'an mil*, 1947.

G. Duby, *L'an mil*, 1966.

V. Mortet et P. Deschamps, *Recueil de textes relatifs à l'histoire de l'archi-tecture et à la condition des architectes en France au Moyen Age*, 2 vol., 1911-1924.

R. Crozet, *L'art roman*, 1962.

Tous les volumes de la collection 《Zodiaque》 (*Poitou roman, Quercy roman, Val de Loire roman*…).

M. Durliat, *L'art roman en Espagne*, 1962.

L. Grodecki, *Au seuil de l'art roman : l'architecture ottonienne*, 1958.

A. Grabar, et C. Nordenfalk, *La peinture romane du Xie au XIIIe siècles* (coll. 《Skira》), Genève, 1957.

E. Male, *L'art religieux du XIIe siècle en France. Étude sur l'origine de l'iconographie au Moyen Age*, 5e éd., 1947.

M. Pacaut, J. Roussiaud, *L'âge roman*, 1969.

H. Decker, *L'art roman en Italie*, 1958.

A. Dimier, *Les moines bâtisseurs*, 1964.

A. Dimier, *L'art cistercien*, 1962.

Y. Boltineau, *Les chemins de Saint-Jacques*, 1966.

O. Demus, M. Hirmer, *La peinture murale romane*, 1970.

J. Lafond, *Le vitrail*, 1966.

中文部分

《西洋全史（六）中古歐州（下）》，馮作民編著，燕京，民 64 年。

《簡明西洋中古史》，劉增泉譯，國立編譯館，民 84 年。

《歐洲文化史》，劉增泉譯，漢唐出版社，民 88 年。

《西洋中古史》，袁傳偉譯，五南圖書，民 78 年。

《西洋中古史》，王任光編著，國立編譯館，民 71 年。

《西洋文化史第三卷（中古下）》，劉景輝譯，學生書局，民 71 年。

《西洋中古史》，張學明譯，聯經，民 75 年。

《世界文明史之十二：黑暗時代與十字軍東征》，幼獅編譯部編譯，
　　幼獅，民 69 年。

21

農業經濟的發展

中古早期，由於阿拉伯回教勢力控制地中海的海上交通，再加上西歐本身的閉鎖農業社會，使商業處於停滯狀態經濟呈倒退現象。直到十一世紀以後才逐漸有變化，農業有新發展，商業與工業也逐漸興起，十三世紀時已有顯著的進展。

農業的進展

毫無疑問地，人口的增加和大饑荒，使得人們必須向外發展。十、十一世紀期間，農民透過大量地增加人口和提高生產率，來提高自己的經濟地位，亦奠定政治與經濟基礎形成歐洲經濟的特點，被後人認為是「農業革命」。從西元 900 年起，法國和德國便開始拓荒，使得西方的農村面貌改變。起初是由一些農民進行小規模的拓荒，理由只是簡單地想增加收入，拓展自己的耕地，他們的耕地零亂地分佈在沼澤地或者是附近的森林；此外，與農民的小規模拓荒相對的拓荒行動則是宗教領主或者是貴族的墾荒，[1] 又分為在領土附近的持續開墾，以及征召開墾隊伍拉拔到遠地尋找新荒地，形成一種大遷移，此方式是一種有規模的集體墾荒活動，並建立新的大小村莊。在西元 1050～1250 年，農業有了很大的進展，農作地區的轉移、農具的改良和廣種與深耕的應用等，皆使得農產品有了更穩定的生產量。

在法國邊界附近，國王允許新村莊的建立以增加防禦工事，尤其是在香檳地區，出現很多的新村莊；此外，修會[2] 的領導者亦建立一

1　十一至十三世紀，人口激增，使得大批貴族子女分不到土地，於是這些人便到遠地墾荒，領域推展到回教的西班牙、西西里、敘利亞和斯拉夫人所在的東歐。

2　如克呂尼修會（Clunisiens）和西多會（Cisterciens）。

些新村莊，帶動大規模墾荒的騎士團。幾乎大規模的墾荒是由貴族所構成，如西元1187年路易七世透過貴族、神父或主教的協定，建設一座新的城市，有四十多座屬於圖爾內（Tournai）的新建村莊；西部沼澤地的開墾則較緩慢，只改造海岸附近的某些地區，這些沿海沼澤地的改良是艱鉅的，必須用一條堅固的堤防將沼澤與大海隔開，然後再挖掘一條規則而且嚴密的排水渠道，還要不斷地維護它，因此這些工作大都是由強大有力的修道院或者是由堅強的自由民社團在貴族的支持下進行。在十一世紀至十三世紀之間，海洋曾三十五次淹過界線，越過蘇格蘭低地，造成原是陸地的土地上形成新的灣流和海灣，淹死數以萬計的生命，將千畝格子狀土地的蘇格蘭低地運河，從海中獲得，此外，在比利時和荷蘭亦與海搏鬥。而義大利則由商人主導，義大利商人墾荒乃為了在平原地區得到政治統治以對抗農村的封建貴族，以及讓自己有充足的穀物可以供應不致於匱乏，他們溝通馬奏列湖（Lake Maggiore）和波河，開闢著名的大運河（Naviglio Grande），藉以灌溉著86,485英畝的土地；在倫巴底，特別是在托斯卡納（Toscane），沿著河岸建起堤防並在山谷開發，在法國西南部，西元1000年左右，修士在林間空地建立很多小鎮，如位於往聖雅各·德·孔波斯代爾（Saint-Jacques-de-Compostelle）進山朝聖的路上；甚至在庇里牛斯山另一側的西班牙亦吸引許多法國人開墾。這些大遷移在歐洲農村引起一次人口的「混合」──中央高原的山民在阿基坦（Aquitaine）定居，法國人到亞拉岡（Aragon）和納瓦拉（Navarre）、佛來芒（Flamands），荷蘭或萊茵河地區的人則遷移到德國東部。

農村的變化

農村社會的變化首先表現在財政條件的改善，在領主或社團制約

的解放下，領主和宗教領主感到支出的遽增，收入卻無法增加，因此乃放寬對人身的控制權，使農民擺脫奴隸的名稱或減輕繁重的勞役。在新墾地的農民是自由民，他們不屬於任何領主。有些農民的解放經由證書顯示，其內容約為：個人自由，不需再繳人頭稅、永久營業稅和農奴違反規定的婚姻稅，對軍隊義務的減輕等。不過，有些地區仍有很多農奴，如在阿爾卑斯山脈或在法國東部邊緣的弗朗什孔泰省（Flanche-Comte）、香檳區和勃艮地的某些地區。西元 1279 年，在沃里克郡（Warwickshire）仍有 27%～46%的農奴存在；十四世紀早期，法王菲力普解放其領域內的農奴，西元 1315 年路易十世命令所有農奴在「公平和適當的條件下」得以自由。領主法庭失去審判農人的權利，鄉村團體選出來的官吏只效忠王室，不再聽命於當地的領主，雖然在十四世紀中，仍有許多封建領主堅持使用其特權，但是，在工商業的不斷繁榮成長，以及勞力需求的渴望之下，這些尚存有封建思想的領主很難實現美夢。從十二世紀到十六世紀，易北河以西的各個地方，陸續地以耕者有其田取代農奴制度，不過整個西歐到西元 1789 年才算完全的解放。

由於工商業的成長繁榮，內需市場的擴大，以及勞力需求的增加，農奴紛紛逃往都市，再加上都市宣佈，凡是居住在都市三百六十六天以上，而且沒有被指認為其農奴者，便可成為自由人，享有自治市的法律和權利的保護，農奴可說想盡辦法逃往都市。那些還留在莊園的人則開始組織農村協會，拒繳封建稅收，或偷走、摧毀那些證明他們為奴隸身分的證狀。西元 1100 年，某些地方的農奴宣佈他們以後將和他們所喜歡的人結婚，不受領主的同意與否所限制；西元 1102 年，有些地方的農奴拒絕繳納傳統的借地繼承稅或死亡稅給修道院，也拒絕繳納女兒外嫁他地的罰金。一連串的抗繳行動使得領主無法從農奴的工作中得到利益，想用強壓的武力來制裁農奴，卻要花更多的錢，因此領主為了使農奴乖乖地留在耕地裏工作為其生產效力，乃將

封建稅更換成繳納金錢，即農奴可以付款買自由之身，領主並將領地以金錢租給自由農，另外，自己雇用自由勞工為他自己的領地的工場工作，漸漸地，十一世紀到十三世紀之間，經濟交易的生活方式由以物易物轉變為以付現金換取物品，此種貨幣經濟的轉變對封建領主的影響很大，尤其他們所收的租金固定，無法隨時依金錢的價值下降而很快地提高租金，因此，許多貴族在資金需求下，被迫出售土地，這些土地通常落在新興的中產階級手中，這些中產階級多是平民，因為經商而致富以金錢來換取政治上的權力。

人口的增加、財富的遞增、新的金融和貿易媒介，使得農村經濟更為擴大和豐厚，經濟作物如甘蔗、大茴香子、大麻、亞麻、植物油和染料等，更擴大農業市場的種類多樣性。城市的附近也增加養牛場、酪農場、園藝市場等等，葡萄酒的產地也不斷地增加以供應所需。

耕作農具的進步

技術的發展隨著社會的結構轉變，主要的革新來自鄉村鐵匠，農民不再依靠領主的作坊，自己製造工具，但是當時的鐵製工具很特殊只供應給富有的人，因此鐵製工具還不普遍。實際上，鏟鍬的鐵只是一塊釘牢的簡單金屬薄片而已，大部分的犁仍是木製。農民必須集體耕作，因為犁耙很少，而且，沉重的犁耙需要四至八隻的牲口拖拉，沒有一個農民擁有足夠的牛隻，因此必須合資共用犁耙、拖拉的牲畜和勞力，更何況每個農家的土地分散在整塊田地中。通常圍繞在村落而且適宜耕種的土地是劃分成多條且沒有藩籬的狹長土地，其形狀、輪廓和利用皆因各地地形與土壤貧瘠之不同而定，此種狹長的條狀土地長度，則是牛隊不休息拖拉犁耙一趟的距離。農民使用一種彎曲有齒的短鐵片鐮刀鋸斷麥桿，收割麥穗並將麥桿用來蓋自己的屋頂或當

作牲畜的墊草，充分地物盡其用。大致來說，一個農民在茅舍附近會有一塊小農地，可以種植蔬菜和水果，豢養家禽以供應所需，另外還有一個牧場以供牲口食草。有些鄉村在牧場上養羊，並且生產乳酪、羊奶和羊毛，法蘭德斯和英格蘭北部更因經營牧羊業而無法種植穀物。因此，農民的經濟來源有二：自己的菜園和條塊土地，以及分享鄉村中的其他自然資源。在缺少新土地的地區，就只有改進技術以增加產量，例如改用馬不用牛，用鏵犁而不用杆步犁（araire），鏵犁不但可以犁開土地，而且還可以

中世紀葡萄酒釀造情形

把土地翻過來使土地疏鬆；採用三年（冬麥、春麥、休耕）輪作制[3]以取代二年耕作制。土地的開墾方式與歐洲氣候有關，也與農業技術有關，在地中海地區，冬季往往下雨夏季則漫長而乾燥，因此採用輕型的刨犁來翻鬆土壤表皮，在北方由於一年到頭雨水不斷，農民乃採用重犁來深耕濕土。

　　西歐有二種村落形式：真正的鄉村和分散的村落。在分散的村落

3　一個普通鄉村，農民茅舍被大塊田地包圍，田地通常是兩、三塊，兩塊是傳統數目，流行於南歐，在北歐的一些地區，在春天耕一塊田，秋天收割；在秋天耕第二塊田，初夏收割，第三塊田整年休耕，第二年則田地互輪而程序重複，在北歐漸漸普遍，但在很多鄉村仍繼續使用二年耕作制。雖然農民知道用畜肥當肥料灌溉於土壤中，可以連續地耕種，但是由於肥料缺乏，無法滿足廣大土地的需求，致使土地經過多次播種後便趨於貧瘠，才想到使用休耕，此種輪種方式便能把氮還原給土壤，讓土地可以長期耕種。

中，農民生活在極小的村莊中，或者是在孤立的家庭農莊中，而且往往是在土壤貧瘠的地區，諸如蘇格蘭、威爾斯、康沃爾、布列塔尼、西諾曼第和法國的中央高原，開墾土地的方法非常原始，每個家庭在其農舍的周圍有一小塊土地作為耕地，並用家畜的糞作為肥料，使耕種得以連續，並在較遠的地方開墾一部分土地，等到此塊土地貧瘠，便又再開墾另一塊土地，周圍的荒地則被使用於放牧。

到了十一世紀，大部分的鄉村都有教區，每一個教區都有一所教堂，監管教堂的教士通常是農民，他也有自己的土地。鄉村社會的經濟自給自足，不與外界接觸亦能有充足食物的供給和精神上的慰藉，為一封閉的經濟體系。直到農耕技術革新而增加農業效率和生產力，以及商業貿易和都市的復甦，提供剩餘穀物所需的市場，使得自給自足的封閉經濟變成了開放經濟。

農民將剩餘的農產品賣到城市換取金錢，農民為了增加收入，便不斷地改善農耕技術以增加生產量，農民有了錢，法律地位也提高。

中世紀農民

使加洛林時代常見的奴隸制度開始衰弱，到了十二世紀可說大致消失，農民主要是自由人和農奴，自由人擁有自己的小農莊，農奴則在封建莊園工作。由於領主的人手不足，便把田地租出去，亦允許原本以田產納租的農奴以錢為田租，並解除在自用田上兼工的職責，農奴因此成為佃農，法律的地位也提高。領主為了不讓農民流失到城市或新開發的地方，領主因此被迫改善農民各方面的條件，使無數的奴役獲得自由，領主還仿照特許城市的模式，頒給特許狀，使他們從奴隸義務中解放，可以集體繳付租稅。但是十三世紀人口的增加，造成農民勞力的剩餘和地價的上升，使得農奴被嚴格地要求履行勞動工作的義務，亦使得無地的農民被廉價僱用，此時期的階級劃分更為嚴格，農奴更無自由可言。

商業的發展

九世紀至十世紀期間，歐洲的經濟和社會發展受到回教徒、維京人和馬札兒人限制，是一個封閉的經濟型態，直到十二世紀時，義大利人重掌地中海貿易，以及十字軍運動帶動沿途的商業往來及地中海東部和愛琴海沿岸諸國。一開始的貿易往來障礙重重，從港口的進貨、渡橋、通道、運河等，直到貨品的出售皆被重重課稅，而且莊園地主對旅經其領地的商人亦抽取稅金，總計各地的稅局，計有萊茵河六十二處、羅亞爾河七十四處、易北河三十五處、多瑙河七十七處等，再加上運送貨物途中須承受的軍隊暴亂、搶劫、海盜等風險，貿易交易的完成是不簡單的。

十字軍東征時，西歐人長期與阿拉伯人接觸，學會許多新的生活方式和商業技術，許多在亞洲才有出產的絲綢、象牙、香料、咖啡、

蔗糖、檸檬、杏仁、西瓜、棉花、棉布、錦緞、顏料、玻璃等,都在十字軍東征期間傳入歐洲,成為歐洲貴族及中產階級的日用品。而許多的商業和航運用語、支票、公司組織等商業信用制度,也在西歐被廣泛的應用。

西元 1050~1300 年,義大利城邦如熱那亞、比薩、威尼斯等地,從回教徒手中搶得大部分的地中海控制權,因而壟斷與東羅馬帝國和東方的貿易,香料、寶石、香水和絲綢等奢侈品便又再出現於西歐的市場上,倫巴底和法蘭德斯亦因此興起商業與工業,法國的香檳區也發展成著名的貿易集會。市集可說是當時貨物的集散地,想要買到外來品或者是想看看稀奇古怪的東西,就非要來市集,想要快點賣出貨物的,也必然是要到市集,這是中外古今皆然。

繁榮的商業也促進工業的發展,法蘭德斯的毛織業雖遭受嚴重打擊,但在十世紀末期以後又復甦,布魯日、根特、里耳、易普爾和阿拉斯等地也成為重要的紡織中心,西元 1300 年左右,佛羅倫斯約有二百家毛織業工廠,冶金工業在西西里、佛羅倫斯、熱那亞和其他義大利城市也有發展。

除了紡織品可稱得上是工業發展下的成果之外,當地市場的工作者,如麵包商、補鞋匠、鐵匠、木匠等,皆是各自獨立的使用自己的設備和產品,亦即停留在手工藝的階段,用簡單的工具,很少使用機器,雖然生產率低,但是卻自豪著完成一件又一件自己親手製作的完美作品。

市場的擴大刺激了生產,激增的生產需求量則刺激了工業,亦滋長了貿易發展,中古時期的公路是佈滿坑洞,而且充滿穢物塵埃和泥濘,嚴格來說只能算是一條能走向目的地的通道,當時的馬車不但大而且笨拙,座椅沒有彈簧,輪子是鐵做的,因此,人們偏好騎馬,直到十三世紀時,才由腓特烈二世(Frederick II)下令整修西西里島和南義大利的道路,同時法蘭西亦鋪設一條以方形石塊鋪放於鬆弛土地

或沙床上的皇家公路。各城市亦陸續地鋪設其中心的街道，佛羅倫斯、巴黎、倫敦和法蘭德斯等城鎮也建造橋樑，教會組織也不落人後的開始整修或建築橋樑。從西元 1176～1209 年，在英國，從國王、教士和市民有錢的出錢，有力的出力，在泰晤士河上建造倫敦橋。

由於當時的道路通行不易，水路乃大受歡迎，在貨物的運輸上居於首要的地位，此乃要歸功於工業的發達，船隻由小到大應有盡有，小的船隻可輕易的沿河深入內陸，大的船隻則可遠洋外海到更遠的地方買賣貨物，當時已使用羅盤。然而航海對健康有不良的影響，再加上海盜搶劫和海難頻傳，但一條船可載的動物多至五百隻動物，船費因此極低，使水運乃大為盛行。當時歐洲的主要通道為，從太加斯河（Tagus）到窩瓦河之間的河流，然這些河流的走向和出口處，決定人口的分佈狀況和城鎮的成長，以及國家的軍事政策。

由於商業上需要一種可靠的金幣，再加上一般人對珠寶的收藏已具備經濟能力，礦物的需求量增加，使得採礦行業成為一種狂熱，在義大利、法蘭西、英格蘭、匈牙利，尤其是在日耳曼，淘金熱成為一種潮流，在此狂熱的採礦下，人們的確採得許多豐富的礦物，舉凡銅、銀、金、鉛、鹽、和煤等皆為人們所愛。

參考書目

外文部分

H. Pirenne, *Histoire économique et sociale du Moyen Age*, 3e éd. Par H. Van Werverke, 1969. P. 56-70.

R. Grand et R. Delatouche, *L'agriculture au Moyen Age de la fin de l'Empire romain au XVIe siècle*, 1950.

G. Duby, *L'économie rurale et la vie des campagnes dans l'Occident médiéval* (coll. Aubier), 2e éd., 2 vol., 1962.

CambridgeEconomic History of Europe, t. I, 2e éd., 1967.

Ph. Walff, Le Moyen Age, dans *Histoire générale du travail*, t. II, 1960.

R. Boutruche, *Seigneurie et féodalité*, t. II : *L'apogée (Xie-XIIIe siècle)*, (Aubier, éd. Montaigne), 1970.

La civilisation au Moyen Age (dossier 55-09; Doc. française).

中文部分

《西洋全史（六）中古歐州（下）》，馮作民編著，燕京，民 64 年。

《簡明西洋中古史》，劉增泉譯，國立編譯館，民 84 年。

《歐洲文化史》，劉增泉譯，漢唐出版社，民 88 年。

《西洋中古史》，袁傳偉譯，五南圖書，民 78 年。

《西洋中古史》，王任光編著，國立編譯館，民 71 年。

《西洋文化史第三卷（中古下）》，劉景輝譯，學生書局，民71年。

《西洋中古史》，張學明譯，聯經，民75年。

《世界文明史之十二：黑暗時代與十字軍東征》，幼獅編譯部編譯，
　幼獅，民69年。

22

貿易和城市的興起

九世紀至十世紀時，西歐的經濟和社會發展被穆斯林、維京人和馬札爾人控制，無論是非洲或西班牙海岸，甚至是西地中海島嶼，港口與貿易都被穆斯林佔據，再加上海盜的橫行，更使得海上航行的風險擴大。中世紀的全盛期是十世紀至十三世紀，新的農業村落建立、城鎮發展和原有鄉村周圍可耕地的穩定擴大，標示著人口的穩定增加。再加上十一世紀和十二世紀時，十字軍東征所開闢的道路，更活絡東西方的商業交流，經濟體制發生變革，從物物交換的經濟到貨幣經濟又再恢復，標示商業市場的活絡和開放、貨幣流通的普遍，更重要的是對於貨幣價值的穩定性給予充分的信任。市場貿易的繁榮，帶動專業技術的復甦和城市的發展。[1]

商業的復甦

最早的商業復甦在十世紀末的義大利，義大利為地中海東西交通要道，三面環海，北方的城市又是出入阿爾卑斯山的重鎮，因此，在優異的地理條件下，坐擁歐洲與拜占庭、巴勒斯坦和回教國家貿易之利，濱臨亞得里亞海（Adriatic Sea）的威尼斯可向東羅馬帝國買入上等的絲織品，並將糧食、酒和木材賣給君士坦丁堡，也和埃及做買賣；熱那亞則控制著第勒尼安海（Tyrrhenian Sea）和非洲摩爾人、西

---

[1] 都市急於招募人手乃宣佈，凡在都市居住三百六十六天以上沒有被認領為農奴者，可以還其自由，並且享有自治市的法律和權力的保護。佛羅倫斯在西元 1106 年起歡迎周圍的鄉間農人進城，並承認其為自由人；波隆那和其他城市則付款給封建地主以換得農奴進城為其工作；大批的農奴亦逃走或被請去開發易北河以東的新天地，從此成為自由人。

班牙交易；北方則有一些毛紡織業的產生；阿馬爾菲地區的商人則和開羅建立廣泛的貿易往來。但是這樣的商業交易仍無法滿足富有冒險精神的義大利商人，他們具備祖先在海上堅毅無所懼的冒險精神，不顧穆斯林海盜的威脅，沿著海岸向法蘭西航行開闢許多航線。西元1016年以前，在熱那亞和比薩仍經常被穆斯林海盜船劫掠，直到西元1016年，熱那亞和比薩的聯合艦隊才把穆斯林海盜趕出撒丁尼亞島（Sardinia），西西里島亦在不久之後被南義大利的諾曼人佔領。

　　西元1092年的西地中海對基督教國家的商業來說，已可謂暢通無阻。西元1096年第一次十字軍東征所依賴的衣物、糧食補給，加速熱那亞和比薩的發展；且在十字軍的東征帶領下，熱那亞和比薩獲得可以自由進入拉丁王國市場的權利，他們獲准在一些主要的港口建立商人的居留地，自此，義大利商人便可以在自己的法律下生活。更讓義大利商人興奮的則是，以往必須從威尼斯和亞得里亞海港口轉運到西歐的絲綢、糖和香料等物品，如今皆可從此條新航線由巴格達流向大馬士革，再轉往敘利亞和巴勒斯坦港口。

　　佛蘭德爾位於現在比利時和法國西北部沿海岸，在羅馬帝國征服高盧前即以毛織品著名，毛織品在加洛林王朝時期即是搶手的貿易貨

中世紀的掛毯（君士坦丁堡貨船）

中世紀的葡萄酒市集

物之一。到了十世紀末，勢力強大的伯爵在該地建立城堡，使得佛蘭

德爾比以前更能有效地生產毛織品，也由於它的優勢地理位置，不但能提供斯堪地納維亞商人毛織品，更能吸收這些商人帶來的珍貴土產，如皮貨、獵鷹等。後來又控制萊茵河及其支流，成為進入法蘭西和日耳曼地區的方便航線。在十一世紀時，整個北歐都有他們生產的毛織品，布魯日（Bruges）、根特（Ghent）、里耳（Lille）、伊普爾（Ypres）和阿拉斯（Arras）成了繁榮的貿易和生產中心。法蘭西因河流而致富，依據著水流方向在各地設立貿易處，如隆河、加倫河、羅亞爾河、蘇因河、塞納河及莫須耳河。

十二世紀時，由於西多修會在北英格蘭和威爾斯飼養羊群，使得英格蘭成為西歐的主要羊毛產區，英格蘭商人便將羊毛和各種物品帶到佛蘭德爾，並將毛織品帶回英格蘭銷售。當懺悔者愛德華成為國王時，法國的葡萄酒便順著塞納河，途經魯昂轉運到倫敦，魯昂和英格蘭之間的葡萄酒貿易便興盛起來。西元 1154 年，當安茹伯爵和亞奎丹公爵亨利二世成為英格蘭國王時，羅亞爾河流域和波爾多地區便成了供應英格蘭葡萄酒的主要產地。

十二世紀初，香檳伯爵統治索恩河上游和萊茵河、塞納河，以及羅亞爾河支流間的土地，這些地區成為一個廣大的貿易市場，伯爵在特魯瓦、普羅萬和馬恩河上的拉格尼（Lagny）設立市集，以高價出租攤位並派員維持秩序，設置法官調解買賣糾紛，並有貨幣兌換處以供各國商人兌換貨幣，所有在市集中出售的貨物，都要向伯爵繳納銷售稅。香檳市集 2 成為義大利商人和北方商人的會合地，由於市集帶來的豐厚利潤，使世俗貴族或者是教會貴族都想在他的管轄地舉辦市集，市集可謂是中古貿易表演的舞台。

---

2 每年一月在拉格尼；封齋期（11 月 11 日至聖誕節）在 Bar-sur-Aube；5 月和 9 月在普洛凡斯；9 月和 11 月在特爾瓦舉行，每次均舉行為期六至七週。

貨幣制度

金幣在拜占庭帝國裏被普遍使用，但因為蠻族的入侵，以及回教徒的征服東方，使得金幣在西歐不復存在，到了八世紀至十三世紀，所有硬幣只能用銀或者是成色很差而更劣等的金屬鑄造。隨東西雙方的頻繁接觸，拜占庭的金幣開始流通全歐，成為基督教世界中的信用貨幣。第一批硬幣是在西元 1192 年，由威尼斯所製造出來的馬塔潘銀幣。到了西元 1228 年，腓特烈二世從近東那裏學到使用一種穩定通用金幣，便在義大利鑄造西歐最早的金幣。西元 1152 年，熱那亞和佛羅倫斯亦發行金幣，直到西元 1284 年，歐洲所有主要國家都鑄造金幣，只有英格蘭在西元 1343 年才發行金幣。大部分西方城市和國家採用複本位貨幣制度，需要一個內部兌換率來確定貨幣的相互價值，也由於國王和領主都有鑄幣權，君主常以貶低幣值的方式來補救國債，使得幣值的呈現不穩定狀態。

商人的崛起

我們可以說，起初有些所謂的商人是一些無事可做、無處可居的流浪者，當他們有機會可以謀生，可以賺取暴利時就算必須付出生命，他們也會搏命。因此，這些危險性高的行船工作，都由他們所接下；當然還有一些因朝聖而有的貿易市集，產生大批商人，這些商人並非是流浪者但也應是社會地位不高者。

這些商人在河邊、海邊或橋邊居住，人們把這些新的居民聚集點稱做郊區，亦即市鎮或港口，這些新的市鎮即為中古世紀的城市，在此之居民即為城市自由民，這些自由民建城牆和設防城門，積極向封建領主爭取特權和自主權，還有管理權、審判權，並建立行政官員政府。不過，這些爭權的一開始很少成功，有些地方甚至都沒有成功過，如西元 1070 年在勒芒，西元 1127～1128 年在里耳、聖奧梅爾、根特，雖然抗爭過卻沒能成功。

　　南方的城市就少有爭權的情事，此乃因為封建領主都住在城市裏，再加上城市的房屋堅固足以防衛騷亂，城市就是封建政權中心，貴族獨攬政治大權。後來，有一些貴族開始當起商人，便透過政治和財稅特權保障自己的利益和自由，藉著建立行會壟斷市場，由一個權力有限的行政官員團管理，基本上享有內部的自治權。

商人的資金來源

　　中世紀時期，擁有最多資金者，並非是國王或貴族而是教會組織，許多人把私人資金存入教會或修道院，教會便有寬鬆的資金借給貧窮的人或者是貸款給貴族武士，卻很少投資或發展商業。商人的資金募集多是個人或者是家庭以信託的方式進行，為一種合夥行為，此方式在十世紀末便出現於熱那亞和威尼斯，十二世紀則發展到巔峰，不過為了分散風險，投資機構都會同時購買數艘船或數項投機事業的「股份」。十三世紀，在義大利興起大金融公司，威尼斯、佛羅倫斯和熱那亞便已具有類似現代銀行的各種功能。商人同業行會則給予會員保險，如火災、船難和損傷。

　　還有許多非基督教徒的猶太人，他們不用受到基督教的束縛，可

以從事放高利的貸款業務，雖然因此他們成為富有的人，但也因此而受到其他民族的威脅。除了猶太人從事抵押貸款業務外，在巴黎、佛蘭德爾有許多倫巴底人和卡奧爾人亦從事放款業務。

城市的興起

中世紀城鎮法國安息

中世紀城市德國海德堡

一個商業城市，包括商人永久居留地和足以吸引外國商人的市集，通常只有五千人左右的居民。在這裏居住的人還可以在周圍農村耕種土地或在城市的周圍共有地上放牧牲畜。但在北歐，幾個最大的商

業中心，如倫敦、布魯日、根特就有居民四萬人左右；而義大利的城市如威尼斯、佛羅倫斯、熱那亞、米蘭和那不勒斯，則有十萬人左右。在人口的比例上，城市人口小於農村人口，但在財富的比較之下，城市所累積的巨大財富卻遠大於農村，在這樣的懸殊差異下，許多在莊園裏的農民或是農奴，便紛紛移往都市，農奴雖然有很大的可能被莊主抓回去，但還是擋不住自由的吸引，再加上後來城市因人手不足所宣佈的條款，即允許在都市住滿三百六十六天以上的農奴，若沒被莊主認領時，便可以得到自由，並在城市裏居住而享有自治市的法律和權力的保護，更讓農奴們是趨之若鶩。居住於城市除了人身自由以外，城市居民在財政和司法方面亦爭取自治。

從農村來的農民多成為城市的工匠或工人，逃亡的農奴則可能拼湊一點貨物成為一個沿街叫賣的小販，當然其中的少數人會成為富商，不過商人都為騎士的兒孫。十一世紀末，當一個貴族給予手工藝者和商人特權，並且獲得一大筆稅金時，其他的

中世紀的城市，在市政廳前都
有一塊廣場，供人們集會與市集之用。

貴族便會一一地追隨，大開歡迎之門以獲得更多的利益。領主通常給予這些人的特權是自由，並且允許農奴在當地住滿三百六十六天後便成為自由人，玩味地是，領主不允許自己的農奴有此特權，卻允許從

別的莊園逃亡本地的農奴有此特權。領主所頒發的特許狀造成半自立的政治和法律個體，許多領主給予市民有裁判權，即有權成立一個行商或商人的法庭，為一個低級司法權，商人對商業爭端即可快速裁決。在英格蘭，一個城市通常可以獲得國王的允許而成立自己的政府，這個政府在城市裏即代表王權，市長為其首長，有時由領主委任，有時則由自由民選舉產生。

中世紀城市主要的建築是教堂，而且是多得數不完的教堂，有大數量的聯合教會和修院教堂，以及教區的教堂建築群，而大教堂的氣派宏偉使市民感到光榮和驕傲。另一個有氣派的象徵便是貴族所居住的城堡塔樓，這些城堡亦因大、小貴族而有不同的等級，但是在貨幣經濟的持續發展下，一些騎士階級或者是小貴族，便可以出售莊園生產的剩餘產品，並向佃農收取稅金，很快地，他便可以過更奢侈的生活，也可以建造更舒適漂亮的石頭城堡。行會的會館也因商人不斷改建，漸成為可以媲美城堡的建築。房子都是木造的，再加上房子建造得十分密集，使得街道極其狹窄，一旦發生火災便很容易全部燒毀。義大利的城市裏，大貴族多住在防衛森嚴的塔樓裏；北方的貴族則不住在城裏。

威尼斯在十世紀成為西方基督教世界首屈一指的商業中心，原本屬於拜占庭帝國，起初只是漁民的一個避難小鎮，最多只是載著木材、金屬和奴隸賣到亞歷山大港以換取蘇丹金幣，再用金幣向君士坦丁堡購買香料和綢緞並帶回威尼斯。直到九世紀才獨立的威尼斯以其濱臨亞得里亞海之便，展開興盛的三角貿易，帶領義大利的其他港口如熱那亞、比薩、阿馬爾菲等加入地中海的繁榮貿易。

自治共同體的出現

　　義大利最早出現自治共同體，是在倫巴底和托斯卡尼（Tuscany）形成城邦型態，城市通常由主教統治，教皇依靠主教作為皇權的堡壘，教皇的權力則加強主教的政治權力，無論城裏或農村莊園裏的貴族，都是主教的封臣。倫巴底因缺少法蘭西持續的政權控制，再加上都市生活比西方基督教世界更有活力，當倫巴底伯爵的地位削弱後，他們所治理的城市便愈來愈獨立。後來又因匈牙利人和薩克遜人入侵義大利城市，使主教掌握領導權，並擊退侵略者，君王漸漸失去對城市的防衛控制權和稅收、司法的擁有權，取而代之的是城市的主教。但是十一世紀末，城市居民漸漸對主教感到不滿，商人和手工業者聯合貴族組成聯盟組織或自治共同體，向主教的政治權力展開抵抗。西元 1080 年，盧卡（Lucca）和比薩有獨立的自治共同體，此後的十二世紀、十三世紀裏，許多城市發展成為獨立的城邦，代表自治共同體的勝利。自治共同體可以選舉自己的統治者，領主不能干涉自治共同體的內部事務，自治共同體對領主的義務是每年給予定額的稅金，並且提供一些軍事的後勤服務。城市的官員享有高級司法權和管理城市的充分權力。不過在法蘭西和英格蘭並沒有發展成像義大利般的獨立城邦，他們仍有臣民對國王的效忠關係。

行 會

　　有些城市的許可證上寫明居民可以組織行會，此行會是由自由民所創建，為了他們的共同利益所建立的服務組織，他們組織起來使自己有各種的保障，如當一個商人蒙受損失或在運輸途中被貴族洗劫財物時，便可由行會幫助他東山再起；若另一城市的商人對行會會員拒付欠款，行會會員便會扣留來自那個城市的同行業者；若行會會員死後，其他會員會照顧他的遺孀和子女，這樣的服務如同社會福利制度又好似保險。

　　一開始時，手工業者和商人在同一個行會裏，但因商人致富快速，手工業者根本無法與其有利益上的結合，因此手工業者多退出原來的行會，並且另外設立屬於手工業者的行會。為了減少競爭和保護市場，手工業行會嚴格規定入行的規則，以及價格、薪資、品質標準、交易手續的行規，行會通常強迫工匠只為行會工作，或經由其同意而工作，而且成品只能由行會賣出。到了十二世紀末，已有以職業類別而成的各種行會，他們在十三世紀裏以驚人的速度發展，幾乎所

中世紀的工業是手工業，廠主和工人都在小小工作坊中勞作。圖中法國山區小村落的手工業，還維持中世紀時的師徒制

有的行業都有自己的行會組織。行會的成立，使得各行業的行會會員能夠壟斷該城市的商業市場，行會從自治市或國王那裏獲得地方，甚至全國的專賣權，非行會的會員則不得在城市的商店裏販售物品，外來的商人攜貨進城，必須將貨品賣給行會，不得私自將貨物賣給居民，若被捉到必須繳納一筆非常重的銷售稅。在行會裏，物品價格、數量和工資統一，因是獨佔事業也沒有競爭。由同業組成的行會組織，更可以有較大的支持力量和領主打交道，不過，行會官員通常就是城市的行政官員他們通常一人身居兩職。

　　佛羅倫斯的羊毛同業公會擁有許多大工廠，雇用工人做著分工簡單的工作，如洗滌、漂白、紡績、織布、檢驗等皆有人負責一項工作。但有些商人為了減少損失，便把材料運給工人，這些工人有自己的工具生產。英格蘭則壟斷北歐的羊毛生產業，並將大部分的產品送到法蘭德爾去，布商同業工會則以進口羊毛及輸出紡織成品為主。西元 1306 年，佛羅倫斯已有三百家紡織工廠。

中產階級

　　市場的擴大刺激了生產，激增的生產轉變了經濟型態，也滋長了貿易，更創造另一個社會階級——中產階級。自古以來的統治政權，總把自己的血統視為最高等級，將從事其認為低級的且無效益的人劃分為最低級者，更偏激的統治者還將這些等級定為永世永生及其世代子孫皆為此等級。因此，當時的人自一出生便被貼上階級標誌的符號，無法靠自己後天的努力而改變命運。此種現象在東西方皆然，既得利益者為了讓其世代子孫皆能繼承王位，以及自以為是的高貴血統不能被污染，階級制度於焉產生。不過東方的僧侶實在是無法與西方

的教士相比擬，東方的僧侶在政治上的權力可說是微乎其微，沒有什麼影響力，最多也僅止於一些反抗皇帝統治的人，用宗教名義來吸取更多人加入反抗的行列。但是，西方的教士卻可以在政治的角力賽當中，打敗尊貴的皇帝，而且令皇帝跪地求饒。[3]究其原因，中世紀時，西方的人民對宗教非常虔誠，可說到了迷信的地步，各個宗教的信徒水火不容，大多數人所信仰的基督教，更挾著廣大信徒為威赫，總是想著辦法要去消滅別的宗教（尤其是回教）。因此，在廣大的歐洲主要土地上，不是基督教信徒是無法見容於社會，即無法立足會被欺凌，因此，唯一能與神通話的教皇便代表上帝，成為能呼風喚雨的人，因此西方的皇帝只不過是擁有世俗權的統治者。相對於此，東方對於宗教的態度則寬容許多，無所謂信不信，更無所謂不入我門教便殺個你片甲不留；再者，東方的思想家——孔子之言：「子不語，怪、力、亂、神。」、「務民之義，敬鬼神而遠之，可謂知矣。」；還有在漢武帝時，建立儒家成為國家正統的董仲舒，以獨尊儒術來控制知識份子的思想，以及中國的皇帝早被化身為「天子」，即上天之子，因此，宗教在東西方的政治舞台上是大相逕庭。

中世紀的經濟發展，當市場與人口的流通性大增，加之以平民百姓甚或者是農奴可以改行轉換身分，以其本身的努力賺取金錢時，許多非貴族血統的商人便能因為財富的積累而與貴族在經濟上享有平等地位，雖然剛開始時，貴族和教會皆鄙視這些商業行為，但是，城市所能提供的稅收卻是如此的耀眼，再加上這種商業活動成為一種普遍的生活方式時，貴族也只能轉向鼓勵城市的發展。

---

[3]　西元 1077 年，神聖羅馬皇帝亨利四世被教皇格列哥里七世處以破門，千里迢迢來到卡諾沙城外赤足跪地二天三夜，才得到教皇格列哥里七世的原諒。

大學的興起

　　由於教會保存早期羅馬的教育制度，城市的興起和貿易的繁榮提供充裕的經濟，再加上商業的發展極需各種專業人員管理經營，大學因而產生，培訓各種專業人員。在義大利、西班牙、法國南部以學生為主的團體，學生組成協會自聘教師付給教師薪俸，專習法律或醫學；北歐以教師為主的組織團體，以藝術和神學為研究的主要課目，另有七藝的核心課程，包括文法、修辭、

中世紀的人們在演算數學

邏輯、算術、幾何、天文、音樂。大學的興起造成歐洲知識革命，奠定日後文藝復興的基礎。

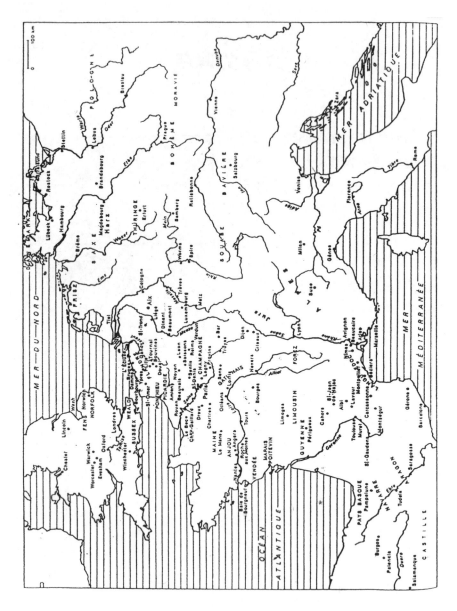

歐洲地圖（公元 1100～1300 年）

參考書目

外文部分

F. Vercauteren, conceptions et méthodes de l'histoire des villes médiévales au cours du dernier demi-siècle, dans *Rapports du XIIe Congrès int. des Sciences historiques*, Vienne, 1965.

H. Planitz, Die deutsche Stadt im Mittelaller, Graz-Cologne, 1954.

E. Ennen, Frügeschichte der europäischen Stadt, Bonn, 1953.

Recueils de la SociétéJean-Bodin, t. V: *La foire*, Bruxelles, 1953, et t. VI (1), *La ville*, Bruxelles, 1954.

A. Fanfani, *Storia economica*, 2e éd., Milan, 1965.

M. Bloch, *Esquisse d'une histoire monétaire de L'Europe*, 1954.

Y. Renouard, *Les villes d'Italie de la fin du Xe siècle au debut du XIVe siècle*, 1969.

Les villes au Moyen Age (dossier 52-70, Doc. française).

中文部分

《西洋全史（六）中古歐州（下）》，馮作民編著，燕京，民 64 年。

《簡明西洋中古史》，劉增泉譯，國立編譯館，民 84 年。

《歐洲文化史》，劉增泉譯，漢唐出版社，民 88 年。

《西洋中古史》，袁傳偉譯，五南圖書，民 78 年。

《西洋中古史》，王任光編著，國立編譯館，民 71 年。

《西洋文化史第三卷（中古下）》，劉景輝譯，學生書局，民 71 年。

《西洋中古史》，張學明譯，聯經，民 75 年。

《世界文明史之十二：黑暗時代與十字軍東征》，幼獅編譯部編譯，
　幼獅，民 69 年。

23

西歐諸國

日耳曼歷代皇帝視統一義大利為最大的目標，但都因為教皇的強悍而無法完成，羅馬教皇亦虎視眈眈地等待日耳曼皇帝衰弱或出錯，藉機控制日耳曼的政權。雖然日耳曼和義大利有統一的機會，但是，到底是由誰來擔任政權的指揮者，此點便紛擾或甚至危及兩國的和平與統一。

神聖羅馬帝國皇帝與羅馬教皇的戰爭

　　腓特烈一世或稱紅鬍子腓特烈（Frederick I, or Frederick Barbarossa，在位西元 1155～1190 年），為霍亨斯陶芬家族之一員，在法蘭克福會上，有兩派人馬競爭，一派來自斯華比亞霍亨斯陶芬家族的皇帝派，另一派則是得到拜恩的威爾夫家族所支持的教皇派。後來由腓特烈一世得到皇權，至西元 1125 年，兩派在整個日耳曼發生長期衝突。不過，仍有一些反對者趁機欲反抗，腓特烈一世為了弭平這種情形，便以斯華比亞為基地向南伸展，併吞勃艮地和義大利。首先，他把薩克森公爵的領地和日耳曼向東擴張的指揮權交還教皇派領袖雄獅亨利，並把斯華比亞賜封給前王康拉德的兒子亦名腓特烈，目的為了牽制亨利，並增加奧地利公爵和勃蘭登堡大熊亞爾伯的權力。但此舉未能阻止亨利的不滿，終在最後起兵反抗而被捕，被帝國流放之後仍不死心，又在另一次的反抗下遭到聖帝國議會剝奪所有財產，這才結束極為動盪不安的內部混亂政治。

　　西元 1156 年，腓特烈一世娶勃艮地公主珮曲理斯（Beatrice）為后，進而獲得勃艮地的統治權。接下來的目標便是統一義大利，腓特烈一世自稱是「羅馬人至高無上、神聖不可侵犯的皇帝，羅馬與全世界的皇帝和統治者」，亦即表示其恢復古羅馬帝國，由日耳曼人以基

督教原則領導整個基督教共和國，但此義大利政策還是失敗。因為除了羅馬教皇，還有來自北義倫巴底城邦和南部西西里王國的因素。倫巴底城邦在十一世紀後半葉，先後推翻主教控制的政府，並建立自治獨立的市政府。在俗人授職衝突時期，倫巴底城邦主教便支持亨利四世，因此當腓特烈一世南下義大利時，便遭到猛烈的反抗，尤其是米蘭這個最強大的城市。西西里王國理論上是教廷的采邑，西西里國王是教宗的附庸，日耳曼皇帝要把權力擴展到此更加不容易，尤其當米蘭城在對抗腓特烈一世時，西西里並未袖手旁觀，而是加入抵抗的陣容，教皇哈德良也公開支持米蘭，如此的南北牽制，腓特烈一世想要一統義大利還需要一段時間。

腓特烈一世的第一次遠征目的，是在平定羅馬叛變和接受皇冠。西元 1154 年出師義大利平定布雷沙人安諾德的叛亂，驅逐布雷沙人安諾德後，便於西元 1155 年，在羅馬聖彼得教堂接受教皇哈德良的加冕，成為羅馬皇帝。腓特烈一世在西元 1158 年的第二次遠征，乃因在第一次遠征米蘭時無法順利的征服，此次乃二度率軍進入義大利圍攻米蘭，有備而來的腓特烈一世在一個月的時間便使得米蘭投降，但因米蘭認為腓特烈破壞米蘭土地完整的保證，[1] 又奪取該城所屬的蒙查（Monza），經過三年的抵抗，米蘭還是不敵投降。腓特烈一世採取激烈的手段，不但遣散該城人民且將城民扣為人質，並放火燒毀米蘭，教皇哈德良提出抗議卻遭逐出羅馬。西元 1159 年，教皇哈德良逝世，亞歷山大三世被大部分樞機選為教皇，但有三位皇帝派的樞機反對，亞歷山大三世於是逃亡至西西里。

---

[1] 米蘭投降時，腓特烈一世批准，米蘭可以保有其獨立和土地的完整。但當腓特烈一世在隆卡里亞（Roncagila）召開帝國會議時，卻根據新興的羅馬法，發表所謂的「隆卡里亞聲明」，列舉皇帝的各種特權，包括徵稅、製幣、開礦等權利，並在每一城邦設置代表，總管城邦大權。米蘭乃再度反抗。

逃亡至西西里沙來諾（Salerno）的亞歷山大，仍不斷聯合義大利「反日耳曼」的力量對付腓特烈，後因日耳曼內部發生爭端，腓特烈於西元 1162 年北返後，米蘭又成為反抗勢力的中心，教皇亞歷山大亦回到羅馬，並聯合威尼斯、威洛那（Verona）、格里摩那與米蘭組成「倫巴聯盟」，陸續又有西西里和拜占庭加入，並在塔那羅（Tanaro）和多米加（Domica）兩河匯合地區建立一座「亞歷山大城」。腓特烈一世雖然率軍鎮壓卻無成效，後來更在第四次遠征義大利時，於西元 1176 年在雷那諾大敗，因而在次年簽訂「威尼斯和約」，承認亞歷山大為合法教皇，並在西元 1183 年正式簽訂「康士坦斯和約」（Peace of Constance），保證各個城邦的獨立，腓特烈的義大利政策也告結束。

　　雖然腓特烈一世的義大利政策失敗，但其外交政策卻是成功的，趁著西西里王威廉二世（William II，在位西元 1166～1189 年）和拜占庭失和之際，他幫助西西里王，教皇路西烏斯三世（Lucius III，西元 1181～1185 年）也因欲與帝國維持友善的關係，贊成西西里和日耳曼聯盟。西元 1184 年，腓特烈一世還安排王子亨利和西西里公主康士坦斯的婚事。這個政策是成功的，不僅以後的日耳曼皇帝亦是西西里王，更能因此牽制羅馬教皇，羅馬教皇被夾在中間，自然想盡辦法破壞西西里和日耳曼合併。

　　西元 1189 年腓特烈參加第三次十字軍，卻於渡河時不幸淹死，時值西元 1190 年。皇位由其子亨利第六（Henry VI，西元 1190～1197 年）繼位。

亨利六世與教皇英諾森三世

　　腓特烈一世為其子亨利六世撮合西西里王國女繼承人康士坦斯的婚姻，使羅馬教廷失去最強大的傳統盟友。亨利六世有一顆比其父更

大的雄心，他在日耳曼戰勝雄獅亨利的支持者，亦戰勝西西里島的反抗者坦克雷迪·德萊切（Tancrede De Leece，為西西里公主康士坦斯的姪兒、威廉一世的私生子）佔據西西里之後，更在西元 1193 年於奧地利俘虜英國獅心王理查，得到大筆贖金，亨利六世本欲遠征希臘和巴勒斯坦，卻在西元 1197 年逝世，年僅三十二歲。

亨利六世只留下一個三歲的兒子，即腓特烈二世和一個懦弱的皇后，使得有野心的人極欲搶奪皇位，羅馬教皇英諾森三世（西元 1198～1216 年）亦乘此機會擴大教宗的權力於皇帝之上。

腓特烈二世時的義大利帝國

腓特烈二世（Frederick II，西元 1211～1250 年）為一位才華洋溢並有語言天份的皇帝，同時也具有北蠻人的堅忍和日耳曼人的好鬥。他把來自地中海各國信奉基督教或伊斯蘭教的許多藝術家、醫生和學者、法學家和哲學家吸引到巴勒莫王宮裏。腓特烈二世一本過去日耳曼皇帝的政策，企圖控制義大利，可是，一開始便遭到羅馬教廷和倫巴底城邦的反對，繼位的羅馬教皇格列哥里九世（Gregory IX，西元 1227～1241 年）雖已屆八十歲高齡，卻仍有魄力。當西元 1215 年腓特烈接受日耳曼王位時，便要求腓特烈二世許諾要率領十字軍收復聖地，並且要分治西西里和日耳曼。當格列哥里派腓特烈參加十字軍時，腓特烈竟在出海不久又藉故折返，因而被教皇開除教籍。西元 1228 年，腓特烈二世又率軍東行，雖贏得耶路撒冷朝聖的特權，卻因與回教徒保持友善的外交關係而被再度開除教籍。兩年後教皇和腓特烈暫修「聖日瑪諾條約」（Treaty of San Germanom，西元 1230 年），腓特烈二世同意歸還所佔教皇的領土，和沒收的教會財產，並釋放被囚或充軍的主教、赦免所有支持教皇的人士。但西元 1231 年，腓特烈二世宣佈的「拉韋那宣言」（Declaration of Ravenna）卻是

「隆卡里亞聲明」的翻版，教皇格列哥里公開加入「倫巴底同盟」，領導反腓特烈二世的陣線。結果腓特烈二世大敗盟軍於哥代諾法，腓特烈二世於是繼續佔領中義大利和薩丁尼亞的教皇領土，不久，教皇格列哥里九世逝世，由腓特烈二世的好友依諾增繼位為教皇。

日耳曼和義大利的政治分裂

　　腓特烈二世死後，西元 1250～1273 年間為王位空位期，腓特烈二世的兒子康拉德四世（Conrad IV）和孫子康拉丁皆被別的貴族公爵反對，荷蘭貴族威廉為公認的國王，但日耳曼仍陷於無政府狀態，直到西元 1273 年，日耳曼貴族才選出哈布斯堡的魯道夫為國王（Rudolph of Hapsburg，西元 1273～1291 年）。魯道夫的統治預示著放棄帝位，他將西西里王國先給腓特烈二世的私生子曼弗雷德統治，再由羅馬教皇安插的安茹王查理統治。

　　在義大利，教皇派和皇帝派的鬥爭不像人們經常說的概括為羅馬教皇的支持者和皇帝的支持者之間的鬥爭。皇帝只能在義大利行使某些皇權，如果皇帝尊重教皇派每個城市的習俗，即某種政治地方主義，那麼教皇派便同意帝國的廣泛性。且倫巴底同盟只是一個利益團體，是一個應時的聯盟。其實，兩派別並沒有很鮮明的對立著，在佛羅倫斯，教皇派於西元 1215 年成為此城的主人，其受害者的家族便倚仗皇帝的權勢，使貴族之間的爭吵是不可避免的。此外，在托斯卡納，教皇派自己本身亦分裂成白派和黑派。

英國和法國

　　英國和法國自諾曼第公爵征服英格蘭之後，法王和英王之間便產生一些問題，英王在英格蘭的土地上是主宰者，但站在法蘭西的土地上則是必須臣屬於法王。英王在法蘭西的土地與日俱增，幾乎佔今日法國的三分之一，這對於法王來說是一大威脅。

英國

　　九、十世紀，英格蘭與丹麥人經過長期的爭鬥之後，成為統一的王國，但這並不意味盎格魯薩克遜人和丹麥人之間的差異會消失。丹麥居民仍住在這些土地上，並有他們自己的民族法律和傳統風俗習慣，盎格魯薩克遜人仍然生活在大莊園裏。

　　君主國的成功乃因有盎格魯薩克遜人的傳統，生活在郡縣中的自由民受共同的法律約束，由地方議會管理，理論上，君主由選舉產生，但合適的候選人卻僅限於阿佛烈大帝的後裔。在軍事上，國王征服蘇格蘭人和威爾斯人，以及遠征諾曼第和聖城，他們因而需要更加穩定的收入和經常性的服務，以及一支更加忠誠、更加守紀律的軍隊。國王的地產分布全英國，他讓每個有能力的英國人為他服兵役。由於阿佛烈朝代那至高無上的古老皇室權力未受到強而有力的威脅，因此英格蘭的分裂現象少於法國。

　　西元 1066 年，諾曼第人威廉征服英格蘭，改變十一世紀中葉英格蘭的歷史。威廉征服後面臨的第一件事便是軍事上的考驗，他受到來

自各方面敵人的威脅，北邊有蘇格蘭、西邊為威爾斯。威廉便把靠近蘇格蘭邊境東部海岸地區的諾森伯蘭郡作為中心采邑，賜封給一個諾曼大領主，又把郢邵達累姆賜封給達累姆主教。威廉又沿著威爾斯邊境建立三個中央集權的領地——切斯特伯爵領地、施魯斯伯里伯爵領地，以及赫里福德伯爵領地。威廉國王對於卡佩王朝君主制度的缺陷瞭若指掌，因而不想讓他的英格蘭成為卡佩王朝那樣的具有封建獨立性。西元 1086 年，威廉實施「土地清丈冊」或稱「末日裁判書」，調查全國土地、財產、牲畜和農民的總冊。威廉確立他的英格蘭權力後，也使得英格蘭成為一個安定而有秩序的王國。

亨利二世（Henry II，西元 1154～1189 年），為中古時代英格蘭最偉大的國王。他將領土擴展為英格蘭、諾曼第、安如、土倫（Touraine）、緬因（Maine）、亞奎丹、普瓦都（Poitou）以及部分的愛爾蘭，他在法蘭西的封土則佔今日法國全部面積的三分之一，超越卡佩王朝的領土數倍。不過，亨利只說法語，對英語一竅不通，一生大部分時間生活在歐陸，他重視法蘭西的各種頭銜。亨利為英國王權在行政和司法上創造許多有效的控制國家人民的工具。亨利二世為金雀花王朝（The Plantagenet Dynasty，西元 1154～1399 年）或稱「安茹王朝」（Angevin Dynasty）的開端。

亨利二世溺愛他的子女卻又不信任他們，導致父子和諸王之間有著不斷的叛變，讓法王路易七世和菲力普二世藉機奪取英王在法國的封土。而亨利在法國的安茹領土仍被保存下來後來由亨利二世的兒子獅心王理查（Richard the Lionheart，西元 1189～1199 年）繼承。亨利二世藉著「令狀」（Writs）、「裁判令」（Assizes）、「巡迴法官」（Itinerant justices）和「陪審」（Jury trial）等方法，促進王權的普及和增加國王的收入（這是亨利的主要目標），也間接削弱諸侯的權力和促成「公法」[2] 的成立。西元 1164 年，亨利通過克拉倫登（Clarendon）憲法，降服英國教會並排除教皇的控制，但卻與坎特伯

里大主教湯馬斯·貝克特發生一場衝突。西元 1170 年，湯馬斯被殺害，傳言是國王指使，國王為了平息眾怒，乃公開表示懺悔，坎特伯里因而變成英國最有名的朝聖之地。

英格蘭在獅心王理查的弟弟約翰王（John，西元 1199～1216 年）和約翰王之子亨利三世（Henry III，西元 1216～1272 年）的統治下，因迎戰卡佩王朝時遭到挫敗，再加上又歸順羅馬教皇，成為一種教皇監護關係，使得大貴族展開暴亂，大貴族在西元 1215 年強行執行大憲章，3 肯定英格蘭人政治上的初步自由。又在西元 1258 年，由西蒙·德·蒙福爾領導另一次暴動，通過牛津條款，4 決定每年舉行三次議會會議，並且在國王身邊設立一個常設委員會。議會的組成是王國的主教和各大修道院院長、世俗大貴族，後來還有市鎮代表如鄉村騎士、小鎮代表、富裕農民、自由民、商人的出席，能和大貴族共同決定各項政策。

愛德華一世（Edward I，西元 1272～1307 年）時不僅統一整個不列顛，還以立法程序鞏固王權，消除貴族和教會的分裂，重振王權。國王宣佈只要繳交兵役稅，便可以不用當兵，國王可以用這些兵役稅去請僱傭軍。西元 1285 年，溫切斯特法案則解除所有自由民的服役責任，徵募自由民的工作則由專門的公務人員來做。

---

2 公法即通行全國、人民共同遵守之法律。由「先例」（Precedents）和「慣例」（Customs）所產生。

3 大憲章可分為四部分：第一部分僅有一條，約翰保證尊重教會的一切權益。第二部分共十五條，有關國王與其附庸間的封建關係。第三部分有三十五條，有關中央政府應循的程序和措施。第四部分則規定由貴族組成二十五人委員會，代表全國監督國王。

4 牛津條款和大憲章有一個極大和重要的區別，大憲章規定二十五人委員會負責監督國王，使之不能超出法律範圍，亦即在法律範圍內，國王仍能獨立行動；但是，牛津條款則更進一步的表明，國王在法律範圍內亦不能獨立行動，必須受到人民代表的控制。此時之「人民」實為貴族之意。

愛德華二世（Edward II，西元 1307～1327 年）即位後，便因實力不足用人不當一再的寵幸佞臣，遭到貴族抗議，但愛德華二世並無任何改善行動，後由其王后伊薩伯和他的情人在西元 1326 年自法國率軍登陸英國，強迫其讓位給太子，愛德華二世不久便在監獄中被謀殺。其子愛德華三世（Edward III，西元 1327～1377 年）即位時才十四歲，他是一位剛直守法的國王，也在他的任內發生「百年戰爭」（The Hundred Year's War，西元 1337～1453 年）。

法國

卡佩王朝路易六世（Louis VI，西元 1108～1137 年）在其父親菲力普逝世前八年便已開始掌握政權，是一位有毅力的國王，但是，他與大封國的關係並不好，常與諾曼第公爵亨利發生戰爭，而且與法蘭德斯、安茹、布列塔尼、阿基坦等封侯之關係亦不穩定。路易七世（Louis VII，西元 1137～1180 年）繼位只維持小康的局面，他最憂心的對手便是英王亨利。尤其是在他的離婚妻子嫁給英王亨利之後，亞奎丹的主人也變成英王亨利。亞奎丹的易主對法王路易來說，構成很

路易六世

路易七世

大的威脅。路易七世也無實力對付英王亨利，他只好運用政治陰謀，如利用英王亨利與其三子不和而從中以金錢支持其三子反叛，讓他們父子自相殘殺，自己則坐收漁翁之利。

菲力・奧古斯都

菲力・奧古斯都接受教皇加冕

路易七世之子菲力普二世（Philip II，西元 1180～1223 年）依循其父的政策，支持亨利二世的兩個兒子理查和約翰叛亂。理查繼位後，支持其弟約翰反抗理查。又趁西元 1190 年理查參加十字軍東征時，奪取一些他的領地。西元 1199 年約翰即位，因奪取自己附庸拉瑪屈領主修・路西男的未婚妻，讓菲力普二世藉機沒收約翰在法國持有的封土。西元 1202 年，兩國發生戰爭，到了西元 1205 年，除了法國西南的格斯肯尼之外，菲力普佔領約翰的全部封土。英法在這段期間的衝突，讓法王菲力普擴張疆土亦增加不少收入。

菲力普四世（PhilipIV，西元 1285～1314 年）即位時卡佩王朝疆域，除了勃艮地、格斯肯尼、普房斯和洛林外，已包括今日法國的全部。他鞏固舊有的制度並創新改革，使王權脫離封建的束縛，他起用有專才的新人擔任職業公務員，開始官僚政治並用立法統治國家。

「全國三級會議」由菲力普四世正式召開，西元 1302 年，菲力普正和教宗鮑尼法斯八世發生衝突，因為需要全體人民的支持而召開；第二次是在西元 1308 年，菲力普四世推行反聖殿武士團的政策，希望能得到人民的諒解；第三次會議則是在西元 1314 年，為徵得人民通過新賦稅而召開。

英俊菲力與其家人

聖路易施捨窮人

英俊菲力

參考書目

外文部分

R. S. Lopez, *L'essor de l'Europe* (coll.《Destins du monde》), 1962.

F. Lot et R. Fawtier, *Histoire des institutions françaises au Moyen Age*, 3 vol. Parus, 1957-1962.

M. Pacaut, *Louis VII et son royaume*, 1964.

M. Pacaut, *Frédéric Barberousse*, 1967.

M. Bloch, *Les rois thaumaturges*, 1924.

R. Fawtier, *Les Capétiens et la France*, 1942.

L. Genicot, *Le XIIIe siècle europeen* (coll.《Nouvelle Clio》, n° 18), 1968.

R. Boutruche, *Seigneurie et feodalité,* t. II : *L'apogée (Xie-XIIIe siècles)*, Paris, 1970.

R.-H. Bautier, G. Labory, éd. Et trad. De : Helgaud de Fleury, *Epitoma vita regis Roberti Pii*, Paris, 1965.

A. Pauphilet, Ed. Pognon, éd. De J. de Joinville, *Histoire de saint Louis,* dans *Historiens et Chroniqueurs du Moyen Age*, Paris, 1952.

中文部分

《西洋全史（六）中古歐州（下）》，馮作民編著，燕京，民 64 年。

《簡明西洋中古史》，劉增泉譯，國立編譯館，民 84 年。

《歐洲文化史》，劉增泉譯，漢唐出版社，民 88 年。

《西洋中古史》，袁傳偉譯，五南圖書，民 78 年。

《西洋中古史》，王任光編著，國立編譯館，民 71 年。

《西洋文化史第三卷（中古下）》，劉景輝譯，學生書局，民 71 年。

《西洋中古史》，張學明譯，聯經，民 75 年。

《世界文明史之十二：黑暗時代與十字軍東征》，幼獅編譯部編譯，
  幼獅，民 69 年。

24

宗教和藝術生活

農業的革命，城市的發展，特別是經濟的起飛，產生新的社會結構，並出現新的共同精神面貌以及新的人生價值觀，這都是精神生活和藝術表達各種流派反映出的變化。中古全盛時期，人對宗教的態度有深遠改變，基督教初期的神祕與敬畏，轉變為充滿情感與動力的新態度，這個改變可以從教會的建築中看出。十二世紀末，緊依地面充滿世俗味道的仿羅馬式建築風格（Romanesquestyle）轉變為緊張、伸向高空的哥德式建築（Gothic）。從宗教觀點來看，羊毛工人的悲慘貧窮境遇，和商人、資產階級、貴族、批發商、工業鉅子的富裕生活，這種貧富差距的顯著，沈重地打擊人們的思想，在教會之中或之外激起新的追求。

異教興起

東方和西方的異教，在十二、十三世紀中，出現一些教派或異端，他們堅決反對等級制，與羅馬對立的態度，嚴重威脅西方基督教世界的宗教統一。一些熱衷於特殊教理的人，除了按照嚴格制度組織教派外，並且把一些新的信仰帶進基督教。

事實上，人們常引用東方的影響來解釋這些異教的產生。大部分異教似乎已在一些哲理或東方宗教信仰方面取得勝利的二元論學說，如在古波斯的祆教（Zoroastrianism），有靈魂學說及信鬼神者的教理等——一個創造天堂之福的上帝和一個創造大地、男人的罪惡的上帝，在兩者之間存在著對立和對抗，是善（光明）、惡（黑暗）兩神相對的觀念。從西元 1000 年起，一些編年史作者，如阿代馬爾‧德‧

夏巴納（Adh`emar de Chabannes）把摩尼教（Manicheism）[1]徒稱作阿坤廷（Aquitaine，法國西南部地區古名稱）的異端份子。當然，這是人們去敘利亞－巴勒斯坦旅行和朝聖的直接影響，或者是透過巴爾幹人由保加利亞鮑格米勒教會長期影響才產生的結果，在西方，異端份子往往是一些小人物或保加利亞人。不過，近期的研究，特別是莫爾根（R. Morghen）先生所作的，便否認了這些學說。此外，人們不能提供任何證據，也不能援引任何關於這種變化的文學或藝術的證明。

事實上，應該堅持具有教條和哲理特點的東方異教和具有民間性特點的西方異教之間的對立，前者首先是在某些醫生、博學者的狹小圈子中發展，後者則贏得一些受教育較少或目不識丁者的認同。

在各教派與宗教改革運動中，起初，是在研究一種新教理或特殊哲理思辨時，被列入格列哥里宗教改革運動期的範圍（需要純潔，尊重新教生活制度，與非常嚴格的精神需求），對西方首批出現的異教並不在意。在下幾個世紀，這些異教（或教會）的二元論，如同鮑格米勒派的二元論那樣，似乎相當緩和，缺乏真正的教理嚴肅性，不是實實在在地在萬物的性質和人性方面，而是在其態度和精神生活方面表示善與惡之間的對立。因此，首先在眾多的異教中出現宗教改革運動浪潮，特別是在義大利的中部及北部，這種浪潮比較兇猛，表示忠於皇帝派，反對犯有買賣聖物罪的主教在米蘭。帕塔林（Patarin，義大利米蘭和倫巴底地區宗教運動份子）異教徒在西元 1050～1070 年間非常活躍，得到羅馬和格列哥里七世（GrégoiveVII）的有力支持，第一任領袖安塞爾梅‧德‧巴焦（Anselme de Baggio）稍後成為羅馬教

---

[1] 一個傳播波斯遺產的宗教，創始者為摩尼（Mani），教義為絕對二元論，善、惡二神將世界分為二個敵對的領域，精神（神）與物質（撒旦），人類應藉長期的齋戒與苦行克制情慾，並禁結婚，摩尼教經基督教轉化後，形成早期教會中一項重要的宗派。

皇亞歷山大二世（西元 1061～1073 年）。

　　這次宗教改革運動中，其力量來源為在近期才住到都市中貧窮的紡織工人，而不吸收家庭範圍甚至教會範圍內的人員，用當時人的稱呼，這些帕塔林派都是窮鬼。一個世紀之後，米蘭的卑微者教派也把羊毛工人、貧窮的人聚集在一起。

　　反羅馬的異教份子，與羅馬斷絕關係開始於帕塔林派，並在西元 1100 年代拒絕承認犯有買賣聖物罪的神父主持聖事的有效性。因此，從那個時候，異教份子開始譴責他們的學說和行為，其特點是異端性的，明確反對羅馬和反對等級制度。

　　更晚一些時候，一些真正異教發展起來，並且擴大到整個西方。他們宣稱必須進行道德方面的更新，並因此延續格列哥里宗教改革運動的衝突，支持這種宗教改革運動的修士，通過他們的說教，在卑微者中間宣傳這種革新願望。這往往表現在對早期福音基督教（被認為是純法典範）的懷念上，反映了渴望恢復舊的道德秩序（基督教最初時期的那種秩序）。無論怎樣，這些異教拒絕去指定的教會，拒絕做彌撒和領聖體，拒絕任何一個羅馬教士，拒絕向聖母瑪麗亞和聖人禮拜。這些新的宗教，嚴格地依賴「新約」的某種解釋，從社會觀點來看，盡善盡美的意味著拋棄世間的善事。

　　自西元 1100 年起，教會以外的所有西方異教都用純潔這個字眼，這個字眼比較適用於帕塔林派，然後適合於義大利的所有教派，例如在波隆納就是這樣。在托斯卡納和翁布里亞，這些純潔派變得很多而活躍，仍佔據著阿西西·錫耶納的法官職位，把奧爾維耶托變成「真正的異教要塞」。當羅馬及其信徒成功地在那裏選擇一名決心與異教對抗的最高行政官之後，群眾就綁架並殺害他（西元 1119 年）。

　　在朗格多克（Languedoc），人們指控不信改革運動的神職人員犯了奢侈腐化罪，於是純潔派的教理宣傳，在許多階層取得積極的成果。在城市貧民中是如此，在資產階級，甚至大領主中亦是如此。大

約在西元 1200 年，阿爾比教派的純潔派修院經常犧牲羅馬教會，並抗拒羅馬教皇想再征服之企圖。

異教教會的建立

　　這些宗教派別不能全被視為單純、自發性、民間性的及無政府主義的運動。事實上，某些教派組合成一些真正教會，超出某個省的範圍。在里昂，一名富商皮埃爾‧瓦爾多，受西元 1176 年饑荒中卑微者的悲慘生活所感動，以及城中修士傳教的影響，他棄絕紅塵，把里昂的窮人和眾多信徒聚集在他周圍。這些人在義大利卑微者教派幫助下，立即宣傳他的教理。伏多瓦教派（西元 1185 年被逐出教會）在西班牙和法國阿爾卑斯地區勢力顯得特別強大，他們雖然屢遭迫害，仍堅持在伏多瓦河谷地區，他們的教會不排斥任何宗教職務品級，年長的擔任要職，並領導年輕的教士，人們能把那些宣誓苦行僧（voeu de pauvadi）的真正信徒（窮苦人）與普通信徒區別。

　　阿爾比教派明確地指出純派（或完美派、純潔派）許願於神和基督教派間的差別，前者以完全放棄人間幸福而著稱，基督教徒則經常只在領受死亡聖事時才履行齋戒。完美派領導著修院，並組成一個真正的教會，法國、義大利、達爾馬提和東方的各種純潔派教會在共同反對羅馬方面團結一致。稍晚時候，人們還明確地指出有這方面的組織：純潔派在托斯卡納的波吉邦西（Poggibonsi），聖吉米利亞諾和阿爾諾河畔的波皮開辦一些學校。此外，在托斯卡納等地的純潔派主教，把他的管轄範圍擴大到格羅塞托和阿雷佐，事實上擴大到整個省。西元 1218 年，在威洛納召開一次窮人大會。

　　接著，起初為民間和自發性運動的各種異教均按照其自己等級制

度，以教會的形式確立。

托缽修會

其成員畢生守貧，致力於傳教與慈善活動，他們反對隱居的修道生活，因此在世俗裏，特別在城市中從事宗教工作。他們吸引十三世紀基督教世界的力量，向歐洲城市的市民證明正統基督是與他們相關及可信的，因此，他們吸收很多原本支持異端的城市居民。他們的守貧同於本篤修士的守貧，但是，其修會亦守貧，是不同於本篤會的獲致巨富。

法蘭西斯派

法蘭西斯（Francois d'Assise，義大利人）為一呢絨富商的兒子，西元 1206 年他離家出走，過起隱居生活。他把接受他窮貧教規（即法蘭西斯派教規）的信徒聚集在他周圍，西元 1210 年英諾森三世教皇批准創立法蘭西斯派。自那時起，忠於太平和純潔的新教思想的法蘭西斯派（貧窮修士和靠施捨生活的托缽僧）在整個義大利進行傳教活動。西元 1215 年法蘭西斯派召開首次教務會（premier chapilie）全體會議，後來法蘭西斯派在法國、英國和西方國家紮根。

法蘭西斯的生活在整個基督教國家中產生巨大的反應。在長時間內，他的生活給西方羅馬教會及宗教生活方式留下深刻的烙印。然而，他的事蹟和意義往往被誤解和過於簡化。西元 1955 年，薩爾瓦托雷利（L. Salvatorelli）對法蘭西斯的事蹟進行比較細膩的分析，使法蘭西斯主義回到當時宗教生活和教會政治生活中。人們曾錯誤地把聖人法蘭西斯說成是一個決心棄絕紅塵，以苦行僧甚至宗教幻想者的身分而獨居，反對任何社會生活方式和任何等級制度的隱修教士。近兩

個世紀以來，要求進行教會改革的所有宗教派別中，人們也許看到，棄絕塵世利益的克己生活，清貧、純潔的願望，人類的相愛，特別是卑微者的愛，聯絡著修士兄弟般的關係。

法蘭西斯或其他的某些信徒可能受到外在的強烈影響，例如卡拉布里亞的西都會修士約阿基姆‧德菲奧雷便受很大的影響，他是逃到拉錫拉高原上隱修的教士。但是，猛烈批評當時的道德，嚴斥神職人員腐化墮落的約阿基姆，只不過是一名心地狹隘的教士，他組織的修會只取得非常有限的成功，法蘭西斯派分佈在全世界。確切地說，這是因為，法蘭西斯主義深刻的獨創性在於法蘭西斯主義不是一種摧毀性的暴亂運動，其活動及其修士的言論不含任何批評性。相反地，法蘭西斯主義被列入教皇的著作中，特別是英諾森二世所欠缺的關於恢復教會的精神生活。如同各種新宗教修會的創始人，隱修教士和修士為羅馬教廷服務那樣，法蘭西斯主義也被羅馬教廷利用。

其不僅向鄉村中的卑微者說教，而且還向城裏的卑微者說教。西元 1201 年，羅馬教皇支持一個在地毯企業做工的卑微者、修士參加的卑微者修會，因為這個修會服從羅馬教廷的領導，並成功地反對異端的卑微者教派。不久之後，英諾森三世保護倫巴底地區，窮人組織的羅馬天主教組織（西元 1208 年）和優多瓦教派（西元 1210 年）。羅馬教皇對法蘭西斯派的支持亦為此種政策。法蘭西斯說服一個有勢力的朋友來作該會的保護者，此人為烏戈利諾‧德孔蒂（Ugolino de Conti）紅衣主教，後來成為格列哥里九世（Pope Gregory IX），法蘭西斯主義和教廷的關係才被肯定。在格列哥里九世的倡議下，西元 1220 年制定一套正式規條，為修會提供一定程度的行政架構。這套教條規定，新入會者要經過一段「試修期」，經過「試修期」後，他要立下終身遵守的誓言，這套規則放鬆絕對貧窮的原則。西元 1223 年，又制定一套更短、更鬆的教條。法蘭西斯死於西元 1228 年，兩年後，紅衣主教將他封為聖人。

對紅塵不感興趣的法蘭西斯成了征服者於宗教信仰和事業服務的傳教士。他年輕時，為了反對佩魯賈戰爭，曾在阿西西部隊中戰鬥過，為了反對普利亞地區皇帝，在羅馬教皇的部隊中戰鬥過。又企圖到達聖地（西班牙），後來去埃及聖地的願望落空之後，一些不信教的人信仰宗教的主張指引了他。從該世紀中葉起，法蘭西斯派（Le Franciscains）修士訪問波斯和中國。西方修會致力於從精神征服（更經常的是心靈重建）民眾。特別是法蘭西斯通過說教來表明一種新的靈感（E. Delarvelle，德拉紳埃爾所指出）。他的父親長期生活在亞維農，因此，法國文化，特別是十二、十三世紀的行吟詩人們對他產生很大的影響。他想成為「上帝的行吟詩人」，他的說教以「熱情奔放」而告結束。法蘭西斯派修士還翻譯《僕人的愛好》和《風景的鑑賞》，這些書使他們變得更接近人民。西元 1224 年，法蘭西斯在一個山洞中首次慶祝聖誕節，他的世界觀與其說是神職性的，還不如說是世俗性的，是那個時代人的世界觀，他對大自然亦有愛，如在讚美太陽的讚美歌中反映了這種愛，這與佛羅倫斯市民的愛完全一致。

在菲奧雷蒂（法蘭西斯的信徒，馬爾凱人）用騎士小說的方式撰寫關於他生活傳奇的小說中，我們也看到這種特點，這些新意。在聖人博納文圖的《沈思錄》裏（西元 1221～1274 年間），特別是在熱那亞大主教雅克・德沃拉吉內（西元 1230～1298 年）的著名聖徒傳中，我們也看到了這種特點，他為豐富當時肖像學而作出貢獻。後來，在用通俗語言和自由詩句寫成詩歌般的頌讚經中一樣，在義大利，這些詩歌般的頌讚經來源於神祕劇和宗教戲劇。

聖克萊爾修會的修女（即法蘭西斯派的修女）在西元 1212 年和天主教中的第三位苦修修士吸收俗民，並讓他們參加普通的工作，廣泛地展開法蘭西斯派的說教工作。經教育使此種精神征服達到另一種程度，西方各國都成立法蘭西斯派的學習機構，法蘭西斯派的神學家，博納文圖裏聖人，敦・斯科特（Duw Scott），紀洛姆・多卡姆

（Guillaume d'Occam）出現在各大學，特別是在巴黎各大學授課。最後，法蘭西斯派的修士積極參加鎮壓異教的活動。在宗教裁判所中，法蘭西斯派的修士（修女），比多米尼克派的修士（修女）多而且影響也大。

多米尼克派

多米尼克派的前身及其性質似乎比較容易確定。首先，這是一個戰鬥的修會，原來目的是減少阿爾比教派的邪說。西班牙的議事司鐸多米尼克（Dominic，西元 1170～1221 年）與他的主教越過朗格多克，共同完成丹麥之行。對於純潔派的發展及其努力，他為之震動，於是就回來，試圖通過說教讓純潔派改變宗教信仰。他的信徒很快便為羅馬服務，多米尼克派先被英諾森三世接受，然後於西元 1216 年被霍諾里島斯三世所確定，在西元 1220 年召開第一次全體教務會議。事實上，如果多米尼克派遵守奧古斯丁的教規，那麼生活方式甚至風格都會使它在許多方面更接近法蘭西斯派的生活方式和風格。甚至在西元 1206 年，法蘭西斯離開他父親的家鄉時，多米尼克便在純潔派的家鄉佛朗若克斯（Franjeaux）附近創辦他的第一所普魯瓦爾（Prouille）隱修院。多米尼克派要求給淪為貧窮的人進行施捨，分擔人民的困苦處境，並為異教徒樹立一種福音生活的形象，這與完美派的生活一樣純潔。他們比法蘭西斯派更加深入群眾中說教，由此產生佈道兄弟會這個名字。他們的說教往往證明所用的另一種作法，確切地說，這就是盡力去說服，去表明不是去激勵，但是情況也有不同，他們反對異端。

聖奧古斯丁修會

新的隱修主義發展表示宗教生活的某種更新。西元 1230～1240 年間，特別是在義大利，在一些地處城外非常簡陋的建築物內，成立一些小的社團，過著一種苦行僧的生活，某些人遵守宗教生活的教規。西元 1243 年，羅馬教皇英諾森四世組織托斯卡納的隱修教士，強迫他們服從聖奧古斯丁的教規，並且在羅馬聖瑪麗亞·德爾·波波洛（Santa Maria Del Popolo）修道院裏建立新的修會。該修會擴大到整個義大利，然後整個西方，在監護人紅衣主教的管理下，修會在各教省逐步走上正軌（西元 1245 年有十七個教省，西元 1329 年有二十四個教省），並召開一些總教務會議，西元 1287 年在佛羅倫斯，西元 1290 年在拉蒂斯邦，西元 1309 年克雷蒂五世准許成立二十個新的修道院，法國六個，英國三個。這是教皇政策成功地組織並控制起初為自發性的宗教改革運動的一個明顯的新典範。

十字軍東征和羅馬的再征服

通過多米尼克派的說教，進行和平再征服，在西元 1208 年羅馬教皇的特使皮爾·德卡斯特爾諾被殺害之時，似乎取得進度，出現一些改變宗教信仰的現象。當時，英諾森三世決定進行粗暴的干預。他指責圖盧茲伯爵雷蒙六世是兇案的主謀，並施以開除教籍的處罰，並對他們進行十字軍東征，成員主要是北方的一些法國人。這支十字軍鼓吹和針對西方異教徒，他的組成很像西班牙或東方的十字軍東征。卡佩王朝（The Capetian Dynasty，西元 987～1328 年）的政治利益在此

更顯得重要。殘酷的戰爭累積人們對抗甚至憎恨的心理，進一步地加深這次戰爭，它把對新封地的貪婪騎士和前來奪得窮苦群眾帶到南方的富地，一如每次民間十字軍東征那樣，城市遭到洗劫、偷竊並被毫不憐憫地進行屠殺的人所控制（如西元 1213 年的貝濟耶大洗劫）。雖然遭到猛烈的抵抗，並且得到亞拉岡的增援，此方軍隊還是取得勝利（西元 1213 年米雷戰役），並且到處追捕純潔派，可是他們已逃到其要塞蒙塞居爾（Montsegur）。

　　戰鬥已結束，剩下的是在一個遭破壞且情緒極度對立的國家著手進行精神上的再征服。此項工作首先由多米尼克派開始，即在圖盧茲新大學擔任新的說教者和教師，該大學是羅馬教皇之副執政官，於西元 1229 年強行創辦。雅各宴派（即多米尼克派）大修道院把教師和學生聚在其內院或者大花園中，它還接待修會的各項總教務會會議，圖盧茲因此像一個多米尼克派的首都。教堂的大殿中，即在朗格多克的哥德式大建築物中，修士和信徒一起望彌撒和聽說教。

　　自西元 1229 年起至主教普通法庭首先領導鎮壓，此鎮壓工作由宗教審判特別法庭進行，這法庭是由格列哥里九世創辦的新機構，委託主教或者多米尼克派掌管。宗教審判的橫行，正如《浪漫》故事所敘述的那樣，該所的法官可能仿效當時其他法庭（特別是圖盧茲的伯爵法庭）施用酷刑，他們不斷地審訊並沒收財產。他們的訴訟在民眾和領主之中引起強烈的反響。西元 1243 年 5 月 28 日有名悲慘事件就是這樣：阿維尼奧內（Avignonnet）城堡中，十來名法庭人員被可能是來自蒙塞居爾的一批人殺害，這次慘案是由圖盧茲和洛拉蓋的幾位貴族主導。事實上，被判為俗權（即不受修道誓約約束的權利）和走向柴堆（古代用以燒死犯人的柴堆）的罪犯，比起牢中的囚犯要少得多（西元 1150～1257 年中，圖盧茲的 306 名囚犯中只有 21 名），比起其他地區（皮卡第和香檳地區）或者其他年代（西元 1320 年代朗格多克的貝甘人相比）更少。特別是，宗教裁判所透過沒收和出賣土地，

造成土地大量轉讓，多薩特（Y. Dossat）這樣指出。另一方面，小處
罰（罰款或勞動）非常多，都用於教堂重建（例如在拉沃爾‧納雅克
的聖址），這些教堂都是按佈道兄弟會修士的審美觀建造，他們恢復
聖貝爾納反對豪華的仿羅馬風格的主張。當時法國哥德式建築嚴肅樸
素的風格，戰勝南方仿羅馬風格的幻想性和豐富性，贏得此方式顯然
意味著精神的再征服。

哥德式的藝術風格和特點

中古藝術最偉大的部分是建築，而藝術則為教會服務。十二及十

拜占庭式教堂建築

中世紀的教堂彩繪玻璃

三世紀教會的典型建築是「大教堂」（la cathedrale）。大教堂乃是都
市革命、是財富的遞增、城市公民的自豪感、城市人強烈宗教敬意的
產物。信徒們在大教堂裏進行聖事儀式，同時教會透過教堂的雕像、
淺浮雕、壁畫及彩繪玻璃等活教材，來講述教義和基督教聖人在歷史

中世紀的教堂

上的故事。大教堂的哥德式新型風格，與羅馬傳統風格（Romanesque），形成明顯的對照。這兩種風格很容易區別開來，而且表明了很不相同的觀念和倫理。由羅馬式而至哥德式的轉變，反映出文學、宗教情操以及貴族生活風格趨向感性及浪漫色彩。羅馬式建築大體上傾向於早期基督教的敬虔與英雄史詩的雄邁力量；哥德式風格則充滿戲劇性、向上聳拔，充滿企望，具昇華感性，是不能用簡單的建築原理來說明哥德式風格的。

自西元 1150 年，繼蘇熱爾（Suger）建造的而且多次改建的聖但尼修道院之後，出現了法蘭西島的首批哥德式大教堂——蔡斯大教堂，於西元 1140～1164 年間由該教堂大主教亨利（綽號野豬）領導建造；此外，努瓦永教堂（西元 1155 年建造）、桑利大教堂（祭壇建於西元 1153～1108 年間）、拉昂大教堂（約建於西元 1160～1220 年間）、巴黎聖母院（祭壇建於西元 1163～1182 年

佛羅倫斯大教堂

間）、斯瓦松大教堂（祭壇建於西元 1177～1267 年間），這些大教堂都是人們當時稱為早期哥德風格的建築。

較晚時，由於建造三座具有代表性的教堂，從而使教堂旳藝術風格朝向完美型，無論如何是勻稱型的方向發展，以下這三座教堂的影響是巨大的。

沙特爾大教堂：西元 1194 年的火災使其只剩下西面、正面建築，殿堂和祭壇於西元 1220 年完工，教堂完工於西元 1260 年。

蘭斯大教堂：西元 1210 年燒毀，祭壇於西元 1240 年完工，殿堂大約在西元 1310 年完工。

亞眠大教堂：西元 1218 年燒毀，殿堂西元 1220 年至 1230 年間完成，祭壇直至西元 1269 年才完成。人們自然認為這一座大教堂是傳統哥德藝術風格之頂峰，是座和諧而勻稱的傑出建築物。

在這同一時期或稍晚，出現巴黎的哥德式風格，一種較注重裝飾的風格反映了某種典雅，人們往往稱之為輻射狀哥德式風格。這風格首先反映在如下建築物上：聖母瑪莉亞的小教堂、聖日耳曼－德普雷（Saint-Germain-des-Pres）的餐廳，聖母院側面的小教堂其耳堂後兩根橫樑，特別是聖夏佩爾的宮殿小教堂以及盛聖人遺

法國普提耶聖母院

骸的盒子（西元 1245～1248 年）。博韋（Beauvais）祭壇，西元 1225 年燒毀，西元 1278 年建造，於 1284 年倒塌，直到西元 1324 年才繼續重建。皮卡第的教堂和香檳地區的教堂（特普瓦的聖於爾班教堂）直

接吸收法國或巴黎的模式。布爾日大教堂（西元 1209～1270 年），受巴黎影響也非常明顯，然而它卻表現出對較古老形式的喜愛，並在建築裝飾方面顯得更變化多端。

中世紀教堂
屋頂上的彩繪

總之，典雅式早期建築的這種變化，其特點如下：第一，教堂中與大堂十字交叉的耳堂排列不再向外突出，祭壇的深度也增加不少，典雅的小教堂層出不窮（沙特爾五座，亞眠七座，曼斯十三座）。

第二，拱頂較高：巴黎三十二米，沙特爾三十七米，亞眠四十二米，博韋四十八米，一些較古老的，往往總是兩層的牆面上散開的拱扶垛（飛扶壁，Flying buttress）使高處景緻更具特性和更加突出。

第三，增加彩繪玻璃（Stained glass）和增開一些洞孔。在努瓦永和拉昂，內部增高還包括四個層次：大的連拱廊，廊台，樓廊三聯拱窗，高窗戶，人們只能見到三個層次。約自西元 1250 年起，例如在博韋樓廊三聯拱窗變為狹窄的廊台，幾乎把大的連拱廊同高窗戶分離開來。

哥德式建築

中世紀的鑲嵌畫

查理曼（彩繪玻璃）

聖路易（彩繪玻璃）

　　第四，建築物正面顯得富麗堂皇。正門之上，有大門三角楣，即鏤空的大玫瑰花飾，因此產生典雅這個字，一個或二個帶雕像的廊台。

　　雕花裝飾，特別是對建築物正面的雕花裝飾也有變化：一方面，在同樣的裝飾觀念中，首批大教堂恢復羅馬風格的傳統，而且是讓正

門的三角楣表現一些重要的形象化的場面，如最後的審判及聖母瑪麗亞的生活場面。所有這些佈局經常是按照具體的圖表來排列的，如建物北面牆上有《舊約》，南面牆上有《新約》，西面主正面牆上有聖母瑪麗亞的生活場面。但是，在蘭斯，另外一種觀念佔上風，有裝飾的大門三角楣消失，只在門的兩面的三角楣和門側柱上飾以一些雕花，人們看到的是面對面的，相互對稱而頗具寓意的大雕像。

西班牙東北部地區
英國白塔　　　　　　加泰羅尼亞的中世紀壁畫

　　另一方面，在主題選擇及其表現方面，在很長的時間中，哥德風格的雕花表明某種理想主義色彩，拒絕美麗景色、幻想和奔放。這些雕花與其說展現一些肖像，不如說是一些典型的人物，如皇帝、伊斯蘭教創立人穆罕默德等，這些雕像人物裝模作樣地在教育和勸說別人，臉上毫無激動之情，他們在講述人類知識的真正概論，在上基督教的教理課。非宗教的主題（日曆、妖怪和動物）被丟棄後而換之為牆裙的圓雕飾，或者被置於建物高處（欄杆，甚至排水槽）。相反的，到了西元 1260～1280 年間，人的形象佔上風。人們把耶穌受難與

基督對照起來，耶穌受難像出現在正面建築物上（在蘭斯，西元1285年）。在拜占庭的影響下，人們用新的主題、風景圖畫和軼事畫豐富基督肖像學，這些畫幾乎都是取材於東方傳說和偽福音，法蘭西斯主義促使這種變化。在這同一時期，對聖母瑪麗亞的禮拜更加具體化，經西都會修士和聖貝爾納的說教，使禮拜更具激情，如聖母往見瞻禮的場面、聖安娜和聖若阿基姆的生活場面、舉行婚禮的場面和加冕禮場面。

哥德式的特點

與其用簡單的裝飾基礎知識或用建築技術來說明哥德藝術的特點，不如用符合當時藝術創造的一種全新概念來說明其特別情況的特點。事實上，這是一種北方藝術，它首先出現在王宮領域，聖但尼和沙特爾地區以及法蘭西島地區的教堂中，這種藝術贏得法國的北方各省，然後稍晚些時候慢慢地採納某些很原始的地方形式，即南方形式。這種藝術恢復北方羅馬風格的傳統風格，即紀念性大教堂的傳統風格，以比石材拱頂輕得多的木質構架覆蓋在非常堂皇的大殿上。建築物正面的高大塔樓也仍然繼承了這些加洛林王朝之後的大教堂之風格，然後便是北方仿羅馬風格。在諾曼第地區，哥德式風格的最初表現往往是用交叉穹窿式的石料拱頂取代火災時多次被燒毀的木質物架。

這是一種王室藝術風格，這種藝術出現在君主制和法國完成領土統一之時。在某種意義上說，哥德式風格的進步發展是隨著王室政府的進步發展而前進的，因此，巴黎盆地的風格戰勝各省的風格。不管怎樣，至少對於宗教建築物來說，法國的藝術風格，便得到某種特一的觀念和風格形式非常多變的羅馬風格（封建公國的藝術風格）形成鮮明的對照。

此外，自西元 1250 年起，例如聖夏佩爾（Sainte-Chadelle）式的巴黎藝術形式，預示著一種比較講究的新形式──王宮形式。

　　這是一種城市藝術風格，適合經濟生活、財富、精神和藝術活動的中心，即城市的發展，也是大教堂的時代，然後是多米尼克派或法蘭西斯派各修會的時代。在主教和教堂財產管理機構或慈善機構（由一些世俗教徒、有名商人控制管理）的領導下建造的各大教堂，象徵著城市的新財富，這些大教堂迫使所有的人奉獻巨大的財富。教堂在社會生活（它的某方面往往被忽視）中佔據重要的位置，教堂不只是禮拜的場所，不僅在彌撒及祈禱之時，把附近周圍的居民聚集起來，而且還接待來聽說教和唱詩，欣賞儀式列和禮拜儀式上的舞蹈（人們從中看到豪華的服裝和裝飾品）的群眾。這些人參加一些重大莊嚴的節日活動（有時也參加一些可笑的活動），他們首先在教堂大殿觀看，然後再到教堂前面廣場上，首次演出的宗教戲劇，是中世紀的神祕劇。因此，大教堂成了整個城市（甚至比城市更廣泛的）居民的庇護所，像神廟、廣場（古羅馬城市舉行集會的那種）、劇場或者甚至在古羅馬城中的競技場那樣，教堂可以使城內的人們確認教堂，不反

中世紀的教堂（教堂後渡的圓室）

中世紀的教堂（正門入口處）

對它們，而且其威望影響著周圍的村民。教堂是重新復興這種城市文明的重要因素之一。

　　從這最後一點來看，教堂可以被看成是資產階級藝術表現，它們反映一個新社會階層的精神風貌和願望。既然把哥德風格的特點和這城市階層聯在一起，顯得過分了些，那哥德式的倫理絕對表明另一種精神狀態。建築物上奔放的景物（大殿、箭、小尖塔和鐘樓、細長的窗戶）和採光（由於大型彩繪玻璃窗使所有的玻璃閃著幾乎始終是五彩十色的光芒），就特別突出這一點。例如在聖夏佩爾式建築物上的窗戶達一百六十四個，約二千六百平方（用水晶玻璃般珍貴而透明的石料砌成），教堂成了天堂耶路撒冷的實實在在的形象，「啟示錄」最後聖歌中的形象就是這樣燦爛奪目和勝利者的形象。

尖型拱頂的優缺爭論

　　尖拱：這是用於窗戶開口或拱頂外形的折線拱。在近期仿羅馬風格中，這些外形已經變化多端而且往往是折線拱。至少在這個時期快

哥德式建築的尖拱頂

波爾多哥德式教堂

要結束時候，哥德式的風格本身採用一些比簡單尖型更複雜的形式。

交叉穹窿（Cross-dome）：通過兩個帶有垂直軸拱頂的穿入而形成的交叉拱穹，讓其顯出對角脊。交叉穹窿是由交叉拱穹的凸肋而形成的，交叉穹窿在拱頂關鍵部位相互交叉。

傳統的理論家維奧萊·勒迪克（Violet-le-Duc），與德拉斯泰里（R. de Lasteyric）、昂拉爾（C. Enlart）、奧貝爾（M. Aubert）至今仍然這樣斷言：這種交叉穹窿甚至是哥德式風格的精華。建造在拱頂前面的交叉穹窿承受著所有重量，並差不多把衝力引向表面（拱頂覆蓋著跨度面）的四個角。在這些確定的部位，人們因此可以樹立一些粗的支柱和旁撐。在這些支柱間，衝力可能是非常微弱的，這就可讓人們開一些大而高的窗戶並使建築物充分採光。此外，交叉穹窿（大教堂的支柱）使人們可建造一些比羅馬時代更加大膽的拱頂。自西元1934年起，這種將建築物的總風格和哥德式風格的新美學建立在一種特別技術基礎上的理論，遭到亞伯拉罕（P. Abraham）抨擊，他否認交叉穹窿所特有的所有效用。他指出：

> 這些肋的剖面與拱頂的尺寸和重量是絕對不成比例；因為若要使肋能「承受」拱頂的重量，必須使它們成比例。事實上，這些肋的剖面對於二十平方米邊緣的跨度和二百平方米耳堂的跨度來說都是一樣的。隨著時間的推移，人們發現在靠近關鍵部位的地方，交叉穹窿的各種石材之間出現一些縫隙（即空間）。這些肋永遠不能「支撐」拱頂，而且，再也不能依靠自身的力量支撐，因為它們貼靠在拱頂上。

因此，亞伯拉罕只對拱頂的「穿入」，同時也對交叉穹窿給予很大的重視，羅馬時代的泥瓦工都很熟悉交叉穹窿。於是，交叉穹窿只

是一種裝飾而已，當時或許被認為是這樣的：適應藝術的技術不是技術，服從技術的藝術才是真正的藝術。

　　絲毫未得到證明的是，當時的人們從這種突出的交叉穹窿中，不僅看到特別令人愉悅的，漂亮的形式，而且還看到其他的東西。緊接著，由於不帶其他外形的風格發生變化而不斷地增加肋條，其實完全不必要。另一方面，自從有了迪・科隆比埃（P. Du Colombier）工程之後，人們可以認為當時的泥瓦工不是一名「建築師」，而是一名有能力或者喜歡計算力量和衝力的幾何學家。泥瓦工實際上是在沒有真正有比例的圖樣情況下全憑經驗。這種經驗主義說明必須更改最初的設想，必須增加一些支柱和旁撐，必須加強十分不牢靠的拱頂。這

中世紀哥德式建築
（米蘭大教堂）

些不得已的作法不符合一種科學「唯理論」的思想；哥德時代的建築師有時不會預料災難，因而有博韋（Beauvais）教堂內的祭壇倒塌了。

　　肋拱、尖拱及飛拱等哥德式創新，產生令人震驚的效果，使人錯以為石頂拱撐在玻璃牆上。新教堂向高空伸展，好像要反抗地心引力，不再受地面限制，直趨天堂。人像也不必擠在拱頂上，只須排列於教堂外壁的壁龕裏。哥德式教堂把許多不同的藝術揉合在一起，結合為一，為基督教的核心儀式提供一個壯麗的背景。

知識份子生活

　　中古時代，教會不只是知識生活的中心，而且也是學校教育的獨占者。十二世紀以前，西方學術的中心先是修道院學校，繼之是主教座堂學校（Cathedral shools）。十二世紀以後，學術的中心移到大學，但大學是由主教座堂學校蛻變而來的，因此說教會學校是中古文化的搖籃實不為過。

主教辦的學校

中世紀的學校

　　克呂尼的宗教新思想，還有西多（Citeaux）的宗教思想都進一步強調祈禱和體力勞動，這些思想證明直到西元1000年，仍然有名的教士式學校，如諾曼第的貝克修道院、羅亞爾河畔弗勒里學校，皆明顯地衰退。實際上，托缽修會對教育和追求知識感興趣，他們還在城市中建立修道院，他們的努力常與主教和議事司鐸的努力結合。多米尼克派在每個修道院內委託四名修道人員負責向其修會的年輕大學生教授藝術（修辭學，特別是邏輯學）、哲學和神學，水平較高的大學（修會的每個省中有兩所，學制為三年）和綜合性大學（在巴黎、蒙彼利埃，科隆、波隆那、那不勒斯〔那波利〕、牛津、巴塞

隆納、卡奧爾），不僅培養修會幹部，還培養教會各品級幹部，特別是培養許多主教（杜埃，Douais指出）。在多數情況下，主教管理的學校委託主教座堂或者大教堂的教務處管理。在巴黎，大學生在聖母院、聖熱納維耶沃修道院和聖維克托修道院的迴廊中聽課。在西班牙，主教堂的學校，特別在瓦倫西亞和薩拉曼加的學校成為卡斯蒂利亞地區最有聲譽的學校。各地每所大學均由教務會的一名成員，名為督學（中世紀管理教會學校的教士）管理。

然而，教育基本上是口語教學，即教師的朗讀，接著從問題中，通過討論進行補充，使問題圓滿解決，討論是爭論式的，或者是詢問式的。人們還看到日課經得到更廣泛的發行，不再作為奢侈品。工廠也進行成批的翻印，各個工廠經過多次的撰寫，終於寫成用羊皮紙做的同樣的冊子。書寫速度變得更快，縮略詞更多，字也更小，尺寸大小也便於攜帶。同時，教會和慈善基金會為貧窮大學生、中學生增加捐款和貸款，供他們住宿和飲食之用，甚至為某些教室和學生提供教會的特惠。聖路易和一些普通人創立大學生獎學金，因此，人們看到手工業者和農民的兒子也去聽課。

幾所較有名、學生多的學校取消比較普通的教育，從羅馬教皇或皇帝那裏得到冠以綜合大學的頭銜，有權頒發學士學位，即授課權，這些學士學位在任何基督教用字中均有效，即允許到各處教學。

市鎮學校

地中海國家，特別在義大利，商人創立並大量資助私立學校，開展專門學科的教學，這是他們的兒子學手藝（計算、民事法）所必要的。因此，很有名氣的波隆那學校可能是最先成為私立學校。同時，某些市鎮建立一些由主教派管理的學校，如帕爾馬、摩德納、雷杰奧（Reggio）和克雷莫納。同樣，某些職業性學校，如約西元 1000 年就

由一群貴族創立的薩萊諾學校，很快便在國際上得到聲譽，在西元
1221年，該學校自腓特烈二世處獲得教授醫學文憑。

如果巴黎主要是在醫學學科和神學研究方面大大領先的話，那麼
這些義大利城市和學校，在西方及非宗教性的神學和拯救希臘或東方
文化遺產方面有決定的貢獻。如人們所說，這文化遺產不僅透過阿拉
伯人，而且，更經常透過義大利商人和學者與拜占庭人接觸而直接傳
播。比薩之所以享有
聲譽，是因為它擁有
一所有名的法學學
校，該學校當時約有
十五名教師。比薩的
布爾古迪奧（Burgun-
dio de Pise，西元
1110～1193年）在其
所在城市訓練各類法
官，他在君士坦丁堡
（伊斯坦堡）居住五

英國劍橋大學創立於 14 世紀

年是一位思想很風趣的傑出研究古希臘語的學者，他把許多趣味各異
的希臘文翻成拉丁文《古羅馬判例記編》；加利扔和希波克拉特的醫
學著作；康斯坦丁·波菲羅熱納特編寫的農業技術匯集成冊之耕作彙
編《耕作大全》；達馬斯塞納神學著作以及克里斯的說教集（勒努阿
爾，Y. Renouard 提供）。經由有海員和批發商的城市，波隆那和比
薩把古老的希臘或拜占庭文化知識直接傳播到西方。約西元1100年完
工的主教座堂、聖洗禮堂、鐘樓以及它們的鑲嵌裝飾和雕花說教台，
還有公墓的壁畫都表明與拜占庭、東方國家有密切關係，表明當時這
所比薩學校享有特別的聲譽。所有這一切都特別說明商業城市在這個
時期的知識、藝術在復興方面都發揮作用。

大學

　　中世紀這特定時期的自發性產物為大學，大學是某個城市中一些大學生團體，由一名教師管理的各慈善機構合成的一些協會，經常受到國王和羅馬教皇支持，影響主教或市鎮對它們的監護。於是，像其

巴黎大學（側面）

中世紀的巴黎
大學生皆在戶外上課

他職業性協會那樣，大學獲得特權和地位。例如西元 1200～1210 年間的巴黎，普萊桑斯、西恩納、羅馬、波隆那（羅馬教皇多次支持大學生反對市鎮領導）、薩拉曼卡也是如此（西元 1254 年）。「大學」拉丁文為「Universitas」，有大家或社團（corporation）之意，並不專指教育或學術機構。中古時一如其他工商業團體，大學原是一種「學人基爾特」（Universitas societatis magistrorum discipulorumque）。

　　大學中的成員，像神職人員那樣，逃避國王或城市的習慣管轄。

他們按民族組織，在巴黎有法蘭西民族，諾曼第民族、皮卡第民族和英格蘭民族，這主要是一些相互援助的組織。

　　中古時期的大學，除了原來的主教座堂學校或其他舊址之外，並無固定的校舍，教師可以隨時隨地開課。因為沒有註冊，也沒有學籍，故不易知道確切的學生人數。中古大學的學院原指宿舍，為學生

海德堡大學是繼巴黎
大學之後中世紀著名的大學
圖為海德堡全景以及中世紀的城堡

亞維農的斷橋（中古時期所建）

亞維農的塔橋

典型的中古城市亞維農

和教師住宿之所，後來成為大學校舍的起源。大學修習的時期是四年或三年不等，學生在精讀「七藝」（Seven Liberal Arts），包含「三文」（trivium，文法、修辭、邏輯）與「四藝」（quadrivium，算術、幾何、天文、音樂）等學科後，再考試及格便可取得學士（Bachelor of Arts）的學位，如再繼續進修至少二年，再經考試及格，便可取得碩士學位（Master of Arts），便可以成為該大學的正式成員。如要再深造，當可取得更高的執業資格或學位。

參考書目

外文部分

R. Morghen, Problèmes sur l'origine de l'hérésie au Moyen Age, dans *Revue historique*, 1966, p. 1-16.

P. Abraham, *Viollet-le-Duc et le rationalisme médiéval*, Paris, 1935.

P. Du Colombier, *Les chantiers des grandes cathédrales*, 1953.

L. Hautecœur, *Histoire de l'art*, t. II, 1959.

J. Le Goff, *Les intellectuels au Moyen Age*, 1960.

E. Male, *L'art religieux du XIIIe siècle en France. Étude sur l'iconographie du Moyen Age et ses sources d'inspiration*, 3e éd., 1910.

M. Aubert, *L'art gothique à son apogée* (coll. 《L'Art du mone》).

F. Salet, *L'art gothique* (coll. 《Les Neuf Muses》). *L'Église au Moyen Age et Naissance d'une cathédrale* (dossiers D.P. 5196 et 5211, éd. Doc. Française).

R. Jullian, *La sculpture gothique*, Paris, 1965.

L. Gillet, *La cathédrale vivante*, 1964.

E. Rey, *L'art gothique du midi de la France*, 1934.

P. Deschamps, M. Thibout, *La peinture murale en France au début de l'époque gothique*, 1963.

25

十字軍東征

萬般波瀾皆因於耶路撒冷（Jerusalem），中古時代的基督徒因為相信原罪（Sin），必須到聖地朝聖，達到懺悔的目的，聖地便是耶穌基督捨身傳教的耶路撒冷；回教徒認為穆罕默德（Mohammed）在耶路撒冷升天，亦視耶路撒冷為聖地。征伐因此產生，歷時約一百九十六年（從西元 1096～1291 年），被稱為「十字軍東征」（the Crusading Movement）。

十字軍東征的背景

　　七、八世紀時，興起於阿拉伯半島的阿拉伯帝國，往西席捲北非且佔據西班牙，往東則橫掃敘利亞，打到君士坦丁堡，威脅歐洲大陸的基督教國家。雖然，耶路撒冷早在西元 636 年即被阿拉伯帝國攻陷，而這些回教徒此時仍與拜占庭帝國處於交戰狀態，但是，由於回教徒視耶路撒冷為聖地，回教教義中也尊耶穌為偉大的先知，所以，與聖地的基督徒還能和睦共處。

　　西元 1078 年，從耶路撒冷被塞爾柱土耳其人佔領的那一刻起，基督徒受苦難的日子又開始。土耳其是匈奴人的別種，即為中國史上所稱的突厥人，原居於中亞細亞的西突厥人，在八世紀以後被阿拉伯人所攻佔，而改信回教，亦為後來的土耳其人。土耳其人一開始並無勢力，到了九世紀間，因阿拔斯王朝的內戰，有了擔任傭兵的機會，其勢力乃在土耳其人的回教軍中漸擴大。直到西元 1055 年間，掌握阿拔斯王朝的政權，被稱為「塞爾柱土耳其人」（Seljuk Turks）。

　　土耳其人所佔領的耶路撒冷，頓時從天堂墜入地獄，土耳其人極盡摧殘之能事，對於基督教徒不是污辱就是搶劫財物、祭品，甚至藉故逮捕下獄或為奴隸，若有反抗便加以殺害。不久，這些事情便不斷

地由巡禮者傳送至基督教世界，使基督徒無不憤恨難當，因而撒下十字軍東征的種子。此時的東羅馬帝國正好受到土耳其人的攻打，使拜占庭帝國皇帝阿萊克西（Alexis，在位西元 1081～1118 年）乃不顧之前與羅馬教會的歧見，於西元 1095 年向羅馬教皇求救，西歐各國人民乃紛紛熱烈響應，欲收復聖地並支援東羅馬帝國，成為促成十字軍東征的主要原因。但是，我們必須了解，這個軍隊之所以能成軍，有其複雜的因素，因為在那多變的時空下，以及在那個複雜的地區，有著人們複雜的思想，絕不可能只有單純的宗教狂熱就能集結各路人馬，誓死如歸的往同一方向前進。它一定還有著西歐在當時的政治因素、宗教因素、經濟因素及社會因素。

政治因素

封建制度下的西歐各國，正處於各個貴族武士的狂傲好鬥，無法控制，因此順著拜占庭帝國的求援，十字軍的成立，不但能美其名為正義之師而符合貴族的軍事熱情，又能維護各國內教會的安全，且戰後回國者，必定會少了許多不聽話的人，各封建帝王不費一兵一卒即能解決這燙手山芋，當然各方鼓吹。

宗教因素

西羅馬教皇烏爾班二世（Urban II）之所以促成此一征討，是為了增加教皇的權力及威信，為了昭示世人——基督教世界的真正首領為教皇，而非皇帝。運用人們的宗教狂熱使其地位更形穩固，又可藉此機會，使已分裂逾一世紀的東西教會復合。

基督徒在基督教的禮拜儀式和在基督教的畫集中接觸了「啟示錄」，且長期的接受傳教下，對宗教虔誠的朝聖到達狂熱的地步。尤

其是上天會預告重大事件的徵兆，更使得信徒無不爭相至聖地朝聖。

經濟因素

中古歐洲習慣從阿拉伯人手中輸入東方貨物，尤其是南洋產的香料、絲綢和寶石等，但自從塞爾柱土耳其人阻擋國際貿易的通路，便無法再得到這些東西，因而欲用武力打通東方的商道。

社會因素

由於人口過剩，謀生困難，各階層為逃避貧困的生活和債務，甘願冒險，並冀望隨著十字軍的東征而能對生活有所改變。且在貴族長子繼承制的影響下，其餘少子不易取得采邑，聽聞東方有無盡的財富與土地，乃意圖往東方發展創業。

十字軍東征的過程

十字軍「Crusades」一詞源自拉丁文「十字架」，參加者在衣服上縫有紅色十字布條，為基督十字架之標誌。

第一次十字軍東征

西元 1095 年，教宗烏爾班二世在法國克萊蒙（Clermont）召開教會會議（Council of Clermont），以慷慨激昂的演說集宗教熱愛和東方為一「蜜與奶」的土地之現實利益於一起，鼓舞聽眾的士氣，推動

法國亞眠修士皮埃爾

了第一次十字軍東征。然而，有能力爭戰的騎士們還未出發，一些狂熱的朝聖者便已從法蘭西、日耳曼、匈牙利和保加利亞出發，前往耶路撒冷，他們即為「農民十字軍」。發動者為法蘭西亞眠修士皮埃爾‧勒來特（pierre l`Ermite）及日耳曼的騎士戈蒂埃（Gautiers）。皮埃爾在青年時代曾以騎士身分參加軍旅，後因愛妻過世乃遁世當苦行僧，由於有著宗教的熱忱，感召法蘭西各地上下的信徒，使得法蘭西興起收復聖地的熱潮，但是，這支先驅十字軍的組成有農民和牧者，也有老弱婦孺和殘廢乞丐，他們只有宗教熱誠（或想藉著從軍而消除刑罰和債務），卻沒有實際的戰鬥能力；因此，當法蘭西亞眠修士皮埃爾率軍經過日耳曼時，日耳曼人被這些老弱民兵的熱情勇敢東征感動，戈蒂埃便在日耳曼組成十字軍向東方前進。但是，兩者均被土耳其所擊潰。

西元 1096 年，正規十字軍第一次踏上征途，這支大貴族軍隊以法蘭西中部、南部、諾曼第和西西里島的武士為主。當時未出兵的神聖羅馬皇帝亨利四世和法蘭西王腓力被教皇宣告破門，而英國的諾曼王朝則以國內秩序不穩而未參加，西班牙則正與北非的摩爾人作戰，義大利亦未出兵。

第一次十字軍大軍在君士坦丁堡會合，挾其為救世主的地位而狂妄自大，對於拜占庭君主阿萊克西亦無禮。拜占庭與十字軍的目的不同，拜占庭只想奪回失陷的小亞細亞各省，視十字軍為其庸兵，當受其約束；然十字軍則以征服聖地為第一要務，並且不受任何人指揮。

十字軍進軍小亞細亞，首先在西元 1097 年攻佔尼西亞城，又在西元 1099 年取得安提阿。1099 年 6 月，當騎士看到耶路撒冷，便一致面對聖墓跪地頂禮膜拜，正值盛夏的耶路撒冷，河流都乾涸，阿拉伯守軍的猛烈抵抗，對於十字軍來說是非常艱苦的。但，十字軍中傳出耶穌受難的橄欖山上有神蹟出現，全身金光閃閃，並且以盾指向耶路撒冷，全軍乃認為有神助，士氣為之高昂，而在 7 月 15 日星期五，中午三點鐘，這正值耶穌基督被釘死在十字架的日子和時辰，攻進耶路撒冷而展開恐怖的屠殺。

第一次十字軍佔領耶路撒冷之後，同年建立「耶路撒冷王國」（Kingdom of Jerusalem），以十字軍統帥戈得弗雷・布衣昂（Godefroy de Bouillon）為國王。戈得弗雷・布衣昂又依照當時歐洲的封建制度，將「拉丁王國」的領地分為耶路撒

十字軍進攻耶路撒冷

冷、的黎波里（County of Tripol，封給坦克雷德）、愛德沙（County of Edessa，封給其弟包爾文）和安提阿（Principality of Antioch，封給菩希蒙德）四區，分封給功績卓越的部將，各男爵又以若干采邑、莊園分封給有功的騎士們，封建制度乃隨著十字軍東征而移殖於西亞。西元 1100 年，戈得弗雷・布衣昂逝世，由其弟包爾文繼位。此四區都非常不穩定，常發生內爭。

十字軍為了在大部分將士將要歸國，朝聖者數量增加後更完善的保衛聖地、朝聖者和照顧傷患，乃在聖地創立軍事團體組織，此由教士和士兵組成，他們不但堅守貞潔、清貧、服從三項苦行僧的戒律，

並且結合歐洲騎士的俠義精神，以保護基督教討伐異教徒為宗旨。計有聖殿武士團（Order of the Knights Templar，創立於西元 1119年）、醫院武士團（Order of the Hospitallers，創立於西元 1099 年）和條頓騎士團（Order of the Teutonic，創立於西元 1198 年）。

・聖殿武士團

創立者是名叫修哥得班（Hugh De Paine）的勃艮地武士，其深感於基督徒朝聖之艱苦，乃聯合有志之士組織武士團，以保護巡禮者的安全為要務，他們亦遵守貞潔、清貧、服從等修道院清規，後來得到耶路撒冷國王包爾文二世的贊助，居住在所羅門神殿（Temple of Solomon）附近，所以稱其為聖殿武士團。武士皆穿著白色外套，外套上有紅十字徽章。後來，由於信徒給予他們的財物日漸增多，又有耶路撒冷國王的贊助，竟成為一個富強的王國，也由於太過富有，以致於武士將三戒拋至腦後，生活日趨腐敗。

・醫院武士團

是由醫院中的武士、牧師及教友等組成，以救助歐洲巡禮者的貧疾為主旨，但是，只要有戰事，亦能作戰。早在西元 1080 年，即由阿曼菲（Amalfi）和義大利商人在聖墓附近建造聖約翰醫院。他們身穿黑色大衣，左肩釘白色麻布十字徽章，黑大衣裏是緋色上衣，肩部有銀絲十字形徽章，身上並帶有五個白色十字符。

・條頓武士團

剛開始為一些日耳曼的國際貿易商人所組成，他們在耶路撒冷城

內興建一所醫院，收容來朝聖的病患。在西元 1109 年第三次十字軍包圍亞克城時，德國人又增建，並仿聖殿武士團的組織規程，組織一個新的宗教武士團，以守衛聖地殿堂為宗旨，又由於其組成份子為日耳曼，故稱他們為「條頓武士團」。他們也身穿白色外套制服，並帶黑布十字架徽章。

十字軍東征（海路）

值得一提的是義大利各城市的海上艦隊，第一次十字軍東征進軍耶路撒冷所需的補給，由他們所提供，艦隊上的軍隊亦參加佔領聖城的戰鬥，也是他們把回教艦隊限制在海灣中，因此沒有義大利海上艦隊的援助，拉丁王國不可能征服沿海城鎮。

第二次十字軍東征

第一次十字軍東征是唯一一次成功的軍事行動，接下來的東征皆失敗。西元 1143 年，耶路撒冷國王夫爾克（Fruk，在位 1131～1143 年）墜馬死亡，由年僅十二歲的王子包爾文三世繼位，此時，在政治方面各朝臣與部將武士乃另結黨羽營私，各地方之貴族及武士團又不服從國王之命令；在社會方面，留在聖地的第一次十字軍將士，大多娶了阿拉伯和土耳其人婦女為妻，且在耶路撒冷王國內亦有封土，形成新勢力貴族，亦擾亂此王國，以至疏忽對阿拉伯人與土耳其人的防衛。

西元 1144 年 12 月，被視為對抗東哈里發巴格達的愛德沙公國，竟在短短的二十八天即被土耳其人所組成的軍隊所攻陷，震驚西方基督世界，引起再一次的十字軍東征熱潮。教皇再次鼓吹第二次東征以

收復失土，這一次是由聖・伯納德（St. Bernard）所組織，聖・伯納德為法國人，宗教的聲望凌駕教皇，他親自到歐洲各國遊說，首站便到祖國法蘭西，亦得到法王路易七世（Louis VII）的允諾，御駕親征；聖・伯納德至日耳曼演說，亦取得日耳曼康拉德三世（Conrad III）的允諾親征。西元 1147 年，兩軍陸續開拔，先後取道多瑙河、巴爾幹半島而到達君士坦丁堡，但由於希臘人和拉丁人間的互不信任和仇恨，使得溝通作戰上非常不順利。日耳曼軍出師不利而退回君士坦丁堡，法軍則在西里西亞遭到敵軍偷襲而乘船逃至安提阿，這種行為影響了軍隊的士氣。

收復愛德沙原為此次東征之目的，但在亞克的會議上卻決定先攻回教名都大馬士革。當時大馬士革是耶路撒冷王國的盟友，為了擴張自己疆土而敵友不分，實是師出無名。但是，雖說欲改攻大馬士革，卻是反中大馬士革所設的離間計，大馬士革利用耶路撒冷軍與德法軍之不和，使得德法兩軍退佔。不久，日耳曼康拉德三世便率兵回國，而法軍則屯駐在耶路撒冷城內一年，在西元 1149 年才回國。雖然第二次十字軍東征有兩位國王御駕親征且聲勢狀大，卻毫無成就可言，可謂損失慘重。

第三次十字軍東征

從第二次十字軍到第三次十字軍東征期間，回教敘利亞在奴瑞丁（Nureddin）和薩拉丁（Saladin，在位西元 1171～1193 年）的領導下統一和擴展。在耶路撒冷王國，國王鮑德溫四世（Baldwin IV，在位西元 1174～1185 年）患有可怕的麻瘋病，日漸喪失統治能力而去世，其子鮑德溫五世也相繼去世，之後，便發生激烈的鬥爭，在繼承者無領導能力情況下耶路撒冷王國乃陷於混亂中，西元 1187 年，被薩拉丁領軍攻擊，在同年 10 月便被攻陷。

當耶路撒冷王國被回教徒所佔的消息傳遍整個歐洲後，教皇又鼓勵再發動一次新的十字軍東征。此次由英王亨利二世及其子獅心理查（King Richard the Lion-Hearted，在位西元 1189～1199 年）、法王腓力二世（Philip II，腓力普奧古斯都）、日耳曼王紅鬍子腓特烈一世（Frederick Barbarossa）先後響應教皇的號召。為了支持這次十字軍，西方歐洲發起捐款運動，教士必須捐付特別稅，英王亨利則倡導「薩拉丁稅」（Saladin Tithe）。由於英王亨利二世在十字軍尚未出發前便逝世，英王查理乃因繼承問題而延後起程。日耳曼王腓特烈一世已近七十歲，曾參加第二次十字軍東征，這次率先出征，不幸地，在經過西里西亞（Cilicia，現土耳其南部）地方時，竟墜河淹死。法王腓力二世和英王獅心理查在熱那亞會合後，西元 1191 年到達亞克港（Acre，現以色列西北部），由於兩軍搶功，在西元 1192 年十字軍攻陷亞克城後，法王便收兵回國，只剩英軍奮戰。

英王理查是一位武功了得的將領，置生死於度外，乃獲得「獅心」（The Lion-hearted）的美譽。理查大軍讓薩拉丁的軍隊覺得可怕，薩拉丁也儘量不與理查大軍正面衝鋒陷陣，但理查大軍在久攻不下深感力量不足情況下，又因本國發生內亂，乃在西元 1192 年 9 月和薩拉丁訂立和約，准許基督教徒自由進出耶路撒冷參拜聖墓，回教軍不得加以迫害干涉。但是此和約並未實現，因薩拉丁於西元 1193 年便逝世，英王理查在回國途中被拘捕，在日耳曼地區被關十四個月。

第四次十字軍東征

西元 1202 年，羅馬教皇英諾森三世（Innocent III，西元 1198～1216 年）號召十字軍，目標還是要收復聖地。由法蘭德斯貴族鮑德溫九世（Baldwin IX V. Flanders）和門特費拉伯包尼腓斯（Bonifacius V.Montferrat）領導。此次，他們向威尼斯（Venice）商請合

十三世紀的十字軍

作，給予運輸和補給上的幫忙，以解決過去十字軍東征的難題，而能順利到達東地中海區。但是，這些義大利商人的經濟目的比宗教目的更顯著。西元 1202 年十字軍先後到達威尼斯，軍隊的數目並不如之前預計的那麼多，使得威尼斯所提供的船隻和兵馬供過於求，不甘受損的情形下，乃建議十字軍先攻打不久才落在匈牙利國王（天主教徒國王，而且是教廷的附庸）手中，位於亞得里亞海東岸的基督教城札拉（Zara），以壟斷商業排除競爭對手，又可作為償債的代價。

十字軍便照做了，雖然英諾森三世教宗極為憤怒的將十字軍全部逐出教會，但是札拉失陷後，又赦免已被逐出教的十字軍。西元 1203 年，威尼斯又鼓動十字軍在拜占庭發生內訌時，佔領君士坦丁堡，十字軍也照做，當然，這也是因為希臘人和拉丁人之間長期的不和及利益誘惑所導致。西元 1204 年君士坦丁堡被攻陷。這些行為，只為了滿足義大利商人和十字軍的利益。教宗雖然又將十字軍逐出教，但不久後，又再次讓他們重歸教會，並沒有對此行動做出公正懲罰。

此次的東征從原來的宗教熱情變成名利的追求，使得第四次十字軍東征徹底變質。由於此次十字軍的組織不健全，各將領又各懷目的，不想受人指揮，主導權乃落入義大利商人手中，導致十字軍被牽著鼻子走，聽了義大利商人的話，並在十字軍佔領君士坦丁堡後，建立新的「拉丁王國」（Latin Empire，西元 1204～1261 年），以法蘭德斯伯爵鮑德溫九世為皇帝。此次戰役，很多貧窮的士兵成為巨富，威尼斯商人也因此獲得豐盛的戰利品和掌握整個東地中海的商業霸權。十字軍更從拜占庭首都掠取大量的聖物——十字軍和義大利商人瓜分希臘帝國，使希臘人和拉丁人的舊恨新愁更加的無法化解。一些

舊拜占庭王國在小亞細亞集結力量，等待契機，終於在西元 1261 年，由希臘帝國邁克爾八世（Michael，在位西元 1261～1282 年）將拉丁王國推翻，希臘皇帝又能在君士坦丁堡掌政，但是已經很難恢復以往的面貌。

兒童十字軍

由於十字軍東征挾著英雄式的形象，在在影響年幼無知的兒童，且民間流傳十字軍的失敗是由於將士罪孽深重，必須由天真無邪的兒童前進才能收復聖地，「兒童十字軍」（Childrens Crusade）乃應運而生。兒童十字軍有教會與輿論的大力支持，又受教士洗腦，使他們的宗教熱忱變質為瘋狂與迷信，相信此去之路途與作戰，必會受到耶穌的保佑。但是最後，奇蹟並未出現，這些兒童十字軍遭受到空前的迫害。

第五次十字軍東征

西元 1217 年，由匈牙利王安德魯二世（Andrew II）及日耳曼人組成，以征服整個敘利亞為目的，後因攻打亞克城失敗而改攻北非的回教王國，卻被擊潰。值得注意是，至此之後的十字軍東征，並不是由羅馬教廷所組成的。因為此時的十字軍東征是一件吃力不討好的事情，大家情願去征討西班牙的回教徒，或者是肅清法蘭西南部的阿爾比（Albigensian）異端，也由於現在所組成的十字軍並不是要對付東方的回教徒搶回聖地，而是對付基督徒，少了宗教的熱情，自然無法引起熱烈迴響。

第六次十字軍東征

　　由日耳曼腓特烈二世（Frederick Ⅱ，西元 1212～1250 年）組成，在西元 1228 年深入巴勒斯坦，與回教教主卡梅爾訂立休戰條約，以和平方式收回耶路撒冷、伯利恆（Bethlehem）、拿撒勒（Nazareth）等基督教聖地，日耳曼腓特烈二世亦成為耶路撒冷王。日耳曼腓特烈二世是個極有智慧的君主，曾經因參加十字軍中途而歸，被教宗宣佈出教，因而得不到任何國家的軍隊支援，可謂形隻影單，但是，他憑藉外交才能，在沒有任何傷亡下，與薩拉丁之姪簽訂十年休戰條約。但是，在西元 1244 年，由於土耳其人為了躲避蒙古人成吉思汗軍隊的攻打，乃遠走他方，埃及統治者趁此僱用土耳其人為傭兵，拿下耶路撒冷。

第七次十字軍東征

聖路易

　　法王路易九世在西元 1248 年親自率領法國十字軍，從法國南部出發，西元 1249 年攻下尼羅河口的達米艾塔（Damietta）港，且拒絕回教徒以聖城交換的提議。當續攻埃及首都開羅（Cairo）時，卻因尼羅河的泛濫和一支回教軍隊的圍困，而在途中全軍被俘虜，可謂不戰而敗。後來還是法國花了十萬個金片才把法王路易贖回。從此他便打消攻打埃及回教王國的計畫，只在亞克港以巡禮者的身分駐留，並對朝聖者提供便利，及維持法蘭克人在巴勒斯坦沿岸的控制。此次的十字軍東征是失敗的。

第八次十字軍東征

這次仍由上次組軍攻打埃及失利的法王路易所發動，但此東征還含有西西里國王查理的私心存在，其欲佔有地中海的主導權。西元1270年攻佔北非的突尼斯（Tunis）港，又驅逐回教勢力，進行基督教移民，但是由於北非的高溫，致使軍中發生瘟疫，路易九世亦客死北非。後來由西西里王查理與突尼斯講和，約定突尼斯城每年須向西西里王國進貢，結束第八次十字軍東征。但是，在西元1289年，回教徒攻佔的黎波里，又在西元1291年攻下亞克城，也劃下基督徒東征回教徒的句點，歷時共約一百九十六年（西元1096～1291年），基督徒在東方的殖民地也損失殆盡。

十字軍東征建立的殖民地

政治軍事方面

第一次十字軍東征，在西元1100年只留下三百名騎士和一千二百名士官於東方，留下來的這些人多半是布萊（Bouillon）家族，他們取敘利亞名字隱藏其自認為較卑微的名字。國王叫他們做侍從，雖不給他們土地，但給他們一些收入（如入港稅或海關稅或封地租）。十字軍所佔領的地區是一條狹長形靠海岸的土地，從幼發拉底河延伸至埃及邊境，長達500哩，寬僅50哩左右。雖佔領沿海一帶，但回教徒的威脅從回教城市，如阿勒坡（Aleppo）、哈馬（Hamah）、埃米薩

（Emesa）與大馬士革（Damascus）和西南方的埃及一帶源源不斷而來。君主並未採取任何的防禦措施，有時竟然與回教徒締盟而聯合攻打自己人，這些君主是為了防禦自己人而大規模地在軍事險要處興建堅固的城堡。

耶路撒冷會議擬定的法律條款，明確地指出封建制度的殖民性質，使得封地的累積變得困難，因此遭到大貴族的反對。從鮑德溫三世統治起（西元 1143～1163 年），貴族的權力危及王室的權力，他們強烈希望社會分等級，抵制西方來的人，並要求獨立。西元 1151 年梅利桑德王后（Melisende）與其子鮑德溫三世爆發內戰。各大家族反對國王擁有遺孀封地的監護權，對遺孀選擇新的丈夫起了決定性的作用。貴族藉著與遺孀聯姻，不再理會貼身的小騎士，儘管國王為這些騎士舉行戒律會議，要求大家宣誓忠誠，仍無法制止大貴族的日益強大因而崩潰。

軍事性質的宗教修會是當時防禦所必須，聖城中的修會為朝聖者服務，確保朝聖者的住宿和安全。聖殿騎士團在海法南部的海邊建造朝聖者城堡，是一個設防的、寬敞的接待營地，為來自巴黎和西方其他城市的朝聖者提供便利，資助與東聖城旅遊有關的活動，簽發各種應支付給耶路撒冷的匯票等，稍後，更有抵押貸款的服務。西元 1139 年得到各種特權，各路騎士團的數量遽增，捐贈品源源不絕，每個騎士團都組成一個由二百至三百名騎士參加的強大部隊，致力於聖城的保護工作。他們是經過訓練的傭兵部隊，有精良的裝備，有三角盾和許多武器，每個騎士擁有三匹馬，由一名馬夫管理。國王和君主把一些主要的城堡委託給他們防守，他們的成功及威望，因而聚集大量的財富和一些封地、租地，進而按照騎士團封地合併，他們在歐洲還有幾千座城堡。騎士團在聖城的權勢超過貴族；他們在西方的威望超過聖城耶路撒冷。

宗教方面

　　十字軍在耶路撒冷設一名拉丁主教，接著在每個主教管區設立拉丁主教，使得拜占庭感到非常不愉快，加深羅馬與君士坦丁堡官方教會之間的鴻溝。由於拉丁人對東方其他宗教禮儀比君士坦丁堡的希臘人更具活潑性和寬容性，得到黎巴嫩烏爾派教徒的好感，並與羅馬教皇親近。連帶使安提阿主教埃梅里（Aimery）和米尼克主教米歇爾（敘利亞人）也能平心靜氣地解決教導修護等問題。西元 1198 年，亞美尼亞的主教宣佈將教會與羅馬教會合併的計畫，雖然遭到熱衷於地方主義的民眾和低級教士反對。有此一激勵，教皇乃積極派遣神職人員到東方爭取基督教徒的認同。

經濟方面

　　在法蘭克人征服佔領期間，義大利商人便懂得以援助的方式賺錢。圍攻安提阿時，熱那亞木匠建造各種圍城用的車輛；攻打耶路撒冷和沿海各設防城市時，也由義大利船隊提供裝備，由於他們對東方和伊斯蘭國家的了解，以及運輸糧食、邊境貿易和貨幣交換的經驗，很快地使他們成為不可或缺的力量，義大利商人因而獲得各種特權，但是仍然有限。聖阿卡王國時期，義大利人的市鎮機構強行執行法律，並沒有遭到任何實際的抵抗，這些機構確保了拉丁東方和西方在軍

十五世紀歐洲人的裝扮

事、貿易和財政方面的聯繫。他們對銀行享有絕對的管轄權，且可派

遣義大利官員直接管理這些銀行。因此在聖城、小亞美尼亞、塞浦路斯，乃至整個希臘人的世界，出現從屬於商業城市的一些殖民帝國。除了政治特權、司法權和經濟特權之外，義大利人在安提阿、提爾（Tyr），特別是在聖貞德（Saint-Jean-d`Acre）都有穩定的基地，義大利商行可說壟斷整個城市的經濟生活。

　　土地開發是在設防的城堡或修道院的庇護下獨立進行，聖城似乎已成為保護農村殖民的中心，而非以保護邊防為目的的軍事工程。編年史作者皆認同，每建造一座城堡後不久，城堡的周圍便有村落的增加，田野向四周伸展。例如西元 1181 年，伊貝爾建立一個自由地區，一些農民、商人、手工業者在加沙和達魯姆附近定居，建立一個要塞

塞維亞的摩爾建築

區，世俗貴族從中得到足夠的收入；西元 1156 年比拉（Bira）村莊有九十戶人家，並增加五十戶新家庭，一些塔樓監視著田野，一名管理人員安排勞作，經營者（世俗的貴族、軍事宗教修會、主教和修道院）恢復西方的土地收益分成制。在城堡或修道院附近定居的農民中，有希臘人、回教人以及拉丁人。法蘭克人的定居，使聖城再度從牧人的生活轉換為定居式和耕作式的經濟，葡萄（主要在耶路撒冷

地區）和甘蔗（在提爾附近，由威尼斯人大力開發）的種植在城市供應和國際貿易上，出現令人注目的成長需求。

　　殖民地的收益來源主要有下列四種：徵收製革業與類似工業的專利稅、徵收關稅、徵收回教徒與猶太人的人頭稅、徵收當地人民的土地稅。當時金幣很匱乏，在早期，國王甚至劫掠回教隊商或者娶個富

孀來維持財政。

十字軍東征失敗的原因

　　由於初期人們對宗教的熱情，以至後來聖城的難以攻克，和後期十字軍的東征目標失焦——以出征之名行圖私利掠奪他人土地、財產之實，皆造成基督徒夢想幻滅。少了基督徒原有的熱情支持，又因東征者皆為烏合之眾，既不能奮勇抗敵又不能同心協力，領導者沒有良好的軍事管理，也沒有統一的指揮，實在是難當大任。而且十字軍到了異鄉，生活起居和家鄉差距甚遠，因而不免要和當地人民合作，進而導致思想上和生活習慣的同化，降低初期來此的那種同仇敵愾的警覺。有的法蘭克士兵還和本地婦女結婚，更是敵我不分，又由於封建制度導致十字軍內部分裂，必須與近鄰的回教徒合作，打擊同為基督徒的敵對者；再加上希臘人和拉丁人的私心無法盡釋前嫌，彼此扯後腿，也是失敗的重要因素之一。

十字軍東征的影響

　　雖然十字軍不是造成十二、十三世紀歐洲文化復興的直接原因，但是，歷時兩個世紀的東西交通，牽涉的地域（三大洲）如此之廣，時間如此之長，人數如此之多，在當時不可能沒留下任何影響。不可諱言，十字軍東征將歐洲原本滯惰、寂靜、封閉的社會轉變成更開朗、更活躍的社會。

對宗教的影響

十字軍東征，狹義地說是為了奪回聖地耶路撒冷，可謂一場「為宗教而戰爭」的宗教戰爭，羅馬教皇登高一呼便能群起響應。羅馬教皇聲望雖藉著十字軍而增高，卻也因此而降低。由於初期，教皇藉基督徒的宗教熱情而能響應其號召，但是也因為十字軍東征真正動機的日益顯著，使得教皇地位下降。而且，當那些從東方回來的基督徒傳播他們的所見所聞，讓人們的視野更開闊時，發現回教徒並非一群野蠻的民族，與回教徒交易有利於己，因此也降低人們對教宗的信任度。

基於宗教的熱情，很多人將自己的領地捐給教會；有些諸侯和騎士為了籌措鉅額的軍費，把自己的封土賣給教會，使各教會的財產無限增多。薩拉丁稅的徵收與天主赦罪券的發行，本為十字軍募款所用，但漸漸演變成為斂財的工具。

對政治的影響

耶路撒冷曾被收復，對某些人來說，十字軍東征並非完全失敗。雖說拉丁人與希臘人不睦——拉丁人甚至在西元 1204～1261 年佔領君士坦丁堡，使希臘人流亡至小亞細亞——十字軍東征雖使回教軍膠著在聖地耶路撒冷一帶，沒能向北攻打君士坦丁堡，讓東羅馬帝國延續三百年的國祚。不過，履次十字軍東征的傷亡慘重，諸侯與騎士就算能僥倖生還回國，也因為出征前就已把封地賣給他人或捐給教會而喪失身分，因而造成封建制度（Feudalism）崩潰的主因，許多農奴趁著貴族出征逃脫土地的束縛。貴族勢力和財力消耗的結果，促使諸侯崩潰、王權發達，相對地則是農奴的解放。

十字軍東征為了籌措更多的軍費，便鼓勵一些富裕的都市向他們捐獻，條件是給這些都市部分的自治權，由於這些城市在十字軍東征期間獲得鉅利，更有財力向各封建諸侯買得更多的自治特權，此即自由都市出現的主因。

對文化的影響

　　東西交通促進思想的交流，來自西歐各地的騎士，在異鄉互相學習，使騎士精神更成為一種普遍的制度，如頌揚十字軍的詩歌和故事就成為騎士溝通的工具。且去過東方又回到西方的人數很多，如馬賽港在一年之中，就由醫院武士團與聖殿武士團運回六千名朝聖者，因而使該港口的船主對武士團這種搶生意的非法競爭提出控訴。且東征回來的士兵把一些東方的知識和產物帶回本國，在歷史著作與私人回憶錄，尤其是在方言著作方面的貢獻頗大，如維爾亞多安（Villehard-ouin）所著，有關第四次十字軍攻打君士坦丁堡的歷史；鍾維爾所著的《聖路易傳》，其中亦描述第七次十字軍的歷史，這些著作更增添詩歌題材的多樣性，以及各種英雄史詩的說服力和魅力。希臘古籍的輸入西方，以及對古希羅文化研究的興趣，種下日後文藝復興的根源。

　　以拉丁人的人力在東方開發是不足以有所作為，因此在敘利亞便需要回教的農夫協助。拉丁人在東方生活一段時間後，有些人便和東方人結婚，即使不與東方人結婚，西方人亦常請當地工人為他們建築房舍、宮殿和教堂；耶路撒冷的威尼斯商人鑄造的銅幣，上面亦刻有一段可蘭經經文；十字軍在近東地區建立的堅固城堡，成為回教徒模仿的對象。

　　地跨歐亞非三洲的阿拉伯文化，如醫學、數學、哲學、科學、藝術、文物及一般知識，由東方回教世界流入，使西歐人的知識大開。

對經濟的影響

　　不管十字軍東征是回教徒或者是基督徒獲勝，最大的贏家，絕對是得到實質利益的商人。義大利城市以及後來的歐洲其他城市都受惠於往來東西兩方的朝聖者，以及在敘利亞建立的拉丁國家，城市的興起，如威尼斯、熱那亞、比薩和馬賽等，獨佔地中海的商業。雖然十字軍以前已有部分東西貿易存在，但是無疑地，十字軍提供中世紀人民實際的動機和想法，加速東西貿易活動。十字軍東征的需求促進義大利城市掌握地中海的控制權。大規模的軍事行動，需要大量的財源和不間斷的補給，以至西歐教會和國家開始改用新的稅制，因而促使歐洲財源的流動更為靈活，連帶使商業活動更為發達。

　　西方社會對於東方貨物的需求，如絲綢、象牙、香料、咖啡等日用品（原為貴族的奢侈品），使得轉運東方貨物至歐洲，以及將西方物品推銷至東方的商業活動空前繁榮；支票、信用狀、提貨單、股份公司組織等進步的商業交易，以及銀行金融體系隨之活絡，直接引導資本主義經濟的新方向。棉花和甘蔗的種植、棉布和絲布的製造、玻璃加工業，使得東方的拉丁國家高度繁榮。在亞克城，基督徒的總稅務署裏，留下很多用阿拉伯文所記的帳目。地理知識的增長、航海業和造船工業的進步，使得歐洲人在不想受到商人的剝削之下，還有能力尋找前往東方的路徑，引發日後地理大發現。

聖地圖

參考書目

外文部分

P. Alphandéry et A. Dupront, *La Chrétienté et l'idée de Croisade* (coll. 《Évolution de l'Humanité》), 2 vol., 1954-1959.

R. Grousset, *L'Empire du Levant*, 1949.

J. Richard, *Le royaume latin de Jérusalem*, 1953.

Cl. Cahen, *La Syrie du Nord à l'époque des Croisades et la principauté franque d'Antioche*, 1940.

J. Prawer, *Histoire du royaume latin de Jérusalem*, t. I (coll. 《Le monde byzantin》, 1969.

J. Prawer, Colonisations activities in the latin kingdom of Jerusalem, dans *Revu belge de Philologie et d'Histoire*, 1951.

Histoire anonyme de la première Croisade, éd. L. Bréhier (coll. 《Les Classiques français du Moyen Age》), 1924.

La Conquête de Constantinople de Villehardouin, éd. E. Farral (même coll.), 2 vol., 1938-1939.

Terre Sainte romane (coll. 《Zodiaque》).

中文部分

《西洋全史（六）中古歐州（下）》，馮作民編著，燕京，民64年。

《簡明西洋中古史》，劉增泉譯，國立編譯館，民 84 年。

《歐洲文化史》，劉增泉譯，漢唐出版社，民 88 年。

《西洋中古史》，袁傳偉譯，五南圖書，民 78 年。

《西洋中古史》，王任光編著，國立編譯館，民 71 年。

《西洋文化史第三卷（中古下）》，劉景輝譯，學生書局，民 71 年。

《西洋中古史》，張學明譯，聯經，民 75 年。

26

基督教對西班牙的再征服

一談起十字軍東征，很多人便會聯想到戰爭的源頭耶路撒冷（Jerusalem），卻很少人會注意到早在西元 711 年即被回教軍隊攻佔，不斷由基督徒發出征討聲浪的殺戮戰場——西班牙。[1] 其實，十字軍一開始的目標是西班牙，他們以驅逐摩爾人（Moors）為主要目的的十字軍活動，早在十一世紀初期，克呂尼（Cluny）修士便為了恢復基督教的土地，不斷鼓動法國貴族採取軍事行動，想擊潰西班牙的回教勢力。直到西元 1492 年，回教徒在半島上唯一的根據地格拉那達（Granada）陷落後，基督教才完全地再征服被回教徒佔領的西班牙。西班牙從八世紀一直到十五世紀末，持續不斷與回教軍作戰，也持續與同樣是基督徒的自己人內戰。

恢復國土失地運動

西班牙西北地區的反抗

西元 711 年，回教軍隊攻佔伊比利半島（Iberian Peninsula）後，基督教徒的西哥德人退守至半島西北部的坎塔布連山區（Cantabrian

---

[1] 西班牙半島（Spain Peninsula）又名伊比利半島（Iberian Peninsula），居民以塞爾特人（Celts）和伊比利人為主，曾經由腓尼基人和迦太基人（Carthages）建立殖民地，亦被羅馬人統治過，日耳曼蠻族大遷移時，由西哥德建立西哥德王國，西元 711 年被來自阿拉伯的回教徒從北非侵入，西元 1479 年，亞拉岡王國（Kingdom of Aragon）與卡斯提爾王國（Kingdom of Castile）合併成「西班牙王國」，經由伊莎貝拉女王（Isabel I，西元 1451～1504 年）的領導，滅回教王國格拉那達（Granada）後，伊比利半島就剩下兩大王國——西班牙王國和葡萄牙王國。

Mts.），便在此地陸續建立阿斯圖里亞斯（Asturias）、加利西亞（Galicia）、萊昂（Leon）、卡斯提爾（Castile）、納瓦拉（Navarre）等小國。北方的基督教國不斷地向南方推進，但是，西班牙各小國的軍隊就像十字軍般雜亂無章，沒有統一的作戰策略，只是相互敵視，彼此間的鬥爭還比對付回教徒的鬥爭為多。

·阿斯圖里亞斯王國

西元711年，哥德人被摩爾人的穆斯林軍隊逼退到半島的西北角，西元718年，哥德人佩拉機（Pelage）擊敗摩爾人於科瓦東加（Covadonga），佩拉機乃自命為阿斯圖里亞斯國王，建立西班牙的君主政治。其繼任者阿爾方斯一世（Alphonse I，在位西元741～754年）在都爾（Tours）擊潰摩爾人後，便把勢力擴大到整個坎塔布連山脈、加利西亞，並且在奧維耶多建造王宮，此城亦成為伊比利亞地區各新基督教國家的第一個政治首都。但是，由於本身王朝的危機及穆斯林軍隊的不易攻入，乃一直維持這種態勢。

西元800年初，在加利西亞偏僻之地孔波斯特拉（Compos Telle），一位牧羊人聲稱在星星的指引下，發現一具石棺，人們相信這是基督的兄弟聖雅克的墓地，此地的教堂簡陋，禮拜和聖洗禮儀式亦簡單，很快地就改建為聖雅克星野大教堂（Santiago de Compostela），此地由於名聲遠播，便引來西方基督教的朝聖者，朝聖之路多由法國經庇里牛斯山地區（Pyrenees）到達加利西亞。人多，商機也多，偏僻之地頓時成為聖地，僅次於耶路撒冷和羅馬，聖雅克的聖骨成了鼓舞民心和捐募基金對抗摩爾人的無價之寶，使基督教的再征服西班牙更具有十字軍東征的意味。

阿爾方斯三世（Alphonse III le Grand，西元866～909年）所建的一些要塞，如薩莫拉、錫曼卡斯、托羅，控制埃布羅河的水上要道。

使萊昂王國能夠輕易地向東推進，伴隨而起的新興城市由一些伯爵管理——布爾戈斯伯爵之子費爾南德·風薩雷斯建立卡斯提爾伯爵領地，因而發展成卡斯提爾王國。後來，在西元 1000 年，阿斯圖里亞斯被分成萊昂和卡斯提爾二個王國。

·卡斯提爾王國、萊昂王國、納瓦拉王國

在西元 997 年伊斯蘭教將領埃曼蘇爾人摧毀聖雅克之後，卡斯提爾王國的桑喬·加西亞在伊斯蘭教諸君主發生內訌之際，發兵攻打科爾多瓦城並佔領。

納瓦拉（Navarre）在阿斯圖里亞斯的東方和庇里牛斯山的南方，大部分的居民是巴斯克人（Basque，可能是西班牙塞爾特人和非洲柏柏爾人的混種），藉著山區的地利之便，成功地抵擋回教徒、法蘭克人、西班牙人的勢力而維持獨立。西元 1000～1035 年在桑喬（Sanche）的領導下成為大國，統治地區包括納瓦拉本身、阿拉莫庇里牛斯山北部某一些邊遠地區，甚至還包括斯科涅和巴塞隆納（Barcelona）的伯爵，贏得西班牙大帝的頭銜，使基督教的西班牙因此一度接近統一。桑喬並且娶了卡斯提爾的加西亞（Garcia）之女為妻。不過，他死時將國土分給四個兒子，使其一生的努力功虧一簣，亞拉岡亦在此時獨立成一個王國。他的次子費爾南德一世（Fernando I）在西元 1032 年將萊昂和加利西亞併入卡斯提爾，西元 1036 年，迫使伊斯蘭教的托雷多（Toledo）及塞維亞（Seville）酋長按年進貢，並把聖人伊西多爾的聖體帶回基督教聖地，並為伊西多爾建造萊昂方形大教堂，托雷多成為回教和基督教文化接觸的重鎮。但是費爾南德一世死時，將國土分給三個兒子，三個兒子私心自用、互相鬥爭、不思團結毀了他的努力。

阿爾方斯六世（AlphonseVI，西元 1065～1109 年）繼承費爾南德

一世的王位，並於西元 1077 年獲得西班牙皇帝的頭銜。此時，穆斯林由於哈里發統治的日趨衰敗，呈現無政府狀態，基督教王國藉此讓騎士不停地向穆斯林發動攻擊。但是騎士只滿足向小國王和匪幫頭目收取每年一次的貢品[2]而無意討伐回教徒。

羅德里戈・迪亞斯（Rodrigo Diaz）約於西元 1043 年出生於布爾戈斯附近的比瓦（Bivar），為一位軍事冒險家，是向「錢」看的冒險者。他以大膽的戰技聞名卡斯提爾，阿爾方斯六世娶自己親戚的女兒希梅納（Jimend）為妻，並於 1079 年委任他徵收格勒納德穆斯林國王的貢品。但因羅德里戈・迪亞斯和卡斯提爾其他騎士發生爭吵，吞沒貢品被逐出卡斯提爾。他在莫爾地區定居，組成一小支傭兵部隊，隨時受僱於基督教或回教的統治者，當他受僱於薩拉哥薩（Saragossa）酋長長達八年時，犧牲亞拉岡擴大摩爾人的勢力。西元 1092 年，他與由阿爾方斯六世、亞拉岡國王、巴塞隆納伯爵所率軍隊以及熱那亞和威尼斯船隊組成的強大聯軍在瓦倫薩作戰，羅德里戈・迪亞斯包圍該城市達一年之久，直到西元 1094 年該城投降，但他卻沒接受投降條件，燒死首席法官，把城民的財產分給部下。他亦在此地遭來自非洲強大軍隊的阿爾摩拉維德人（Almoravids，西北非柏柏爾人的一支）的攻擊，勝利仍是站在享有戰技美名的羅德里戈・迪亞斯這邊，他仍是瓦倫薩王國的統治者。西元 1097 年，他亦擊潰非洲的第二支軍隊，死後其妻希梅納又統治該城三年。因羅德里戈・迪亞斯的逝去，卡斯提爾人對地中海的再征服也隨之落空，阿爾方斯六世失去屏障，也只得放棄已得到的城市。瓦倫薩王國不久便被亞拉岡王國佔領。

阿爾方斯七世（西元 1126～1157 年）統治下的卡斯提爾人每年都要向拉赫拉雷納（La Sierra Morena）發動遠襲。非洲統一派（Almo-

---

2　為一種貢品制度，每個君主皆受到某個基督教領袖的保護，遇到危險的時候，可請求基督教領袖保護，容易造成同為基督教徒的君主統治者干戈相向。

hades d`Afrique）的干預，亦阻止基督教徒的推進有相當一段時間。在阿爾方斯八世（西元 1158～1214 年）的統治下，創建卡拉特拉瓦（Calatrava，位於薩拉戈薩省內，托雷多南部的一個要塞）軍事宗教騎士團。

西元 1195 年，從義大利、普羅旺斯及法國來的十字軍，在阿拉科斯（Alarcos）戰敗而失去卡拉特拉瓦，法國人幾乎在西元 1212 年撤退。西班牙的卡斯提爾、萊昂、納瓦拉三王國組成基督教聯軍與穆斯林軍隊作戰，在托洛薩的拉斯納瓦斯（Lasnavas de Tolosa）取得勝利。費爾南德三世利用這次的勝利統一卡斯提爾和萊昂，並且在西元 1236 年攻佔科爾多瓦，在西元 1246 年佔領哈恩和塞維亞，繼任者阿爾方斯十世（西元 1252～1284 年）開發南方的新土地。由於基督教的君主們常發生衝突，無法結合軍力終結格勒納德穆斯林的王國勢力，而以安達盧西亞（Andalousie）為邊界。

‧亞拉岡王國

約在西元 1035 年從納瓦拉王國獨立成一個王國，位於西班牙的東北部。西元 1095 年，亞拉岡（Aragon）已佔有西班牙中北部一大片土地。西元 1140 年亞拉岡與巴塞隆納統一，聲勢大增。西元 1228 年，國王雅克一世召募熱那亞和比薩的船隊，組成一支強大的軍隊，次年攻佔馬略卡島，使亞拉岡得到一些土地，並加強海上的控制攻下巴利阿里群島（Balearic Islands），能從西班牙的勒旺特河（Le Vant）流域出征，亞拉岡人成為地中海地區的一支堅強軍隊。其子彼雷（Pièrre）與西西里島的繼承人康士坦斯（Constance）結婚，卻在霍亨斯陶芬（Hohenstaufens，西元 1138～1254 年）帝國崩潰時，佔領西西里島，把安茹王查理的法國人趕出西西里島，亞拉岡人並擊退由羅馬教皇鼓吹討伐他們的十字軍。西元 1325 年控制薩丁尼亞（Sardaigne），建立龐大的地中海帝國，使卡斯提爾王國和葡萄牙王國只能轉向大西洋西岸發展。

·葡萄牙王國

葡萄牙（Portugal）原隸屬於萊昂王國，是國王阿爾方斯六世送給女兒與十字軍首領亨利結婚的禮物，這個亨利將領為勃艮地人（在位西元 1093～1112 年），趁卡斯提爾和亞拉岡兩國不合，逐漸擴展自己的封土。其子阿爾方斯·亨利克斯（Alphonse Henriques，西元 1112～1185 年）也趁卡斯提爾和亞拉岡兩國之間的王位爭奪，在西元 1139 年，經由羅馬教皇的干涉，取得葡萄牙國王的頭銜，變成教皇的附庸，西元 1143 年取得獨立。

·庇里牛斯山區

較晚時期，從庇里牛斯山外來的基督徒大軍再度展開征服，但卻是無心插柳。查理曼大帝原本只是應阿拉伯人之請，遠征西班牙解決阿拉伯人的內亂，但無意間在此建立西班牙特區（Spanish Mark），並不是因為這個西班牙地區淪陷於回教徒手裏而整軍出征。查理曼大帝及伯爵在西元 778 年，越過庇里牛斯山在薩拉哥薩城（Saragossa）遇到阻礙，回程途中經納瓦拉的侖斯沃（Roncesvalles）山口時，後衛軍慘遭巴斯克人襲擊。[3] 西元 785 年查理曼大軍奪回赫羅納，並有系

3　法國最著名的詩篇「羅蘭之歌」（Chanson de Roland）所歌詠的英雄羅蘭亦在此役中身亡。羅蘭為查理曼大帝的姪子，也是查理曼的十二勇將之一，率領的二千騎兵遭遇巴斯克人猛烈襲擊，仍英勇奮戰，最後寡不敵眾全部陣亡，羅蘭與敵人激戰五天而死，死時仍氣宇軒昂。這個可歌可泣的悲壯故事，被編成有名的歌謠「羅蘭之歌」，成為西洋有名的愛國戰歌，不時被將領拿來激勵士氣。

統地在西元 788 年佔領西班牙東北方，靠近巴塞隆納的加泰羅尼亞地區（Carolingian March of Catalonia），由法國伯爵以半獨立的方式統治。又在西元 792 年奪回烏赫爾，西元 801 年佔領巴塞隆納，西元 806 年，納瓦拉及阿斯圖里亞斯承認法蘭克的主權。

當加洛林王朝的政權不穩時，巴塞隆納的伯爵更加獨立，只要相安無事就不會主動對回教徒展開大規模的再征服。

羅馬教皇的提倡──十字軍的征討

十一世紀初，回教徒控制著西班牙南部三分之二地區，由於羅馬教廷想擴張基督教信仰和權威，義大利各城鎮擔心穆斯林在海上不斷的騷擾；以及封建主可以透過戰爭從事他們喜愛的工作，又能獲得宗教和世俗的獎賞──集結了宗教熱情、政治和經濟的動機，很快地，十字軍的再征服西班牙[4]於焉展開。

西元 1063 年，由羅馬教皇亞歷山大二世所提倡的基督教十字軍，首次征討西班牙的穆斯林，展開對西班牙的再征服，此乃為了保護庇里牛斯山中部河谷地區的安全。響應這次征服的有羅馬教皇的旗手紀堯姆‧德蒙特勒伊（Guillaume de Montreuil）所率領的義大利人，還有一些由諾曼第冒險份子組成的匪幫，和眾多的法國騎士。西元 1064 年攻克巴瓦斯特羅城堡，第二年又被回教徒奪回。西元 1073 年，魯西伯爵厄卜爾（Eble，count of Rouci）等，亦先後率軍到西班牙。西元 1087 年，十字軍從法國出發，由圖盧茲（Toulouse）伯爵雷蒙（Raymond）和勃艮地的其他各路軍隊打開了通路。這些都是比較著名，而且由重要領主所率領的十字軍，其他規模較小的征討次數更多。

---

4 羅馬時代基督徒便已征服過西班牙，因此這次征服應稱為「再征服」。

西班牙十五世紀後期概況

自葡萄牙王國建立後，西班牙有三個重要的基督教國——東部大西洋沿岸的葡萄牙王國、中部的卡斯提爾王國和東部地中海沿岸的亞拉岡王國，穆斯林國家就只有南部的格拉那達王國。基督教王國每當戰爭勝利時，便開始彼此間的衝突。直到西元 1469 年，卡斯提爾女王伊莎貝拉與亞拉岡國王斐迪南聯姻兩國合而為一，才在西元 1492 年，由伊莎貝拉消滅回教的最後勢力格拉那達王國，因而，西班牙半島上剩下西班牙王國和葡萄牙王國。

基督教君主們的統治政策

在半島上，基督教君主陸續恢復失土，便有大量的土地分配，並建立一些設防的城市，安置騎士和移民。

·新領地的軍事管理

基督教國王所佔領的新領地，由於缺少人員和人才，都由軍事宗教騎士團駐守城堡的要塞，也庇護住在周圍的農民與住在來聖城祈禱或者是來此謀生的人。從西元 1150 年起，國王將較大的要塞守衛任務交給軍事宗教騎士團，這些騎士團和東方騎士團一樣需負責警戒道路和保衛邊疆，並確保朝聖者的安全。且在經過回教徒阿爾摩拉維德人的攻擊之後，新的騎士團便不斷出現，連葡萄牙也在西元 1147 年出現阿維什騎士團；卡斯提爾在西元 1156 年創立修士騎士團，由於西元

1213 年守衛阿德坎塔拉（Adcantara），乃改名阿德坎塔拉騎士團；西元 1175 年，保護聖地牙哥（Santiago）朝聖者的自衛隊接受聖地牙哥城的章程而成為聖地亞哥騎士團，這支騎士團在征服中也發揮堅強實力；聖殿騎士團在西班牙也有許多的土地和封地，在葡萄牙的埃斯特馬杜雷（Estramadure）北面，佔有一些土地和要塞，並佔領下貝拉省的沙漠地帶，建立許多農民鎮，並將它置於城堡的保護下。所有的軍事宗教騎士團，都以西多修會（Cistercien）的教規及聖殿騎士團或醫院騎士團為榜樣。

西元 1153 年建於葡萄牙阿爾科巴薩西都會的修道院，在埃斯特拉馬杜雷未開墾的土地上，新建二十幾座新村莊。君主為了招募移民亦赦免罪犯，讓他們居住在邊界地區並且確保他們的自由；萊昂的君主則把穆斯林遺棄的土地交給阿斯圖里亞斯和加利西亞來的農民開墾，這些新領土上可謂居民混雜什麼樣的人都有。

中世紀西班牙全國的基督教會制度並不一致，巴塞隆納為法國模式的封建制度；亞拉岡亦有類似情形，但沒有發展成高度的教士統治；卡斯提爾、萊昂和葡萄牙則由一些騎士團以軍事保護而掌握土地。

・法國移民者

從西元 1000 年起，納瓦拉、卡斯提爾的君主都很高興來自庇里牛斯山（Pyrenees）外的佛朗哥人（Francos），他們往往是一些英格蘭人、佛萊米人、倫巴底人。偉人桑切頒佈有利於佛朗哥人的移民章程；阿爾方斯六世在庇里牛斯山區造路到格羅尼奧、薩阿貢等城市，佛朗哥人移居到這些城市中一些有圍牆的區域裏，在他們居住的地方或者是在朝聖路上的村莊，都有他們的商攤，市民居住集中的地方，則有他們的旅館和醫院。

西元 1129 年的市政法規禁止任何納瓦拉人、教士或騎士到潘普洛

納城，佛朗哥人移居的聖塞爾南地區定居，只有佛朗哥人自己可以向孔波斯特拉的朝聖者出售商品，而市區的居民得到經濟利益、經商權、司法權等大量的優惠。在薩阿貢，佛朗哥人在修道院周圍發展新市鎮，克呂尼大主教亦在托雷多發展修道院；佛朗哥人於西元 1250 年在塞維亞組成自治政府，有一名法官，不必服兵役也不用巡夜更不用繳稅。

・領土定居與分配問題

與穆斯林的作戰獲得喘息之後，各國國王便開始處理國內的事務，尤其是土地和權力的分配。在瓦倫薩，國王雅克一世原本要把摩爾人趕出去，但是遭到騎士的堅決反對，騎士們認為如果將這些摩爾農民趕出去，便會因此減少收入；在安達盧西亞地區，鄉村人口的發展非常緩慢而且很不理想，西多尼亞城的公爵則佔據韋爾瓦地區的大部分土地，卡斯提爾的最高貴族和軍隊宗教騎士團則獲得許多權力，

中世紀的修院

因此，在整個安達盧西亞地區，甚至在科爾多瓦，財產高度集中在許多大地主的手中，這些大地主放棄農耕生活而熱衷於飼養牲畜並在山區放牧，使得農田的景觀徹底的改變。基督徒的分佈隨著地區和情況的變化而變化。

在基督徒居住的各大城市裏，都具有很強的城市色彩。由於新城市的興起造就

一些君主，新城市建造在平原上、河流旁，各城周圍有堅固的城牆，城牆上有許多塔樓，附近則有西班牙人和摩爾人混居的小鎮，小鎮亦建立在險峻高地上以作為防禦之用，與古羅馬式或鄉村式的營地景觀相同。同時，亦融入法國西南部城堡的風味，所有的公共紀念性建築物都建造在較廣闊的地方。阿爾方斯十世和當時編年史作者對此描述道：一個大的四方形，中間有首領的帳篷，筆直的街道成銳角互相交叉，還有一堵開了四個四邊形門的圍牆。穆斯林在戰敗後，只有少數回教徒仍留在某些城市中，其他如科爾多瓦、塞維亞、哈恩、馬韋達、巴埃薩、赫雷斯、阿爾科斯、埃西哈諸誠都是空城，只有瓦倫薩城，有五萬居民離開城市到農村去定居，大概留下一萬五千多回教徒；穆爾西亞城裏亦有許多的回教徒留下，他們保留摩爾人城市的傳統風貌。安達盧西亞、托雷多、亞拉岡、加泰羅尼亞、馬略卡則有一些人數眾多的古以色列人定居，且不斷地發展成繁榮的社會。

國王給予不同種族或民族一個區域或一個郊區和一定數量的房屋，因此，在相當長的一段時間裏，城市仍保留非常原始的面貌。馬德里（Madrid）城便是一例，住有卡塔盧西亞人、塞拉諾人（Serrano）、葡萄牙人、摩薩拉布人、布拉干薩人、佛朗哥人的薩拉曼卡城，該城是以分散的若干個市中心並列而展開，這些市中心是用很長的共同圍牆隔開，有時也用草地和小樹林分割，這些草地和小樹林又常常用土圍牆或鏈子封閉。每個區域都是獨立的，甚至擁有特權，在設防的教堂或修道院周圍建造房屋，監視主要圍牆的進出口門，在托雷斯（Torrès）、巴爾瓦的建築風格為很好的說明。約到西元 1200 年便建造三十五座風格各異的堂區教堂，在西元 1190 年，市政法規已經提及在索里亞有三十多座堂區教堂。西元 1253 年，在卡拉塔尤，移居該城的一千零六十三戶家庭不平均地被分配到十四個堂區教堂之間，特別是瓦倫薩。為了安置來自亞拉岡和加泰羅尼亞的幾千名移民者，國王先進行個人分配，然後把完整的區域集體分配給特魯埃爾的九百

名移民者及來自加泰羅西亞的船員、蒙彼利埃、巴塞隆納來的殖民
者。這座城市就像菜園一樣地被分割開了，有數量不等的住房——巴
塞隆納人五百二十戶，特魯埃爾人三百戶，托爾托薩人二百五十戶，
薩拉戈薩人二百戶，其他團體只有二十至四十戶，聖殿騎士團則接納
五十戶，這是集體移民的完美典型。西元 1300 年，市區都有來自各地
的移民在此定居，也很快地融合於此，在別的地方，種族和語言的地
方特色還是非常明顯，並未受到外來的文化影響。

　　西班牙在發展自由城市與代議制度方面領導著中古世界，國王為
了尋求城市支持以對抗貴族，頒給許多城市自治政府特許狀，市政獨
立變成一種狂熱。西班牙國王偶而召開貴族與教士會議，如西元 1188
年在萊昂的會議有城鎮的商人參加，這可能是基督教歐洲最早的代議
性政治機構。

東西方文明的匯合

　　在西元 711 年穆斯林入侵以前，西班牙的比西戈特（Visigot）王
國便已受到拜占庭藝術的影響。下幾個世紀裏，摩薩拉布人（信奉基

拜占庭式教堂建築

中世紀的教堂彩繪

督教，置於穆斯林統治之下）把仿效非洲和東方的東西傳播到北方，這些摩薩拉布藝術拚板（lecons）和舶來品（emprunts）在古伊比利亞地區的羅曼肖像學中佔有重要地位，那些修飾聖約翰《啟示錄》註釋的細密畫也非常重要。古伊比利亞人的文明似乎是西方和東方之間的匯合。

中世紀的禮拜儀式　　　西班牙東北地區加泰羅尼亞的中世紀壁畫

由於孔波斯特拉（聖地牙哥）的朝聖活動和克呂尼運動與北方來的各個宗教騎士團、十字軍士兵、殖民者和朝聖者們紛紛越過庇里牛斯山地區來到西班牙。西元 1075 年，聖地牙哥大教堂的雕刻開始於一名法國老雕刻家貝爾納的指揮，並由五十名的石匠合力進行。在萊昂的聖伊西多爾的柱頭和正門上、及半圓形的哈卡大教堂後殿位於庇里牛斯山腳下的洛阿雷城堡中，在奧古斯丁議事司鐸的教堂上，人們看到圖盧茲的聖薩蒂（塞爾南）和穆瓦薩克的雕刻主題。後來，又受到西多的影響，布爾戈斯的拉斯於埃爾卡斯（Las Huelgas）修道院（1187 年），和波萊特（Poblet，西元 1166 年開始建教堂）修道院，

雖然相距遙遠，卻再現勃艮地的傳統。稍晚，一些法國雕刻家受到亞眠或蘭斯的畫面影響，也在西班牙的大教堂上雕刻。西元 1250 年代，他們至少領導第一階段的雕刻工作，因此出現萊昂和布爾戈斯雕刻家亨利‧托萊多及馬丹等。

第二代的雕刻家把原始因素和東方風格引到雕刻之中，在雷萊多、整個安達盧西亞，基督教徒都自願接受穆斯林的傳統，研究東方伊斯蘭文明和西方文明，參加再征服的各國王身邊亦聚集著學者和莫德哈爾藝術家。阿爾方斯十世（西元 1252～1284 年）更表現寬容和求知精神，他和哲學家穆罕默德‧阿里科蒂（Mohammed-Al-Ricoti）交好，並為這位哲學家建立一所學校，供穆斯林、猶太人和基督徒就讀。阿爾方斯十世在塞維亞發現摩爾人的學術而深深被吸引，不顧那些有信仰偏見之人反對，聘用阿拉伯人、猶太人及基督教學者，把回教著作翻譯成拉丁文，創辦一所綜合大學和一所拉丁語、阿拉伯語的學校，穆斯林的教師在這所學校裏教授科學和醫學，以便教化歐洲，建立天文學校，並設計一套重要的天文表，史稱「阿爾方斯銅表」。組織一個歷史學家團體，以他的名義纂寫西班牙史及世界通史，他曾作了約四百五十首詩，一些是用卡斯提爾文，一些是葡萄牙文。在托雷多，阿爾方斯十世命人翻譯可蘭經（fait haanire），並下令將聖經直接由希伯來語譯成卡斯提爾語。因此托雷多讓人聯想腓特烈二世時的巴勒莫，他撰寫好幾部辯解方面和倫理學方面的著作（哲學精神），顯然受到東方作品的啟發。

在整個卡斯提爾地區（從安達盧西亞到萊昂），莫德哈爾的雕刻工匠使城堡、王室、教堂和修道院增添光彩，特別是在托雷多、萊昂和瓦倫西亞，西都會的修道院建築物也是如此。莫德爾的影響還表現在亞拉岡的所有紀念性建築物上，如特魯埃爾的各種塔樓，都是按清真寺的尖塔建造的，裝飾有蜂窩、蜂房、幾何形的圖樣，交錯在一起的弓、星星和薔薇花飾。

西班牙大部分的工人是猶太人或回教徒，猶太人在亞拉岡與卡斯提爾繁榮興盛，他們在此極其活躍，有許多人成為富商，但後來日漸受到許多限制，回教徒則有崇拜信仰的自由，並有相當程度的自治，亦有許多富商，有些甚至能進入皇宮，他們的手工匠極度影響西班牙的建築、木製品，以及金屬製品，使其帶有回教風格。但是回教徒通常必著明顯的裝束，住在每一城市單獨的區域，並特別負擔重稅。西班牙文明吸收部分回教文化而活潑了西班牙的心智生活。

參考書目

外文部分

R. Altamira, *Histoire d'Espagne*, 3e éd., 1956.

P. AguadoBleye, *Manual de España*, t. I, Madrid, 1947.

J. Vicens Vives, *Historia social y economica de España y America*, t. I et II, Barcelone, 1957.

M. Defourneaux, *Les Français en Espagne aux Xie et XIIe siècles*, 1949.

J.-M. Lacarra, Les villes frontières de l'Espagne des Xie et XIIe siècles, dans *Moyen Age*, 1963.

Cl. Sanchez Albornoz, *España, un enigma histórico*, 2e éd., 2 vol., Buenos Aries, 1962.

A. de Castro, *Réalité de l'Espagne*, trad. Fr., Paris, 1963.

L. Torres Balba, *Resumen histórico del urbanismo en España*, Madrid, 1954.

J. Vielliard, *Le Guide du pèlerin de Saint-Jacques-de-Compostelle*, 1950.

Y. Bottineau, *Les chemins de Saint-Jacques*, 1964.

Ars Hispanie, t. II, Madrid, 1947.

M. Durliat, *L'art roman en Espagne*, 1962.

中文部分

《西洋全史（六）中古歐州（下）》，馮作民編著，燕京，民 64 年。

《簡明西洋中古史》，劉增泉譯，國立編譯館，民 84 年。

《歐洲文化史》，劉增泉譯，漢唐出版社，民 88 年。

《西洋中古史》，袁傳偉譯，五南圖書，民 78 年。

《西洋中古史》，王任光編著，國立編譯館，民 71 年。

《西洋文化史第三卷（中古下）》，劉景輝譯，學生書局，民 71 年。

《世界文明史之十二：黑暗時代與十字軍東征》，幼獅編譯部編譯，
幼獅，民 69 年。

27

日耳曼之政局

中世紀的封建時代，日耳曼的貴族是強勢的領導者，他們削弱日耳曼君王的專制政權，發展成專權獨立的封建制度，在各自管轄的地區成一小國，隨時威脅日耳曼王室的政權，日耳曼君王原則上按照先王遺詔任命，但若沒有子嗣，還是要由選舉侯（公爵）推舉產生，當然還要有教皇許可，總之，作為日耳曼君王總是岌岌可危，根本無法滿足個人（各公爵和教皇）的私心。因此，為了誰能擔任君王而大動干戈在日耳曼地區是習以為常。

日耳曼君王在無法得到安定穩固的政權下，想擴展真正屬於自己的領土是緣木求魚，日耳曼的領土能向外擴張，都是藉著基層的人民，也就是傳教士、教會、騎士團向外發展，間接在外國領土殖民，進而有系統地管理佔領的土地，亦即幾乎所有日耳曼的殖民地，並不是日耳曼君王有計畫、有軍事謀略的行動，帶領所有國內的士兵向外積極擴張領土。

日耳曼的政權發展

亨利五世（Heirrich V，西元 1081～1125 年，在位西元 1106～1125 年）死後，結束佛朗哥尼亞王朝（Franconian Dynasty），進入霍亨斯陶芬王朝（Hohenstaufen Dynasty，西元 1138～1254 年）。亨利五世死時，遺詔由斯華比亞霍亨斯陶芬家族的腓特烈繼位，但因各諸侯不滿霍亨斯陶芬家在亨利五世在世時不斷地與之爭鬥，因而經由薩克遜、斯華比亞、佛朗哥尼亞、巴伐利亞選侯選出薩克森的羅塞（Lot-haire，在位西元 1125～1137 年）為新帝，但西元 1137 年，羅塞應教皇之邀到南義大利驅逐拿坡里王羅哥二世，在回程途中病死。羅塞統治期間，日耳曼向東北擴張，先後征服丹麥、波希米亞，並且打敗汶

德人，使他們皈依基督教。

由於羅塞帝和巴伐利亞的威爾夫（Wielf）家族有姻親關係，又無子嗣，便在死後將封土傳給巴伐利亞公爵亨利，而非繼任的皇帝。這成為一種慣例，諸侯若沒有子嗣不把封土歸還給皇帝，而是傳給近親，導致皇帝更沒有實權掌管自己的領土、擴張自己的勢力。巴伐利亞公爵亨利增加薩克森領地後，勢力更加強大，以至於各諸侯不願選他，選了霍亨斯陶芬家的康拉德為新帝，霍亨斯陶芬王朝從此展開璀璨的時代。

康拉德三世（ConradⅢ，在位西元1138～1152年）削減各諸侯的封地，嚴禁諸侯兼領兩國，使擁有薩克森和巴伐利亞的傲慢亨利抗拒。康拉德三世於是沒收傲慢亨利的封地，將薩克森改封給阿爾布力特（Albrecht），巴伐利亞改封給自己的弟弟李奧波德。後來，康拉德三世為結束內亂，又因傲慢亨利病死，再將薩克森封給傲慢亨利的幼子雄獅亨利（Henry the Lion），另外改封薩克森北部邊境給阿爾布力特，阿爾布力特後來征服東汶德人，與自己的封地合為「布蘭登堡」（Brandenburg），奠定後來「普魯士」的基礎。

西元1147年康拉德三世應教皇之請，號召日耳曼的諸侯與騎士，組成一支十字軍，即「第二次十字軍」，但康拉德三世因中途生病，且威爾夫叛亂而提早回國，並未完成使命。康拉德三世在西元1152年去世，姪子腓特烈繼承帝位。腓特烈一世（FrederickⅠ，在位西元1152～1190年）因有霍亨斯陶芬和威爾夫兩家族的血統，被諸侯一致公認為可以停止紛爭的人，腓特烈一世於是依康拉德三世的遺詔，以及諸侯的認可，安穩地坐上皇位，無後顧之憂地展開有謀略、有計畫的軍事征討，帶領日耳曼走向基督教世界的領導地位，日耳曼（霍亨斯陶芬王朝）的輝煌時代於焉展開。

腓特烈一世天庭寬潤、赤髮碧眼、皮膚白皙，鬍鬚比頭髮還紅，因此被稱為「紅鬍子腓特烈」（Frederick-Barbarossa）。他有聰明的

頭腦、堅強的意志、圓融的政治手腕，曾經兩度參加十字軍東征，在遭土耳其人的猛烈攻擊，以及種種艱難困苦，皆能發揮日耳曼騎士的精神，得到「騎士之花」的尊稱。他就任後，便以重振神聖羅馬帝國權威為首任，欲用兵義大利向羅馬教廷示威。

腓特烈一世首先把巴伐利亞封給薩克森的雄獅亨利，解除威爾夫與霍亨斯陶芬家族的世仇，在國內無後顧之憂後，便展開經略義大利的計畫，他首先干涉聖職的任命，下令驅逐羅馬教廷所派的教使並御駕南征。腓特烈一世六次征討義大利，前後歷時三十年，並未獲得成功。失敗的原因除了羅馬教皇外，還有北部的倫巴城邦和南部的西西里王國，他們都不希望其權力擴展到義大利，因而南北呼應讓他知難而退，使他無法重振神聖羅馬帝國的威望。

西元 1174 年，腓特烈一世第四次征討義大利時，薩克森雄獅亨利曾發動兵變，腓特烈一世回國後，便沒收其封地，並在西元 1186 年進兵薩克森，雄獅亨利兵敗投降，此次的軍事活動讓整個日耳曼帝國便再也沒有違抗朝廷命令的叛徒。腓特烈一世把瑞士作為其政策上的戰略中心，因為此地鄰近勃艮地，並與斯華比亞接近，又能控制通往義大利阿爾卑斯山的諸隘道。腓特烈一世以重振神聖羅馬聲威為政治理想，一生心力都用在帝權與教權之爭，想要利用羅馬教會作為工具統一全歐洲，使古羅馬大帝國能再現。但是未能如其所願，第三次十字軍東征途中他不幸落水淹死。

繼位的亨利六世（Henry VI，在位西元 1190～1197 年）因與西西里公主康士坦斯（Constance，西西里王羅哥二世之女，威廉第二的小姑；因威廉無嗣，康士坦斯應為王位合法繼承人）結婚，即位不久便以合法繼承人之理由率軍南下爭奪西西里王位，但亨利六世以殘暴的方式對付政敵，雖控制整個西西里王國，始終沒有獲得當地諾曼貴族的支持。從亨利六世的幼弟菲力普（Philip of Swabia）與拜占庭公主結婚，以及亨利六世的直接控制北義倫巴底諸城邦，並拘禁甫自東方

西歸的英王獅心理查，這些皆代表亨利六世懷著一個比他父親更大的雄心，但他卻不像他父親那樣寬宏大量，反而殘忍冷酷令人生恨，亨利六世僅在位七年，西元 1197 年去世，年僅三十二歲，傳言其暴斃是被怨恨他的侍臣在酒中下毒而死。

亨利六世駕崩後，政局陷於混亂中，因亨利六世之子腓特烈年僅三歲，又由於亨利六世生前樹敵太多，導致遭受各貴族反對，以及人民的反感，他們皆認為先帝亨利六世殘暴成性，皇子腓特烈亦必為殘暴之人。霍亨斯陶芬家族則因害怕若立幼主腓特烈為新帝將引起臣民的反抗，恐將危及霍亨斯陶芬家族，乃先發制人立先帝的弟弟菲力普為新帝；霍亨斯陶芬家的頭號對手威爾夫家乃擁立雄獅亨利之子鄂圖（Otto）為新帝，在科隆舉行即位大典，從此展開兩派十年間的流血爭鬥。

此時，羅馬教皇英諾森三世（在位西元 1198～1216）即位，其出眾的才識，伸張羅馬教皇權。首先，因日耳曼內亂，他應亨利六世皇后康士坦斯之請，為皇子腓特烈戴上兩西西里王冠，使兩西西里王國臣服羅馬教廷，不久康士坦斯死時，將幼主腓特烈託孤教皇，英諾森三世也就攝理兩西西里王政。最後，英諾森三世也使法蘭西王腓力、英吉利王約翰、西班牙、挪威、匈牙利、波蘭、達爾馬西亞、保加利亞諸王都聽命於他，羅馬教廷的威權空前龐大，教權高於帝權，是西洋史上教皇權的極盛時代。

西元 1201 年，鄂圖的使節向英諾森三世表示，願將舊日之教皇領奉還教廷，並視日耳曼疆域為教皇封地，永遠效忠教皇，英諾森三世乃宣佈鄂圖為合法的神聖羅馬帝國君王。雖然英諾森三世已做了決定，但戰爭還是在帝國內持續著，直到菲力普不幸在西元 1208 年被暗殺，因此鄂圖不費吹灰之力便打倒他的強敵，正式地成為神聖羅馬帝國皇帝，即為鄂圖四世（在位西元 1198～1215 年）。但他在沒有敵對勢力下，推翻對教皇承諾，重申對國內教會的控制，並入侵義大利南

部，使他在舉行加冕時，鄂圖四世並未受到羅馬人民歡迎，反被驅出城外，也造成鄂圖四世與英諾森三世之間的嫌隙，英諾森三世乃命諸侯擁立亨利六世之子腓特烈為帝。腓特烈在西元 1212 年從西西里島來到日耳曼的法蘭克福，受到霍亨斯陶芬家歡迎，在梅因斯被迎立為羅馬王。西元 1215 年羅馬教皇召開宗教會議，正式宣佈廢黜鄂圖四世。腓特烈進入阿亨城，成為日耳曼皇帝，即為腓特烈二世（Frederick II，在位西元 1215～1250 年），被加冕為神聖羅馬皇帝，同時兼義大利王、日耳曼王、勃艮地王和兩西西里王，又續娶耶路撒冷公主為后，以駙馬身分兼稱耶路撒冷王。

　　腓特烈二世於西元 1228 年組織第六次十字軍東征，不過此時，他被教皇格列哥里九世宣告破門。其因在於腓特烈二世的東征順利，是由於他早在任兩西西里王時便與回教教主卡梅爾（Kamel）交好，當他率軍來到聖地時，雙方很快簽訂和平讓渡耶路撒冷條約，但腓特烈和回教徒的友善態度，使他仍被開除教籍。西元 1230 年，教皇解除腓特烈二世的破門罪，並且承認腓特烈二世與回教教主所簽訂的耶路撒冷條約。西元 1234 年亨利太子興兵背叛其父腓特烈二世，因得不到羅馬教皇的支持，其父皇又已率兵回到日耳曼地區，乃被逮捕幽禁在南義大利的卡拉布里亞。腓特烈二世雖然取得許多勝利，但他卻未能贏得最終勝利，西元 1250 年，逝世於親征倫巴同盟。其子康拉德四世繼承羅馬王兼日耳曼王，由其庶子曼夫雷德（Manfred）出任亞浦利亞王，並把以前侵奪教廷的領土全部還給教廷，目的在緩和教皇的憤怒，但是，英諾森四世教皇並不善罷干休，明令宣佈康拉德四世為教敵，另立荷蘭伯爵威廉為神聖羅馬皇帝，並且在俄彭海姆擊敗康拉德四世，康拉德四世兵敗後乃逃往亞浦利亞王國，西元 1254 年病逝。但是，威廉卻受到日耳曼諸侯排擠，且率眾縱火焚毀威廉的宮殿，威廉乃逃回荷蘭領地，並在西元 1256 年征討夫里斯蘭時墜入冰窟淹死，使日耳曼群龍無首。霍亨斯陶芬家族到此的皇統繼承可謂斷絕。

此時是神聖羅馬帝國大混亂時代，皇帝可以用錢買，如英國貴族康沃爾（Cornwall）伯理查，為英王亨利三世的弟弟，也是先帝腓特烈二世的女婿，西元 1256 年贈送神聖羅馬帝國各諸侯王及主教、大主教黃金珠寶；西班牙的卡斯提爾王國的阿爾方斯十世也向特里爾大主教買得日耳曼皇位，因而同時產生兩個日耳曼皇帝，卻因為時局不安定，長期未在日耳曼理政。各諸侯乃乘機侵蝕帝領土地，使日耳曼帝業從此一蹶不振。西元 1273 年，選侯一致同意選舉哈布斯堡（Hapsburg）伯爵的魯道夫（Rudolph）為皇帝。

日耳曼人的向東擴張領土

日耳曼封建化的程度並不全面，自由民仍舊可以公然擁有大地產或小地產，相對歐洲其他地區的人來說，他們較不受封建制度的約束；不受管制的土地一般有特別的名稱「自主地」（allod），在日耳曼地區為數頗多，此情形雖然抑止日耳曼封建制度的發展，卻也威脅日耳曼的君主政治。在日耳曼，一座新修道院的創立不僅表示創立者對宗教的虔誠，也代表創立者的雄厚財力，修士開墾修道院鄰近的新土地，收入卻流入創立者之手。日耳曼貴族為使修道院免受皇室控制，常使修道院成為教皇合法財產，因為教皇離日耳曼甚遠，不可能像皇帝那樣時常加以干涉。

日耳曼人向東發展的驅動力並非王室的積極政策，而是日耳曼地區有事業野心的貴族，他們不僅在國內鞏固自己，也向外擴展，特別是薩克森公爵爾布力特向易北河以東發展建立「布蘭登堡區」（Mark of Brandenburg），而將薩克森交回公爵雄獅亨利掌管後，更向東面擴展。東部的封侯鼓勵人民向易北河以東開發新地區，建立新城鎮。

他們成功地向東、北擴展，征服斯拉夫人，建立無數的農村，大量的日耳曼農民亦東移至此，日耳曼的軍事成就更加鞏固，不但征服許多新領土，更使很多地方也接受了基督文化。

日耳曼向東擴展的後期則轉由條頓騎士帶領，他們打著傳播基督教信仰的旗幟，沿著波羅的海建立一個「神權封國」，這些武士滲入遠北的立陶宛（Lithuania）、拉脫維亞（Latvia）和愛沙尼亞（Estonia），他們也欲征服俄羅斯但是失敗。十三世紀初，條頓騎士侵入普魯士，由腓特烈二世任命赫爾曼‧馮‧扎爾策（Hermann Von Solza）為東普魯士條頓騎士團總指揮，西元 1231 年條頓騎士越過維斯杜拉河（Vistula），經過三十年不斷擴展和戰爭，佔領東普魯士附近的土地，這裏的異教徒不是在武力威迫下改宗就是被驅逐出去，取而代之的是日耳曼移民，十三世紀後半，普魯士成為日耳曼人和基督教徒的天下。十四、十五世紀，條頓騎士雖然失去一些佔領地，但是日耳曼人所擴展之地，大部分為日耳曼所有。西元 1125～1350 年間被征服的東德及波蘭西部皆被日耳曼化，由於條頓武士征服普魯士和波羅的海東岸地區，日耳曼人才能向東殖民和經商，因此，日耳曼人向東殖民和條頓武士的東征有極密切的關係。條頓武士征服一個新地區後，便鼓勵農民、貴族和城鎮人民開墾殖民，許多城鎮如但澤（Danzig）、瑪利恩堡（Marienburg）、科尼格斯堡（Konigsburg）等都是在條頓武士保護下發展。

教士、騎士團的引領

日耳曼的騎士和一些自由民原本在耶路撒冷管理保護一所當地醫院，因為人們的需求再加上貴族和教皇允許，規模與權力愈來愈大，

他們先後建立醫院騎士團和軍事宗教騎士團。西元 1211 年起，條頓騎士團就駐守在中歐的邊境地區，保衛基督教，並且幫助匈牙利國王安德烈（Audré de Hongrie）攻打以遊牧為生的庫芒人（Kouman）；後來這支騎士團被波蘭公爵召去征服普魯士，這支軍事宗教騎士團也成為其他各個騎士團的模範，他的規章制度也被效法。從西元 1230 年起，騎士因為十字軍東征的關係，累積許多財富也吸收整個日耳曼和鄰國的力量。西元 1231～1237 年間，他們在普魯士建立措魯姆（Torum）、庫恩（Kuin）、埃爾賓、馬林末爾德等城。在古爾蘭堡（Courlande）地區，騎士團和主教合作，西元 1252 年在涅曼河（Niémen）河口建造一座城堡，此座要塞城堡也很快地就控制當地的港口和橋樑，保衛梅梅爾（Memel）。這座普魯士城市擁有一個極活躍的市場和一所法院，為確保該城的經濟利益，人們訂出一個政策，即禁止鄰近城市的人來此地進行任何手工業活動和出售任何成品，並且提出建立郊區，進而能將所有的貿易行為和工具全集中到以政治和經濟為首都的城市之中。西元 1240 年由於普魯士人暴亂，乃採嚴厲的鎮壓策略，也導致土地殖民化，以設防城堡和城市為主軸，勃蘭登堡和西里西亞這兩個地區便是改良土地和建造大城市後的殖民化典型。

各教會亦不落人後地展開宗教信仰征服工作。不來梅（Brème）、馬格德堡（Magdebourg）、薩爾茨堡（Salzbourg）大主教在斯拉夫人和北方人中，展開大規模的傳教運動。從西元 1000 年起，日耳曼的傳教士越過丹麥抵達斯堪地納維亞（Scandinavie）南面海岸，他們深入挪威和瑞典的腹地，在那裏建立隆德（Lund）主教區。不來梅主教更向海濱和島嶼發動大規模的海上傳教行動；在大主教阿達爾貝爾（Adalbert）的領導下，傳教活動從已基督教化的冰島漸漸傳到奧爾卡德斯（Orkades）群島、設得蘭（Shetlands）群島、挪威西海岸和格陵蘭（Groendland）地區。從西元 968 年起，馬格德堡的傳教士建立波森

（Posen）主教區，並由班貝格（Bamberg）開始建立主教區，如布雷斯勞（Breslau）主教區。

　　日耳曼教會把宣揚信仰和擴大帝國邊界聯結為一體，因此，各民族的教會紛紛成立，出現另一種傳教的形式，此又有益於建立一個全國聯盟形式的帝國。鄂圖三世（Otto Ⅲ）即曾大力支持這些新傳教士在斯拉夫地區所做的努力，這些傳教士往往都是斯拉夫人，他們希望直接融入群眾之中，去開展更深入的傳教活動，可是因為他們的簡樸生活一如窮人，沒有人願意與他們一樣，使他們的理想無法實現，後來，某些傳教士成為各國王為確保其專制制度而奉行之大政策的工具。當時改變信仰者並不多，斯拉夫和匈牙利之君主因利益因素而禁止傳教，致使基督教並沒有真正深入人民之中。

移民活動的展開

　　西部農村人口過剩而進行的擴張，移民活動深切地影響殖民地的社會、經濟結構、宗教信仰、居住形式和風土景觀。

　　日耳曼的殖民化最明顯的是社會結構，在殖民地找不到封建式的制度，也找不到大地主，殖民化的村莊都座落於小城堡或傳統領地範圍之外。省級長官和普通領主間有極明確的區別，省級長官往往由君主擔任，有司法權、徵收封建制度式的間接稅之權；普通領主則不能為自己的利益得到治安權和司法權，也不能徵收封建制度式的稅收。斯拉夫和日耳曼的君主想要加強他們自己的政治權力，他們向行政長官要求徵兵權，以及允許他們的土地成為如同封地性質一樣的土地，讓他們有世襲的財產。這些君主在自由地上組織騎士團或說教講壇、法庭、別墅，以至後來這種自由地和騎士團的領地愈來愈多。

居住形式隨著種族的不同而有不同的風格，由於日耳曼的殖民工作是一種集體事業，因此農田景緻非常特別、原始，居住有一定的形式，規律的田莊亦安排的井井有條。林間空地式的村莊和梯級式的村莊，都表現出一種非常不同的鄉土特色，所有房屋沿著一條長街，每座房屋都與其鄰屋分開，房屋的周圍有圍牆、菜園和果園，住宅後面是與街垂直的長形田地，因此，農民的財產非常集中，尤其是在東部地區，如沿著內特河和維斯特拉河的是梯級式村莊。在廣闊的領地裏，群山的北部山間上的是林間空地式村莊，如圖林根林山、厄爾土山脈、蘇台德山脈和喀爾巴阡山脈。但是，村莊式的社團不能像在西部平原上一樣地團結，公有土地很少，或者根本不存在，沒有森林和大牧場，沿路上僅是些荊棘和沼澤地，每人的土地仍然是分開耕種。集體約束性條款和公共關係，只在熱瓦恩多芬（Gewanndorfen）人中貫徹執行，為的是要遵守勞動日程的安排和方便農作物的轉作。

許多成群結隊的農民攜家帶眷，牽著家畜，趕著裝滿種子、農具、磨石的四輪車出發，一直走進林間空地。大多數人來自西部的人口過剩地區，那裏的土地開墾已達飽和，很難再有新的開發，況且，北海的沼澤地為嚴重的阻礙，人們根本無法繼續開墾，不過，荷蘭農民曾使沿海某些地區乾涸，後來還在爾赫倫島（Walcheren）建造一些新村莊，從西元 1100 年起，他們到達不來梅地區和東部低窪的平原地帶，這些荷蘭人和佛來芒人（Flamands）在易北河與奧得河之間改良東日耳曼地區的沼澤地，在中部森林裏，哈茨山中和附近地區亦有他們足跡，如西元 1154 年，邁森的主教把一座新村莊給了來自佛蘭德爾的健壯男士。

開墾荒地需要土地和資金，這幾乎全靠一些有實力的大領主推動，如斯拉夫人君主、日耳曼君主、東部各城的大主教或主教，這些君主常把大量財產讓給宗教修會，因此，這些修會在東部地區，似乎

成為這次殖民化的主要代理人。開墾的活動擴展到整個歐洲中部，甚至有人認為已擴展到整個基督教世界的西邊，這些迅速集中的修會可以依靠西部的經驗，接受老修道院的幫助，在那裏招募勞動力。對克呂尼運動派來說如此，對西都會和普蒙萊（Prémontrès）修會來說更是如此。

　　軍事宗教騎士團、醫院騎士團、聖殿騎士團，特別是條頓騎士團，他們也許較分散，但是隨著較大膽的、較深入的征討，他們很快就到達最東地區。聖殿騎士團不但控制屈斯特林（Kustrin）附近奧得河下游的廣大區域，也控制瓦爾塔河（Warta）流域。條頓人則從正面進行土地開墾以及軍事、政治的征服，自西元 1200 年起，這些騎士團已通過維斯特拉河下游的東部、摩拉維亞公爵的地盤，不久在摩拉維亞（Moravie）地區和川夕法尼亞地區駐紮。

　　但所有的君主、修會、修道院或騎士團駐地所在，都沒有開墾土地和直接利用土地。因此，特別是到了西元 1300 年代，在殖民運動的第二個階段中，轉佔土地的現象就屢見不鮮。各個聖殿騎士團把土地分成大小不一（100～500 胡符），分發給小騎士或城裏的自由民。為了保衛他們靠近波蘭人的邊境，勃蘭登堡地區的總督在那裏安插一些素質較高的高級軍人，於是某些家庭因而走運發跡，例如韋德爾（Wedel）地區的人，在西元 1337 年已成為擁有六十個村莊的貴族，並且佔有 5000 胡符的大片土地；波希米亞地區和上摩達維亞（Haute Moldavie）地區，維蒂人亦要面對西都會的修道院。

土地殖民化的問題

　　中世紀的日耳曼殖民化運動是一件偉大的事業，範圍大人數亦

多，如西里西亞便建造一千二百座村莊，東普魯士也建造約一千四百座新村莊，但殖民運動卻非常不平衡，因為開墾森林的工作在改良沼澤地的工作上毫無進展，只侷限在幾個較明確的區域，到西元 1300 年為止，易北河下游、維斯特拉河三角洲和內特河流域、施普雷河或奧得河沿岸既無移民居住也無耕作活動。

　　西元 1100 年，德國的移民將重心放在南部地區，如巴伐利亞和多瑙河流域，奧地利最後也日耳曼化。接著，殖民者向更北的地區前進，從易北河向前推進到梅克倫堡、波美拉尼亞。其實，他們很早就開始佔領普魯士，從西元 1280 年開始，便加強對該佔領地的控制，尤其是在西元 1300～1350 年間最為明顯。在南方，他們更大膽地遠征川夕法尼亞（Transylvanie）和塔特拉山（Tatra）山麓，這一主動出擊只是幾個殖民化中心或地區的行動，而且經常分別進行。南方與北方不同，日耳曼在這裏的移民工作仍然停滯不前，也沒有攻打幾乎只有斯拉夫民族居住的主要地區，如中波蘭、摩拉維亞和波希米亞等地。

　　欲說明移民方式對被征服地區有何影響非常困難，移民密度和農村日耳曼化的程度存在著爭議。君主佔有大量的財產，農民服勞役、雜役和承擔集體工程。波美拉尼亞、丹麥的公爵領地、有條頓騎士團的日耳曼人比較少，他們與斯拉夫民族隔開，單獨地生活；其他地區則為數眾多，而且讓當地人接受他們的習俗、生活方式，甚至語言，更併吞附近斯拉夫人的小村莊。奧班（Aubin）以此認為當地因而徹底日耳曼化，他說：日耳曼的農田制度已擴展到所謂移民範圍之外，例如波蘭。他還大量列舉依日耳曼規律建造而成的斯拉夫墾荒村莊為證，如東部喀爾巴阡山脈北麓的整個斯拉夫地區，直到盧布林（Lublin）和利沃夫皆有許多林間空地式的村莊，在摩拉維亞的低窪地上也可看見。

　　日耳曼的移民在其移居地區，幾乎都面臨社會和經濟的問題，他

們都必須適應不同以往的生活方式，每個人都無法將以往的生活方式原封不動地搬來新居地，他們必須有一些退讓，必須犧牲某部分生活習慣，方能讓自己更適應這個地區的生活狀態，因此，雖然樂道於殖民地的日耳曼化，但是無可諱言地，日耳曼人亦相當程度地當地化。1

1　如同叔本華在《意志與表象的世界》中所說：「人這種生命現象是求生意志最完善的客體化，求生意志賦予人依靠自己的力量維持自己生命的使命，人是一切生物中需求最多的生物。當人的生命現象為人的生命意志所肯定（決定）時，人生就是不幸的和悲慘的，人就是吃人的狼，世界也因此充滿了罪惡，意志即為世界的原罪。」日耳曼人的汲營於同化別人，便是因為自己對本身的肯定，一種自以為是、自命非凡的意志，這便表現在中世紀的領土向外擴張上，以及二十世紀初，有規模策略的軍事武力擴張上，只是，人的意志無法生生世世都能主宰別人的意志的，因為，別人也有自己本身獨有的意志，猶如靈魂一般，不容許第二個靈魂強佔，所以，有此想法者，終究要失敗。

參考書目

外文部分

Cambridge Economic History of Europe, t. I, 2e éd., 1967.

R. Kötzchke et W. Ebert, *Geschichte der ostdeutschen Kolonisation*, Leipzig, 1937.

W. Kühn, *Deutscje Ostsiedlung*, 1955.

K. Gorski, L'Ordre teutonique : un nouveau point de vue, dans *Revue historique*, 1963, p. 285-295 (d'après les travaux de M. Hellmann).

Chartes d'établissements transcrites par G. Duby dans *L'économie rurale*··· (*op. cit. Supra*, p. 118), p. 318-324.

中文部分

《西洋全史（六）中古歐州（下）》，馮作民編著，燕京，民 64 年。

《簡明西洋中古史》，劉增泉譯，國立編譯館，民 84 年。

《歐洲文化史》，劉增泉譯，漢唐出版社，民 88 年。

《西洋中古史》，袁傳偉譯，五南圖書，民 78 年。

《西洋中古史》，王任光編著，國立編譯館，民 71 年。

《西洋文化史第三卷（中古下）》，劉景輝譯，學生書局，民 71 年。

《西洋中古史》，張學明譯，聯經，民 75 年。

《世界文明史之十二：黑暗時代與十字軍東征》，幼獅編譯部編譯，幼獅，民 69 年。

28

中世紀末歐洲經濟文化的轉變

中世紀後期社會的經濟與文化生活經歷苦難和混亂,有其複雜性和對比性。十四世紀初,人口銳減、財政和經濟發生困難,大規模的墾荒工作進展非常緩慢。西元 1920 年代～1930 年代,當時的專家皮雷納即指出:佛蘭德爾地區的大飢荒以及布魯日和根特的紡織工業被破壞,人們逃離村莊和貿易市場的流失,總結歐洲出現全面性的蕭條。當然,蕭條的情況並非全面,也不是固定在同一時間或地點,有些地方如北方的英國和荷蘭,以及德國某些城市皆有繁榮的現象。

社會與經濟

戰爭的禍害

法國由於戰爭帶來生活貧困、不安,僱用外國傭兵和素質不良的士兵導致更為混亂,使社會的人口結構和經濟產生惡質結果。農民外逃、路途中有不法之徒的搶劫掠奪、走私者和偷獵者,與來自不同階層的流浪人口可能在同一個地區雜居而衍生出種種社會問題。且因人口的流動而稅收銳減以及招募士兵的困難等,使得原本已形式化的農田、村莊、城市成為廢墟,呈現

普提耶的血腥場面

的只是戰爭遺留下的不堪──饑荒和疾病。

長期戰爭所導致的營養不良，以及缺乏經營精神和創造熱情，農作物產量無法增加，西元 1316 年，在布魯日和伊普爾一些城市的災荒中，死了 5%～10%的居民，農作物收成量只能維持生命。不過法國北部，尤其是在西元 1270 年～1280 年的法蘭西島，卻有緩慢的進展；德國西部的萊茵河地區，農民在林中空地建立一些新村莊，半遊牧的山區民族也在這片土地定居；義大利各城市的大規模墾荒活動建立另一些新城市，亞平寧山脈北麓瓦雷澤（佛羅倫斯的新城市）地區或盧卡的孔塔多邊界地區居住一些自由農民，倫巴底平原密佈著灌溉良好的土地；法國南部和普羅旺斯有小農會和移民的農民社團。

瘟疫的流行

中世紀的醫生

中世紀黑死病肆虐

　　西元 1348～1351 年，流行一種很嚴重的黑死病（Black Death），由熱那亞的船員帶到西西里和托斯卡納並帶回，很快地便蔓延整個歐洲，直到英國、德國和斯堪地納維亞，約造成 25,000,000 人死亡，約當其時三分之一的人口，此後西元 1361～1363 年、西元 1369～1371

年、西元 1374～1375 年和西元 1390～1400 年又曾發生。這種疾病先從肺部感染，再透過空氣快速傳播，每座城市流行數月，並很快地奪去所有病人的生命，傳染的數目不斷增加，人們無計可施，只知道隔離病人及其家庭。傳染病的可怕使一些極端的神祕主義和巫術[1]相繼流行，人們相信這是上帝的懲罰。鄉村受害程度比城市嚴重，人口多的地區比人口少的地區受害深，衛生狀況差者最難倖免。

大量患者的死亡也使倖存者能得到更充足的食物和經濟上的重分配，慢慢地，人們的生活漸漸步入正軌時，卻又在西元 1361 年再度發生瘟疫，使人們生活在恐懼緊張中，傳染病依舊無法消除。大瘟疫使各地人口不增反減，直到西元 1420～1430 年，義大利和西班牙才開始有些人口回升和經濟復甦；英國則在西元 1470 年才步入新的繁榮，但是法國則須較長的時間調養。

新的貿易形式

加洛林王朝時期的商人較喜歡買賣體積小又值錢的奢侈品，因他們能承擔龐大的費用開支，又能確保得到巨額的利潤。但是，到了中世紀末，商人則從事較便宜又笨重的貨物買賣，義大利各港口接收來自黑海和德國北部平原的小麥；克里特、利古里亞和安達盧西亞的葡萄酒運到布魯日和倫敦；西班牙則向東方出口罐裝油；每年但澤的船隊把布爾納夫灣或塞圖巴爾的鹽運到葡萄牙；紡織品工業的發展，引

---

[1] 在德國有鞭笞派，這些教徒集體苦修、舞蹈和唱歌，具有狂熱的神祕感，他們灌輸窮苦人排斥外國人和非基督教徒，並視他們為病魔的帶原者，在德國、法國、加泰羅尼亞地區，猶太人還被指控為下毒人而遭殺害。

起原料需求的不斷增加，西班牙的普通羊毛、東方的綿花、染料成為大宗貿易的貨物之一。

由於貨物質量的改變，船隻也必須汰舊換新，原本靠划槳推動，講求輕而快的地中海簡易帆槳戰船，隨即被載噸數有一百五十噸的雙桅式大木船所取代，後來更有能裝載一千噸以上貨物的大帆船出現。這些船都不怕風暴和海盜，亦能航行於波濤洶湧的海上。精明的商人愈來愈會盤算營運效益，他們趨向於一條船必須有高度的集中運輸。為了避免浪費時間以及在接近海岸時發生危險的可能性，通常這些船只在港外拋錨，並不進小港灣，只特別對於某些海上市場、商業大城、貨物集散地才靠岸。

過了不久，荷蘭人和英國人打破漢薩同盟的壟斷局面；在布里斯托成立新碼頭，擁有往來地中海的船隻和富麗堂皇的商人住宅；葡萄牙在義大利人的資助下也開啟海洋貿易。

商業資本主義的興起

西班牙南部如加泰羅尼亞和所有的英國城市，如做羊毛生意的倫敦和加萊有現代資本主義的形式，例如會計學、貨幣、銀行、貸款和公司制度。會計學的使用，使一家公司的債權或債務攤在陽光下，可以有效地控制整個公司的營運狀況；各種貨幣如支票和匯票已非常普遍，不但可用來補救貴重金屬的缺乏，而且也可以減少貨幣貶值；銀行的設立，使得商人的資金有較大的運轉空間，存款、放款和匯兌業務，甚至設在國外的分行提供客戶更便捷的商業往來，「銀行家」的頭銜可說極為尊榮。西元 1460 年，熱那亞的聖喬治之家則控制巨額的資金，徵收所有的間接稅，特別是對商業貿易和銀行貿易的徵稅；貸

款的風氣盛行,雖然禁止重利的律令仍在,商人之間普遍使用著商業貸款,利率為平均每年 10%～15%,為一種轉寄有差價的兌換票,價差便是貸款人的利潤,此種貨幣在義大利很流行;造成商業公司的資本愈發靈活,在西元 1440～1470 年的熱那亞,有專業性的公司,只對某單一業務感興趣,擁有一定數量的股本,由於發展快速,再加上這些股本可以隨時被出售,使一些實業家階層擴大,更樂於加入這種投機行為,這種大肆買賣股份的現象,因而出現動產交易所滿足這些投機者對證券進行交易買賣,動產交易所就好比現在的證券交易所,提供投機者買賣股票賺取價差,投資者其實很少。

城市村莊的演變

　　義大利、日耳曼地區或法國的城鎮,聚集一些從農村來討生活的自由民,他們在城市中成為一個收入少而且不穩定的平民階層常和失業、貧困畫上等號。商業的發展加速貧富的差距,商人、富人和貴族要人操縱、壟斷經濟權,一個富裕的家族可以富裕好幾代,貧窮的人再怎麼努力也應付不了每天所需的生活費。

　　農田經濟和人口的減少,導致一些村莊沒落,日耳曼地區在西元 1300 年有十七萬個村莊,到了西元 1500 年則少了四萬個村莊,條頓騎士團遺棄

中世紀的古井

的波美尼拉便佔他們所擁有土地的 40%；西西里和薩爾代涅亦捨棄50%的村莊；羅馬地區則有 25%；托斯卡納也有 10%；西班牙和斯堪地納維亞亦有此現象。

　　國王出於政治考量，把大量地產賜給曾為他們效命的人，這些地產飼養牲畜，使傳統農業經營活動被破壞，牧場過分地擴大，以及冬天山裏下來的牲畜群把耕地都踐踏殆盡，農民只好遷往城市。但一些歷史學家指出，英國的飼養業雖然使許多村莊被捨棄，卻也使農村富裕；如在德國的魏斯廷根並未反映出經濟的後退，反而反映耕作的加強。

中世紀的旅館

　　封建領主在這種大環境改變之下，有些放棄經營土地，或者出租、[2]出賣土地而收取年金。因勞動力減少，工資提高，領地慣常的收入減少，糧食和農產品的價格卻不變，或是比農具、木材和鐵的價格上升得更慢，以及現金收入因貨幣變動或價格上漲而貶值。少數在德國或英國的馬諾里亞萊（Manoriale）尚有不錯的經營，他們採用嚴謹的方法管理土地，以法學家和技術人員擔任真正的行政管理參事，每個小城堡委託給一個行政管理人員，並且按照事先明訂的計畫進行，管理人員親自負責執行計畫和土地產量、畜牧的收益。

　　封建領主在收支無法平衡時，總是提高農民的稅收，舉凡個人

2　土地出租在英國很普遍，亦很快地擴張到法國北部，英國的佃農承租 30～40 公頃的土地，有時還承租小城堡的房屋。表明農民在社會上的地位有新的提高。

稅、封建制度稅，以及降低工資，有時更禁止農民離開他們的租地，成為奴隸。農民不是想盡辦法逃走，便是走向大規模的暴動，這些暴動通常帶有宗教的色彩，西元 1381 年德國的波希米亞爆發胡斯派教徒大暴動，[3] 接著，日耳曼出現民間十字軍在圖林根（西元 1476～1477 年）的暴動。值得注意的是這些大規模的暴動多由自由農民所進行，並非那些受欺壓的農民所發動，這不是窮人和不幸的人進行的反饑餓和反貧窮運動，而是自由民為個人的平等和尊嚴所進行的暴動。

　　商業資本家快速的累積財富，相對於封建領主的固定財產，使農村領地很快地便被城市或者資產者控制。城市控制農村的解放運動在義大利和西班牙陸續展開，資產者為了使土地從所有的封建法規和舊有的束縛中解放出來，和封建領主進行鬥爭，在西元 1432 年的加泰羅尼亞，由城裏公證人領導的請願活動和農民暴動，在農村得到土地並和領主鬥爭。商業資本家想要把農村市場變成鄉村工業，在德國南部，特別是在施瓦本和義大利，商人領導所有的生產、購買原料，把各種不同的工作分配給散居在城市周圍許多村莊的農民，在農村尋找清澈水源洗滌羊毛和織物，以及沖洗縮絨機機床，農村的勞動力顯然比城市要廉價許多。

　　商人購買森林，有系統地對附近山地重新植樹造林，好用來建造更多的房屋，並且開採礦藏，為新工業提供燃料，植物的種植反映城市經濟和國際大宗貿易的需要。可紡性纖維的植物和製染料植物如亞麻、大麻、茜草、菘藍和藏紅花，被大量的種植，亞歷山德里和沃蓋拉附近的皮埃蒙特地區，菘藍的種植使傳統的糧食經濟退居第二位；法國西南的洛拉蓋地區，菘藍使圖盧茲的商人發了大財，藏紅花亦在亞拉岡、加泰羅尼亞、加隆河北部的阿基坦盆地，福雷、林河流域和

---

[3] 胡斯教派放棄所有財產，宣佈成立一個無財產差別的社會，他們呼籲回到最初時期的那種社會，在他們新建的城市裏，沒有稅賦和勞役。

阿布魯佐等地區種植。葡萄園的種植亦廣泛傳播，德國北部和東部，如石勒蘇益格、奧得河和維斯圖拉河的岸邊、那不勒斯、義大利島嶼、熱那亞的波嫩泰河流域、科西嘉、普羅旺斯、安達盧西亞。

中世紀的文明藝術

宗教的力量總在人們面臨最無助的時刻發生最大的效益，特別是在大瘟疫發生之後。民眾對聖母瑪麗亞膜拜，編出許多關於聖母瑪麗亞的聖跡劇。當時的恐懼和不幸感亦呈現在藝術上，著名的死神舞 4（Danse macabre）便具有莫里昂迪（Moriendi）藝術的特點，三死人（Trois Morts）和三活人（Trois Vifs）的故事讓人想起流行病和戰爭的片斷，以及比過去更豐富、更富幻想的關於《啟示錄》中的恐懼場面。

中世紀的浴盆

藝術家在職業協會為君主和資產階級者工作。宮廷的建造擺脫軍事氣息，傢俱、地毯、日課經、布畫、墳墓石頭上或大理石上的雕刻和小教堂樂曲，表現古代的風氣，出現一些貴族生活的陳舊排場，如打獵、舞會和在

---

4 起源於十三世紀，講述三個貴族在農村騎馬蹓躂，碰到三個骷髏向他們打招呼，一陣寒暄之後，貴族便問骷髏是誰，結果竟然是他們自己的未來人形。

花園中的娛樂活動。城市裏則使用多色彩的木質雕刻像。文學方面則有方言文學家但丁（Dante，西元 1265～1321 年）、義大利詩人佩托拉克（西元 1302～1374 年）、馬爾西李奧・菲奇諾（西元 1433～1499年）和波利蒂恩（西元 1454～1494 年）的人文主義提倡引起商人和金融家的興趣。

哥德藝術的發展和持續

西元 1300 年，在英國發展一種以曲線式裝飾的新哥德藝術；後來又在法國發展一種以火焰式為風格的哥德藝術；建築師為了表現自己的愛好和特色，常增添一些小尖塔和小鐘樓，尖頂、精雕細刻的欄杆，教堂大殿的牆上則只有大的彩色玻璃窗。在詩歌和音樂藝術中也表現一些精鍊、風雅或絕妙的形式，迴旋曲按十八或三十聲部經文歌的形式寫出。服飾上，婦女多採用鮮艷的布料，並用花葉色素染髮，並穿著尖長的翹頭鞋。在卡斯提爾和葡萄牙，建築物的正面都有伊沙貝爾藝術和富麗裝飾；但在加泰羅尼亞和亞拉岡則仍忠於傳統樸素的哥德藝術。在羅馬，建築藝術則受其他形式如地中海、古羅馬或羅曼風格的影響。

義大利的新藝術

義大利的新藝術是在亞伯提（西元 1404～1472 年）的經典著作之後才出現，亞伯提是一位十分注重外在世界真實表現的人文主義建築家、音樂藝術論著博學作家和藝術家，他注重立體藝術、線條藝術和音樂藝術，過分哥德化的結果是忽視色彩的藝術。

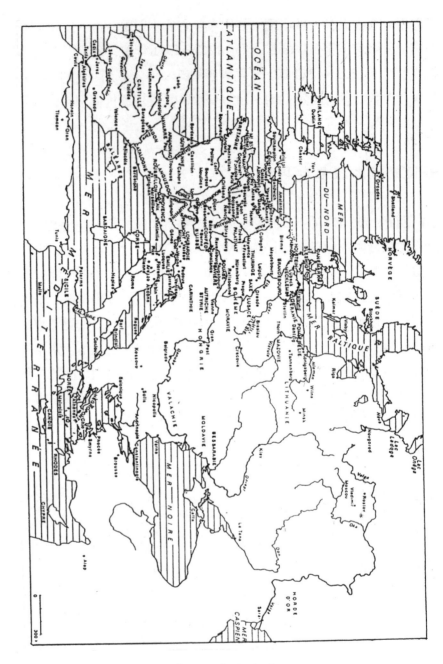

中世紀末的歐洲

參考書目

外文部分

Ph. Dollinger, *La Hanse (XIIe-XVIIe siècles)* (coll. Aubier), 1964.

W. Abel, *Geschichte der deutschen Landwritschaft von früthen Mittelalter bis zum 19. Jahrundert* (t. II. De la *Deutsche Agrargeschichte* de G. Franz), Stuttgart, 1962.

J. Imbert, *Histoire économique (des origines à 1789)* (coll. 《Thémis》), 1965.

P. Adam, *La vie paroissiale en France au XIVe siècle*, 1964.

E. Delaruelle, E.-R. Labande, P. Ourliac, ; *L'Église au temps du Grand Schisme et de la crise conciliaire*, t. II (*Histoire générale de l'Église* de Fliche et Martin), 1964.

J. Huizinga, *Le déclin du Moyen Age*, 1948.

P. Francastel, *Peinture et Société*, 2e éd., 1966.

N. Cohn, *Les fanatiques de l'Apocalypse*, 1964.

F. Braudel, *Civilisation matérielle et Capitalisme, XVe-XVIIIe siècles* (coll. 《Destins du Monde》), 1967.

F. Rapp, *L'Église et la vie religieuse en Occident à la fin du Moyen Age* (coll. 《Nouvelle Clio》, n° 25), 1971.

J. Thiellay, *Journal d'un bourgois de Paris à la fin de la querre de Cent ans*, 1963.

J. Alazard, *L'art italien au XVe siècle*, 1951.

A. Chastel, *L'art italien t. I : Du Moyen Age à l Renaissance*, 1956.

A. Tenenti, *La vie et la mort à travers l'art du Xve siècle*, 1952.

Nombreux ouvrages d'histoire de l'art illustrés (coll. Skira, Flammarion, Tisné).

Les villes au Moyen Age (dossier 52.70, Doc. Française).

中文部分

《西洋全史（六）中古歐州（下）》，馮作民編著，燕京，民 64 年。

《簡明西洋中古史》，劉增泉譯，國立編譯館，民 84 年。

《歐洲文化史》，劉增泉譯，漢唐出版社，民 88 年。

《西洋中古史》，袁傳偉譯，五南圖書，民 78 年。

《西洋中古史》，王任光編著，國立編譯館，民 71 年。

《西洋文化史第三卷（中古下）》，劉景輝譯，學生書局，民 71 年。

《西洋中古史》，張學明譯，聯經，民 75 年。

《世界文明史之十二：黑暗時代與十字軍東征》，幼獅編譯部編譯，幼獅，民 69 年。

29

君主政體的發展

中古時期，法國與英國政治與社會情況大致相同，但在百年戰爭以後，英國走向君主立憲而法國則走向專制王權。

君主政體

中古時期的統治者依恃王權掌控國家，位高權重的官職皆由親信擔任，有時也會因自己所需而增設新的官職，甚至是議會。這些政府機構的職權愈來愈明確；集會是按照封建的方式召開的，不過很少召開多屬臨時性，附庸按等級的順序參加，這是屬於宮廷、議院或議會。議會由教會和貴族控制，因此，總是排斥新人，他們主張「貴族應優先於任何其他人」。

英國愛德華三世時，有兩個法庭：一為高等民事法庭，處理個人訴訟案，一為高等法庭，處理涉及國王的訴訟案。間接稅一開始無規律，後來則有規律地由間接稅務官徵收，稅務官皆由國王挑選，相對地聽命於國王。英國政府只信任神職人員，所有掌璽官都是主教，包括九個私人印璽中的六個修道院監督。

法國國王和親王為了鞏固他們的支持者，為世俗人即大資產者增加官職，高級顧問聚集大量的財富，為自己弄到貴族的封號，並且購置田產封地。政治、行政和司法由宮廷權臣控制，這種情形不只在法國，西方各國的政府也是如此，亞維農的主要中央行政機構有教廷公署、掌璽大臣公署、司法機構，包括紅衣主教會議，係由教皇所主持的法庭，以及紅衣主教法庭、赦罪院。紅衣主教為教會的支柱，被委託於教廷公使之職或軍事指揮權，如吉·德·布洛涅（Gguy de Boulogne）、拿波萊奧尼·奧爾西尼（Orsini）、貝特朗·迪·布熱（Bertrand de Pouget），阿爾博爾諾斯（Albornoz）皆為教廷中受支持的

有名人物。

宮廷城市

　　城市的地位愈形重要，有時對王室政府有一股控制作用，尤其是在政府的軍事失敗以及王朝的紛爭，常引發一些暴動，如在西元 1357年的埃蒂安・馬賽爾時期，巴黎市長帶領市民要求政府改革政治結構，要求正常召開協商會議，教會的分裂，也使神學家控制教會。巴黎在瓦洛亞王朝時便已顯現出其在王國政治的中心地位，西元 1328 年已約有二十萬人居住於此，巴黎富有、豪奢，藝術亦臻成熟，漸成藝術家的殿堂，羅浮宮、凡爾賽宮將巴黎變得更加引人重視。其他的城市，也開始揮灑它的華麗裝扮，亞維農建起教皇的宮殿，紅衣主教的宮殿則建在維勒諾夫新城，它歡迎銀行家、金融家和批發商。這些城市不只是文學藝術的中心，亦是商業和工業中心。

　　次要城市亦有大都市的規模，約克和布里斯托在西元 1377 年有居民一萬人，市中心的公會會館服飾用品、貨商會館的香料，及貨商會館附近貴族階級的石砌房屋街區，構成快樂的英國式風格；倫敦擁有王宮、主教座堂、貴族的古老堡壘和議會，雖沒有大主教支持的大學，但修道院卻在英國的宗教生活中佔有重要的地位，因倫敦擁有九所相當大的托缽僧修道院，如多米尼（Dominican）各派和方濟（The Franciscans）各派修道院。

議會的產生

英法百年戰爭，召募傭傭兵，裝備軍餉的龐大軍費開銷，使得英、法君王必須開拓財源，原本的地產收入和封建間接稅收入早已經不敷支出。英國成立國會（Parliament），此為合法的政府機構，每年依國家情況召開一到三次，會議並不長，約有二百或三百位代表，代表全英國社會階層，這些議員不但要交稅，還得確定課稅基數，保證稅金的徵收，並可以向國王呈交請願書，有時國王為了取得議會的資金補助，必須在一些政府政策上妥協。

在西元 1265 年，在亨利三世時，孟德福為了要得到大家支持限制皇權的計畫，曾召開一次國家議會，除了領主和皇家官員外，還有每一郡的兩位武士和每一城鎮的兩位市民（其實在這之前的武士和自由民很少被奉召出席大會議）。十三世紀結束時，國會的權力仍不明確，貴族可以和國王討價還價，不過還是以服務國王的目的為主要依歸，亦為輔助國王治理國家的工具。愛德華一世（西元 1272～1307年）的王朝有各式各樣皇家法令，由國王會同國會制訂，在很多不同方面使皇家行政和法律程序精細和系統化。但因戰爭頻仍使得國庫耗費甚鉅，貴族與人民的不滿愈發增強，使得愛德華及時重新頒行大憲章，並將所有特別賦稅交由國會來批准。

法國則有三級會議（Estates General），不過，國王只召集大領主，如貴族和高級教士，三級會議實際上並不能發揮任何制衡王權的效果，國王只在急需用錢時才召開三級會議。法國的一些地方高級行政官員已取代中央政府，如諾曼第、勃艮地，它們有自己的三級會議，用來徵收和統計御用金。

神聖羅馬帝國和義大利

神聖羅馬帝國的無政府主義

盧森堡家族的查理四世（西元 1346～1378 年）駕崩時，其公國包括盧森堡、波希米亞、布蘭登堡、盧薩斯、西里西亞、摩拉維亞。查理四世為了倫巴底王的鐵王冠在西元 1355 年來到米蘭，又為得教皇的確認而來到羅馬，但第一年又在黃金詔書中表達放棄皇帝寶座。哈布斯堡家族失去阿爾卑斯山的地盤，但在東方的擴展是勝利，從弗雷德里三世（西元 1440～1493 年）起，開始奧地利哈布斯堡皇帝世系。

教皇的失勢

西元 1305 年，波爾多大主教克萊蒙五世（Clement V）被選為亞維農（西元 1309～1378 年）教廷的教皇，但因亞維農教廷屬於法國教廷，聽命於法王，教皇便是法國的主教，紅衣主教和教廷的高級官員亦聽命於法王，也向法王繳稅，使得基督教徒，尤其是羅馬人皆譴責他們為「巴比倫之囚」。西元 1378 年，格列哥里十一世逝世，紅衣主教會議指定巴里大主教為教皇即為烏爾班六世，但法國紅衣主教卻另選出日內瓦的羅貝爾（Robert de Geneve）為法國人的教皇克萊蒙七世，使得西方教會大分裂，羅馬基督世界便一分為二，義大利、盧森堡、英國和義大利羅馬教皇結成同盟；法國國王、洛森大公、布拉班特大公和那不勒斯女王則和亞維農的法國教皇同盟，發展到最後是法

國教會服從國王。

義大利的城市

在日耳曼地區，皇權的消失擴大城市的權力，城市為保證自身的治安，便有如漢斯・特伊多尼克和蘇阿伯河同盟，法國因戰亂而加強城市對周圍農民的統治。義大利的托斯卡納和隆巴爾，主要的城市已經成為周圍地區的首領，為最高行政長官、子爵或城堡主。義大利的北部，第一個城市國家是威洛納，於西元 1260 年成立，其領地由威洛納一直延伸到大海和亞平寧地區；而其餘的一些繁華城市如米蘭、熱那亞、比薩、威尼斯和佛羅倫斯皆為有軍事和財力的城市國家，這些城市國家出錢僱外國傭兵，如布拉邦特人、法國人、加泰羅尼亞人保護城市，傭兵成了某種形式的時代英雄，為他們建起古代騎馬雕像。後來各城市皆被有野心的貴族所控制，如米蘭被維斯康提家族和後來的斯福爾扎家族控制、佛羅倫斯被麥地奇家族控制、威尼斯被商業新貴族掌握經濟或政治的權力。

百年戰爭

戰爭的興起和經過

其實在西元 1324～1327 年，英法兩國便已發生圭耶納戰爭，其因英國國王拒絕在歐陸的領土向法國國王稱臣。英法百年戰爭則是因法王英俊查理四世於西元 1328 年逝世，由於無子嗣，亦無兄弟可繼承王

位，便由菲力普六世（Philip VI）繼位，使得有野心的英王愛德華三世（Edward III，在位西元 1327～1377 年）和那瓦拉王壞查理皆爭著表示自己有相等的權利繼承王位；[1] 法國則早就對英國保有法國西南二省的部分土地而深懷不滿，懼怕英國與法蘭德斯人結成盟友。

西元 1337 年，英王愛德華三世自稱為法國國王，因而爆發戰爭，英國在斯洛瓦（Sluis，現在荷蘭西南部港口靠近比利時的地方）打敗法國海軍，控制海洋和向大陸運送部隊的優勢，亦抵擋住諾曼第海盜的襲擊。由於此時期的法王多屬無能之輩，再加上黑死病猖獗，法國可說是一路吃敗戰，雙方曾在西元 1347～1355 年休戰。法國的軍事裝備多由負重的騎兵所組成，英國則多招募雇傭兵，以及由裝備齊全的自由民擔任步兵，尤其是他們從威爾斯戰爭中學會射速高、射程遠的武器，弓箭手組成的戰鬥方陣給予法軍重創，英軍先佔領加萊，後來法王約翰（John，在位西元 1350～1364 年）還被俘虜。

國王被俘以及為了籌措資金而在巴黎召開的三級會議，使得巴黎市長艾蒂安・馬賽爾（Etienre Marcel）和壞查理藉此挑起民眾的不滿情緒，資產者亦要求改革和大赦，一場札克雷起義就在法蘭西島上展開，各個省市和每個村莊都建起城牆和工事，許多教堂也都修築防禦工事。直到查理五世繼任才又恢復國內的和平，並對抗英國人。查理五世是一位足智多謀的國王，他常和大臣閱讀政治書籍，對於人材的晉用，可說是人盡其才。查理五世建立一個穩定而強大的政府，他規定間接稅和戶口稅；在軍事上則向外拓展，於西元 1370 年冬突襲在蓬瓦蘭的英國軍隊，再乘英國本國發生農民起義，積極收復失土，查理五世去世時，法國只剩加萊和波爾多附近的幾塊土地尚在英國的控制之下。

---

1 英王愛德華三世的母親伊莎貝拉為菲力普四世的女兒，菲力普六世則為法王菲力普四世的侄子，幫助蘇格蘭反對英格蘭。

法王查理六世時期，發生嚴重的內亂與財政危機，暴動不斷，政治謀殺層出不窮，阿曼雅克黨和勃艮地黨在此時期建立，侵蝕法國國王的權力和威信。在英國，內鬥也時常發生，西元 1377 年即位的英王理查二世被蘭開斯特家族的亨利俘虜而死。直到亨利五世即位才重新開始進攻法國，西元 1415 年的阿贊古爾一役，法軍戰敗，因勃艮地部隊未救援，後來無畏約翰在蒙特羅大橋被謀殺，使得勃艮地投向英國，西元 1420 年的特魯瓦協定，查理六世從英國接回兒子，英王則娶卡特琳娜公主為妻並攝政法國，英法在蘭開斯特王朝的統治下統一。

　　西元 1422 年，查理六世和亨利五世相繼死去後，英王的兒子亨利六世繼承英國和法國王位，但不久後，法國又分裂，英王亨利六世由攝政貝德福德代理統治北方，首都設在巴黎和盧昂，有勃艮地、巴黎王公的支持；查理七世（法王查理六世的兒子）則佔有南方各省，有奧爾良和阿曼雅克派的支持。在鄉下，反對英國人的聲浪持續增加，一開始是拒絕納稅和服兵役，後來則是大規模的起義，在森林中組織農民游擊隊，威脅英國軍隊的駐地和交通要道。

　　此時，出身農村的聖女貞德（Joan of Arc）以奧爾良少女號召全民，聲稱為上帝派來驅逐英國人，不但深入敵軍帳幕解救奧爾良同胞，更帶領法王查理七世到蘭斯加冕，但是，奧爾良少女並未如神助般攻無不克，當她進攻巴黎時，被盧森堡的約翰俘虜，後來被勃艮地人交給英國人，聖女貞德便在盧昂被冠上女巫的罪名而被燒死。聖女貞德這樣的犧牲是有意義的，她激起法國人民的民族意識，燃起法國人民對抗英國的鬥志，終使得法國逐次打退英國，收復失土更雪前恥。

法國的復興

　　西元 1435 年，法王查理七世與勃艮地大公好人腓力和好，因而得以進入巴黎，他恢復財政的正常，財務官重新組織，並建立稅務行政

徵收部門，將其擴展到全國各地，亦嚴格地徵募兵役，這些部隊由皇家提供軍餉和裝備，砲兵部隊的裝備比以前還要輕便實用，可以進攻敵方的堡壘。軍備的改良、財政的穩定和聖女貞德不畏慘死的壯烈犧牲，使得法國更接近勝利之路。到了西元 1453 年，英國在法國的土地只剩下加萊，原有的諾曼第福爾米尼、西南部的卡斯蒂翁和盧昂、波

路易十一

路易十二

爾多城市皆被法國奪去，百年戰爭也告結束了。

　　法王路易十一（在位 1461～14
83 年）時，實行更完全的君王統治，他控制軍隊和大議院、三級會議，粉碎某些教士和大領主的反抗。路易十一發動布拉格運動即地方主義，以打擊勃艮地政府的勢力，勃艮地的首領魯莽查理雖亦為布拉班、那爾伯爵領地、佛蘭德爾和荷

蘭的領主，但最後還是死於南錫城下。其女兒博熱安娜攝政，雖仍處於危險的暴亂之中，卻也沒讓法國奪得政權。

玫瑰戰爭

　　百年戰爭的國力耗損及後來的軍事失利，和英王亨利六世（西元1422～1461年）的年幼登基，使英國的政治更混亂，再加上強盜、農民起義此起彼落，王公亂黨蠢蠢欲動，終在西元1455～1471年爆發約克派和蘭開斯特派的玫瑰戰爭，2 後來由約克家族的愛德華四世反敗為勝，登上王位。戰爭後形成英國封建制度，都鐸王朝的第一君王亨利七世（Henry VII，西元1457～1509年）建立高度統治，此時錢幣使用廣泛，工商業發達。

2　玫瑰戰爭源自兩個家族的標記，紅玫瑰代表蘭開斯特家族；白玫瑰代表約克家族。

參考書目

外文部分

E. Perroy, *La Guerre de Cent Ans*, 1945.

A. Coville, *Les premiers Valois et la Gerre de Cent Ans* (*Histoire de France de E. Lavisse, t. IV*), 1902.

R. Cazelles, *La société politique et la crise de la royauté sous Philippe VI de Valois*, 1958.

Deux tomes de l'Oxford History of England : *The Fourteenth Century* par M. McKisak (1958) et *The Fifteenth Century* par E. F. Jacob (1961).

Y. Renouard, *Histoire de Florence* (coll. 《Que sais-je ? 》, n° 1116), 1964.

B. Guenée, *L'Occident aux XIVe et Xve siècles. Les États*, (coll. 《Nouvelle Clio》, n° 22), 1971.

J. d'Avout, *31 juillet 1358. Le meurire d'Étienne Marcel*, 1960.

P. Bonenfont, *Philippe le Bon*, 1959.

A. R. Myers, *England in the Late Middle-Ages (1307-1536)(Pelican History of England, t. 4)*, 1956.

J. Froissart, *Chroniques*, éd. Par S. Luce (Société de l'Histoire de France), 1859-1873.

Les Grandes Chroniques de France, éd. J. Viard (ibid.), 1937.

The Chronicle of Jean de Venette, éd. R. A. Nawhall, New York, 1953.

P.-C. Timbal, *La Guerre de Cent Ans vue à travers les registres du Parle-*

ment (1337-1369), 1961.

Ph. Contamine, *Azincourl* (coll. 《Archives》), 1964.

La Guerre de Cent Ans (dossier D.P. 5203, éd. Doc. Française).

中文部分

《西洋全史（六）中古歐州（下）》，馮作民編著，燕京，民 64 年。

《簡明西洋中古史》，劉增泉譯，國立編譯館，民 84 年。

《歐洲文化史》，劉增泉譯，漢唐出版社，民 88 年。

《西洋中古史》，袁傳偉譯，五南圖書，民 78 年。

《西洋中古史》，王任光編著，國立編譯館，民 71 年。

《西洋文化史第三卷（中古下）》，劉景輝譯，學生書局，民 71 年。

《西洋中古史》，張學明譯，聯經，民 75 年。

《世界文明史之十二：黑暗時代與十字軍東征》，幼獅編譯部編譯，幼獅，民 69 年。

30

東歐和亞洲的變遷

十三世紀初，蒙古部族興起，由成吉思汗（Genghis Khan）領軍，以騎兵與弓箭手組成一個攻無不勝的勁旅，不但征服中國北部，增添無數的中國工程人才和技術人才，又從中亞細亞進入波斯，經過裏海之南再轉而向北，從高加索山脈的關隘進入大草原，擊潰波羅夫齊人，波羅夫齊人走投無路，乃向昔日的敵人俄羅斯人求援，並道：「蒙古人今天佔領我們的地方，明天就會佔領你們的地方。」俄羅斯認為有這種危險，乃在西元 1223 年和波羅夫齊人組成聯合部隊，在頓河的支流卡爾河兩岸和蒙古人作戰，結果蒙古人擊敗俄羅斯聯軍，直抵黑海北岸。

俄羅斯的興起

西元 1237 年，由拔都（Batu Khan，成吉思汗之孫）領軍，越過烏拉山，征服全俄（除了西北角的諾夫哥羅德），攻入波蘭，大破日耳曼聯軍於柏林東南，他們也攻打過馬札爾人。西元 1241 年，窩闊臺的死訊才終止蒙古人再向西征討。蒙古人在大草原上行軍，攜帶牲口，供應不虞匱乏，隨處可以架起蒙古包住宿，他們的騎士分為輕騎隊和重騎隊，偵察和諜報組織非常完善，他們又從中國人那裏得到能夠發射擊碎圍牆的石頭，其成效能達到三百碼的距離，蒙古人在當時所向披靡。蒙古人在俄羅斯大部地區和波蘭東南部建立欽察汗國或金帳汗國（the Kipchak Khanate，or Khanate of Golden Horde），[1] 其中

---

[1] 蒙古人在大草原上的根據地金帳汗國（Khanate of Golden Horde），並不是因為黃色代表蒙古可汗及其親族的皇室顏色，也不是因為這個根據地是皮膚黃色的戰士聚居之所，其來源可能與古時中國羅盤針指示方向的顏色有關，中國羅盤針上，黑是北，紅是南，藍是東，白是西，黃代表中央，便成為皇室的顏色；而「Horde」則是來自蒙古文的「Ordu」，其意義是營帳，即指蒙古包。

心位於伏爾加河（Volga River）下游，首都設在薩萊（Sarai）。俄羅斯在西元 1237 年至 1480 年間被蒙古人統治，歐洲人習慣上稱蒙古人為韃靼人（the Tartars）。此時，白俄羅斯和烏克蘭絕大部分和俄羅斯西部一些地區則併入立陶宛大公國（Grand Duchy of Lithuania）。

　　南方無人居住的大草原成了遊牧民族的牧場，如蒙古人、突厥人、保加利亞人或其他的游牧民族。北方的諾夫哥羅德人在波羅的海沿岸有三個強大的敵人，即異教的立陶宛人、天主教的瑞典人和條頓騎士團，條頓騎士團是從前在聖地組成的十字軍，後來轉移到今天的普魯士地區，西元 1240 年，諾夫哥羅德公國在聶瓦河畔擊敗瑞典人，其王子阿歷山大因此役的勝利而被尊稱為「阿歷山大・尼夫斯基」。西元 1242 年，條頓騎士團向諾夫哥羅德進軍亦慘敗，這是斯拉夫的第一次勝利，也是日耳曼人向東擴張的第一次受挫。阿歷山大・尼夫斯基深知在波羅的海沿岸三個強大敵人之環伺下，更難與蒙古人對抗，乃在西元 1242 年親赴伏爾加河上的沙雷去朝觀拔都，拔都允諾阿歷山大・尼夫斯基繼續為諾夫哥羅德王子，但條件是必須納貢，不過，諾夫哥羅德的人民並未同意納貢一事，並趕走拔都派來的收稅官吏。西元 1246 年，立陶宛人並未從瑞典人和日耳曼人的失敗中得到教訓，仍然向諾夫哥羅德進軍，也同樣地被擊潰。

　　蒙古人最初徵收貢物的方法是採用直接稅制，為了徵收這樣的直接稅，蒙古人在俄羅斯還先後進行三次人口調查，人口調查的結果也可用於徵兵，實是一舉兩得，蒙古人曾用強制手段把無數的俄羅斯男人拉進軍隊當兵，若干俄羅斯兵還曾經被派到中國的南部作戰。其實，蒙古人在金帳汗國裏只是人數不多的最高階層，亞細亞中部許多部落的自動投效者和各地應徵入伍者才是構成人數最多的下層。也由於蒙古人沒有足夠的部隊維持長期的佔領工作，因此，他們便用恐怖手段控制。不過，蒙古人允許俄羅斯人保有自己的風俗和法律，對教會也很寬容，准許教士的大量土地無須納稅，也不必服兵役。到了後

來，蒙古人把徵稅的工作交給各地的王子，在此種制度下，造成俄羅斯內部長期的爭鬥，每個人都想得到徵稅的工作，進而從中得到比可汗還要多的貢物，這些王子的爭鬥也常常獲得蒙古人的軍事援助，對付他們自己的親族。

西元 1300 年左右，俄羅斯開始其農村色彩很濃的文化和很有特點的社會結構，貴族政治中也增加一些新貴族，這些新貴族得到王公的許可，他們領導墾荒、團結農民社團，卻也進行嚴格控制，他們強迫定期服勞役，禁止村民離開村莊以避免勞動力不足，農民漸漸成為奴隸，真正的農奴制度於焉產生。當時的手工業產品也只限於滿足本地的消費需要，商業活動似乎很不穩定，只有靠諾夫哥羅德公國對外開放波羅的海通路，但是，這些貿易大部分都是由日耳曼的漢薩同盟經手。在蒙古人的統治之下，很多公國皆處在長期的鬥爭中，他們每繼承一次遺產，都使彼此的關係更加惡化，政治分割也愈益明顯。

莫斯科大公國（Grand Duchy of Moscow）統治者乃是羅立克王朝一支，蒙古人入侵時，莫斯科的佔地可能不超過五百平方里，重要性遠不及周圍的羅斯托夫、伏拉迪米爾等公國，和諾夫哥羅德公國比較更是微不足道，所以，阿歷山大·尼夫斯基在西元 1263 年才把它分給最幼的兒子丹尼爾。但是，莫斯科在十三世紀後期已漸趨重要。

伊凡一世（IvanI，西元 1328～1340 年）自封為「莫斯科和全俄羅斯大公」，他還侵吞應呈給欽察汗國的貢銀，西元 1326 年大公國的核心城市莫斯科（Moscow）成為俄羅斯東方正教大主教（Metropolitan）的常駐之地。他的繼任者又將他們的法律強加於附近的公國，殘酷地鎮壓反抗。西元 1367 年，在季米特里·頓斯科伊（西元 1362～1389 年）統治下，莫斯科周圍築起石牆，圍繞克里姆林宮，它也成為俄羅斯人政治和宗教的精神堡壘，並成為首都。西元 1462 年，伊凡三世或伊凡大帝（IvanⅢ，1440～1505 年）繼位，他在西元 1478 年征服諾夫哥羅德等地，亦制止立陶宛東向擴張，統一俄羅斯各地，

為莫斯科俄羅斯的建立者,西元1480年不但拒絕向欽察汗國繳稅,而且推翻欽察汗國。伊凡三世娶末代東羅馬皇帝君士坦丁十一世的姪女蘇菲亞(Sophia)為妻,她也把拜占庭的朝儀帶到莫斯科,當東羅馬滅亡時,他採東羅馬帝國的標誌「雙頭鷹」為標誌,並且相信莫斯科為「第三羅馬」[2](Third Rome),有意繼承或取代東羅馬帝國,延聘義大利等建築師大興土木,舊城中心的克里姆林宮(Kremlin)便由此演變而來。伊凡建立的國家比當年的基輔俄羅斯更像一個真正的國家,條件很完備,人民屬於同一族群,宗教語言一致,而且都受過蒙古人長期統治的痛苦,莫斯科的權力集中,戰爭和敵對行為都是對外,不像基輔時代的王子彼此交戰,使國家長期陷於分裂狀態。他的孫子伊凡四世或恐怖伊凡(IvanIV,or Ivan the Terrible,西元1530～1584年)在西元1547年加冕,成為第一位正式稱皇帝(Czar)的俄皇。

蒙古人二百五十年的統治,對俄羅斯人留下的文化影響微乎其微,蒙古人不曾留下什麼有文化價值的東西,大體上他們各過各的生活,要說有影響的話,那便是由於蒙古人的統治,使俄羅斯無法接受拜占庭文化和西方文化的影響,造成俄羅斯沒能參與歐洲的文藝復興,延遲俄羅斯文化的成長;蒙古人對俄羅斯社會秩序的影響,則是專制和農奴制度,不幸地深植在俄羅斯統治者心中。

2　稱「第三羅馬」乃認為第一羅馬陷於異端,因而被野蠻人所滅,作為懲罰;第二羅馬拜占庭也陷於異端,西元1438年佛羅倫斯會議上承認羅馬教廷的至尊地位,結果被土耳其人侵佔,不過,兩個羅馬覆滅,第三個卻屹立不搖,而且永遠不會有第四個。第三羅馬就是指莫斯科,地球上最後一個真正基督教國家的首都,也是權力和上帝一樣的沙皇京城。

立陶宛人、波蘭人

　　蒙古人對聶伯河以西的地區從來沒有建立堅強的、連續性的控制，到了西元 1300 年，蒙古人的勢力開始衰落，乃留下一片真空，遷入這個真空地帶的並不是俄羅斯人，而是波蘭人和立陶宛人。

波蘭人

　　信奉天主教的波蘭人同時受到日耳曼異教徒和蒙古人的進攻，波蘭人長期被日耳曼人統治，日耳曼人在此進行殖民，開墾森林，在港口和內地大城市安置批發商和手工藝人，在沿海省份，條頓騎士團和勃蘭登堡的總督擴大他們的政治統治。西元 1320 年，拉第斯拉斯一世加冕稱王，波蘭王朝真正掌握政權，他在位時與日耳曼派抗爭十餘年，西元 1331 年首次打敗條頓騎士團。他的兒子卡斯米爾（Casmir，西元 1333～1370 年）在西元 1350 年，將富庶的西里西亞從波希米亞的日耳曼人手中奪過來，他的統治時期是波蘭復興鼎盛的標誌，即使有大貴族叛亂，他總是保持國內的和平。波蘭將國家從日耳曼人的文化和宗教控制中解放，克拉科夫因通過波羅的海諸河和黑海諸河間的轉口貿易發達，它四分之一的商人是猶太人，一些義大利商人，特別是佛羅倫斯商人為了徵收亞維農教皇的什一稅而來，進而對經營海關和鹽礦產生興趣，當時的商道路標則是有高大的城牆城市。波蘭亦在西元 1364 年建立克拉科夫大學。西元 1410 年，波蘭人又在格隆瓦爾德給予條頓騎士團一記重擊。

立陶宛

天主教國家立陶宛，既要防禦俄羅斯侵略，又要防禦日耳曼，不過卻能長期威脅莫斯科的霸權地位，立陶宛人接受一種俄羅斯語言和一些同樣源自東方的行政官制度，他們進攻波蘭也進攻金帳汗國，西元1350年聯合許多俄羅斯王公對抗韃靼人，西元1361年立陶宛人佔領基輔，經拜占庭同意，便在此地建立首都，將他們的統治伸向烏克蘭人居住的整個俄羅斯東方。西元1386年，稚熱龍（Jagellon）和波蘭的繼承人赫德維格（Hedwige）·德·安茹聯姻，說明立陶宛大公向東擴張的野心。西元1413年波蘭與立陶宛統一。西元1454年到1466年的十三年戰爭中，條頓人、普魯士資產者和貴族之聯盟又敗給波蘭人，托爾協定之後，條頓騎士團就只剩下東普魯士一地。

斯堪地納維亞人

自從斯堪地納維亞半島上的丹麥（Denmark）、挪威（Norway）、瑞典（Sweden）等三國，分別在十世紀左右改信基督教以後，他們也開始在歐洲歷史的舞台上活動。丹麥在瓦德瑪一世（西元1157～1182年）統治時，組織一個堅強的政府，肅清海盜，鼓勵並且保護貿易，使丹麥致富，西元1167年，哥本哈根成為市場港口。瓦德瑪二世（西元1202～1241年）征服豪斯登（Hoslstein）、漢堡以及日耳曼的易北河東北。他亦三次抵抗波羅的海的斯拉夫民族，並且佔領愛沙尼亞東北部，表現反抗日耳曼人控制的民族情緒。瓦德瑪二世將其丹麥之領土擴張為兩倍，包括瑞典之南部，人口等於瑞典（300,000

人）及挪威（200,000 人）總合，他死後王權力量減弱。西元 1371 年，漢薩同盟諸城戰勝丹麥的弗拉德瑪爾王後，強迫其簽訂施特拉爾松協定，弗拉德瑪爾王死後，為日耳曼王子的瑞典國王麥克蘭堡大公阿爾貝特又看上丹麥的王冠。丹麥儘管有漢薩同盟的進攻、法國海盜的佔領維斯比、芬蘭側翼有著諸多敵軍，以及親日耳曼的斯德哥爾摩的虎視眈眈，但有著「北歐西密拉米斯」之稱的丹麥女王，也就是弗拉德瑪爾之女的瑪格麗特，最後還是取得勝利。西元 1397 年，她成立「卡耳馬同盟」（Union of Kalmar），在卡爾瑪宣佈斯堪地納維亞的瑞典、丹麥、挪威三國統一，由她的姪子埃立克‧德‧波美拉尼亞統治，這是斯堪地納維亞半島第一次統一。西元 1412 年，瑪格麗特女王死後，斯堪地納維亞半島又告分裂，瑞典首先背棄「卡耳馬同盟」的盟約，西元 1426 年，埃立克規定所有通過松德海峽的船隻都要付通行稅，試圖透過與波蘭聯合將普魯士控制的經濟奪回來。西元 1523 年瑞典完全獨立，「卡耳馬同盟」正式瓦解，不過挪威仍然被丹麥統治達一百二十多年之久。

突厥人興起及十字軍的失敗

此處的突厥人是指鄂圖曼土耳其人，大約在西元 1227 年，鄂圖曼土耳其人因為受蒙古族壓迫而逃往中亞，向西方的塞爾柱土耳其人要求庇護，西元 1288 年卻背叛塞爾柱土耳其獨立，西元 1300 年塞爾柱土耳其帝國瓦解，鄂圖曼正式稱帝，其後代子孫開始逐漸蠶食東羅馬領土，幾乎掌握拜占庭帝國的全部亞洲領土。

由於君士坦丁堡被佔領，使十字軍的狂熱又再度浮現，不過，已經缺少當初十字軍的意義以及民眾的歡迎。其實，自從西元 1204 年

起，十字軍東征即已改變教皇原定的方向，十字軍並非與異教徒作戰，而是與自己有利害關係的敵人打戰，如法國特魯瓦的烏爾班四世鼓動十字軍將安茹的查理安置於西西里島，以對抗他的對手日耳曼人。這次十字軍的發起是要由教皇支付一切戰船、水手、戰士的開支，教會也必須納稅，募捐教士在各個城市，甚至是在最小的鄉村出售贖罪券，以換得錢幣、武器、馬匹、首飾和布匹，教廷還從熱那亞或佛羅倫斯商人那裏收取大量的租貸金以供十字軍之用。

伊比利半島

西元 1492 年，回教徒在伊比利半島（The Iberian Peninsula）的最後根據地格拉納達（Granada）陷落後，便由三個基督教王國控制伊比利半島。版圖最大和人口最多的是卡斯提爾王國（The Kingdom of Castile），佔有半島的中部；第二個則是葡萄牙（Portugal），在卡斯提爾王國的西邊，對海外的探險與貿易有長期的擴展；第三個是亞拉岡（Aragon），位於西班牙的東北部，是一個兼具地中海國的王國，亞拉岡控制巴利亞利群島（Balearic Islands），統治法境庇里牛斯山沿地中海一帶的土地，並且和南義大利有密切的關係。西元 1282 年，亞拉岡奪得西西里島，西元 1435 年又兼併那不勒斯。西元 1469 年，亞拉岡王子斐迪南和卡斯提爾公主伊莎貝拉聯姻，奠定西班牙政治統一的基礎，創立西洋史上第一個「西班牙大王國」，結束八百多年來西班牙半島紛亂的狀態。不過，他們所繼承的西班牙未曾真正統一過，他們必須從頭做起，建立西班牙的中央政府。

亞拉岡的地中海王國

　　亞拉岡王國位於庇里牛斯山與愛布羅河之間，北與法國接壤，南邊和卡斯提爾王國為鄰，西北則有納瓦拉王國，東濱地中海，是僅次於卡斯提爾、葡萄牙的一大王國。對亞拉岡王國來說，西地中海海岸和交通樞紐的有利點，使遠征較不困難，西元 1343 年，皮埃爾四世從雅克二世手中奪走巴利亞里群島和魯西來。西元 1377 年，藉著其女兒和西西里島的弗雷德里克結婚而控制該島。亞拉岡王朝的興盛時期是在阿爾方斯五世統治時（西元 1416～1458 年），他統治一個包括伊比利半島各大工業省份在內的地中海大帝國，如亞拉岡、加泰羅尼亞、瓦倫西亞王國、巴利亞里群島，以及整個義大利南部、那不勒斯王國和西西里王國。亞拉岡帝國之所以能統一，取決於卡塔蘭的船隊以及巴利亞里群島和薩丁島的重要戰略、經濟交通要道。

卡斯提爾王國

　　卡斯提爾國王阿爾方斯十一（西元 1312～1350 年）展開一連串的征討，他首先與佔領直布羅陀的摩洛哥王梅林蘇丹開戰，但是未能順利完成目標，後來在葡萄牙的協助下，阿爾方斯十一才佔領塔里法。在西元 1433 年，卡斯提爾和葡萄牙聯軍，並率領法國騎士、英國騎士、德意志騎士、卡塔蘭和熱那亞的艦隊向阿爾赫西拉斯進攻。

　　卡斯提爾人亦曾試圖併吞葡萄牙，但是西元 1385 年在阿爾儒巴羅塔戰役遭到慘敗。格拉納達王國南臨地中海，東西北三面都被西班牙王國包圍，由於在伊比利半島上，格拉納達王國是僅有的回教國家，乃不得不向其他各基督教國家稱臣納貢，不過，他們並不安份，尤其是在西班牙王國未成立之前，只要卡斯提爾王國發生內亂，他們便起

而造反。西元1481年，西班牙王國剛成立沒多久，國內封建諸侯交相混戰，格拉納達王哈森突然率領大軍北侵，西班牙可說處於無軍可用的狀態，幸而有加的斯侯援助，攻進格拉納達王國，再加上格拉納達王國發生內亂，使其國一分為二，伊莎貝拉認為機不可失便發動更激烈的戰事，一心想要驅逐回教徒統一西班牙。西元1491年，伊莎貝拉完成統一西班牙的偉大歷史使命，在一千多年的回教徒與基督徒鬥爭中，為基督徒的勝利再添上一筆，也稍微撫慰君士坦丁堡陷落的傷痛。

海洋的拓展

　　向海洋拓展有多重因素，造船技術的進步以及指南針的發明有其重要性，雖然有人提出，指南針和船艉柱（約在西元1200～1250年左右）在發現新大陸之前，很早就已經出現，但它們出現時，並沒有引起驚天動地的大事業，在西班牙的船隊開往美洲時，也很少用天文圖計算路程，可說航海術還停留在無科學依據的實驗階段。就以西元1430～1440年左右，被視為探險必須工具的快帆船，無一配有可觀的改進措施，它的體積很小，可以沿著海岸上溯到內河航行。

　　海洋的拓展，剛開始是經濟的因素。他們欲尋求新商路，希望不經由義大利商人的剝削，亦能獲得東方物品。後來因為蒙古帝國瓦解，義大利人經常往來的中亞之路也遭破壞，使熱那亞、佛羅倫斯和威尼斯乃開始尋找新的商業航路。義大利人，特別是威尼斯人，控制格拉納達王國的食糖市場，他們還將甘蔗種植引進阿爾加維以及葡萄牙的摩洛哥、大西洋沿岸、馬德拉群島和亞速爾群島，並且在安達盧西亞、加那利群島和馬德拉出產葡萄酒。葡萄牙也試圖經非洲到達印

度。另外，葡萄牙為了解決人口增加及糧食短缺的問題，乃在摩洛哥和馬德拉殖民，種植穀物以補所需。貴族家庭非長子者，則因無法繼承財產，必須向外發展謀求財富，宗教以及戰爭的狂熱追求者亦不在少數。

我們可從葡萄牙和西班牙不斷開發新航線，意識到他們的航海事業是蒸蒸日上，欲罷不能。如葡萄牙在西元 1419～1425 年間發現馬德拉、西元 1431 年後發現亞速爾群島、西元 1471 年發現幾內亞灣、西元 1487 年發現好望角，以及西元 1498 年到達印度；以及西班牙在西元 1492 年，由克里斯柔夫・哥倫布的航行，為伊比利半島和整個歐洲的征服事業開啟新世界。

我們可以把伊比利人的這次殖民運動看成是中世紀傳統的繼續，他們如同中世紀的拉丁人一樣，尋找同樣的物產、殖民地；伊比利人在美洲殖民地的奴隸型態和販賣非洲黑人，就如同穆斯林在美索不達米亞、埃及、非洲印度洋沿岸和蘇丹奴隸市場毫無人性的行為。

參考書目

外文部分

P. Chaunu, *L'expansion européenne du XIIIe au Xve siècle* (coll.《Nouvelle Clio》, n° 26), 1969.

J. Glénisson, *Les Découvertes 1300-1500* (coll.《Les Métamorphoses de l'Humanité》), 1966.

L. Bourdon, R. Ricard, *Chronique de Guinée*, Dakar, Inst. Français d'Afrique Noire, 1960.

中文部分

《西洋全史（五）中古歐州（下）》，馮作民編著，燕京，民 64 年。

《簡明西洋中古史》，劉增泉譯，國立編譯館，民 84 年。

《歐洲文化史》，劉增泉譯，漢唐出版社，民 88 年。

《西洋中古史》，袁傳偉譯，五南圖書，民 78 年。

《西洋中古史》，王任光編著，國立編譯館，民 71 年。

《西洋文化史第三卷（中古上下）》，劉景輝譯，學生書局，民 71 年。

《世界文明史之十二：黑暗時代與十字軍東征》，幼獅編譯部編譯，幼獅，民 69 年。

國家圖書館出版品預行編目資料

西洋中古史／劉增泉著. ――二版.――臺北
　市：五南圖書出版股份有限公司, 2023.04
　面；　公分
ISBN 978-626-343-991-7（平裝）

1.中古史　2.西洋史

740.23　　　　　　　　　112004529

1W66 西洋史系列

西洋中古史

作　　　者 ― 劉增泉

發 行 人 ― 楊榮川

總 經 理 ― 楊士清

總 編 輯 ― 楊秀麗

副總編輯 ― 黃惠娟

責任編輯 ― 陳巧慈

封面設計 ― 姚孝慈

出 版 者 ― 五南圖書出版股份有限公司

地　　　址：106台北市大安區和平東路二段339號4樓

電　　　話：(02)2705-5066　　傳　　真：(02)2706-6100

網　　　址：https://www.wunan.com.tw

電子郵件：wunan@wunan.com.tw

劃撥帳號：01068953

戶　　　名：五南圖書出版股份有限公司

法律顧問　林勝安律師

出版日期　2023年4月二版一刷

定　　　價　新臺幣580元

經典永恆・名著常在

五十週年的獻禮——經典名著文庫

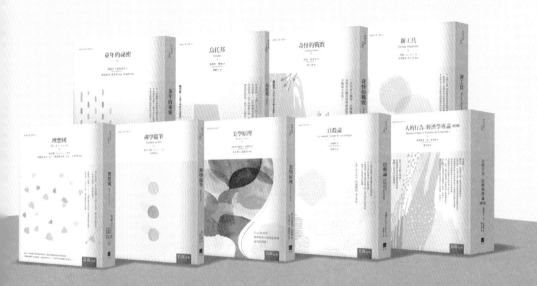

五南，五十年了，半個世紀，人生旅程的一大半，走過來了。

思索著，邁向百年的未來歷程，能為知識界、文化學術界作些什麼？

在速食文化的生態下，有什麼值得讓人雋永品味的？

歷代經典・當今名著，經過時間的洗禮，千錘百鍊，流傳至今，光芒耀人；

不僅使我們能領悟前人的智慧，同時也增深加廣我們思考的深度與視野。

我們決心投入巨資，有計畫的系統梳選，成立「經典名著文庫」，

希望收入古今中外思想性的、充滿睿智與獨見的經典、名著。

這是一項理想性的、永續性的巨大出版工程。

不在意讀者的眾寡，只考慮它的學術價值，力求完整展現先哲思想的軌跡；

為知識界開啟一片智慧之窗，營造一座百花綻放的世界文明公園，

任君邀遊、取菁吸蜜、嘉惠學子！